21世纪远程教育精品教材·法学系列

企业和公司法学

（第二版）

主　编　王欣新

副主编　王斐民

撰稿人　（以姓氏笔画为序）

王欣新　王健彬　王斐民

杨　东　赵芬萍　赵　荔

中国人民大学出版社

·北京·

总　序

我们正处在教育史、尤其是高等教育史上的一个重大的转型期。在全球范围内，包括在我们中华大地，以校园课堂面授为特征的工业化社会的近代学校教育体制，正在向基于校园课堂面授的学校教育与基于信息通信技术的远程教育相互补充、相互整合的现代终身教育体制发展。一次性学校教育的理念已经被持续性终身学习的理念所替代。在高等教育领域，从 1088 年欧洲创立博洛尼亚（Bologna）大学以来，21 世纪以前的各国高等教育基本是沿着精英教育的路线发展的，这也包括自 19 世纪末创办京师大学堂以来我国高等教育短短一百多年的发展史。然而，自 20 世纪下半叶起，尤其在迈进 21 世纪时，以多媒体计算机和互联网为主要标志的电子信息通信技术正在引发教育界的一场深刻的革命。高等教育正在从精英教育走向大众化、普及化教育，学校教育体系正在向终身教育体系和学习型社会转变。在我国，党的十六大明确了全面建设小康社会的目标之一就是构建学习型社会，即要构建由国民教育体系和终身教育体系共同组成的有中国特色的现代教育体系。

教育史上的这次革命性转型绝不仅仅是科学技术进步推动的。诚然，以电子信息通信技术为主要代表的现代科学技术的进步，为实现从校园课堂面授向开放远程学习、从近代学校教育体制向现代终身教育体制和学习型社会的转型提供了物质技术基础。但是，教育形态演变的深层次原因在于人类社会经济发展和社会生活变革的需求。恰在这次世纪之交，人类社会开始进入基于知识经济的信息社会。知识创新与传播及应用、人力资源开发与人才培养已经成为各国提高经济实力、综合国力和国际竞争力的关键和基础。而这些是仅仅依靠传统学校校园面授教育体制所无法满足的。此外，国际社会面临的能源、环境与生态危机，气候异常，数字鸿沟与文明冲突，对物种多样性与文化多样性的威胁等多重全球挑战，也只有依靠世界各国进一步深化教育改革与创新，促进人与自然的和谐发展才能得到解决。正因为如此，我国党和政府提出了“科教兴国”、“可持续发展”、“西部大开发”、“缩小数字鸿沟”以及“人与自然和谐发展”的“科学发展观”等基本国策。其中，对教育作为经济建设的重要战略地位和基础性、全局性、前瞻性产业的确认，对高等教育对于知识创新与传播及应用、人力资源开发与人才培养的重大意义的关注，以及对发展现代教育技术、现代远程教育和教育信息化并进而推动国民教育体系现代化，构建终身教育体系和学习型社会的决策更得到了教育界和全社会的共识。

在上述教育转型与变革时期，中国人民大学一直走在我国大学的前列。中国人民大学是一所以人文、社会科学和经济管理为主，兼有信息科学、环境科学等的综合性、研究型大学。长期以来，中国人民大学充分利用自身的教育资源优势，在办好全日制高等教育的同时，一直积极开展远程教育和继续教育。中国人民大学在我国首创函授高等教育。1952 年，校长吴玉章和成仿吾创办函授教育的报告得到了刘少奇的批复，并于 1953 年率先招生授课，为新建的共和国培养了一大批急需的专门人才。在 20 世纪 90 年代末，中国人民大学成立了网络教育学院，成为我国首批现代远程教育试点高校之一。经过短短几年的探索和发展，中国人民大学网络教育学院创建的“网上人大”品牌，被远程教育界、媒体和社会誉为网络远程教育的“人大模式”，即“面向在职成人，利用网络学习资源和虚拟学习社区，支持分布式学习和协作学习的现代远程教育模式”。成立于 1955 年的中国人民大学出版社是新中国建立后最早成立的大学出版社之一，是教育部指定的全国高等学校文科教材出版中心。在过去的几年中，中国人民大学出版社与中国人民大学网络教育学院合作创作、设计、出版了国内第一套极富特色的“现代远程教育系列教材”。这些凝聚了中国人民大学、北京大学、北京师范大学等北京知名高校学者、教授、教育技术专家、软件工程师、教学设计师和编辑们广博才智的精品课程系列教材，以印刷版、光盘版和网络版立体化教材的范式探索构建全新的远程学习优质教育资源，实现先进的教育教学理念与现代信息通信技术的有效结合。这些教材已经被国内其他高校和众多网络教育学院所选用。中国人民大学出版社基于“出教材学术精品，育人文社科英才”理念的努力探索及其初步成果已经得到了我国远程教育界的广泛认同，是值得肯定的。

2005 年 4 月，我被邀请出席《中国远程教育》杂志与中国人民大学出版社联合主办的"远程教育教材的共建共享与一体化设计开发"研讨会并做主旨发言，会后受中国人民大学出版社的委托为"21世纪远程教育精品教材"撰写"总序"，这是我的荣幸。近年来，我一直关注包括中国人民大学网络教育学院在内的我国高校现代远程教育试点工程。这次更有机会全面了解和近距离接触中国人民大学出版社推出的"21世纪远程教育精品教材"及其编创人员。我想将我在上述研讨会上发言的主旨做进一步的发挥，并概括为若干原则作为我对包括中国人民大学出版社、中国人民大学网络教育学院在内的我国网络远程教育优质教育资源建设的期待和展望：

● 21世纪远程教育精品教材的教学内容要更加适应大众化高等教育面对在职成人、定位在应用型人才培养上的需要。

● 21世纪远程教育精品教材的教学设计要更加适应地域分散、特征多样的远程学生自主学习的需要，培养适应学习型社会的终身学习者。

● 在我国网络教学环境渐趋完善之前，印刷教材及其配套教学光盘依然是远程教材的主体，是多种媒体教材的基础和纽带，其教学设计应该给予充分的重视。要在印刷教材的显要部位对课程教学目标和要求做明确、具体、可操作的陈述，要清晰地指导远程学生如何利用多种媒体教材进行自主学习和协作学习。

● 应组织相关人员对多种媒体的远程教材进行一体化设计和开发，要注重发挥多种媒体教材各自独特的教学功能，实现优势互补。要特别注重对学生学习活动、教学交互、学习评价及其反馈的设计和实现。

● 要将对多种媒体远程教材的创作纳入对整个远程教育课程教学系统的一体化设计和开发中，以便使优质的教材资源在优化的教学系统、平台和环境中，在有效的教学模式、学习策略和学习支助服务的支撑下获得最佳的学习成效。

● 要充分发挥现代远程教育工程试点高校各自的学科资源优势，积极探索网络远程教育优质教材资源共建共享的机制和途径。

丁兴富

修订说明

我国现行企业法的立法体系模式是以单行企业立法为核心，辅之以《中华人民共和国民法通则》（以下简称《民法通则》）和相关行政法规。单行企业立法有《中华人民共和国公司法》（以下简称《公司法》）、《中华人民共和国合伙企业法》（以下简称《合伙企业法》）、《中华人民共和国个人独资企业法》（以下简称《个人独资企业法》）、《中华人民共和国全民所有制工业企业法》（以下简称《全民所有制工业企业法》）、《中华人民共和国城镇集体所有制企业条例》（以下简称《城镇集体所有制企业条例》）、《中华人民共和国乡村集体所有制企业条例》（以下简称《乡村集体所有制企业条例》）、《中华人民共和国中外合资经营企业法》（以下简称《中外合资经营企业法》）、《中华人民共和国中外合作经营企业法》（以下简称《中外合作经营企业法》）、《中华人民共和国外资企业法》（以下简称《外资企业法》）等，相关的行政法规有《中华人民共和国公司登记管理条例》（以下简称《公司登记管理条例》）、《中华人民共和国中外合资经营企业法实施条例》（以下简称《中外合资经营企业法实施条例》）、《中华人民共和国中外合作经营企业法实施细则》（以下简称《中外合作经营企业法实施细则》）、《中华人民共和国外资企业法实施细则》（以下简称《外资企业法实施细则》）等。

我国现行企业法的立法体系是由具有不同时期改革特点的法律并存组成的。在经济体制改革的初期，企业立法的模式主要是按所有制形式立法，由此产生《全民所有制工业企业法》、《城镇集体所有制企业条例》、《乡村集体所有制企业条例》等法律、法规，此种立法模式在很大程度上仍受计划经济体制的影响。在市场经济体制逐步建立后，我国的企业立法体系开始与国际惯例接轨，按照组织形式与法律责任承担方式进行立法，《公司法》、《合伙企业法》、《个人独资企业法》等相继出台，并不断进行修订完善。

目前我国的企业立法体系虽然主体上已经纳入市场经济体系，但仍存在立法冲突、杂乱无序、同时调整、各取所需的状况，存在行政干预严重，可操作性差，部分法律、法规因过时实际已难以执行等问题，亟待加以清理整顿，需要通过对法律、法规有选择地进行立废、修订、编纂加以完善，以建立一个适合市场经济的科学、合理的企业法体系。

可喜的是，我国近几年展开了新一轮的企业法修订工作。1993 年 12 月 29 日，第八届全国人民代表大会常务委员会第五次会议通过并于 1994 年 7 月 1 日施行的我国第一部《公司法》，在经历 1999 年 12 月 25 日第九届全国人民代表大会常务委员会第十三次会议和 2004 年 8 月 28 日第十届全国人民代表大会常务委员会第十一次会议的两次小的修正后，针对《公司法》施行中的深层次、多方面的问题，2005 年 10 月 27 日，第十届全国人民代表大会常务委员会第十八次会议对《公司法》进行了全面修订，修订后的《公司法》自 2006 年 1 月 1 日起施行。在这部法律中，建立和完善了一系列制度。1997 年 2 月 23 日，第八届全国人民代表大会常务委员会第二十四次会议通过了《合伙企业法》，在经过将近 10 年的施行后，2006 年 8 月 27 日，第十届全国人民代表大会常务委员会第二十三次会议对其进行大幅修订后颁布，新的《合伙企业法》自 2007 年 6 月 1 日起施行。在这部法律里，引入了特殊的普通合伙企业、有限合伙企业等新的合伙企业类型，建立了合伙企业破产的制度，完善了旧《合伙企业法》中的一些制度。1999 年 8 月 30 日，第九届全国人民代表大会常务委员会第十一次会议通过了《个人独资企业法》，自 2000 年 1 月 1 日起施行，这一法律的修订工作也将进行。为了配合修订后的《公司法》和《合伙企业法》的顺利施行，国务院对《公司登记管理条例》和《合伙企业登记管理办法》先后进行了修订。最高人民法院先后公布了《最高人民法院关于适用〈中华人民共和国公司法〉若干问题的规定（一）》和《最高人民法院关于适用〈中华人民共和国公司法〉若干问题的规定（二）》，并分别于 2006 年 5 月 9 日和 2008 年 5 月 19 日起施行。为了进一步完善集体经济制度和国有经济制度，我国近几年先后出台了一些新的立法。2006 年 10 月 31 日，第十届全国人民代表大会常务委员会第二十四次会议通过了《中华人民共和国农民专业合作社法》（以下简称《农民专业合作社法》），这是我国一部重要的合作社立法。2008年10月28日，第十一届全国人民代表大会常务委员会第五次会议通过了《中华人民共和国企业国有资产法》(以下简称《企业国有资产法》)，该法自2009年5月1日起施行，这是有关国有企业立法的重大变化。在此次修订中，对于这些立法上的新变化予以充分而及时的反映。

自从进入21世纪以来，世界范围内的企业和公司立法发生了深刻的变化，尤其是出现了世界性公司法现代化改革的浪潮。在以“安然公司”为代表的一系列公司丑闻的压力下，美国在2002年7月30日签署了《萨尔班斯—奥克斯利法案》(Sarbanes-Oxley Act)，这一法案对《美国标准公司法》作出了新的修正。2006年11月，英国女王批准了《2006年英国公司法》，这是英国50多年以来对公司法最全面的一次修改。德国联邦政府于2003年5月21日公布了《德国公司治理规约》，2006年经修订并公布了新版的《德国公司治理规约》。日本立法咨询机构法制审议委员会公司法分会于2004年公布了《日本公司法现代化纲要》，同时草拟《公司法草案》，2005年提交参众两院通过，同年7月26日正式公布《日本公司法典》。2001年5月15日，法国颁布了《新经济规制法(NRE)》，这是近20年来法国公司法领域所经历的最大一次更新；2002年，制定了《关于NRE法律涉及公司事项的实施条例》。本书对各国公司立法新的进化加以借鉴，并结合我国的公司立法进行研究，力图将中外学者的最新研究成果反映出来。

随着新企业和公司法律制度的建立，企业和公司法学的教学、研究与审判实践也受到了社会前所未有的关注与重视。本教材作为网络教育的规划教材，正是为了适应企业和公司法学的教学、科研与实践工作的需要，根据最新立法重新编撰而成。呈现给读者的这本修订后的教材，内容权威，方法先进，紧跟最新立法与学术前沿，强调知识的系统性与可读性。

本书由王欣新教授和王斐民副教授组织编写并统稿，撰稿人及其撰写章节如下(以姓氏笔画为序)：王欣新：第一章，第二章；王健彬：第十三章；王斐民：第三章，第五章，第六章，第八章，第九章，第十章，第十二章，第十四章；杨东：第十一章；赵芬萍：第七章；赵荔：第四章。

本书在写作中借鉴和引用了大量文献资料，在此一并致谢。本书的写作倾注了各位作者大量的心血，因受时间与能力所限，且企业和公司法学博大精深，故虽尽心尽力，错误之处仍难免，尚望读者批评指正！

编者

2010年3月

目　录

第一编　绪论

第二编　公司法

第三编 其他企业立法

第一编

绪　论

第一章

企业和公司法概说

第一节　企业的概念与分类

一、企业的概念

（一）企业的概念与特征

企业是现代商品社会的重要经济活动主体。企业的概念因人们研究的角度不同，表述的内容各有侧重，往往是各不相同的。在不同的国家中，因经济、法律、历史传统有异，企业的概念也存在一定的区别。所以，人们对企业往往没有一个统一的概念。在我国，对企业的概念也存在许多种观点。通常而言，企业是指连续性从事商品生产、流通或服务等经济活动，在法律上具有一定独立地位的营利性社会组织。

企业是人类社会发展到一定阶段，生产力达到一定水平后才产生的，并继而成为人们从事社会经济活动的主要组织形式。企业产生的一个重要原因，是人们为将进行生产经营所必需的、因产权人不同而发生在外部的部分市场交易，转到同一产权人组织内部进行，以节省交易时间与成本费用，实现资源的优化配置，提高社会生产效率。市场可以通过其价格机制协调经济，但是往往需要花费巨大的交易成本。按照制度经济学的观点，企业的产生就是为了避免市场交易成本，其中包括寻找交易者的成本、寻找市场价格的成本以及达成协议和执行协议的成本。当企业通过内部配置资源的成本高于市场调节的成本时，人们就会转为寻求市场的调节，而企业的规模扩大也是以此为界限的。在不同的当事人之间进行商品交换活动，必须有市场交易规则加以规范，将这些商品交换活动转化为企业内部的组织活动，也必须有相应的活动规则以保证各方当事人的权益公平，使出资组成企业的个人在企业中可能得到比其进行个体分散经营更多的利益，由此便逐步形成各种规范的企业模式与制度。国家为保障社会经济秩序，则通过法律对各种企业制度加以调整、规范、完善，由此形成企业与公司法体系。

社会的经济组织形态总是与其生产力发展水平相适应的。原始社会的生产力十分低下，生产活动形式雷同、分工简单，由此形成原始公社人们集体聚合、共同劳动的经济组织。后来奴隶社会和封建社会的社会分工有较大的发展，商品交易活动大量出现，但仍是以农业为基础、以个体和家庭经营为标志的自然经济。这时的社会经济组织，正如马克思所形容的，恰似一麻袋土豆，外表看是一个有组织的整体，实质上则是一堆彼此之间毫无联系且又相互雷同的聚合体。社会上存在的商品生产以个人手工劳动为主，其组织形式是个体或家庭经营的作坊与手工工场，从事商品交易活动的人被称为商人，没有超出自然人身份的经济组织尤其是法人组织的存在。直至封建社会后期，才在商业领域中逐渐出现近代企业组织的萌芽状态。在资本主义社会中，生产力得到极大的发展，大机器生产取代了手工劳动，社会分工日趋周密，巨大的生产力已经无法在个人或家庭形成的经济组织形态下继续发展，必须有新的经济组织形态才能适应社会之需要。这种新的经济组织要能够广泛地容纳社会投资，要有超越于众多投资人即自然人之上的一定意义上独立的法律人格，在内部有具体、合理的分工，有密切的有机配合，能够将人力与物力聚集起来进行高效的生产经营，在外部各组织之间要有利于分工协作，共同进行社会生产，这就是现代的企业。企业的产生是人类社会发展的一个重大进步，它摆脱了自然人身份对经济发展的制约，对社会经济的发展具有十分深远的影响。企业的组织形态也是随着社会生产力的发展而不断创新、发展、完善的。

一般而言，企业具有以下特征：

1. 组织性。

企业具有一定的组织性。企业分为自然人企业与法人企业。在通常情况下，企业是由多数人组成的，如公司，但也可以由一人组成，如独资企业、一人公司。依照国际惯例，凡经过合法登记注册、拥有固定地址而相对稳定经营的组织或个人，都属于企业。企业是一个与从事流动摊贩、业余制作贩卖、一次性交易等非固定、非稳定经营行为的主体相对的概念。所谓组织性，是指企业（即使是自然人企业）应具有一定的人员、机构，控制一定的财产，具有独立或相对独立的地位。在企业内部应有合理的分工和密切的配合，能够将人力与物力聚集起来进行高效的生产经营活动。企业的组织性是企业在法律上获得完全或在一定程度上独立于企业设立人的社会地位的基础。

2. 独立性。

企业具有一定的独立性，可以以自己的名义进行经济活动。在我国，法人型企业具有独立的人格与财产，依法可以完全独立于其投资人，对外享有权利、承担义务和法律责任。非法人型企业，如合伙企业、个人独资企业等，只具有相对的独立性，即取得弱式的法律人格。这些企业与其投资人的人格没有完全分离，没有完全独立的财产，没有完全独立的责任能力，但是也具有区别于投资人的一定的独立性。完全不能独立自主经营者，如我国计划经济时期的所谓企业，虽然冠之以企业名称，但是并不具备企业的实质，所以，它们不是法律意义上的企业。此外，企业的分支机构、职能部门等也不是企业，因为它们在法律上完全没有企业的独立性。

企业作为一个独立的经济组织，以自己的名义进行生产经营活动，与自然人以个人的名义进行生产经营活动有本质区别。由于企业尤其是法人型企业具有的一定的独立性，客观上使其与企业出资人在人格上相互区分，企业所有人的变更原则上既不影响企业本身的存续，也不影响企业对外的交易关系、对内的劳动关系等法律关系。企业的出现使一项经济事业具有永久存续和发展的可能。

3. 连续经营性。

企业出于一定的经济目的参与社会的经济、文化等活动。一般而言，企业经营的目的是追求利润，即营利。企业是以营利为目的活动的经济组织，即使是从事具有政策性或公用性经营的企业，如供水、供电等公用事业企业、政策性银行等，其活动目的也是为在某种宏观范围内实现一定的经济目的或社会经济效益。企业的经营性使其与国家机关、社会团体、事业单位等其他社会组织在社会职能方面相区别。企业不能兼有这些社会组织的职能，尤其不能兼有行政职权，例如行政性公司，否则企业的性质将发生蜕变，从而影响正常的社会经济秩序。

对于企业是否应具有营利性，学者的认识不完全统一，目前学术通说认为企业应具有营利性。曾经有学者认为，企业的目的不应当是营利，而应当是满足人民日益增长的精神、物质生活需要等。这种观点也曾体现在有关的企业立法之中，但因其与市场经济观念不相符，现在已经基本上为人们所摒弃。也有学者认为，大部分企业具有营利性，而少部分企业，如公用事业企业等国家进行价格等政策控制的企业不具有营利性。

应当指出，在市场经济体制下的企业都应当具有营利性。在市场经济的竞争中，企业作为一个经济组织如果要生存下去，首先必须盈利，即以营利为目的进行活动。不盈利的企业就要倒闭破产，如果企业自身尚无法生存，则无法奢谈满足人民的需要。至于满足消费者的各种社会需要，则是企业在营利活动中客观上达到的社会效果，不能误解为主观目的。企业要达到营利的目的，在生产经营过程中就必须考虑满足消费者的社会需要。在这个问题上，主观目的与客观效果具有统一性，但两者不可混淆。目前，在我国确实存在极少数企业因国家社会政策限制难以实现盈利乃至发生亏损的现象，企业在一定程度上靠国家财政补贴等维持。对这种现象要有正确的理解。首先，这是仅存在于公用事业企业等特定行业中极少数企业的个别现象，不能以此否定企业营利性的普遍存在。其次，对此类企业来说，同样要求盈利，只是国家出于社会政策要求，对其营利条件在商品价格等方面加以一定的限制，并以财政补贴作为其营利受限的补偿，这实际上是对企业营利性的一种变相承认。最后，这种现象仅是在一定时期内存在的暂时现象，在社会条件改变时将被逐步取消。认为此类企业便可不考虑营利目的，靠国家财政补贴过日子，进而否定企业整体上营利性质的观念，是受旧经济体制影响的产物。

对于何为以营利为目的，也存在不同的理解。曾有人认为，只要一个社会组织从事经营活动赚取利润，就是以营利为目的，而不问利润为何种目的分配、使用。而现在绝大多数学者认为，企业是否具有营利目的，应依投资者设立企业的目的作出判断，即只有在投资者设立企业的目的是为营利，而且企业的利润向投资者分配的情况下，才可以称为以营利为目的。如果一个社会组织设立的宗旨是为发展公益、慈善、教育、宗教等事业，如各种慈善基金会组织，即使从事一定的商业活动并获取利润，但是用于实现与出资人自身营利无关的其他目的，便不能视为以营利为目的进行活动。

企业的营利活动是具有连续性的，这是企业与从事流动摊贩、业余制作贩卖、一次性交易等非连续性、非稳定性经营行为的主体相区别的关键。

（二）企业与相关概念的关系

如果要正确理解企业的概念，就必须将其与其他相关概念相区别。

1. 企业与公司。

我国《公司法》明确规定公司是法人型企业。所以，在我国，公司只是企业的一种组织形态。从这种意义上讲，企业的概念涵盖了公司的概念，公司是企业的下属概念。但是，在一些英美法系国家中，公司不一定就是企业，多个主体为了实现共同目的或从事共同事业，就可以采取公司的形式，乃至医院、教堂、学校等也可以采取非营利公司的组织形式。

就我国的立法而言，公司的概念强调其资本与成员的联合性，突出其法人地位，人们可以从公司的概念中了解其法律地位如何。而企业的概念则侧重于表明其为具有一定独立地位的经营性经济组织，对其民事法律地位如何并无反映，不能使人了解其有无法人资格、能否独立对外承担法律责任等。所以，有的学者认为，公司是法学上的概念，而企业概念则更侧重于经济学上的意义。

2. 企业与法人。

法人是具有民事权利能力和民事行为能力，依法独立享有民事权利和承担民事义务的组织。它强调的是某一组织依法取得一种独立于其成员的社会资格。在我国的立法中，取得法人资格就意味着其对外独立承担法律责任。法人有机关法人、事业法人、企业法人、财团法人等多种类型，企业法人仅是法人的一种，加之企业本身又有法人企业与非法人企业之别，所以，企业的概念不等同于法人的概念，两者涵盖的范围互有交叉。

需要注意的是，不要将企业的独立核算、自负盈亏与其是否具有法人资格相混淆。企业是一个自成体系的独立组织，所以必然要实行独立经济核算、自负盈亏。法人资格则是一种社会组织身份，在我国立法中，其关键表现为依法取得独立于其成员的社会资格和对外独立承担民事责任。而企业在经济上是否独立核算、自负盈亏，并不能直接表明其能否对外独立承担民事责任，与企业是否具有法人资格是两个不同的问题，不能相混淆。现在许多企业的分支机构、下属部门也实行了内部独立核算、自负盈亏，实施经营管理与责任制度，但它们显然不能独立对外承担民事责任。此外，企业要取得法人资格，还必须符合法律规定的其他各项条件。所以，凡是企业均应当是独立核算、自负盈亏的，但并非所有独立核算、自负盈亏的经济组织都是企业，更不一定具有法人资格。把企业等同于法人，是对企业概念的误解。除法人型企业外，还存在许多无法人资格的独资企业、合伙企业、中外合作企业与联营企业等。在《中华人民共和国企业法人登记管理条例》（以下简称《企业法人登记管理条例》）颁布之前，我国颁发的企业营业执照并不标明企业是否具有法人资格，而以是否标明独立核算作为有无法人资格的标志，这也在一定程度上造成对企业与法人概念的误解。

3. 企业与工厂。

企业与工厂都属于经济组织，但企业的概念强调其是一个具有一定独立性的经济组织，而工厂的概念则仅表明它是一个具有一定经营场所的生产性组织。有的工厂属于企业，但有的工厂只是企业的分支机构或内部组织，往往由多个工厂组成一个企业。再者，工厂的概念强调其从事工业生产的经营性质，而在企业的概念之下，还有从事商品流通、服务等经营活动的经济组织。此外，从习惯用语上看，企业的概念也较工厂为广。例如，从事工业生产的矿山、电站等经济组织，称之为工厂便不符合语言习惯，只能称为企业。

二、企业的分类

企业可以分为多种类型。市场经济国家的企业主要可以分为独资企业、合伙企业和公司三种典型的法律形态，非典型企业是合作社、国有企业等特殊企业。我国在旧的计划经济体制下，典型的企业是国有企业和集体企业。在改革开放之后，其他各种类型的企业组织形态已经得以充分建立和发展。

企业的分类在法律上、理论上及实践中均具有一定的意义，有助于我们更好地理解不同企业的法律特征。根据不同的标准，可以对企业进行以下分类：

（一）公司与合伙企业、个人独资企业

按照法律组织形态的不同，可以将企业分为公司企业、合伙企业与个人独资企业。在我国，公司属于法人型企业，而合伙企业、个人独资企业则属于非法人型企业。

根据《公司法》的相关规定，公司，是指依法设立的，以营利为目的，由股东投资形成的企业法人。在其他国家，通常将公司视为不同利益主体为实现某种共同目的、从事共同事业而依公司法成立的法人。

合伙企业，是指自然人、法人和其他组织依法在中国境内设立的普通合伙企业和有限合伙企业。普通合伙企业由普通合伙人组成，合伙人对合伙企业债务承担无限连带责任。法律对普通合伙人承担责任的形式有特别规定的，依照其规定。有限合伙企业由普通合伙人和有限合伙人组成，普通合伙人对合伙企业债务承担无限连带责任，有限合伙人以其认缴的出资额为限对合伙企业债务承担责任。

个人独资企业，是指依法在中国境内设立的，由一个自然人投资，财产为投资人个人所有，投资人以其个人财产对企业债务承担无限责任的经营实体。

（二）法人型企业与非法人型企业

以是否具有法人资格为标准，可以将企业分为法人型企业与非法人型企

业。我国的法人型企业的投资人以其投资额为限对企业债务承担有限责任。非法人型企业的投资人一般须对企业债务以投资人个人的财产承担无限责任。目前，我国的公司、国有企业、城镇集体企业及中外合资经营企业等都是法人型企业。合伙企业、个人独资企业，以及外商投资企业、乡村集体企业中未采用公司形式的企业等，都是非法人型企业。

（三）国有企业、集体企业、私营企业与混合所有制企业

按照企业投资人的财产所有制不同，可以将企业分为国有企业（即全民所有制企业）、集体企业（即集体所有制企业）、私有制企业（亦称私营企业）以及混合所有制企业（如外商投资企业等）。有学者将外商投资企业作为单独的一种类别放在此项分类中，这是不妥的。因为外商投资企业无非是上述几种财产所有制的体现或组合，并不能从财产所有制上构成单独的一种形式。外商投资企业与内资企业的区别不是投资人的财产所有制不同，而是投资人的国籍不同。以企业投资人的财产所有制为标准进行分类，是我国对企业的传统分类方法。这种分类方法有不尽合理之处，但目前仍具有一定的法律意义，因为我国现存有效的企业立法中仍有一部分是针对不同所有制企业特别制定的，例如，《全民所有制工业企业法》、《城镇集体所有制企业条例》、《中华人民共和国私营企业暂行条例》（以下简称《私营企业暂行条例》）等，虽然这些立法在很大程度上已经落后于经济体制改革的发展，甚至在实践中也基本上不再施行，但并未废止。

（四）工业、商业等不同行业的企业

按照从事生产经营行业的不同，可以将企业分为工业企业、商业企业、建筑业企业、服务业企业、金融业企业等。我国立法对不同行业的企业，特别是一些特殊行业的企业，往往通过单独立法加以调整，例如，《中华人民共和国商业银行法》（以下简称《商业银行法》）等。

（五）中资企业、外商投资企业、外国企业

按照出资人是否具有涉外因素及企业的国籍，可以将企业分为中资企业、外商投资企业、外国企业。目前，我国对外商投资企业、外国企业单独制定相关法律进行调整。

（六）中央企业与地方企业

目前，在实践中还存在将国有企业按照隶属关系分为中央企业与地方企

业的分类。计划经济时期的国有企业都曾有过上级主管部门，存在不同的企业行政隶属关系，现在则沿革发展为出资隶属关系，据此将国有企业分为中央企业与地方企业。在地方企业中又可以分为省属企业、市县区属企业等。这种分类目前在我国还具有一定的意义，例如，在企业设立、登记、监管等方面的法律调整措施有所不同。

（七）大型企业、中型企业、小型企业

按照企业规模可以将其分为大型企业、中型企业、小型企业。这种分类方法在许多国家都存在，但分类标准不尽相同，主要有资本或投资数额、产值数额、职工数额等数种标准，多数国家兼采几种标准。例如，日本是以资本或出资额、职工数额两种标准划分企业规模。我国过去主要以设计生产能力或投资总额为划分标准，后来又增加了固定资产原值、年利润额等因素。现在中小企业的划分标准则是根据企业职工人数、销售额、资产总额等指标，结合行业特点制定的。企业区分大型、中型、小型的法律意义在于国家往往通过立法对不同产业、不同规模的企业规定不同的产业政策，例如，《中华人民共和国中小企业促进法》（以下简称《中小企业促进法》）等。

第二节　公司的概念与分类

一、公司的概念与特征

（一）公司的概念

公司是人们在日常生活中经常使用的一个概念，可以从不同的角度理解与界定。公司的法律概念也是如此。由于各国立法对公司组织形式在社会上的适用范围规定不同，对公司的种类规定不同，加之不同类型的公司本身法律特征就有一定的区别，而且即使是相同类型的公司在不同国家、地区的法律中具体规定也会有差异，所以，在公司法理论上很难形成一个为各国学者公认的、抽象的公司概念。于是，有的国家在立法上就不对公司概念作统一的定义，只就各种不同类型的公司概念分别作出规定，如意大利。还有的国家既不规定公司的统一概念，也不对各种不同类型的公司概念分别作出规定，只规定各类公司的性质、特征，将从中概括公司概念的工作留给学者完成，如德国。当然，也有的国家在立法上对公司概念作统一的定义，力图体现立法的完备性，如日本。我国《公司法》既没有规定统一的公司概念，也没有

规定不同类型公司的概念。

根据我国公司立法的原则与理论，通常认为，公司是指依法设立的，以营利为目的，由股东投资形成的企业法人。在大陆法系国家，公司通常属于法人型企业。例如，《日本商法典》第二编“公司”的第1条第1款规定，“本法所称公司，谓以实施商行为为目的而设立的社团”，第1条第2款又规定，“依本编规定设立的以营利为目的的社团，虽不以实施商行为为业，也视为公司”①。在一些英美法系国家，不同的利益主体为了实现共同目的、从事共同事业可以采用公司形式。在这些国家，公司分为商事公司和非营利公司，并不一定都属于企业。在我国，公司是企业的下属概念。

（二）公司的特征

传统的公司法理论认为，公司是社团法人，即由两个以上的投资主体组成。公司的社团性质，是指公司由多个投资主体组成社团，不能将公司具有组织机构、有多数从业人员等组织特征解释为社团性质。尽管实践中的公司绝大多数仍是由多个投资主体组成的，但是，随着一人公司在许多国家得到不同程度的承认，社团性往往已不再被视为公司的本质特征。我国《公司法》在2005年经过修订之后，允许设立一人有限责任公司，所以，社团性已不再是我国公司的必备法律特征。

从法律上讲，我国的公司主要有四项特征：

1. 依法设立。

公司必须依法定条件、法定程序设立。一方面，要求公司的章程、资本、组织机构、活动原则等必须合法，另一方面，要求公司设立要经过法定程序，要进行公司登记等。在通常情况下，公司依公司法设立，但有时还必须符合其他法律的规定，如商业银行法、保险法、证券法等行业管理法律，有时公司还可能是依据特别法或行政命令设立。

2. 以营利为目的的经济组织。

以营利为目的，是指股东即出资者设立公司的目的是为营利，即从公司经营中取得利润（但不以有实际获利的结果为构成条件）。因此，营利目的不仅要求公司本身为营利而活动，而且要求公司有盈利时应当分配给股东。某些具有营利性活动的组织，如果其利润不分配给股东，而是用于发展公益、慈善、教育、宗教等事业，则不具有营利性，例如，各种慈善基金会组织。公司的营利性活动应是具有连续性的营业，一次性的、间歇性的营利性行为

---

① 王书江、殷建平：《日本商法典》，12页，北京，中国法制出版社，2000。

不属于营业活动。

公司具有一定的组织性。所谓组织性，是指公司应具有一定的人员、组织机构，控制一定的财产，能够将人力与物力聚集、组织起来进行高效的生产经营活动。

3. 以股东投资行为为基础设立。

公司由股东的投资行为设立。股东投资行为形成的权利是股权。股权是一种独立的特殊权利，不同于所有权，也不同于经营权等他物权，更不同于债权。依据《公司法》第 4 条的规定，公司股东依法享有资产受益、参与重大决策和选择管理者等权利。由于实践中的公司大多数是由多数股东组成的社团法人，所以，典型的股权仍被视为一种社员权。

4. 具有法人资格。

公司是企业法人，应当符合《民法通则》规定的法人条件，最主要的是有独立的法人财产和独立承担民事责任。我国《公司法》规定的有限责任公司和股份有限公司均具有法人资格，股东以其认缴的出资额或认购的股份为限对公司承担有限责任。所谓有限责任，是指股东对公司的有限责任。公司对债权人的责任则是无限的，即公司要以其全部财产对公司债务承担责任，而不是限定在股东出资或注册资本的数额范围内。此外，有的国家或地区的法律规定，公司的种类中还包括全部或部分股东承担无限责任的无限公司、两合公司，这些公司也具有法人资格。

公司具有独立的法律地位，可以以自己的名义进行经营活动，具有与其投资成员人格不同的独立法人人格。由于公司股东的变更不影响公司的存续，所以，公司具有“永久存续”的可能，与自然人以个人的名义进行生产经营活动将受自然人的生命周期限制有本质区别。

（三）公司与相关概念的关系

要正确理解公司的概念，还必须将其与相关概念相区别。对于公司与企业、企业（包括公司）与法人概念的区别，在前面已有论述，在此主要介绍公司与其他企业组织形式的区别。

1. 公司与合伙企业的区别。

《合伙企业法》第 2 条规定：合伙企业，是指自然人、法人和其他组织依照本法在中国境内设立的普通合伙企业和有限合伙企业。其中普通合伙企业由普通合伙人组成，合伙人对合伙企业债务承担无限连带责任。本法对普通合伙人承担责任的形式有特别规定的，依照其规定。有限合伙企业由普通合伙人和有限合伙人组成，普通合伙人对合伙企业债务承担无限连带责任，有限合伙人以其认缴的出资额为限对合伙企业债务承担责任。

目前我国《公司法》允许设立的有限责任公司和股份有限公司与合伙企业的区别很多，主要有以下七个方面：

第一，公司是法人型企业。合伙企业不是法人型企业，而是自然人企业，即企业与投资人在法律人格、法律责任等方面不完全独立。

第二，合伙企业是较为典型的人合企业。普通合伙企业是基于合伙人之间的信任关系设立并维系的，其对外信用也主要是依赖于合伙人个人的信用，即使是有限合伙企业的基础也主要是合伙人之间的信任关系。而我国的公司是资本型企业，即使是有限责任公司中具有家族性的公司也具有资合性质，在法律上仍是公司以其全部财产对公司债务承担责任，股东仅以其认缴的出资额或认购的股份为限对公司债务承担责任。

第三，合伙企业是建立在合伙协议基础上的，即建立在合同关系之上。合伙协议是当事人之间不对社会公开的内部文件。合伙协议作为合同，应当由全体合伙人协商一致，遵循自愿、平等、公平、诚实信用的原则，以书面形式订立或修改。新合伙人的加入必须经全体合伙人同意，并修改合伙协议。公司建立在章程基础之上，公司章程是对社会公开的文件，是成员间共同订立的行为标准。新股东加入公司属于参加行为，即在承认原公司章程的前提下进行，公司章程的修改并不以全体股东一致同意为前提，只需经法定多数通过即可修改生效，反对者也须服从修改后的公司章程。

第四，合伙人的出资方式可以与公司股东有所不同。公司股东的出资限于财产和财产权利，而普通合伙人还可以以劳务等作为出资。

第五，普通合伙人对合伙企业的债务承担无限连带责任。公司的股东对公司的债务不直接承担责任，而是以其认缴或认购的出资额或股份为限承担有限责任。

第六，由于普通合伙人对合伙企业的债务承担无限连带责任，所以，合伙企业与公司不同，没有注册资本的概念。也就是说，合伙企业的财产与普通合伙人个人的财产在承担合伙企业债务方面没有严格的区分。合伙企业的财产在法律上属于各合伙人按份共有。设立公司则需对资本注册、验资，以确定股东承担有限责任的财产基础。公司对股东的出资形成的公司财产享有法人财产权，公司财产属于公司所有，股东对公司享有股权。

第七，合伙企业的组织机构与公司不同。公司依法应设立股东（大）会、董事会（或执行董事）、监事会（或监事）及经理等高级管理人员，并设有法定代表人。而合伙企业则无这些机构的设置，没有专门的意思表示机关，没有法定的代表人。各普通合伙人对执行合伙企业事务享有同等的权利，既可以由全体合伙人共同执行合伙企业事务，也可以由合伙协议约定或者全体合伙人决定，委托一名或者数名普通合伙人执行合伙企业事务。

此外，合伙企业的普通合伙人向合伙人以外的人转让出资份额受到一定的法律限制；普通合伙企业的合伙人至少在两人以上，而《公司法》现已经允许设立一人有限责任公司。合伙企业与公司适应投资者对企业形式不同的需求。

2. 公司与个人独资企业的区别。

在新《公司法》已经允许设立一人有限责任公司的情况下，一人有限责任公司与个人独资企业的区别也是人们所关注的问题。《个人独资企业法》第2条规定：本法所称个人独资企业，是指依照本法在中国境内设立，由一个自然人投资，财产为投资人个人所有，投资人以其个人财产对企业债务承担无限责任的经营实体。一人有限责任公司与个人独资企业的区别主要有以下几个方面：

第一，一人有限责任公司的股东虽然只有一人，在出资人的人数上与个人独资企业相同，但是它属于法人型企业。个人独资企业不是法人型企业，而是自然人企业，即企业与投资人在法律人格、法律责任等方面不完全独立。

第二，个人独资企业的财产属于投资人个人所有，出资人对个人独资企业的财产有直接支配的权利。一人有限责任公司的财产属于公司所有，公司对股东的出资形成的公司财产享有法人财产权，股东对公司享有股权。

第三，个人独资企业的出资人以个人财产对独资企业债务承担无限责任。一人有限责任公司的股东对公司的债务不直接承担责任，而是以其认缴的出资额为限承担有限责任。

第四，由于出资人对企业债务的法律责任不同，个人独资企业出资人的出资方式也与一人有限责任公司股东不同，法律对其出资形式不予限制，在设立企业时只需要申报出资即可，出资无须注册、验资。而一人有限责任公司股东的出资限于货币、实物、财产权利等可以用货币估价并可以依法转让的非货币财产，必须对股东出资进行注册登记、验资。

第五，个人独资企业的组织机构与一人有限责任公司不同。一人有限责任公司虽然依法不设立股东会，但仍需设置董事会（或执行董事）、监事会（或监事）及经理等高级管理人员，并设有法定代表人。而个人独资企业则无这些机构的设置，没有专门的意思表示机关，没有法定的代表人。个人独资企业的投资人既可以自行管理企业事务，也可以委托或者聘用其他具有民事行为能力的人负责企业的事务管理。

二、公司的一般分类

公司可以分为多种类型。对公司究竟包括哪些具体组织形式，各国立法规定是不同的。一些大陆法系国家的公司法在传统上将公司分为五种基本类型：无限公司、有限责任公司、两合公司、股份有限公司和股份两合公司。有的国家在公司法的发展过程中取消了个别适用情况甚少的公司形式，如股份两合公司。英美法系国家的公司法对公司的分类则有所不同，例如，从功能上将公司分为三类：（1）为社会或慈善事业而成立的公司（这是一种代替信托的且比信托更有效率也更现代化的方式）；（2）为促使个别人或一群人进行商业活动而成立的公司（其把自己应承担的责任与其成员应承担的责任相分离）；（3）为使投资者可分享利润而不必参加商业的行政管理而成立的公司（其虽然也是一种信托工具，但它是促进筹集和利用资金，使大批投资者将资金托付给少数人经营管理）。① 如果按照大陆法系国家近似的公司类型类推，从商事公司的组织形态上大体可以将公司分为无限公司、有限责任公司和股份有限公司，而每种公司又有开放与非开放或称封闭与公开（即公司股份是否向社会公开募集、能否自由转让）两种类型，此外，还有适用于学校等社会团体的保证责任有限公司（指股东在公司设立时无须缴纳资金，仅在公司清盘即终止时才缴纳其承诺交付资金用于清算的公司）等形式。我国《公司法》规定有两种公司形式，即有限责任公司和股份有限公司。

根据不同的标准可以对公司进行分类。在大陆法系国家，按照法律的规定或学理的标准，可以将公司分为不同的种类。

（一）以公司资本结构和股东对公司债务承担责任的方式为标准作出的分类

1. 有限责任公司。

有限责任公司，又称有限公司，是指股东以其认缴的出资额为限对公司承担责任，公司以其全部财产对公司的债务承担责任的公司。

2. 股份有限公司。

股份有限公司，又称股份公司，是指将其全部资本分为等额股份，股东以其认购的股份为限对公司承担责任，公司以其全部财产对公司的债务承担

---

① 参见江平主编：《中国公司法原理与实务》，123页，北京，科学普及出版社，1994。

责任的公司。

3. 无限公司。

无限公司，是指由两个以上的股东组成，全体股东对公司的债务承担无限连带责任的公司。无限公司与合伙具有基本相同的法律属性，但不同的是，有些国家规定无限公司具有法人资格。在无限公司的财产不足以清偿债务时，全体股东应当对其承担无限清偿责任。在各个股东之间，对无限公司财产不足清偿的债务相互承担连带责任。这种连带责任是法定责任，不允许以股东的自行约定（如内部份额约定）加以改变。但是在股东内部之间对债务仍是承担按份责任，一个股东由于承担连带责任，所清偿数额超过其应当承担的数额时，有权向其他股东追偿。

4. 两合公司。

两合公司，是指由负无限责任的股东和负有限责任的股东组成，无限责任股东对公司债务负无限连带责任，有限责任股东仅就其认缴的出资额为限对公司债务承担责任的公司。其中，无限责任股东是公司的经营管理者，有限责任股东则是不参与经营管理的出资者。所谓“两合”，是指无限责任股东与有限责任股东的结合，亦即经营资本与管理劳务的结合。

5. 股份两合公司。

股份两合公司，是指由负无限责任的股东和负有限责任的股东组成，资本分为等额股份的公司。其股东承担法律责任情况与两合公司相同，区别则在于公司的资本分为等额股份。所以，许多国家或地区的公司法已经取消了这一公司分类，只保留两合公司，例如，我国台湾地区的公司法。

（二）以公司的信用基础为标准作出的分类

1. 资合公司。

资合公司，是指以资本的结合作为信用基础的公司。此类公司仅以资本的实力取信于人，股东个人的财产或信用状况与公司无关。股东对公司债务彼此承担独立、有限的责任，股东参与公司原则上不以必须存在相互了解或信任为前提（对公司控股股东或实际控制人除外）。因此，资合公司通常具有健全的制度与法人治理机制，以此保障相关利害关系人的利益。资合公司以股份有限公司为典型，有限责任公司在基本性质上也属于资合公司。

2. 人合公司。

人合公司，是指以股东个人的财产、能力和信誉作为信用基础的公司，其典型形式为无限公司。人合公司的财产及责任与股东的财产及责任没有完全分离，公司不完全以自身资本为信用基础，法律上也不规定设立公司的最低资本额，股东可以用劳务、信用和其他权利出资，企业的所有权和经营权一般也不分离。所以，人合公司的信用主要依赖于股东个人，股东对公司债务承担无限连带责任，共同设立、经营公司以股东间存在相互信任为前提。

3. 资合兼人合的公司。

资合兼人合的公司，是指同时以公司资本和股东个人信用作为公司信用基础的公司，其典型形式为两合公司和股份两合公司。一般认为，在有限公司中具有家族性及股东很少、规模较小者也具有一定的人合性质，但其在对公司债务承担的法律界定上，仍是股东负有限责任。

（三）以公司组织关系为标准作出的分类

公司的组织关系有外部和内部之分，外部组织关系指不同公司之间在组织上的相互联系，内部组织关系指某一公司内部的隶属关系。

1. 母公司和子公司。

这是按公司外部组织关系所作的分类。在不同公司之间因股权持有而存在控制与依附关系时，处于控制地位的是母公司，也称控股公司或控制公司，处于依附地位的则是子公司，也称附属公司。母子公司之间虽然存在控制与被控制的组织关系，但它们都具有法人资格，在法律上是彼此独立的企业。《公司法》第14条第2款规定，公司可以设立子公司，子公司具有法人资格，依法独立承担民事责任。控股公司分为仅以控股为其经营方式的纯粹控股公司和在控股之外同时还经营其他业务的混合控股公司。

母公司以及直接或者间接依附于母公司的公司（子公司、孙公司等），以及存在连锁控制关系的公司，属于关联企业的范畴。由于母子公司、关联企业都是独立法人，但彼此间又存在可能影响公司正常经营决策的控制和依附关系，为了防止控制公司滥用子公司法人人格与控制地位，从事损害子公司少数股东及债权人利益的经营决策与交易，破坏社会经济秩序，法律上须对其相互关系加以控制和调整，由此形成调整关联企业暨关联交易的法律制度。

母公司与子公司是由持股关系形成的。此外，公司之间还可能由于其他原因形成控制与依附关系，成为控制公司与附属公司，例如，表决权控制、人事关系、契约关系（支配契约、康采恩契约等）、信贷及其他债务关系、婚姻、亲属关系等。所以，控制公司与附属公司的概念要大于母公司与子公司的概念。

2. 本公司和分公司。

分公司是公司依法设立的以本公司的名义进行经营活动，其法律后果由本公司承受的分支机构。相对分公司而言，公司称为本公司或总公司。本公司和分公司是从公司内部组织关系上进行的分类，不能把它们的关系视为公司间的关系。因为分“公司”其实只是公司的分支机构，并非真正意义上的公司。分公司没有独立的公司名称、章程，没有独立的财产，不具有法人资格，不是独立的企业，但可以领取营业执照，进行经营活动，不过其民事责任由公司承担。《公司法》第 14 条第 1 款规定：公司可以设立分公司……分公司不具有法人资格，其民事责任由公司承担。

分公司也需依法设立、登记，但其作为公司分支机构，设立程序比较简便。商业银行、保险公司等从事社会信用度要求较高业务的企业通常设立分公司，而不是以设立责任独立的子公司的方式提高信用、拓展业务和活动领域。

（四）本国公司和外国公司

以公司国籍为标准，可以将公司分为本国公司和外国公司。各国确定公司国籍的标准不同，有的以公司成立地（即注册登记地）为标准，有的以公司住所地（或管理中心地、基本商业地）为标准，有的以控制人国籍为标准，有的以股东国籍地为标准，有的以设立依据法律地为标准，还有的综合采用几种标准。根据《公司法》第 2 条、第 192 条的规定，我国采用以公司注册登记地和设立依据法律地结合为标准确定公司的国籍。

（五）国内公司和跨国公司

以公司的组织机构和经营活动是否局限于一国为标准，可以将公司分为国内公司和跨国公司。跨国公司往往不是一个单独的公司，而是一个由控制公司与设在各国的众多附属公司形成的国际公司集团。

三、我国现行立法体系下的公司

我国现行的企业立法体系处于新旧并存、交错适用的状态，所以，在实践中存在的公司仍有些杂乱无章，主要有：（1）依《公司法》设立的公司；（2）依外商投资企业法设立的公司；（3）依《私营企业暂行条例》设立的有限责任公司；（4）依原国有、集体企业等法律、法规设立的名称中含有“公司”字样的企业。虽然国家要求所有的公司都必须依据《公司法》规范化，但实际上一些企业由于种种原因（如经营困难）仍未能依照《公司法》规范化。这种公司制度不统一、不规范状况的根本解决需要对企业立法体系进行调整，通过法律的立废、修订、编纂等工作使之合理化、科学化，并辅之以严格执法。

（一）《公司法》对有限责任公司与股份有限公司的不同规定

我国《公司法》中规定了有限责任公司与股份有限公司两种公司形式，这两种公司主要存在以下区别：

1. 设立方式不同。

有限责任公司只能以发起方式设立，公司资本只能由发起人认缴，不允许向社会募集。股份有限公司既可以发起设立，也可以募集设立，即由发起人认缴公司设立时发行的一部分股份，其余股份向社会公开募集或者向特定对象募集而设立公司。

2. 股东人数上下限规定不同。

2005年修订后的《公司法》对有限责任公司的股东人数取消了下限，仅作了人数为50人以下的上限规定，并允许设立一人有限责任公司和国有独资公司。对股份有限公司发起人的人数，法律作出上下限之规定，为2人以上200人以下，而且须有半数以上的发起人在中国境内有住所。对股份有限公司股东（包括非发起人股东，尤其是公司向社会公开募集股份时）的人数，法律只作出下限规定，即为2人以上，对股东人数的上限则没有限制规定。

3. 出资证明形式不同。

有限责任公司股东的出资证明文件为出资证明书，通常为纸面形式。股份有限公司股东的出资证明文件为股票。股票可以采用纸面形式，目前在上市公司则为电子数据化形式。有限责任公司股东的出资证明书必须采取记名方式。股份有限公司的股票除法律另有规定者外，既可以采取记名方式，也可以采取无记名方式。

4. 股权转让方式不同。

有限责任公司的股东转让其股权受到一定的法律限制。除公司章程另有规定者外，在股东之间可以自由转让其全部或部分股权；股东向股东之外的人转让股权，应当经过其他股东过半数同意。经股东同意转让的股权，在同等条件下，其他股东有优先购买权。股份有限公司的股票以自由转让为原则，以法律限制为例外。股东向股东之外的人转让股票时，其他股东无优先购买权。上市公司的股票还可以依法在证券交易所上市交易。

5. 注册资本最低限额不同、体现方式不同。

根据2005年修订后的《公司法》规定，除法律、行政法规对公司注册资本的最低限额另有较高规定者外，有限责任公司的注册资本最低限额为人民币3万元，一人有限责任公司的注册资本最低限额为人民币10万元，股份有限公司的注册资本最低限额为人民币500万元。有限责任公司的注册资本不划分为等额股份，股东一般依其投资比例行使权利。股份有限公司的注册资本划分为等额股份，股东一般依其所持股份数额行使权利。

6. 组织机构有所不同。

有限责任公司的组织机构设置较股份有限公司更为灵活。例如，公司的股东人数较少或者规模较小，可以不设董事会，只设1名执行董事，可以不设监事会，而只设1名至2名监事，在股东会的召集方式、通知时间等方面也较为灵活。此外，一人有限责任公司和国有独资公司不设股东会，机构运作模式也有差异。股份有限公司则必须设置股东会、董事会、监事会，依法规范运作。

7. 企业所有权与经营权分离程度不同。

股份有限公司，尤其是向社会公众发行股票的股份有限公司，其所有权与经营权分离程度较高，所以，必须强调组织机构与法人治理机制的完善，法律对其规定较多的强制性义务。有限责任公司的两权分离程度较低，其股东多通过出任经营等职务直接参与公司的经营管理，决定公司事务，所以，更强调当事人的意思自治。

8. 信息披露义务不同。

股份有限公司具有开放性，尤其是向社会募集股份的公司，负有法律规定的信息披露义务，其财务状况和经营情况等要依法进行公开披露，以保障社会投资者的利益。有限责任公司则因其为非开放型公司而不受此限制，信息的公开仅在股东的范围之内。

（二）外商投资企业法律与《公司法》对公司规定的区别

根据《公司法》第218条的规定，外商投资的公司也适用《公司法》，但有关外商投资的法律另有规定的，根据特别法优先的原则，适用其规定。外商投资企业法对外商投资股份有限公司的规定与《公司法》差异不大，主要是审批程序、注册资本最低数额等方面不同，两者的区别主要体现在：

1. 设立条件、程序不同。

《公司法》对公司设立规定了相应的条件，而外商投资企业的设立还须符合外商投资企业法的一些特别规定，在程序上则要经过政府有关部门的批准。

2. 资本制度有所不同。

2005年修订后的《公司法》将原来的法定资本制改为交付折中资本制，外商投资企业法采取的也是折中资本制，但两者在股东首次出资额的比例、出资缴付的时间与期限等方面仍存在一定的区别。例如，从相关规定的文义看，中外合资经营企业可以在一分钱注册资本都未到位的情况下取得营业执照。另外，《公司法》第36条规定：公司成立后，股东不得抽逃出资。而《中外合作经营企业法》规定，中外合作者在合作企业合同中约定合作期满时合作企业的全部固定资产归中国合作者所有的，可以在合作企业合同中约定外国合作者在合作期限内先行回收投资的办法。

3. 组织形式有所不同。

根据外商投资企业法规定，外商投资企业中的有限责任公司不设股东会、监事会，董事会为其权力机构。此外，外商投资企业董事会的人数组成由合营各方协商，在合同、章程中确定，并由合营各方委派和撤换。董事长和副董事长由合营各方协商确定或由董事会选举产生。中外合营者的一方担任董事长的，由他方担任副董事长。这些规定均与《公司法》不同。

4. 经营期限不同。

《公司法》对公司的经营期限未作限定，当事人可以约定公司永久存续。而《中外合资经营企业法》规定，有的行业的合营企业，应当约定合营期限，不能无限存续。

此外，对外商投资企业的合并与分立等问题，外商投资企业法中也存在一些与《公司法》不同的规定。

第三节　企业和公司法的概念、特征与历史沿革

一、企业法的概念、特征与体系

（一）企业法的概念与特征

企业法是规定企业法律地位、调整企业组织关系、规范企业组织行为的法律规范的总称。企业法以企业为调整对象，规定企业的法律地位，调整企业的设立、变更与终止活动，规范企业投资者之间、投资者与企业之间的关系，规范企业内部组织机构的设置与运作，以及企业与其他企业间的控制或依附关系等。

企业法的概念有广义与狭义之分。狭义的企业法，仅指法律名称中即指明以相应企业为调整对象的专门企业法典，例如，《公司法》、《合伙企业法》、《个人独资企业法》、《全民所有制工业企业法》、《城镇集体所有制企业条例》、《中外合资经营企业法》等。广义的企业法，除上述企业法典外，还包括其他所有散见于各法之中的调整企业组织关系、规范企业组织行为的法律规范。

企业法的渊源，即企业法律规范在现实中的具体表现形式，与其他法律

相同，包括宪法、法律、行政法规、地方性法规以及国际条约与惯例，其中地方性法规又分为一般地方法规与民族自治地方法规、一般经济区法规与特别经济区法规。例如，宪法中关于国有企业、集体企业、私营企业及外商投资企业的法律地位等内容的规定；全国人民代表大会及其常务委员会制定的《公司法》、《全民所有制工业企业法》、《合伙企业法》、《个人独资企业法》、《中外合资经营企业法》等法律；国务院制定的《企业法人登记管理条例》、《城镇集体所有制企业条例》、《乡村集体所有制企业条例》、《私营企业暂行条例》等行政法规；地方人民代表大会及其常务委员会制定的有关企业方面的地方性法规；我国签订的国际条约中关于外商投资企业等方面的规定（如保护投资与避免双重征税的条约）等，都是我国企业法的法律渊源。

企业法的特征是组织法与行为法的结合，而以组织法为其本质。企业法在注重调整企业组织关系的同时，也对企业的有关行为进行调整。但这些行为都是与企业组织活动有关的行为，例如，企业股票、债券的发行，企业的合并与分立，企业的设立、变更与终止活动等。与企业组织活动无关的行为，例如，商品买卖、租赁、加工承揽等，不属于企业法的调整范围。与之相应，不是以企业组织关系与相关行为为调整基点的法律，而是以产业政策为调整范围的法律，例如，《中小企业促进法》、《中华人民共和国乡镇企业法》（以下简称《乡镇企业法》），虽然法律名称中有"企业法"之字义，但实质上并不属于企业法的范畴，而是属于经济法中产业促进法的范畴。

（二）企业法的体系

企业法根据其适用对象的不同，可以分为普通企业法与特殊企业法。特殊企业法，是指专门调整特殊企业的特别立法，例如，《商业银行法》以及《中华人民共和国证券法》、《中华人民共和国邮政法》、《中华人民共和国铁路法》等法律中有关企业的规定。在国外，特殊企业法通常指公共企业法或国有企业法。由于特殊企业法通常采取对某一类或某一个特殊企业专门立法的形式，而各国因国情不同对特殊企业立法也不同，往往无普遍规律可言，所以，企业法的体系主要是指普通企业法的体系。

在国外，普通企业法主要指商事公司法与商事合伙法等法律（均为广义）。各国普通企业法立法体系的表现形式主要有以下三种模式：

1. 以民法典为主、以公司法等单行企业法为辅的模式。在民商法合一的国家中，有关企业的立法基本上都规定在民法典之中。例如，首采民商法合一制度的瑞士，1872 年《瑞士债务法》第三章规定了无限公司、两合公司、股份公司、股份两合公司、有限责任公司和合作社等各种企业法律制度，后又将该法纳入 1907 年《瑞士民法典》作为第五编。1942 年《意大利民法典》第五编也规定了公司、合作社等企业法律制度的内容。后来随着社会的发展，为及时调整新的企业形式，一些国家和地区又通过单行企业立法配合民法典的调整。例如，国民党政府统治时期的中国和现在我国的台湾地区，在民法典中规定有关商事企业活动的基本法律问题，同时制定“公司法”等作为民事特别法。

2. 以商法典为主、以单行企业法为辅的模式。在一些民商法分立的国家，如德国和日本，在商法典中规定有关商事企业的基本法律问题，同时又随着时代的发展制定一些单行企业法律，对商法典未涉及的问题进行调整。例如，德国先在 1892 年制定的《德国有限责任公司法》中，之后在 1897 年制定的《德国商法典》第二编中规定了无限公司和两合公司，1965 年又制定《德国股份法》，调整股份公司和股份两合公司的法律问题。1899 年《日本商法》第二编规定了无限公司、两合公司、股份公司和股份两合公司等企业制度，1938 年又制定了《日本有限公司法》。

3. 以单行企业立法为主、以判例法为辅的模式。这主要是英美法系国家的立法模式。英美法系国家的法律在传统上是判例法，判例在企业立法中具有重要的作用。为适应社会经济生活发展的需要，许多英美法系国家也相继制定了许多单行商事企业成文法律，例如，1947 年《英国公司法》，美国各州根据《统一合伙法》、《统一有限合伙法》和《示范商事公司法》等制定的相应法律。

由于我国尚未制定民法典，现行企业法的立法体系模式是以单行企业立法为核心，辅之以《民法通则》和相关行政法规。单行企业立法有《公司法》、《合伙企业法》、《个人独资企业法》、《全民所有制工业企业法》、《城镇集体所有制企业条例》、《乡村集体所有制企业条例》、《中外合资经营企业法》、《中外合作经营企业法》、《外资企业法》等，相关的行政法规有：《公司登记管理条例》、《中外合资经营企业法实施条例》、《中外合作经营企业法实施细则》、《外资企业法实施细则》等。

我国现行企业法的立法体系是由具有不同时期改革特点的法律并存组成的。在经济体制改革的初期，企业立法的模式主要是按所有制形式立法，由此产生《全民所有制工业企业法》、《城镇集体所有制企业条例》、《乡村集体所有制企业条例》等法律、法规，此种立法模式在很大程度上仍受计划经济体制的影响。在市场经济体制逐步建立后，我国的企业立法体系开始与国际惯例接轨，按照组织形式与法律责任承担方式进行立法，《公司法》、《合伙企业法》、《个人独资企业法》等相继出台，并不断进行修订完善。

目前我国的企业立法体系虽然主体上已经纳入市场经济体系，但仍存在立法冲突、杂乱无序、同时调整、各取所需的状况，存在行政干预严重，可操作性差，部分法律、法规因过时实际已难以执行等问题，亟待加以清理整顿，需要通过对法律、法规有选择地进行立废、修订、编纂加以完善，以建立一个适合市场经济的科学、合理的企业法体系。

二、公司法的概念、性质与立法宗旨

（一）公司法的概念与性质

1. 公司法的概念。

公司法是规定公司法律地位、调整公司组织关系、规范公司在设立、存续、变更与终止过程中的组织行为的法律规范的总称，属于市场主体法的范畴。公司法的概念有广义与狭义之分。狭义的公司法，仅指法律名称中以公司为规定对象的专门法典，如《公司法》。广义的公司法，除包括专门的公司法典外，还包括其他有关公司的法律、法规、行政规章，以及所有散见于其他各法之中的调整公司组织关系、规范公司组织行为的法律规范，如《公司登记管理条例》、《民法通则》、《中外合资经营企业法》等法中的相关规定。在各国，《公司法》通常均是成文制定法。

我国公司法中所称的公司是限于特定对象的。一是依据属地主义的原则，限于依照《公司法》在中国境内设立的公司，至于境内公司的设立人为本国人还是外国人则无限定。二是目前公司的组织形式仅限于有限责任公司和股份有限公司，对其他公司组织形式，如无限公司、两合公司等，立法未作规定，在《公司法》的具体实施中，不允许设立有限责任公司和股份有限公司以外的其他组织形态的公司。

2. 公司法的性质。

公司法以公司这一经济组织为调整对象，规定公司的法律地位，规范公司股东之间、股东与公司之间的关系，调整公司的设立、变更与终止活动，规范公司内部组织机构的设置与运作，公司与其他企业间的控制或依附关系以及法律责任等。公司法是组织法与行为法的结合，而以组织法性质为公司法的本质特征与主要内容。作为组织法，它确立公司的法人人格，规定公司的名称、住所、权利能力，公司的设立、变更与终止，公司章程，组织机构的设置、权限与相互关系，股东的权利与义务等内容。在调整公司组织关系的同时，公司法也对与公司组织活动有关的行为加以调整，例如，公司股份的发行和转让、公司债券的发行和转让等，但与公司组织活动无关的行为，不属于公司法的调整范围。

公司法具有强制性规范与任意性规范相结合的特点。虽然公司法调整的主要是商事活动中的法律关系，但其中存在许多强制性规范。因为在现代社会中，公司活动影响的已经不仅仅是股东、债权人、员工等直接利害关系人的利益，可以由他们依据意思自由加以决定，而且也涉及社会利益、公众利益，所以，需要由国家通过立法加以必要程度的介入，以维护社会公正、交易安全，保障经济秩序。2005 年，《公司法》经过修订后，在一定程度上强调当事人的意思自由，许多事项允许股东在章程中自行决定，但在法律的整体性质上仍然具有国家意志介入的特点。

此外，公司法还在一定程度上具有实体法与程序法相结合的特点，既有关于公司权利、股东权利等实体方面的内容，也有关于公司设立、变更、清算等程序方面的内容。

（二）《公司法》的立法宗旨

根据法律规定，我国公司法的立法宗旨可以分为以下三个方面：

1. 规范公司的组织和行为。

公司内的组织机构设置较为复杂，涉及各方当事人的利益关系，并对社会经济活动产生重要的影响，故对公司的组织与行为必须通过法律加以规范。《公司法》对公司组织机构的设置以及股东会、董事会、监事会、经理等高级管理人员的职权、义务、责任及相互关系，对公司的设立，股票与债券的发行，出资与股份的转让，公司的合并与分立、解散与清算等均作了详尽规定，建立了较为健全的制度。《公司法》的颁行，为在全国范围内规范公司的组织与行为提供了明确的法律标准与依据，使我国的现代企业制度可以在法律调整之下规范地建立起来，对市场经济体制的形成与完善起到重要的促进作用。

2. 保护公司、股东和债权人等利害关系人的合法权益。

公平维护各有关当事人的合法权益，是《公司法》的又一立法目的。在有关公司的活动中，主要涉及公司、股东和债权人三类主体的利益。《公司法》通过明确公司的法律地位，确认公司的法人财产权等规定，对公司的合法权益予以保障；通过明确规定公司股东的权利，设置股东会，确定其各项职权，赋予股东诉讼权利，对侵害股东权益的行为追究法律责任等方式，使股东的合法权益得以维护；同时，通过对公司债券发行，公司合并、分立与减少注册资本时债务的处理，以及对公司的破产、解散和清算等制度的规定，保护公司债权人的权益。《公司法》通过对有关当事人合法权益的确认与保障，进一步建立、健全公司的规范运行机制。

3. 维护社会经济秩序，促进社会主义市场经济的发展。

公司是市场经济的主要活动主体。在我国经济体制改革的过程中，曾多次出现滥设公司的现象。一些不具备公司设立条件的社会组织以公司的名义进行经营活动，严重地影响了社会经济秩序，损害了相关当事人的权益。为此，我国曾多次进行过公司的行政清理整顿工作，但效果并不理想，究其原因，就在于以行政手段采取“运动”的形式，是不可能解决在公司领域存在的法律问题的，只有通过公司立法，建立相应的法律制度，才能使公司的设立、组织、活动等规范化，才能建立正常的经济秩序。《公司法》的制定与实施，对规范公司的组织和行为，保障有关当事人的合法权益，维护社会经济秩序，促进社会主义市场经济的发展具有重要的意义。

根据公司法的立法宗旨，公司的社会作用主要是合理构造企业产权结构，建立科学、民主、高效的企业管理机制，同时可以聚集资本，发挥规模效益，促进资本的社会化、民主化。公司能够适应现代经济社会发展的要求，具有明确的产权关系、合理的法人治理结构和运行机制，能够很好地协调投资者（即股东）、债权人、经营者（即企业家）、职工、公司、社会等多方面的利益关系，为企业创造一个良好的发展环境。

公司制企业的权力与管理机构设立在企业内部（国有独资公司除外），从理论上讲，外部的行政权力等因素无法直接干涉企业的经营管理活动，国家作为股东时也要遵守公司的游戏规则，公司的权益能够较好地得到保障。在旧的国有企业中，国家以行政权和所有权人的双重身份行使所有权，其对企业的不正当行政干预往往是难以避免的。公司制企业在经营决策与股东的权利行使问题上，贯彻资本或股份民主平等、少数股权服从多数股权的原则。同时，多数股东不得滥用资本多数决原则损害少数股东的正当权益。公司在内部设有股东会、董事会、监事会及经理层，相互之间形成制衡关系，有利于公平保护股东权益及科学决策，还可以对经营者、职工实行股票期权、员工持股等激励机制，解决经营者代理、监督成本过高等问题。

我国《公司法》规定的公司均为股东承担有限责任的公司。实行股东有限责任的原则有利于公司合资经营，广泛筹集资金，迅速聚集强大资本发展事业，有利于资本自由流通，保证社会资源的优化配置，有利于保护股东财产的安全。但是，公司法人独立地位和股东有限责任的制度不能被滥用，否则，公司股东应当对公司债务承担责任，《公司法》第 20 条第 3 款对此作出专门规定。

综上所述，在《公司法》规定之下设立的公司制企业具备了产权明晰，权责明确，政企分开，管理科学，建立了健全的法人治理结构等特点，适应我国经济体制改革与现代企业制度建设的需要。

在传统上，公司法属于民商法的范畴，具有私法的性质。但是，自19世纪末、20世纪初以来，在世界范围内出现的“私法公法化”浪潮使公司法受到很大影响。现代公司法出现强调社会本位与公司的社会责任、强调国家对公司监管的趋势。在我国于2005年修订后的《公司法》中，更加重视对当事人意思自由的尊重，将原有的一些强制性规范修改为任意性规范，但是在涉及股东权利保护、组织机构规范设置与运行，以及董事、监事和高级管理人员的责任等方面仍然是以强制性规范为主。国家通过对强制性规范的制定介入、调控公司的活动，以维护社会公平，保障社会经济秩序。公司法是现代企业立法体系的主体法律，对我国的现代企业制度建设具有重要的意义。

三、企业和公司法的历史沿革

（一）企业和公司法的产生与发展

早期人类社会的生产经营活动主要是建立在自然人基础上，即以个人和家庭为单元主体进行的活动，与之相适应的组织形式则是个体经营与家族经营体。这些基于身份和血缘关系建立的经营体，往往受其他社会关系影响较大，难以建立健全的组织与规范的运作规则。随着生产力的发展，这些组织形式难以适应大规模经济活动的需要。于是，各种由自然人组成而又超越于自然人之上的经济组织便逐步应运而生，得到充分发展，调整这些经济组织的法律也随之产生，并日益完善。目前，在调整企业经济组织的法律中，法人制度是重要的基础制度，而企业和公司法则是其中最为重要的法律部门。

通常认为，近代企业发源于中世纪欧洲地中海沿岸。当时的威尼斯、佛罗伦萨、热那亚、比萨等城市商业复兴、贸易发达。随着商品经济的迅速发展，需要新的经济组织形式以解决当时贸易，尤其是海上贸易面临的资本集中和风险分担问题，由此出现了近代企业的一些雏形形态。尽管这些企业个别的历史雏形，有的可以追溯到罗马时代甚至更早时期，但其对近代企业制度建立的影响却是在中世纪商业复兴、商品经济发达之后才具有实际意义。

1. 船舶共有。船舶共有，或源于继承，或源于契约。以船舶从事海上贸易，需要集中大量资金且风险很大。船舶共有能够适应人们资本集中和风险分担的需要，遂被普遍采用，并逐渐形成一种固定的企业形态。这种企业形式后来成为股份公司的雏形。

2. 康枚达契约。康枚达具有委托的含义，其最初性质是对从事经营间歇性且高风险交易的贫穷商人的一种变相高利贷。依康枚达契约，贷款者即委托人将金钱或货物委托给经营海商事业的贫穷商人，通常为船舶所有人，由受托人进行海上贸易。获利时双方按约定方法分配，通常贷款者得到3/4，借款者得到1/4。在发生损失时，借款者必须承担无限责任，贷款者即委托人不能要求归还其委托的财物，即仅以出资为限承担债务与风险责任。之后，双方当事人的关系由借贷逐步转化为投资，利润分配比例一般也改为2/3与1/3，损失分担则与原来相同，由此形成一种较为稳固的企业形态。后来，一些合伙组织为吸收投资、扩展经营规模，也仿照康枚达的形式，吸收不参与经营、对合伙债务仅承担有限责任的投资人加入。由此，逐步形成两合公司或有限合伙的雏形。

3. 家族经营体。个人经营的经济事业因后代子孙的共同继承而逐步形成家族经营体。家族经营体的成员最初仅限定于家族成员之间，之后随着经济发展对资本集中与经营的需要，逐渐扩展到家族成员之外形成合伙，并随着合伙人身份因素的弱化，逐步形成无限公司。

学者对现代的企业、公司到底源自何种形式观点不同。有的学者认为，企业、公司起源于家族经营体；有的学者认为，企业、公司起源于海上贸易中的船舶共有、康枚达；也有的学者认为，企业、公司是在多种原始企业形式共同作用和影响之下发展形成的。

随着资本主义经济的迅速发展，公司等现代企业制度也得以产生并得到长足发展，逐步得以完善、规范、成熟。17世纪初期，欧洲一些沿海国家，如荷兰、英国、法国、瑞典、挪威等在世界各地建立了许多殖民地，设立大量专门从事海上贸易的殖民公司，如有名的英国东印度公司和荷兰东印度公司。所谓殖民公司，是指经国王或政府特许批准设立，在海外特定地区取得从事贸易的垄断权，并代行部分政府行政权力的贸易组织。一些殖民公司不仅设立地方行政和司法机关，甚至组建军队以维护其统治。殖民公司最初设立时有两种类型，一类是具有同业行会性质的合组公司，另一类则是合股公司。① 最初的合股公司，如英国东印度公司，只有船舶是股东共有的，经营资本仍归各股东个人所有，类似于合伙。后至1612年时，合股公司股东入股的出资才成为公司的资本，属于公司财产，而公司则成为拥有意思表示机关、具有自己统一意志的组织。公司由董事会统一经营管理，股东按其所持股份分享利润、分担损失，并可以自由转让股份。英国和荷兰的东印度公司都是合股公司。因合股公司的组织形式更适宜集中资本、协调关系、垄断经营，遂为人们广泛采用，成为主导形态。合股公司便是现代股份公司的前身。

---

① 参见史际春等著：《企业和公司法》，35页，北京，中国人民大学出版社，2001。

对现代股份公司起源，存在两种不同的观点。欧陆国家的学者大多认为，股份公司起源于荷兰的东印度公司；而英美国家的学者通常则认为，股份公司起源于英国的东印度公司。据考证，荷兰东印度公司是在1602年由经营马来群岛贸易的几家公司合并组建，当时已经形成共同经营的实体。所以，现代股份公司起源于17世纪初的荷兰东印度公司的说法比较符合历史事实。

公司制度最早在法律上得到确认是在1807年的《法国商法典》中。该法典首次从法律上规定了股份有限公司、股份两合公司等企业形态，并明确规定股份有限公司的股东可以仅以其出资对公司债务承担有限责任。1855年制定的《英国有限责任法》中也规定了公司股东可以承担有限责任的原则。在主要资本主义国家的立法中确立了公司人格与财产独立的法人制度以及股东有限责任制度之后，现代企业的基本制度便得以建立。

此后，德国于1892年4月20日颁布了《德国有限责任公司法》，使有限责任公司成为一种新的企业组织形式。有限责任公司的形式更适宜中小企业的投资者采用，可以使他们也享受到有限责任的利益，有力地促进了社会投资与经济发展。世界其他国家也纷纷仿效德国，立法建立有限责任公司制度，如葡萄牙、奥地利、法国、日本、英国等国家。至此，现代企业的主要组织形式均得以通过立法顺利建立，现代企业法的基本体系也得到确立。

（二）我国企业和公司法的产生与发展

我国历史上曾长期处于封建社会，在自给自足的农业自然经济模式下不存在现代意义上的企业。清朝末年，资本主义列强通过鸦片战争打开了中国的门户，外商纷纷进入中国投资建立企业，如广州柯拜船坞、汇丰银行、旗昌轮船公司等，形成中国历史上最早的一批近代企业。而后，清政府开展了洋务运动以求自强，出现了官办企业、官督商办企业、官商合办企业，如江南制造总局、轮船招商公司、上海机器织布局、中国通商银行等。在“甲午战争”以后，中国民族资本得到发展，民办企业大量出现。国外的各种企业组织形式传入中国，并在实践中得到广泛采用。

为了适应经济发展的需要，清政府于1904年1月21日颁布了《商人通例》和《公司律》，合称《钦定大清商律》，这是中国近代企业和公司法的开端。《商人通例》共有9条。《公司律》则分11节，共有131条。《公司律》规定了合资公司（相当于无限公司）、合资有限公司（相当于有限责任公司）、股份公司（相当于股东承担无限责任合股公司）、股份有限公司四种形式。在《公司律》颁行之后，清政府在其基础上继续修订商律，于1910年编成《大清商律草案》，分为“商法总则”和“公司律”两编。其中“商法总则”共有

88条，“公司律”共有334条，内容较为完备。但该草案未及议决通过，清王朝即告灭亡。

中华民国成立之后，立法不及，故北洋政府于1912年3月通令宣布，前清施行的法律，凡与民国国体不相抵触者均暂时沿用，《公司律》遂暂得以继续沿用。1914年，农商部在《大清商律草案》的基础上修订成《商人通例》和《公司条例》颁布施行。《公司条例》共有251条，规定了无限公司、两合公司、股份有限公司和股份两合公司四种公司形式。1927年，南京国民政府成立后，着手制定《公司法》，并于1929年12月26日颁布、1931年7月1日起施行。该法规定的公司类型与原《公司条例》相同。在抗日战争胜利之后，国民党政府修订《公司法》，并于1946年4月12日公布施行。修订后的《公司法》有10章，共有361条，规定了无限公司、两合公司、有限公司、股份有限公司、股份两合公司以及外国公司等内容。该《公司法》经多次修订后，现仍在我国台湾地区沿用。

中华人民共和国成立之后，中央人民政府宣布废除旧法统，废除了国民党政府颁行的所有法律，包括《公司法》等企业立法，但对历史上已有的一些企业组织形式、基本制度等，则在实践中以及之后的立法中予以一定程度的承认。

在社会主义国家中，尤其是在我国，企业法的产生和发展具有与资本主义国家不同的进程。企业法不是在原有民商法的基础上产生并发展的，而是适应社会主义国家公有制的经济体制，在国家运用行政干预直接调整企业关系的基础上产生并发展起来的。企业法的发展与国家政治、经济体制状况密切相关。在社会主义国家进行经济体制改革，由计划经济体制向市场经济体制转变的过程中，企业法也受其影响，在原则、体系、内容等方面都发生重大变化，并在对企业法律关系的调整中起着日益重要的作用。

在新中国成立前后，中央人民政府通过将官僚资本的企业、公司收归国有，建立了全民所有制即国有企业的基础。新中国成立后，为恢复国民经济，鼓励私营经济发展，中央人民政府于1950年12月29日颁布了《私营企业暂行条例》。该条例共有32条，规定私营企业可以采用无限公司、有限公司、两合公司、股份有限公司、股份两合公司等公司形式。次年又颁布了《私营企业暂行条例实施办法》，以利于《私营企业暂行条例》的执行。为对私营工商业进行社会主义改造，中央人民政府又于1954年颁布了《公私合营工业企业暂行条例》。在我国完成对私营经济的社会主义改造之后，私营企业与公私合营企业便不复存在，中国只剩下全民所有制企业与集体所有制企业这两种公有制企业了，上述法规实际被废止执行。

在全民所有制企业产生后，我国在计划经济体制下逐步形成中央和地方按条块分割的全民所有制企业管理体制。1957年，国务院发布了《关于改进工业管理体制的规定》和《关于改进商业管理体制的规定》，实行中央与地方分权，一些中央直属企业交由地方管理。在“大跃进”后的经济调整中，又强调中央适当集权，一些地方企业又收归中央各部直属。几经反复，中共中央于1961年制定颁行的《国营工业企业工作条例（草案）》（简称《工业七十条》），最终确认了国有企业条块分割、条块内部多头领导的管理经营体制。该条例成为我国在“文化大革命”前调整全民所有制企业的基本规范文件。据统计，新中国成立后至“文化大革命”前中央颁布的有关企业方面的条例、规则、决议、指示、命令等规范性文件有一百多项，其中一部分是以中国共产党的名义或党和政府的联合名义发布的，在当时党政不分的社会环境下，起到一定的法律调整作用。

在我国对农业和手工业实行社会主义改造以后，城乡集体所有制或合作制经济组织也得以建立起来。在农村，集体经济以人民公社为主体，并设有供销合作社和信用合作社。20世纪70年代初期前后，在农村又出现了大量的社队企业。在城镇中，集体企业有“大集体”和“小集体”之分。所谓“大集体”企业，是指隶属于城市二轻局、二商局系统或手工业合作联社系统的集体企业，主要由个体工商业在社会主义改造中成立的合作社以及50年代初城市中由群众创办和国家机关中设立的合作社发展而来。这些企业在管理系统内统负盈亏，仿照国营企业的经营管理体制，实行统一的工资标准。所谓“小集体”企业，是指由市辖区、街道、单位设立或管理的自负盈亏的集体企业，主要由“大跃进”中及“文化大革命”中各单位职工家属创办的街道工厂、家属工厂和生产组等发展形成。

在“文化大革命”中，我国本不健全的法制遭到彻底破坏，原有的企业法规、政策体系亦不复存在。在“文化大革命”之后，中共十一届三中全会确立了健全社会主义民主、加强社会主义法制、改革开放的方针，在农村实行家庭联产承包责任制、在城市实行扩大企业经营自主权的改革。国务院于1979年颁布了《关于扩大国营工业企业经营管理自主权的若干规定》、《关于国营企业实行利润留成的规定》等五项企业改革试点文件，并于1980年发布了《关于推动经济联合的暂时规定》等文件。与此同时，开始进行国有企业立法工作。1983年，国务院颁布了《国营工业企业暂行条例》，这是新中国成立后关于国有企业的第一个比较系统的行政法规。

1984年10月，中共十二届三中全会作出《中共中央关于经济体制改革的决定》，明确提出“所有权和经营权可以适当分开”即“两权分离”，推行承包、租赁等所有权与经营权分离方式的国有企业改革，希望借此使国有企业能够成为自主经营、自负盈亏的社会主义商品生产者和经营者。国务院于1988年2月27日发布《全民所有制工业企业承包经营责任制暂行条例》，于1988年5月18日发布《全民所有制小型工业企业租赁经营暂行条例》等文件。这些改革措施在实施初期起到了提高企业经济效益的效果，但随之也暴露出企业行为短期化、负盈不负亏等严重问题。由于承包、租赁使国有企业与政府的关系被个别契约化，"人治"意味颇浓，反而削弱了企业经营权的法定性质，也使一些政府机关借承包、租赁合同得以合法地对企业进行行政干涉，企业和职工的权利、义务、利益、责任并没有得到法律的确认与保护。所以，以此作为企业改革的方向受到质疑，人们开始关注从企业产权制度方面进行改革的问题。

与此同时，全民所有制企业的立法工作也在抓紧进行。1985年，《全民所有制工业企业法（草案）》被提交第六届全国人民代表大会常务委员会审议，并公开登报向社会各界征求意见。1988年4月13日，第七届全国人民代表大会第一次会议通过并颁布了《全民所有制工业企业法》，自同年8月1日起施行。《全民所有制工业企业法》确认了全民所有制企业经营权的法定性质，逐项规定了全民所有制企业的权利与义务，确定厂长经理负责制、职工代表大会制等管理制度，为全民所有制企业在当时改革背景下的规范运作提供了一定的法律基础。

为了发展集体经济、进行集体所有制企业的改革，国务院于20世纪80年代初颁布或批转了《关于城镇集体所有制经济若干政策问题的暂行规定》、《关于城镇劳动者合作经营的若干规定》和《关于轻工业集体企业若干问题的暂行规定》等文件，明确了城镇集体所有制企业应恢复合作性质，强调要按集体经济的性质和特点办集体企业。国务院于1990年5月11日通过、同年9月1日起施行的《乡村集体所有制企业条例》，以及1991年6月21日通过、次年1月1日起施行的《城镇集体所有制企业条例》，均是有关集体企业的重要行政法规。而后，国家体制改革委员会还于1997年发布了《关于发展城市股份合作制企业的指导意见》，以规范和发展城市股份合作制集体经济。

随着经济体制改革的深入，我国开始在企业产权制度方面进行股份制改革试点，建立产权多元化、运作规范的公司型企业。自1985年起，国务院开始组织公司法的立法起草工作。1992年，全国人民代表大会常务委员会法制工作委员会接手公司法的起草工作。为规范实践中的股份制改革，国家体制改革委员会等部门于1992年6月联合下发了《股份制企业试点办法》、《股份有限公司规范意见》和《有限责任公司规范意见》等十五项规范性文件，首次制定了全国统一的公司制度。1993 年 12 月 29 日，第八届全国人民代表大会常务委员会第五次会议通过了《公司法》，该法自 1994 年 7 月 1 日起施行。此后，《公司法》于 1999 年、2004 年进行了两次小幅修订。2005 年 10 月 27 日，第十届全国人民代表大会常务委员会第十八次会议对《公司法》进行了大幅修订，修订后的《公司法》于 2006 年 1 月 1 日起施行。现《公司法》共有 13 章，219 条，规定了公司的种类，股东权利，公司的设立、变更与终止，公司的组织机构，股份发行和转让，公司董事、监事、高级管理人员的资格和义务，公司债券，外国公司的分支机构，法律责任等问题，是我国最为重要的一部企业法律。

为发展私营经济、规范私营企业，使私营经济真正成为我国经济的重要组成部分，1997 年 2 月 23 日，第八届全国人民代表大会常务委员会第二十四次会议通过了《合伙企业法》，自 1997 年 8 月 1 日起施行。后在进行大幅修订后，新的《合伙企业法》于 2006 年 8 月 27 日颁布，于 2007 年 6 月 1 日起施行。1999 年 8 月 30 日，第九届全国人民代表大会常务委员会第十一次会议通过了《个人独资企业法》，自 2000 年 1 月 1 日起施行。

现在，我国已经形成了以《公司法》、《合伙企业法》、《个人独资企业法》为主，以其他企业法为辅的市场模式的企业和公司立法体系。

复习思考题

1. 什么是企业？企业具有哪些特征？

2. 分析企业与公司、法人、工厂概念的关系与区别。

3. 试述企业的分类及其在法律上的意义。

4. 试述企业法的概念与特征。

5. 什么是公司？公司具有哪些法律特征？

6. 如何理解公司与合伙企业、个人独资企业的区别？

7. 以公司资本结构和股东对公司债务承担责任的方式为标准，可以对公司作出哪些分类？

8. 什么是资合公司、人合公司和资合兼人合公司？它们的区别是什么？

9. 如何理解母公司与子公司、本公司与分公司的关系？

10. 我国公司法中的股份有限公司与有限责任公司有哪些区别？

11. 如何理解公司法的性质？

第二编 公司法

第二章

股东与股东权

第一节　股东概述

一、股东的概念与分类

（一）股东的概念

股东的概念，可以从实质意义与程序意义两个方面理解。从实质意义上讲，股东是向公司出资并对公司享有权利和承担义务的人。① 从程序意义上讲，凡在公司股东名册上登记姓名者即为公司股东，但持有股份有限公司无记名股票者股东资格的确认，仅以股票持有为证。股东名册的登记是公司对股东投资行为的一种法律确认形式。除有相反证据者外，股东名册为证明股东资格的公司文件。但对第三人而言，公司工商登记文件中公示记载的股东即为公司的股东。

我国的有限责任公司与股份有限公司的基本特征相同，其中以股份有限公司股东权表现得最为典型，所以，在以下论及股东与股东权时，在未指明的情况下，一般都是以股份有限公司的普通股东及其权利为例。

① 参见范健主编：《商法》，155 页，北京，高等教育出版社，2002。

（二）股东的分类

股东以其所持股份的权利性质不同，可以分为优先股股东、普通股股东和劣后股股东。

股东以其持股的目的不同，可以分为以控制公司经营权为目的的控制即经营股东、以投资为目的的投资股东和博取股票市场差价为目的的投机股东（主要存在于上市公司）。

根据股东资格的取得方式不同，股东分为原始股东与继受股东。原始股东，是指在公司成立或公司新增发股份时认缴出资而成为公司股东者。继受股东，是指在公司成立后，因受让、继承、受赠以及公司合并等方式取得公司股份的股东。在我国，两类股东权利基本相同，但在义务方面存在一些差异。公司成立时的原始股东是公司的发起人，在公司成立之后，仍要承担发起人的义务，如出资不实时的填补义务等。

二、股东资格的取得与丧失

股东资格的取得有原始取得与继受取得两种方式。原始取得，是指以认购公司股份的方式取得股东资格，包括在公司设立时取得和在公司发行新股时取得两种情况。继受取得，是指因买卖、继承、赠与、交换、企业合并等方式取得股东资格。

股东资格的丧失分为绝对丧失与相对丧失两种情况。绝对丧失，是指因赖以取得股东资格的股份消灭而丧失股东资格，如公司终止、股份注销或股份失效等情形。相对丧失，是指因股份的转让而丧失股东资格，如买卖、继承、赠与等情形。

为鼓励投资、发展经济，各国公司法对股东的资格一般不加限制，但某些特别情况除外。如公司一般不得持有本公司股票、成为自己的股东。一些国家还禁止母子公司相互持股，或限制公司互持股份的比例。此外，立法对发起人股东的资格往往限制较多，如须为完全民事行为能力人等。我国的法律、政策规定，党、政、军、警、司法机关等国家机关不得办公司，即不得成为公司股东；国家公务员、一定级别领导干部的配偶与子女等法律、政策规定禁止或限制的人员不得成为股东或特定范围内公司的股东。

三、股东资格的认定

（一）股东资格认定的一般原则

从实质意义上讲，凡向公司出资者即可认定具有股东资格。但股东的出资关系必须外在化能为人们所识别，所以，认定股东资格首先要根据外观证据文件即形式证据进行。

在通常情况下，股东资格的取得，经过签署公司章程、缴付出资、记载于股东名册、进行公司登记、取得出资证明书等一系列过程。作为股东资格的外在表现，主要体现在三项法律文件中，即股东名册、公司章程和公司登记文件。这三项法律文件性质不同，对股东资格的认定意义也有所不同。

股东名册是由公司依法制作并置备于公司的记载股东情况的簿册。各国公司法均要求公司置备股东名册。股东名册对股东资格的认定具有权利推定的法律效力，凡登记于股东名册者即可据此主张具有股东资格，而否认其股东资格者则必须承担举证责任。但股东名册仅具有推定的证明力，在有相反证据的情况下，股东名册的登记可以被变更。股东名册未记载者，不一定就不是股东。因为可能存在公司未置备股东名册、拒不作股东登记、股东名册登记错误或未及时作股东名册的变更等情况，不能因此就彻底剥夺真实股东的资格。若真实股东未被载入股东名册，可以请求人民法院强制公司办理股东名册的变更登记。由于股东名册是由公司制作的，所以，通常认为，在没有相反证据的情况下，股东名册的登记具有对抗公司的效力。出资证明书的发放与记载往往是与股东名册的登记相衔接的，其证明力与股东名册基本相同。

章程是公司最为重要的文件。《公司法》第 11 条规定：设立公司必须依法制定公司章程。公司章程对公司、股东、董事、监事、高级管理人员具有约束力。在有限责任公司的章程中应当载明股东的姓名或者名称，股份有限公司因为股东可能人数众多，且可以发行无记名股票，所以，立法不要求其章程载明所有股东的姓名或者名称，但是应当载明发起人的姓名或者名称。据此，对有限责任公司而言，其章程也可以作为确认股东资格的法律文件。不过章程作为公司内部的文件，只能约束公司、股东、董事、监事、高级管理人员，不能约束其他第三人。此外，由于章程的修改需要经过法定程序，有可能与公司股东的即时实际情况发生时差，所以，其作为确认股东资格法律文件的证明力显然不如股东名册。

工商登记文件是确认股东资格的重要文件。《公司法》第 6 条规定：设立公司，应当依法向公司登记机关申请设立登记。符合本法规定的设立条件的，由公司登记机关分别登记为有限责任公司或者股份有限公司。需要注意的是，工商登记仅仅是对公司的有关事项包括股东的姓名或者名称加以记录，而并非是对股东权或股东资格的创设，所以，其主要起到将公司已有事实向第三人进行具有公信力的公示的作用，即对第三人可以起到从外观上识别股东的作用。《公司法》第33条规定：公司应当将股东的姓名或者名称及其出资额向公司登记机关登记；登记事项发生变更的，应当办理变更登记。未经登记或者变更登记的，不得对抗第三人。公司登记机关对股东资格的登记，依赖于对股东姓名或者名称的登记以及对公司章程等文件的备案归档。据此，记载于公司登记机关的有限责任公司股东的姓名或名称，尚不能作为确认股东资格的充分条件，也不能以无工商登记便彻底否定真实股东的资格，但可以在证明股东资格上起到对抗第三人之外观证据的作用，其法律效力主要体现为公示和公信效力。所以，第三人有权信赖工商登记的真实性，即使登记确有瑕疵，善意第三人仍可以按照商法外观主义的原则认为公示的登记是真实的，并据此要求登记股东承担相应的法律责任。由此，工商行政管理机关对股东的登记在涉及股东与公司、股东之外的第三人的争议中，对于股东资格的认定具有关键性意义。

当上述文件中有关股东资格的内容发生冲突时，应依据哪项文件认定股东资格，或者哪项文件的证据效力更为优先，这是在司法实践中必须解决的问题。从形式证据上讲，在股东名册与公司章程或工商登记等文件中登记的股东情况不一致时，股东名册具有更为优先的证据效力，也就是说，在股东之间确认资格原则上应当以股东名册的记载为准。但是，由于在实践中也会出现股东名册记载不正确，甚至公司根本就未设置股东名册的情况，这时就需要根据实质证据作出判断，错误的股东名册记载可以被推翻。为此需要查明当事人之间有无特殊约定（如委托持股协议）、股东的出资情况、在公司中的权利实际行使情况（如股东会的出席情况、股利分配情况等）、公司及其他股东对实际股东的知悉情况等，据此作出股东资格的判断。

（二）隐名股东问题

由于隐名投资的方式能够适应某些人的特殊情况，规避法律、法规对投资主体、投资行业、市场准入制度等方面的限制（如规避我国旧《公司法》禁止设立一人公司或股东人数须在50人以下的规定），或可以利用国家优惠政策等实现当事人的一些特殊利益，从而被人们所采用，由此导致隐名股东的出现。所谓隐名股东，是指实际向公司出资并应享有股东权利，但未记载于公司股东名册、公司章程以及公司工商登记中的投资者，与此相对应的概念便是显名股东。"隐名"，是指不通过公开法律文件对外显示其投资者身份。由于隐名股东在公司与工商登记等法律文件中未显现其股东身份，所以，其股东权利有时只能依赖显名股东出面代为行使，一旦双方就股东身份与权利问题发生纠纷，必然引发确权诉讼。

《公司法》对隐名股东问题未作规定，即无禁止性规定。最高人民法院虽然曾在 2003 年 12 月向社会公布《关于审理公司纠纷案件若干问题的规定（一）征求意见稿》（以下简称《征求意见稿》），其中规定了隐名投资问题，但后来该文件因让位于《公司法》的修订，未继续制定出台。在司法实践中，有的地方高级人民法院，例如江苏、上海等，根据审判经验总结了若干审理隐名投资问题的原则，以内部文件的形式下发，用于指导本地区法院的审判工作。

根据公司法的理论与实际审判经验，处理隐名股东资格纠纷应遵循以下原则：

1. 由于在经济生活中存在隐名投资的客观需要，而立法亦未禁止隐名投资，所以，不能对隐名投资行为完全不予承认。但隐名投资行为不得违反法律的强制性规定，即以规避法律强制性规定为目的的隐名投资人不得被确认为公司股东，如违反立法有关股东身份禁止性规定的隐名投资人。

2. 确认隐名股东的资格，主要依据当事人之间的隐名投资协议。确认隐名股东具有真实股东资格的关键性文件是其与显名股东签订的隐名投资协议。如果双方约定，一方实际出资，另一方以股东的名义参加公司，且约定实际出资人为股东或者承担投资风险的，可以认定隐名股东为真实股东。如果虽然一方实际出资，另一方以股东的名义参加公司，但双方未约定实际出资人为股东或者承担投资风险，且实际出资人亦未以股东身份参与公司管理或者未实际享受股东权利的，双方之间不应认定为隐名投资关系，应依债务关系处理。隐名投资协议只在隐名股东和显名股东之间有效，不能对抗公司、公司其他股东和公司之外的善意第三人，隐名投资协议的存在不影响他人根据公司工商登记材料、股东名册、公司章程的记载对显名股东之股东资格的确认。

3. 由于有限责任公司具有一定的人合性，成为公司股东需要其他股东的同意，所以，确认有限责任公司隐名股东的资格，还应当考虑到其他股东的态度，通常应当以公司半数以上其他股东明知或不反对隐名股东作为公司股东，而且公司认可其以实际股东身份行使权利作为条件。但对股份有限公司隐名股东资格的确认不需要考虑这一条件。

4. 在当事人无隐名投资协议的情况下，确认隐名投资者具有股东资格至少需要同时满足以下条件：第一，有实际出资行为。隐名投资者为参加公司，有明确的以成为股东为目的的实际出资行为。第二，其他股东的同意。除显名股东外的其他股东须有半数以上明知并不反对隐名投资者成为股东。第三，隐名股东实际行使股东权利，即得到公司的认可。隐名股东实际行使股东的股利分配权、股东会的参加权、重大经营决策权等权利，公司也已经认可隐名投资者的股东身份并且同意其行使股东权利。第四，隐名投资行为合法，即隐名投资行为无违反或规避法律强制性规定的情形。

此外，在隐名股东与显名股东因股东资格发生争议时，隐名股东不能依据隐名投资协议直接向公司主张权利，只能向法院提起确权诉讼，并依据法院的判决变更所有涉及股东资格的法律文件。

在司法实践中，确认隐名股东具有真实股东资格的关键性文件是其与显名股东的隐名投资协议。隐名股东缴付出资与否，与其是否具有股东资格并非是完全对应的关系。未履行出资义务的股东负有补缴出资的义务，并不因未缴付出资而必然否认其股东资格，而且通过继承、赠与、合并等原因无偿或者继受取得股东资格者也无须实际缴付出资。所以，只有综合考虑与股东资格有关的各种因素，才能对隐名股东股东资格的确认作出正确的判断。

四、股东与公司、股东之间关系的原则

在股东与股东之间、股东与公司之间，贯彻两项基本原则：第一，股东平等原则；第二，股东有限责任原则。

（一）股东平等原则

1. 股东平等原则的内容。

股东平等原则，是指公司股东一律平等，即股东按照其股东身份及所持股权（份）的性质和数额平等地享受权利，除非该股东明确自愿接受不平等的待遇。股东平等原则，既包括股权（份）平等的形式平等要件［亦称股权（份）平等原则］，也包括股东之间应当维持公平关系的实质平等要件。

股东平等原则体现的平等，不是绝对、形式的平等，而是相对、实质的平等。股东平等原则并不笼统地禁止在所有股东之间的不平等待遇，而是禁止那些无法律或章程依据、无正当理由的不平等待遇。例如，持有股份有限公司优先股的股东与持有普通股的股东在股利分配等方面的待遇不平等，但这是有法律与合同依据的。再如，股东新股认购优先权的行使有时取决于股东的财力状况，但在机会平等的情况下，由于股东个体能力差异而出现的结果不平等，不违反股东平等原则，除非存在恶意利用的情况。此外，《公司

法》允许股东在公司章程中规定股东之间的不平等待遇，《公司法》第 35 条规定，有限责任公司“股东按照实缴的出资比例分取红利；公司新增资本时，股东有权优先按照实缴的出资比例认缴出资。但是，全体股东约定不按照出资比例分取红利或者不按照出资比例优先认缴出资的除外”。《公司法》第 167 条第 3 款规定，股份有限公司的利润“按照股东持有的股份比例分配，但股份有限公司章程规定不按持股比例分配的除外”。

一般而言，除违反法律的强制性规定，违反股东平等原则的行为并不一定绝对、当然的无效，例如，经过受行为不利影响的股东同意可为有效。对未经受行为不利影响股东同意的违反股东平等原则的行为，受损害的股东可以对相关的股东（大）会决议、董事会决议等提起无效或撤销之诉。

从股东的具体权利而言，股东平等又可以分为绝对平等权利与相对平等权利。所谓绝对平等权利，是指依股东身份对公司享有的权利，股东持股之多少与权利的产生和行使无关，如股东（大）会参加权、股份转让权等。所谓相对平等权利，是指按照股东持股数额对公司享有的权利，股东持股多少，关系到权利的产生与否和行使权利的大小，如股东（大）会表决权、股利分配权、剩余财产分配权、新股认购优先权等。其中，有些股东权利的行使，必须达到法定的持股最低比例、持股期间，或符合特定的持股时间，如股东提案权、股东（大）会召集请求权、代表诉讼提起权等。

2. 禁止滥用股东权利原则。

《公司法》第 20 条规定，公司股东应当遵守法律、行政法规和公司章程，依法行使股东权利，不得滥用股东权利损害公司或者其他股东的利益；公司股东滥用股东权利给公司或者其他股东造成损失的，应当依法承担赔偿责任。

公司是资本型企业，实行股权（份）平等的原则，持有股权（份）多者在公司事务上便享有更多的决定权，这就是资本多数决原则。这就可能出现公司股东，尤其是控股股东（或实际控制人）滥用资本多数决原则，滥用对公司控制权，进行恶意关联交易等活动，损害公司、其他股东利益的情况。

根据《公司法》的规定，控股股东，是指其出资额占有限责任公司资本总额 50%以上或者其持有的股份占股份有限公司股本总额 50%以上的股东；出资额或者持有股份的比例虽然不足 50%，但依其出资额或者持有的股份所享有的表决权已足以对股东（大）会的决议产生重大影响的股东。实际控制人，是指虽然不是公司的股东，但通过投资关系、协议或者其他安排，能够实际支配公司行为的人。

对资本多数决原则的滥用，法律必须加以规制，否则公司制度就无法维持。控股股东或实际控制人滥用资本多数权利的方式主要有两种：一是利用控制权，使股东（大）会直接表决通过损害公司或者其他股东利益的相关决议；二是通过其选任、指派或控制的董事、监事、经理等高级管理人员的经营管理活动，间接地实现其损害公司或者其他股东利益的目的。此类违法行为在许多国家均有发生，例如，故意拒绝或拖延发放股利；为董事、经理等高级管理人员提供不合理的高薪与待遇；以公司资金为控股股东或实际控制人贷款、担保；高价购买、租用控股股东或实际控制人的财产，或低价向其出售或出租公司财产；抢占公司有利的商业机会；任意罢免中小股东出任或选任的董事、监事、经理等高级管理人员；在中小股东无力认购新股的情况下恶意增资，以降低其持股比例；拒绝向中小股东披露或及时披露公司的重要信息；利用恶意兼并、短期合并、操纵股价等方式将中小股东排挤出公司；董事、监事、经理等高级管理人员有违法行为、损害公司利益时拒不追究其责任等。在我国的实践中，主要表现为控股股东或实际控制人让公司为自己提供担保，占用公司资金，利用关联交易转移公司资源等。

禁止股东滥用权利，尤其是滥用资本多数决原则的法理依据在于，控股股东通过表决权的行使使其个别意思与利益追求外化为公司的行为，而据此行动的结果能够处分属于公司的其他少数股东的财产，并影响其利益，所以，应当予以约束。表决权的性质决定其对公司和其他股东必然产生利益影响，所以，考虑公平维护公司和其他股东利益，是控股股东行使表决权时应当承担的义务。在公司等社团组织中，表决权的设置即蕴涵着因介入公司利益和其他股东利益而产生的诚实信用义务，所以，表决权不得被滥用，这也是公司其他股东能够在对公司无控制力的情况下与控股股东共同组建公司的信用基础。禁止股东滥用权利对股东平等原则的真正实现具有预防和保障作用，明确禁止滥用资本多数决原则，并救济中小股东因此受到的利益损害，有利于规范处理股东与股东之间、股东与公司之间的关系，保障公司制度设置目的之实现。

为规制关联交易，《公司法》第 21 条规定：公司的控股股东、实际控制人、董事、监事、高级管理人员不得利用其关联关系损害公司利益。违反前款规定，给公司造成损失的，应当承担赔偿责任。

关联关系，是指公司控股股东、实际控制人、董事、监事、高级管理人员与其直接或者间接控制的企业之间的关系，以及可能导致公司利益转移的其他关系。但是，国家控股的企业之间不仅仅因为同受国家控股而具有关联关系。利用关联关系损害公司利益的行为，主要是通过关联交易等形式进行的。关联交易，是指公司及其下属控股企业与公司控股股东等关联方之间在生产经营、资产交易、投资、债务等方面发生的交易。关联交易的形式主要包括：(1) 购销商品；(2) 买卖有形或无形资产，收购兼并；(3) 提供或接受劳务、代理、租赁、管理方面的合同（如委托经营）等；(4) 提供资金、许可协议；(5) 担保抵押；(6) 研究与开发项目的转移；(7) 关键管理人员报酬；(8) 合作投资建立企业、开发项目等。

在市场经济中，企业，尤其是企业集团内部成员之间发生一些关联交易是正常的现象。关联方之间的交易可以降低交易成本，提高效率，保障交易安全。另一方面，关联交易关系过重，会影响公司的经营独立性，增加经营风险，还可能使控股股东、实际控制人、董事、监事、经理等高级管理人员利用对公司的控制，扭曲交易条件，转移利润，侵害中小股东及债权人的权益，或者粉饰公司经营和财务状况，制造虚假信息，欺骗投资者。所以，公司应当规范其关联交易。

对关联交易，公司应当遵循市场公正、公平的原则加以规范，例如，签订综合服务协议（关联交易合同），规定关联交易市场定价的原则，并在公司章程中规定关联交易的特别批准程序与信息披露制度。股东（大）会、董事会对有关关联交易进行表决时，应严格执行法律与公司章程规定的关联人回避制度。

禁止股东滥用权利不是要剥夺、限制控股股东对公司正当的控制权，矫枉也不能过正，否则同样会对公司制度造成危害。

（二）股东有限责任原则

1. 股东有限责任原则的内容。

《公司法》第 3 条第 2 款规定：有限责任公司的股东以其认缴的出资额为限对公司承担责任；股份有限公司的股东以其认购的股份为限对公司承担责任。此规定确立了公司的独立法人人格以及股东有限责任原则。

股东有限责任原则，是指在特定的公司组织形式下，股东仅以认缴或缴纳的出资额为限对公司承担责任。当股东仅以其全部财产中的一部分限定财产承担对公司的责任时，即为有限责任。公司法中的股东有限责任，是指股东对公司的责任，而不是股东对公司债权人的责任。因为股东与公司具有不同的人格，公司对其债务承担独立责任，一般而言，股东与公司债权人并不直接发生法律关系。

有限责任制度是对股东投资的风险锁定与再分配机制，它将公司经营损失超过股东投资部分的风险，通过立法强制转嫁由债权人承担，从而使债权人负担起对债务人信用状况与偿债能力更积极与沉重的监督责任。有限责任制度具有重要的社会功能与经济价值。美国哥伦比亚大学校长巴特勒认为，

“有限责任公司是当代最伟大的发明，其产生的意义甚至超过了蒸汽机和电的发明”。在无限责任制度下，股东要以自己的全部财产对其投资的每一个企业的全部债务负责，巨大的经营风险限制了人们的投资积极性与投资能力。而有限责任制度则通过对投资风险的有限化和预定化，减少和转移股东的风险，对鼓励投资、集合资本起到极大的推动作用。此外，无限责任的巨大风险迫使出资人不得不对企业亲自管理，对企业和其他股东或管理者进行严密的监督，以避免损失发生。在有限责任制度下，投资的多样化、分散化和股份的自由转让，使投资者的风险减小、转移，降低了交易成本，实现了产权结构的优化，加之众多的投资者不可能都直接参加公司的经营管理，转而又有力地推动了所有权与经营权的分离，进一步促进现代企业制度建立。

《公司法》的此项规定适应修订立法时公司资本制度向折中资本制的改变，将股东承担责任的财产范围由在原法定资本制下规定的实际出资或持有的股份，改为股东认缴的出资或认购的股份。

2. 公司法人格否认制度。

股东有限责任原则的确立，有助于限制投资者的投资风险，鼓励积极投资，但也有其缺陷。它在强调对股东利益保护的同时，在一定程度上忽视了对债权人利益的充分保护，而且为股东滥用公司的法律人格欺诈债权人提供了可能。在有限责任制度下，股东可能会直接或间接控制公司，滥用法人人格，损害债权人利益，同时又以股东有限责任逃避法律责任，尤其是在发生严重环境侵权责任等情况下，受害人遭受的重大损害往往因公司财产有限、股东承担有限责任而无法得到充分的补偿，使社会的权利与义务设置出现失衡。此外，在母子公司关系中，滥用子公司的法人人格还可能出现对子公司等从属公司的债权人不公平的现象。所以，在各国立法中，股东有限责任的原则并非是绝对性的，而是具有相对性的，在法定情况下存在股东有限责任原则适用的例外。例如，股东违背其诚实信用义务，滥用公司法人人格，可能会遭遇“揭开公司的面纱”，使公司面纱背后的股东直接对公司债务承担责任，这就是所谓公司法人格否认（德国称为直索理论）。

公司法人格否认，又称“揭开公司面纱”，是指为阻止公司独立人格的滥用和保护公司债权人利益及社会公共利益，就具体法律关系中的特定事实，否认公司与其背后的股东各自独立的人格及股东的有限责任，责令公司的股东对公司债权人或公共利益直接负责，以实现公平、正义目标之要求而设置的一种法律措施。① 美国首开“公司法人格否认”司法判例先河的桑伯恩法

① 参见朱慈蕴：《公司法人格否认法理研究》，75页，北京，法律出版社，1998。

官指出："就一般规则而言，公司应当被视为法人而具有独立人格，除非有足够的相反的理由出现，然而公司的法人特性如被作为损害公共利益、使非法行为合法化、保护欺诈或犯罪抗辩的工具，那么，法律上则将公司视为无权利能力的数人组合体。"① 公司的人格独立和股东承担有限责任，必须具有一定的前提条件，即公司是为合法、正当的经营目的而存在、活动。法律承认公司具有独立于股东的法人人格，是为使其完成所承担的合法、正当的社会功能。如果公司的存在、活动违背了这一基本法律原则，股东为欺诈债权人等不法目的而设立公司，或公司存在其他反社会利益倾向，股东有限责任制度被滥用于股东逃避法律责任，法律将无视公司的独立性，全面否定其法人人格，刺破公司的"面纱"，要求股东对公司债权人不合理的损失直接承担债务清偿责任。

公司法人格否认是用以矫正股东有限责任原则和公司法人制度被滥用的现象，但如果自身也被不恰当地滥用，则同样会破坏股东有限责任原则和公司法人制度，也与创立公司法人格否认制度的本意相违背。

在通常情况下，公司法人格的滥用者是对公司有实质控制权的股东（不以其持有公司多数股份为必要条件）。在公司的股东中，那些不参与公司经营管理、与公司法人格滥用行为无关的股东，不应对此承担法律责任，只有那些对公司有实质控制力、实施滥用公司法人格行为的股东，才应对公司债权人直接承担债务清偿责任。有权主张公司法人格否认者，应限于因滥用公司法人格行为（而非个别董事或经理个人的违法行为）而受到损害的公司债权人。公司或公司股东不得提起公司法人格否认的请求，尽管公司法人格的存在有时也可能置其于不利的境地。

股东滥用公司法人格的行为主要有以下三类：

第一，公司法人格形骸化。公司法人格形骸化，是指公司与股东在人格、财产等方面完全混同合一，成为一体，使公司完全成为股东的另一自我，不具有享有法人格的独立性。公司法人格形骸化的具体表现形式有：人格混同，即股东与公司意志合一，公司没有独立意思表示能力；财产混合，即公司的财产不能与股东的财产区分，公司没有与股东相独立的财产。此外，股东与公司在业务、机构、人员等方面混同合一，也是公司法人格形骸化的表现形式。公司取得法人资格的条件之一，就是公司在人格、财产、业务、机构、人员等方面独立于股东。如果公司丧失这种独立性，就不再具备享有法人资格的条件，股东必须直接对公司的债务承担责任。例如，因母子公司之间过

① 参见朱慈蕴：《公司法人格否认法理研究》，2页。

度的控制关系、相互持股关系而引起的人格混同等。

第二，利用公司形式规避法律或合同义务，进行违法行为。如果股东设立公司的目的是为了利用公司的形式规避其应当承担的法律或合同义务，也属于滥用公司法人格的行为，例如，有的人成立多家实质上的一人公司，在其控制的各个公司之间转移资产、设置担保、虚构债权债务或签订虚假合同等，恶意欺诈他人，逃避合同义务。还有的人成立公司之目的就是为了进行违法活动，例如，以公司的名义贩卖增值税发票，生产、贩卖假冒伪劣产品，以签订虚假合同方式骗取预付款等。对这些滥用公司法人格的行为，也要直接追究股东的法律责任。

第三，公司资本显著不足。在股东承担有限责任的情况下，公司的资本是否充足，能否承担公司经营过程中产生的法律与合同责任，乃是对债权人等利害关系人权益保护的关键。当公司成立时的资本（原则上不包括公司成立后因经营不善造成资本亏损减少）与其从事的营业性质和经营风险明显不相适应时，股东将公司经营风险过度向债权人不当转嫁，即可认定属于公司资本显著不足。但何谓公司资本显著不足，往往需要根据不同公司的具体情况作出判断，难以确定统一适用标准，这对司法实践中的执行造成一定的困难。我国过去在有关司法解释中采取以股东出资是否达到法律规定的最低注册资本数额，作为判断公司资本是否显著不足、应否否认其法人资格的标准。但这一标准本身并不合理，尤其是在《公司法》修订后大幅降低公司最低注册资本数额的情况下，已经基本失去实际意义，所以，需要探求新的适用标准。

针对在母子公司之间滥用控制关系、侵害债权人利益的现象，最高人民法院《关于审理与企业改制相关的民事纠纷案件若干问题的规定》第35条明确地规定：以收购方式实现对企业控股的，被控股企业的债务，仍由其自行承担。但因控股企业抽逃资金、逃避债务，致被控股企业无力偿还债务的，被控股企业的债务则由控股企业承担。司法解释的规定虽然没有明确确立公司法人格否认的理论，但逐步允许法院在公司法人格滥用的各种具体情况下，揭开公司的法人面纱，责令股东直接向债权人承担债务清偿责任。

《公司法》第20条第3款规定：公司股东滥用公司法人独立地位和股东有限责任，逃避债务，严重损害公司债权人利益的，应当对公司债务承担连带责任。上述规定在我国首次确立了公司法人格否认制度。但对公司法人格否认制度的适用必须谨慎、合理，否则同样会损害有关当事人的正当权益。

第二节 股东权概述

一、股东权的概念

股东权，又称股权，是指基于股东资格而享有的权利。《公司法》第 4 条规定：公司股东依法享有资产受益、参与重大决策和选择管理者等权利。

公司股东是公司的所有者。但股东对公司所享有的所有者权利即股权，与对公司财产享有的权利并不是同一概念。股东对公司所享有的所有权是股份或出资意义上的所有权，即限于资产受益、重大决策和选择管理者等法律规定的股东可以自行行使或通过股东（大）会行使的权利，不包括对股东作为出资投入公司的资产直接的占有、使用、收益和处分权利。所谓资产受益权，主要是指股东的股利分配请求权、剩余财产分配请求权。所谓重大决策权，主要是指股东对法律与章程规定的公司经营方针和投资计划、公司增加或者减少注册资本、发行公司债券，以及公司合并、分立、变更公司形式、解散和清算等事项作出决议的权利。所谓选择管理者的权利，是指股东选举和更换非由职工代表担任的董事、监事，并决定有关董事、监事报酬事项的权利。除上述权利外，《公司法》还对股东权利从其他角度作出更多的具体规定。

股东权利在不同的国家因立法差异、公司类型不同以及股东种类的不同而有所区别，但在基本权利上仍具有共同性。在股东权利的设置上，我国《公司法》于修订之后更为尊重股东的自治权利，删除了旧法强制性规定公司股东按投入公司的资本额享有股权、参与分配等内容，允许股东在公司章程中自行约定与出资额不同的股权分享方式。

股东在对公司享有权利的同时，也承担一定的义务。根据《公司法》的规定，股东的义务主要有：(1) 按照其认购的股份或股权数额及时缴纳股款，除法律规定的情况外，不得收回已缴纳的股款或出资；(2) 遵守公司章程和股东（大）会决议；(3) 在遵守诚实信用原则的前提下行使股权。

二、公司的法人财产权与公司的义务和责任

（一）公司法人财产权

我国《公司法》第 3 条第 1 款规定：公司是企业法人，有独立的财产，享有法人财产权。公司以其全部财产对公司的债务承担责任。这一规定是我国在立法上第一次明确地确立企业的法人财产权，是在建立现代企业制度、

深化经济体制改革方面的一个重要突破，为明确企业产权关系，转换企业经营机制找到了一条有效的途径。这一规定确立了公司型企业“股东权—公司法人财产权”的所有权结构。在这一模式下，股东可以通过行使股东权利间接地对公司进行控制与支配，公司则可以摆脱出资人对公司的生产经营活动及财产的直接干涉与处置，独立经营。

对于公司法人财产权的法律性质，学者之间观点不同，争议甚多。一些学者认为，法人财产权就是法人所有权，是指公司拥有由股东投资形成的法人财产，并依法对财产行使占有、使用、收益和处分的权利。股东投资于公司的财产就是公司享有民事权利、承担民事责任的物质基础，所以，股东不得抽回投资或者直接处分这些已经属于公司的财产。而公司在经营过程中的全部收益以及解散时清算后的剩余财产，则归属于股东，即享有剩余索取权。股东对公司只享有股权。

有的学者主张公司法人财产权属于经营权的性质，其依据是《全民所有制工业企业法》中关于“企业的财产属于全民所有，国家依照所有权与经营权分离的原则授予企业经营管理。企业对国家授予其经营管理的财产享有占有、使用和依法处分的权利”的规定。但是，“经营权说”实质上否定了企业法人的人格与财产的独立，必然导致企业的产权不明，而对国有企业更容易造成政企不分的局面，显然与公司制度的基本理论相违背，所以是不可取的。

有的学者主张“双重所有权说”，认为公司对其财产享有所有权，而股东包括国家股东则对公司及其财产享有终极所有权或最终所有权。这一观点与大陆法系国家物权法“一物一权”的基本理论相违背，虽然承认了公司对其财产的所有权，但股东享有终极所有权的提法仍使公司财产的所有权问题处于含混状态，使公司的法人财产难以独立，也有不妥之处。

有的学者主张“综合权说”，认为法人财产权并不是一个准确的法律概念，它并不属于大陆法系物权制度中的一项具体的权利类型，而应当是众多具有财产内容的具体民事权利的总称，具体应包括物权、债权、知识产权等，而法人这一定语无非是表明这诸多物权、债权、知识产权应当是归属于法人所享有。①

此外，在学术界还存在公司法人财产权属于他物权等其他主张。

笔者同意法人财产权即法人所有权的观点。法人财产权不是一个严谨的法律概念，其之所以产生，就是要在最初改革目标尚不明确的情况下，以模糊的概念回避法人所有权概念可能产生的争议。“综合权说”表面上看起来面面俱到，但实际上却将法人财产权的权利性质与财产权的不同表现形态混为

① 参见赵旭东主编：《新公司法条文释解》，9页，北京，人民法院出版社，2005。

一谈，难以成为一种独立的权利学说。

在对公司法人财产权内涵的理解上，有的学者主张公司的法人财产权中不应包括收益权，认为公司的全部收益均属于股东所有，所以，公司对其财产的收益权也应属于股东。笔者以为此种观点是不妥的。公司与股东在法律上是不同的民事主体，所以，股东是无权以公司的名义进行民事活动，对外行使公司的收益权的。如果公司对其财产在对外经营中不享有收益权，就会造成收益权主体的空缺，使其对外投资等经济利益无法得到保障，甚至无从对外进行任何经济活动，所以，公司的法人财产权必须包括收益权在内。但公司对法人财产享有收益权，并不排斥股东按照法律规定或章程规定享有公司所有者的资产受益权利。公司的收益及由此形成的利润，以及解散时清算后的剩余财产最终是要分配给股东的，但这是公司内部利润分配或财产分配问题，与公司对外行使对法人财产的收益权完全是两回事。

旧《公司法》第 4 条第 3 款曾规定，公司中的国有资产所有权属于国家。这一规定是错误的。因为《公司法》已明文规定，公司享有由股东投资形成的全部法人财产权，作为股东出资投入公司中的国有资产的所有权当然不再直接属于国家，而应属于公司。任何投资者包括国家在内，对其出资的财产都不能再直接行使所有权的各项权能，直接支配，而只能享有股东权，否则无法区分投资者的财产与公司的财产。如果国家可以以所有者的身份直接支配其投入公司中的国有资产，公司与其他投资者以及债权人的利益便失去保障。此项错误规定在《公司法》于 2005 年修订时被删除。

（二）公司的义务与责任

公司依法享有并行使其权利，同时也须承担相应的义务与责任。《公司法》第 5 条规定：公司从事经营活动，必须遵守法律、行政法规，遵守社会公德、商业道德，诚实守信，接受政府和社会公众的监督，承担社会责任。公司的合法权益受法律保护，不受侵犯。《合同法》第 214 条规定：利用公司名义从事危害国家安全、社会公共利益的严重违法行为的，吊销营业执照。《合同法》第 216 条还规定，违反公司法规定，构成犯罪的，要依法追究刑事责任。

有时，因违法行为导致公司应同时承担涉及财产的民事、行政和刑事责任。为解决多种财产责任并存时的清偿顺序问题，《公司法》第 215 条规定：公司违反本法规定，应当承担民事赔偿责任和缴纳罚款、罚金的，其财产不足以支付时，先承担民事赔偿责任。

作为对公司责任的原则性规定，《公司法》第 5 条删除了原相关条款规定的与公司之企业属性不直接相关的“加强社会主义精神文明建设”等内容，在强调守法等原则后确立了公司的社会责任，强调公司不能仅以股东利益最大化为活动宗旨，还必须考虑维护、促进社会上其他利益相关者的正当权益。

公司社会责任是公司法理论的新发展。它强调已经经历过原始积累阶段的成熟企业，在保持企业合理利润的前提下要考虑对社会利益的维护，对社会义务的履行，对社会责任的承担。一般认为，公司的社会责任，是指公司不仅对股东负有责任，而且应当对股东之外的雇员、债权人、供应商、客户、社区以及公共利益负有责任。① 联合国在1999年提出了企业的“全球契约”，要求跨国公司重视劳工标准、人权和环境保护，以克服经济全球化进程可能带来的负面影响，并具体提出了9项关于社会责任的原则和核心内容。在国外，承担社会责任已经成为企业生存的重要手段。目前，全球500强企业中有一半企业每年都发布其企业公民责任报告，包括通用汽车、可口可乐、微软及英特尔等，担负社会责任对其业务发展都表现出举足轻重的作用。②

据《中国证券报》报道，在中国成为“世界工厂”之后，跨国公司与中国企业的合作更加密切。基于西方企业社会责任的要求，一些劳工组织和跨国公司亦要求中国的出口加工企业遵守这些规定，方采购其产品。目前，家乐福、耐克、阿迪达斯、迪斯尼、雅芳等已对其供应商进行社会责任审核，甚至在中国设立劳工和社会责任事务部门。据中华全国总工会统计，1997年至2004年的7年间，国内先后有8 000余家企业接受跨国公司社会责任审核，被要求通过SA8000认证，另有超过5万家企业被要求随时接受检查。

我国对公司的社会责任标准制度也在逐步建立，政府在推动企业履行社会责任方面将发挥主导作用。例如，深圳市政府有关部门在对企业社会责任认证进行长达2年的调研后，准备出台一份指导意见，全面推进企业履行社会责任，并逐步在政府采购、投资以及政府对企业的资助中包括补贴、贴息、税费减免等实行企业社会责任标准认证制度，未通过标准认证的企业，将不得参与政府采购和投资项目的投标、不得申请政府资助。③

在公司社会责任方面，一些在中国设立的跨国公司子公司已经形成一定的制度。据《科技日报》报道，福特汽车（中国）有限公司2006年在北京举办在线研讨会，发布福特汽车在中国的第二本企业社会责任报告，即《做优

---

① 参见赵旭东主编：《新公司法条文释解》，14页。

②③ 参见吴铭：《社会责任：中国企业绕不过去的河》，载《中国证券报》，2006－04－25（A03）。

秀的企业公民：福特汽车（中国）有限公司：企业社会责任报告（2003—2005)》。据报道，这本“责任报告”以大量事实为基础，主动向社会发布福特汽车（中国）在更广泛的社会领域、为更广泛的利益相关人作出的承诺、采取的策略、实际的做法以及取得的成果。同时，该报告也是遵循国际标准的企业社会责任报告体系的一次重要尝试。福特汽车（中国）有限公司董事长兼首席执行官程美玮表示：“长期以来，福特汽车用实践证明，身为企业公民完全可以在实现自身增长的同时兼顾对社会的承诺。”

《公司法》中还规定了公司对职工等其他主体的责任。根据这些规定，公司必须保护职工的合法权益，依法与职工签订劳动合同，参加社会保险，加强劳动保护，实现安全生产。公司应当采用多种形式，加强公司职工的职业教育和岗位培训，提高职工素质。公司职工依照《中华人民共和国工会法》组织工会，开展工会活动，维护职工合法权益。公司应当为本公司工会提供必要的活动条件。公司工会代表职工就职工的劳动报酬、工作时间、福利、保险和劳动安全、卫生等事项依法与公司签订集体合同。公司依照宪法和有关法律的规定，通过职工代表大会或者其他形式，实行民主管理。公司在研究决定改制以及经营方面的重大问题、制定重要的规章制度时，应当听取公司工会的意见，并通过职工代表大会或者其他形式听取职工的意见和建议。

2005 年，《公司法》经过修订后扩大了公司通过职工代表大会或者其他形式实行民主管理的范围，不再局限于旧法规定的国有独资公司和由两个以上的国有企业或者两个以上的其他国有投资主体设立的有限责任公司。此外，还在其他条款中规定了应当或可以设置职工代表董事的情况。

在公司中，根据中国共产党章程的规定，设立中国共产党的组织，开展党的活动。公司应当为党组织的活动提供必要条件。

（三）公司财务、会计制度

公司应当依照法律、行政法规和国务院财政部门的规定建立财务、会计制度。财务管理是企业管理的一部分，是关于资金的获得和有效使用的管理工作。[①] 会计是以货币为主要计量单位，反映和监督一个单位经济活动的一种管理工作。[②] 要想完善公司治理机制，保障公司、股东、债权人等利害关系人的正当权益，公司必须建立规范化的财务、会计制度。

---

① 参见中国注册会计师协会编：《财务成本管理》，1 页，北京，经济科学出版社，2008。

② 参见中国注册会计师协会编：《会计》，1 页，北京，经济科学出版社，2008。

2005年，《公司法》经过修订后，在财务会计制度的设置上更加完善，其一个重大改变就是取消了公益金制度，从而使公司财务会计制度更加符合市场经济的运行规律，排除计划经济的残留影响。

根据《公司法》规定，公司应当在每一会计年度终了时编制财务会计报告，并依法经会计师事务所审计。财务会计报告是企业对外提供的反映企业某一特定日期的财务状况和某一会计期间的经营成果、现金流量等会计信息的文件。财务会计报告应当依照法律、行政法规和国务院财政部门的规定制作。股东享有对公司财务会计报告的知情权。有限责任公司应当按照公司章程规定的期限将财务会计报告送交各股东。股份有限公司的财务会计报告应当在召开股东大会年会的20日前置备于本公司，供股东查阅；公开发行股票的股份有限公司必须公告其财务会计报告。

公司聘用、解聘承办公司审计业务的会计师事务所，依照公司章程的规定，由股东会、股东大会或者董事会决定。公司股东会、股东大会或者董事会就解聘会计师事务所进行表决时，应当允许会计师事务所陈述意见。公司应当向聘用的会计师事务所提供真实、完整的会计凭证、会计账簿、财务会计报告及其他会计资料，不得拒绝、隐匿、谎报。

公司除法定的会计账簿外，不得另立会计账簿。对公司资产，不得以任何个人名义开立账户存储。《公司法》第202条规定：公司违反本法规定，在法定的会计账簿以外另立会计账簿的，由县级以上人民政府财政部门责令改正，处以五万元以上五十万元以下的罚款。《公司法》第203条规定：公司在依法向有关主管部门提供的财务会计报告等材料上作虚假记载或者隐瞒重要事实的，由有关主管部门对直接负责的主管人员和其他直接责任人员处以三万元以上三十万元以下的罚款。

公司财务会计制度中涉及利润分配、资本公积金等问题的内容，在“股东与股东权”和“公司资本制度”等章节中结合相关问题一并讲解，不在此赘述。

三、股权的特征

在不同法律形式的公司中，股权的内容有所区别。例如，在无限公司中，股东与公司在财产、法律责任等方面均无严格区分，公司的所有权与经营权往往合一，所以，股权与所有权区别意义不大。但在股份有限公司中，由于股东与公司人格上的分离，公司所有权与经营权的分离，甚至出现了“无所有的控制，无控制的所有”① 现象，使股权与所有权的内容产生很大差异。

① 参见李哲松：《韩国公司法》，153页，北京，中国政法大学出版社，2000。

对于股权，尤其是股份有限公司股权的性质，学者之间有很大争议，观点各有千秋。有的学者认为，股权是所有权的变形物，企业的盈利属于股东，构成自益权；股东基于所有权对企业的支配与控制，构成共益权。而前者是所有权收益权能的变形体现，后者是所有权处分、支配权能的变形体现。所以，股权就是所有权，属于物权。

有的学者认为，现代股份有限公司股权高度分散，对中小股东来说，行使其共益权的成本过高，股权对他们的现实意义往往仅限于自益权，特别是股利分配请求权、股份的转让权。现实的股利分配请求权具有债权的性质，所以，股权具有债权的性质。除此之外，还有社员权说、股东地位说等多种其他学说。在这些学说中，物权说与债权说是最典型的学说。

笔者认为，股权是一种既不同于物权，又不同于债权或知识产权的新型综合性权利。股权作为民事权利，一般而言，属于社员权的一种（虽然我国已经允许存在一人公司）。它既包含财产性权利，也拥有非财产性权利。

股权与物权有一定的联系。一方面，股东对其投资于公司的财产享有物权（当然也包括其他可用于投资的财产权利），是其合法取得股权的前提，而享有股权又是取得物权（即股利和剩余财产）的手段。另一方面，股权与物权又有很大的不同：第一，物权体现所有者对物的个人直接支配关系；而股权则更多地体现为公司成员之间的团体关系，股东对其投入到公司的财产不再享有直接支配的权利，只能通过股东的团体——股东大会间接行使支配权利。第二，物权的性质为支配权、绝对权、对世权，所有人无须他人行为即可直接支配、处分其物；而股权的大多数权能则体现为请求权，只能向公司行使，必须依赖于公司的履行行为才能实现，属于相对权、对人权。第三，两者内容不同，物权仅具有财产内容，而股权还具有非财产性内容，如股东大会的参加权、表决权等。第四，物权具有对债权的优先效力，相同权利之间有先后顺序之分；而在公司清算时股权则后于债权受偿，一般亦无先后顺序之分等。这些表明股权与物权是不同的权利。

股权与债权也有一定的联系，例如，股权的大多数权能与债权一样体现为请求权，股权与债权，尤其是公司债券具有趋同、互动的现象，像可转换债券虽然作为债券发行，但可以在一定条件下转换为股票等。但股权与债权也属于不同的权利：第一，债权体现的是个体上的社会关系，而股权的特点则是主要体现社员之间的团体关系。第二，债权的义务主体不限，而股权的义务主体只能是公司。第三，两者的内容不同，债权的内容是请求权，如给付等，股权则包括自益权和共益权多种形式。第四，债权为有期限的权利，而股权可以是无期限的权利。第五，两者产生的原因不同，债权是多样的，可以因单方行为而发生，而股权一般仅限于投资行为，均为双方行为。第六，债权的实现即为债权的消灭，而股权实现，如分得股利，并不表示股权的消灭。第七，两者转让时的限制不同，债权的转让需要通知债务人或得到债权人的同意，而股权转让的限制则不同，如对发起人、高级管理人员转让股份的时间限制等。

综上所述，股权是一种既不同于物权，又不同于债权的新型权利。针对股权的特点，加强对股东权益的保护，是各国立法着重考虑的问题。以股份有限公司为例，公司的所有权与经营权日益分离，董事会以及经理层在公司中的权力越来越大，如果股东的利益得不到充分保护，损害投资者的信心，公司便无从存在和发展。对股东权益的保护也是我国建立、完善现代企业制度的一个关键环节，是实现股东平等原则的要求。由于股东并不是股份有限公司唯一的利害关系人，所以，对股东利益的保护，还必须考虑到公司对债权人、公司雇员，乃至地方公众等各方当事人的社会责任与公平问题。

四、股东权的分类

对股东权可以依据不同的标准进行分类，其最主要的分类，是以股东权行使的目的是为股东个人利益还是涉及全体股东整体利益为标准，分为共益权和自益权。共益权，是指股东依法参加公司事务的决策和经营管理的权利，它是股东基于公司利益同时兼为自己的利益而行使的权利，包括股东大会参加权、提案权、质询权，在股东大会上的表决权、累积投票权，股东大会召集请求权和自行召集权，了解公司事务、查阅公司账簿和其他文件的知情权，提起诉讼权等权利。自益权，是指股东仅以个人利益为目的而行使的权利，即依法从公司取得利益、财产或处分自己股权的权利，主要为股利分配请求权、剩余财产分配权、新股认购优先权、股票交付请求权、股份转换请求权、股份质押权和股份转让权等。

此外，还可以按股权行使的条件，将股东权分为单独股东权和少数股东权。单独股东权，是指每一单独股份均享有的权利，即只持有一股股份的股东也可以单独行使的权利，如自益权、表决权等。少数股东权，是指须单独或共同持有一定份额、通常为占股本总额一定比例以上股份的股东方可行使的权利，如请求召开临时股东会的权利、股东会的提案权等。按照股东权的重要程度、是否可由公司章程或股东大会决议加以限制或剥夺，可以将股东权分为固有权与非固有权，又称法定股东权和非法定股东权。股东依法享有、只能由股东自愿放弃，不允许由公司章程或股东大会决议加以限制或剥夺的股东权为固有权。固有权的具体范围依各国公司法之规定，在通常情况下，共益权和特别股东权均属于固有权。法律允许由公司章程或股东大会决议加以限制或剥夺的股东权为非固有权，自益权中的一部分便为非固有权。按照发行股份的不同性质，可以将股东权分为普通股东权和特别股东权，也称为一般股东权和特别股东权。一般股东权，是指普通股股东所享有的权利。特别股东权，是指特别股股东所享有的特别权利，例如，优先股股东所享有的优先分配股利、优先分配公司剩余财产等权利。

第三节　主要股东权利分析

一、股东的财产权

股东的财产权，是指股东的投资收益权，即股利分配请求权和剩余财产分配请求权。

（一）股东的股利分配请求权

在通常情况下，股利，是指股东按照其实缴出资比例或所持股份比例，或者按照全体股东的约定或公司章程的规定，通过分配取得的公司利润。涉及公司利润分配的概念除了股利外，还有红利、股息，需要对其区别加以注意。一般而言，持普通股股份的股东分配的公司利润也称为红利，其特点是分配的具体数额或比率是不确定的，完全视公司的经营状况而定。持优先股股份的股东分配的公司利润称为股息，其特点是分配的比率通常是事先约定的，在公司经营有盈利的情况下优先分配。股利的概念既包括红利，也包括股息。《公司法》第 35 条规定，对有限责任公司股东分配的利润称为红利。

旧《公司法》规定，股东按照出资或所持股份比例分配公司利润，也就是绝对按照出资情况进行分配。2005 年修订后的《公司法》对利润分配采取了更为灵活的态度，既可以按照有限责任公司股东的实缴出资比例或股份有限公司股东所持股份比例进行分配，也可以按照有限责任公司全体股东的约定或股份有限公司公司章程的规定进行分配。由于《公司法》修订后将资本制度改为缴付折中资本制，所以，据以分配公司利润的出资或股份比例均是指实际缴付的资本额，而不是认缴的注册资本额，股东已经认缴但未实际缴付的出资或股份额无权请求分配利润。

股东的股利分配请求权，在《公司法》中称为资产收益权。此项权利是股东自益权中最为重要的一项，是基于股东资格所享有的固有权利。作为抽象意义上的权利，它不容被公司章程或公司机关剥夺或限制。但作为一项具体权利能否得以实现，则必须取决于公司本身是否有盈利以及股东（大）会是否作出分配股利的决议，在进行到此阶段之前，它只是一种期待权。如果公司盈利且股东（大）会作出分配股利的决议，股东便享有股利分配请求权。这时的股利分配请求权是具体而现实的、已经转化为债权性质的权利。

股利分配的具体形式可以是多样的，通常包括现金股利、股份股利、债券股利、期票股利、其他财产或实物股利等。

根据《公司法》第167条的规定，公司的股利分配应贯彻以下原则：

1. 公司无盈利不得分配股利。通常股利源于公司盈利，如果公司无盈利，当然无从分配股利，否则便可能成为分配公司资本。

2. 公司分配当年税后利润时，应当提取利润的10%列入公司法定公积金。公司法定公积金累计额为公司注册资本的50%以上的，可以不再提取。

3. 公司的法定公积金不足以弥补以前年度亏损的，在提取法定公积金之前，应当先用当年利润弥补亏损。

4. 公司从税后利润中提取法定公积金后，经股东会或者股东大会决议，还可以从税后利润中提取任意公积金。

5. 公司弥补亏损和提取公积金后所余税后利润，有限责任公司依照股东实缴的出资比例或者全体股东的约定分配；股份有限公司按照股东持有的股份比例分配，但股份有限公司章程规定不按持股比例分配的除外。

6. 公司持有的本公司股份不得参加分配利润。

7. 股东会、股东大会或者董事会违反法律规定，在公司弥补亏损和提取法定公积金之前向股东分配利润的，股东必须将违反规定分配的利润退还公司。

2005年修订后的《公司法》取消了从利润中提取法定公益金的规定。旧《公司法》第180条规定，公司提取的法定公益金用于本公司职工的集体福利，在实践中主要是用于职工住房的建设与购买。在我国实行住房制度改革后，已经不再允许公司向职工进行福利分房，所以，法定公益金的提取就基本上失去了其合法用途，不再有存在的必要。

一些国家的立法规定，公司虽然没有盈利，但为维持公司股票的信誉与价格，在符合法定条件且不损害资本维持原则的前提下，可以从盈余公积金中提取一定数额向股东分配股利。我国在《公司法》制定之前实施的《股份有限公司规范意见》第75条曾经规定：公司当年无利润时，不得分配股利。但公司已用盈余公积金弥补亏损后，公司为维护其股票信誉，经股东会特别决议，可按不超过股票面值6%的比率用盈余公积金分配股利，但分配股利后公司法定盈余公积金不得低于注册资本的25%。公司可供分配的利润不足以按不超过股票面值6%的比率支付股利时，亦可按上述规定办理。后在《公司法》中取消了这一规定。这使我国的资本制度与利润分配显得过于机械、生硬，缺乏灵活性。笔者认为，应当允许在一定条件下从盈余公积金向股东分配股利。部分学者在《公司法》修订时曾建议制定这一规定，但未被采纳。

根据《公司法》第167条的规定，股东会或者董事会违反规定，在公司弥补亏损和提取法定公积金之前向股东分配利润的，必须将违反规定分配的利润退还公司。为此，包含违法分配股利内容的股东会决议及董事会决议，可能被认定无效；接受违法分配的股利的股东，必须将股利退还给公司；对违法分配股利负有责任的董事等高级管理人员要承担相应的法律责任。《公司法》第204条规定：公司不按照本法规定提取法定公积金的，由县级以上人民政府财政部门责令如数补足应当提取的金额，可以对公司处以二十万元以下的罚款。在实践中，退还违法分配利润的规定有时难以得到执行，尤其是在股份有限公司，特别是上市公司的股东大会或者董事会捏造利润，制造虚假的财务会计数据，在公司弥补亏损和提取法定公积金之前向股东分配利润的情况下。因为这些违法行为往往不是即时被发现的，可能在数年之后才被发现并查处，而上市公司的股东人数众多，流动性极强，有时其股东登记材料又不一定真实、准确，在这种情况下想要追回违法分配的股利其成本极高，基本上是不可能的。所以，虽然有许多上市公司因为捏造虚假财务会计数据而被查处，其中不乏曾经进行过违法利润分配的情况，但尚未听说有公司向股东追回违法分配股利的。为此，需要建立新的制度解决这一问题。

在此，还要注意防止公司过分高额提取任意公积金对股东股利分配请求权的损害。在实践中，一些公司的大股东采取提取高额公积金、不分配股利的手段，以图将小股东排挤出公司。例如，1976年法国的Langlois诉Peter案，公司在大股东的控制之下20年未派发股利，排挤中小股东，公司的公积金高达注册资本的161倍，而大股东则通过在公司任职取得高薪等方式获取利益，中小股东的权益受到严重损害。① 为更好地解决这一问题，我国《公司法》第75条规定，有限责任公司连续5年不向股东分配利润，而公司该5年连续盈利，并且符合法律规定的分配利润条件的，对股东会该项决议投反对票的股东可以请求公司按照合理的价格收购其股权。自股东会会议决议通过之日起60日内，股东与公司不能达成股权收购协议的，股东可以自股东会会议决议通过之日起90日内向人民法院提起诉讼。

---

① 转引自刘俊海：《股东诸权利如何行使与保护》，30页，北京，人民法院出版社，1995。

股利分配请求权的一种特殊形式是建设利息分配请求权。建设利息，是指当公司因其营业性质所限，成立后在较长建设期内无法开业盈利时，依公司章程向股东支付的财产利益。有的国家规定，对筹建周期长、盈利慢的基础建设行业的公司，如高速公路等工程公司，在建成盈利之前，可以向股东分配建设股息。有的学者认为，所谓建设利息的分配并不是股利分配，而是属于股款利息。在能源、交通、通信等基础产业中，建设周期长、投资回报迟缓是一种普遍现象，如果无建设利息分配，则不利于更好地吸收投资、发展事业。目前我国《公司法》未规定建设利息分配请求权。

由于建设利息的分配与资本维持原则不相协调，所以，设置此项权利的国家一般均对此问题通过专门法律规定加以调整。例如，《日本商法典》第291条规定：（1）根据公司的事业目的性质，认定公司在成立后2年以上期间不能全部开业时，公司可以以章程规定，在开业前的一定期间内，就一定股份，分配给股东股息。（2）前款章程的规定或其变更，应经法院认可。（3）于第1款期间内可分配股息的股份的发行价额，不得低于同款所定股息年额的20倍。（4）依第1款规定分配的金额，可以计入资产负债表的资产部。于此情形，1年分配的盈余额超过资本总额6%以上时，应冲销相当其超过额的金额。① 意大利、葡萄牙等国家的相关法律也规定，对建设利息分配额应当在一定年限内从盈利中冲销偿还，以充实资本。

（二）股东的剩余财产分配请求权

股东的剩余财产分配请求权，是指股东在公司解散时，就公司清算后的剩余财产享有请求分配的权利。股东行使剩余财产分配请求权的前提，是在公司清算后（即清偿全部债务后）仍有剩余财产。在债务全部清偿完毕之前，股东不得分配公司财产。

《公司法》第205条第2款规定：公司在进行清算时，隐匿财产，对资产负债表或者财产清单做虚伪记载或者在未清偿债务前分配公司财产的，由公司登记机关责令改正，对公司处以隐匿财产或者未清偿债务前分配公司财产金额百分之五以上百分之十以下的罚款。对直接负责的主管人员和其他直接责任人员处以一万元以上十万元以下的罚款。

对公司剩余财产的分配，应按照股权的性质、股份或出资的多少，或者公司章程规定或股东约定进行。优先股的股东应按照公司章程的有关规定，先于普通股的股东分配公司剩余财产。

---

① 参见王书江、殷建平译：《日本商法典》，90页，北京，中国法制出版社，2001。

二、股东的新股认购优先权

新股认购优先权，是指股东基于其公司股东资格和地位，在股份有限公司发行新股时，优先于一般人按照自己原有的持股比例认购新股的权利。[①] 例如，上市公司对原股东的配售股份。

《公司法》规定，有限责任公司的股东在公司新增资本时，可以优先按照实缴的出资比例认缴出资（全体股东另有约定者除外），但未对股份有限公司股东的新股认购优先权作出直接规定，仅在第 134 条规定，公司发行新股，股东大会作出决议时，要对向原股东发行新股问题作出规定。在我国长期的实践中，是承认股份有限公司股东的新股认购优先权的，向股东配售股份就是其表现。

很多国家之所以在《公司法》中规定或允许股东在公司章程中约定，新股认购优先权为原股东的一项权利，主要是为了保障原股东在公司中既存的比例性利益。因公司发行新股可能会使原股东所持股份在公司所占比例被摊薄降低。例如，原来持有1 000万股可以占股本的 10%，现在公司发行新股后，可能就只占 5%了，由此便会影响到股东原有的权利与利益。尽管对这种比例性利益具体包括哪些内容，各国立法规定不太一致，但在确认其目的是维护比例性利益的基点上，各国立法都是相同的。

通常而言，这种比例性利益可以体现为：

1. 股利的分配，尽管因新资金到位，公司业务与盈利可能会有拓展增加，但这往往是一个渐进的过程，不可能马上实现，甚至由于情况变化可能无法实现，所以，至少会在一定时期内使原股东的股利分配减少。

2. 如果公司增资后不久便终止解散，进行清算，则可能使原股东对公司剩余资产的分配减少，尤其是在公司资本公积金较高的情况下。

3. 在公司股东大会上，原股东的表决权也将被削弱，还可能在新股认购者中形成新的控股股东，尤其是对少数股东权的影响最大。例如，《公司法》第 101 条规定，股份有限公司中持股 10%以上的股东有权提议召开股东大会。《公司法》第 103 条规定，持股 3%以上的股东，可以在股东大会召开 10 日前提出临时议案。如果股权在发行新股时被稀释，很可能股东原享有的少数股东权就会因持股比例不足而不能行使。

4. 对资本公积金享有权益的影响。各国公司法规定，在公司盈利中要提取一定比例的法定公积金。公积金是由原股东投资收益产生的，如果发行新股时未考虑比例性利益的协调，就可能使新股东无偿分得原股东在这方面原

① 参见刘俊海：《股东诸权利如何行使与保护》，53 页，北京，人民法院出版社，1995。

来所享有的权益。

此外，上市公司由于增加新股上市可能造成股票供过于求，使股价相应下跌，也会使原股东的利益受损。考虑到这些问题，《公司法》规定了股东的新股认购优先权。

原股东对新股认购的优先权仅是指在认购顺序权利上的优先，不包括价格上的优先或优惠。同次发行的同类新股的认购价格应当一致，不允许对原股东按每股 1 元发行，对新股东按每股 2 元发行，这是违背公平原则的行为。

新股认购优先权是一种权利，不是一种义务。原股东可以按照其持股比例认购新股，也可以放弃。在法律允许的情况下，新股认购优先权可以转让，具有一定的财产价值。例如，我国一度允许上市公司发行新股认购权证，对配股权进行转让，由此形成所谓转配股。

在新股认购优先权的问题上，要注意正确处理新股认购优先权与公司资金调度利益的关系。过分强调对新股认购优先权的保护，有时可能会影响到公司的资金调度利益。所以，在一定的情况下可以为公司利益而排除股东新股认购优先权的行使。除特别新股的发行（如定向发行等存在筹集资金以外其他目的的股份发行）不适用新股认购优先权外，以维护公司利益为由排除股东的新股认购优先权应当具备一定的条件。首先，应当是公司为实现其正当目的，除此别无他法。其次，应当经过法定程序，由股东大会决议通过。

三、股东表决权

（一）股东表决权的行使与表决权排除制度

1. 股东表决权概述。

股东表决权（在《公司法》中，规定为重大决策权或选择管理者的权利），是指股东基于其股东地位而享有的、就股东大会的议案作出一定意思表示的权利。[①] 股东表决权属于单独股东权、共益权、固有权。

股东在股东大会上的表决权是与股东对股东大会的参加权相互联系的，后一权利虽然内容相对简单，但却是前一权利得以行使的前提。为方便理解，将股东对股东大会的参加权合并在股东表决权中阐述。

股东表决权行使的范围，以公司法或公司章程中规定或约定的股东大会的职权为限。《公司法》第 38 条、第 100 条对有限责任公司和股份有限公司股东（大）会的职权作出列举性规定。《公司法》第 104 条规定，股东出席股

① 参见刘俊海：《股东诸权利如何行使与保护》，91 页。

东大会，所持每一股份有一表决权。据此，股份有限公司股东表决权行使的原则是一股一表决权。

股东在股东大会上的表决权属于股东固有权，公司不得以章程约定或股东大会会议决议等形式加以限制或剥夺，董事会更无权限制或剥夺股东的表决权。在《公司法》实施前，曾有一些上市公司在其股东大会召集通知中规定，只有单独或者合并持有公司一定比例以上有表决权股份的股东才有权出席股东大会，限制小股东参加股东大会并进行表决的权利。这是违反《公司法》规定的，侵犯了股东的基本权利，故在《公司法》实施之后仍发布此类股东大会召集通知的上市公司，均被中国证券监督委员会（以下简称中国证监会）要求发布更正通知。

股东出席股东大会，对其股东身份，记名股票依股东名册（包括电子数据形式的股东名册）的记载为准。上市公司召集股东大会应确定股权登记日，有权出席股东大会的股东为在股权登记日登记在册的股东。上市公司的股东应当持股票账户卡、身份证或其他能够表明其身份的有效证件或证明出席股东大会。无记名股票的股东身份以股票持有人为准，即使持有人并非真正的权利人，公司也应承认其出席会议与表决的权利。

股东因故不能出席股东大会，可以委托代理人出席。一般而言，每一股东只能委托一人作为代理人。有的国家对股东代理人的资格规定了一些限制，例如，《法国公司法》第58条规定："股东可以委派其他股东或自己配偶作自己的代理人，如果委托另外的人作自己的代理人，则应以公司章程有特别规定为限。"此外，其立法还规定股东不得只将部分股东权利委托代理人行使，其余部分保留自己行使。但多数国家立法规定，股东代理人不限于本公司股东。在英美法系一些国家中，因股权高度分散，股东代理权大多集中委托于与公司有业务关系之银行或公司董事会（包括董事）身上。这对公司通过其经营决策有利，但也可能使董事会权力过重，失去必要的制衡，形成内部人控制。

代理人应当向公司提交股东书面的授权委托书，并在授权范围内行使表决权。股东以口头形式包括电话等方式委托代理人的，委托无效。对委托授权的期限通常以本次股东大会的会期为限，各国立法一般不允许作无期限或长期的委托授权，以免损害股东的权益。例如，美国大多数州立法规定，委托授权的期限不得超过11个月，即在股东大会一次年会的期间之内；特拉华州允许委托授权的期间较长，为3年。

对有限责任公司股东委托之代理人的身份问题，有的学者认为，有限责任公司为封闭型公司，公司经营情况不宜对外公开，所以，股东不宜委托非股东作为代理人，只可以委托其他股东作为代理人出席股东会。[①] 此种观点不妥，缺乏法律依据。法律不要求有限责任公司的经营情况对外公开，并不等于可以借此限制股东委托代理人的范围与权利。对当事人商业秘密或隐私的保护，不应扩展到限制股东委托代理人的范围上。婚姻案件的隐私性质更为突出，但是也可以委托非当事人作为代理人。代理人是帮助委托人行使权利的，限制代理人的委托范围，必然会影响当事人权利的行使，尤其是在股东之间存在矛盾、争议等情况下，只允许无法出席会议的股东委托其他股东作为代理人出席股东会，将其会议出席权与表决权交给可能与其利益冲突者行使，实质上剥夺其权利，或者导致股东会因此无法举行。在股东委托非股东作为代理人出席股东会时，维护公司商业秘密的正确方式，不是限制股东委托代理人的范围，而是约定代理人对会议上涉及的商业秘密负有保密义务，并承担违约责任。

2. 委托书征集。

委托书征集，又称代理权争夺，是指征集人为实现对目标公司的控制，而向该公司的广大股东主动收集委托投票权的行为。我国台湾地区制定的"公开发行公司出席股东会使用委托书规则"第3条规定，委托书征集行为是指以公告、广告、牌示、广播、电传视讯、信函、电话、发表会、说明会、拜访、询问等方式取得委托书借以出席股东会之行为。委托书征集通常仅适用于公众持股公司，尤其是上市公司。委托书征集与一般的表决权代理不同，一般的表决权代理是股东为个人利益主动要求他人代行表决权，而委托书征集则是征集人主动向其他股东征求委托授权。一般而言，委托书征集活动对目标公司的多数股东，尤其是中小股东较为有利，通过征集者对公司控制权的争夺，有利于实现公司控制权力资源的优化配置，对经营者也可以起到一定的制约作用。

在委托书征集的过程中，出于权力之争，有时会有不规范乃至违法的行为发生，甚至出现以金钱收买委托书，意图操纵股东大会决议，损害多数股东或公司利益的现象。所以，对委托书的征集必须规范化。例如，日本就曾发生黑社会势力以金钱收买股东的委托书，敲诈上市公司，迫使公司高级管理人员向黑社会支付保护费的案例。

许多国家认为，允许中小股东征集委托书，对大股东滥用资本多数决原则的行为是一种有效的制约。但也有的国家对委托书的征集采取限制态度，认为与其让靠征集委托书的中小股东控制股东大会，还不如让对公司作出大

---

① 参见陆介雄：《公司法原理与实务》，224页，北京，工商出版社，1999。

量投资的大股东掌握公司权力更为适宜。大股东出于对其利益及风险的考虑，往往会作出更有利于公司发展前途的决策。为此，一些国家或地区的公司法规定，除从事信托业务者外，一人同时受两个以上股东委托时，其代理的表决权总和不得超过公司已发行股份总数表决权的一定百分比（如我国台湾地区“公司法”规定为3%），如果超过，其超过部分的表决权不计算入有效表决权内，但仅受一名股东的委托除外。各国立法一般均禁止有偿收购委托书，征集者必须进行相应的信息披露。

为解决分散的小股东委托投票表决问题，一些英美法系国家在其公司法中还规定了表决信托制度。公司可以设立表决信托机构，任命一人或数人为表决信托人，股东可以自愿将其表决权委托其行使，委托时应载明对会议议决事项的赞同与否。表决信托人在股东大会上无发言权，仅有表决权，如果届时股东又亲自到会参加投票，则视为投票委托自动撤销。

我国《股票发行与交易管理暂行条例》第65条规定：股票持有人可以授权他人代理行使其同意权或者投票权。但是，任何人在征集25人以上的同意权或者投票权时，应当遵守证监会有关信息披露和作出报告的规定。该条例对代理人行使表决权的有效数额未加限制。由中国证监会和原国家经济贸易委员会发布的《上市公司治理准则》第10条规定：上市公司董事会、独立董事和符合有关条件的股东可向上市公司股东征集其在股东大会上的投票权。投票权征集应采取无偿的方式进行，并应向被征集人充分披露信息。《公司法》尚未对委托书征集问题作出具体规定。

在我国的实践中已经出现多起委托书征集的案例。2000年年初，山东胜利股份有限公司（以下简称胜利股份）原第一大股东胜利集团因经济纠纷，其所持有的3 000万股胜利股份（占胜利股份股本的13.77%）的法人股被司法拍卖。广州通百惠股份有限公司（以下简称通百惠）取得股份成为胜利股份的第一大股东。由于通百惠与胜利股份董事会（其背后是胜邦公司）在股东大会上因为推选新董事、高级管理人员人选以及公司发展方向等问题发生分歧，双方不断通过收购法人股和流通股的方式争夺公司的控制地位。后因胜邦公司占据优势，通百惠于2000年3月17日开始，在各大证券媒体上发布广告，公开征集中小股东的授权委托书。在胜利股份的该次股东大会上，通百惠共公开征集到中小股东的授权委托书1 500份，委托股权约3 200万股，其中有效委托股权2 625万余股。尽管由于种种原因，通百惠最后未能在这场股权之争中获胜，但却从此首开了我国股东大会对股东委托书征集的先河。①

① 参见殷召良：《公司控制权法律问题研究》，191页，北京，法律出版社，2001。

此外，在上市公司股权分置改革、股东大会议案表决等活动中，也出现股东、独立董事、董事会等征集投票权的案例。

3. 表决权的不统一行使。

当一名股东持有多股股份时，能否就此多数股份区分不同部分行使不同性质的投票权，如部分股份赞成，部分股份弃权，部分股份反对，此即为表决权的不统一行使。各国立法对此问题规定不一，存在表决权统一行使说和非统一行使说两种学说。采取表决权统一行使说的国家认为，每一名股东只享有一个总体上的表决权，持股之多少仅是其一项表决权代表的股份数量不同而已，不允许一名股东就持有的股份分别部分行使不同性质的投票权。采取非统一行使说的国家则认为，股东按其所持股份数额而享有多个表决权，所以，可以按不同部分的股份分别行使表决权，而且还允许股东就其股份的一部分自己行使表决权，而另一部分则委托代理人行使。例如，《日本商法典》规定，表决权可以不统一行使，同时要求不统一行使表决权的股东应当在股东大会召开前的 3 日内以书面形式告知公司其不统一行使表决权的理由。但除股份信托和为他人持股的情况外，公司可以拒绝不统一行使表决权。分部表决权的实际意义在股份为多人共有而表决意见不一、一人接受多人不同意见的表决权委托等情况下便显示出来，它可以真实、公平地反映出实际股东的不同表决意见，此种表决制度对我国而言，可资借鉴。

4. 表决形式。

股东的表决分为出席表决与委托表决。股东大会的表决形式有现场书面表决、邮寄书面表决、举手表决、网络电子表决等多种方式。上市公司股东大会的决议应采取记名方式表决。

为表决计算准确且利于举证证明，股东大会的表决形式以记名书面投票方式为宜，若为方便起见，则以举手投票最为简单。但在采用举手投票方式时，公司章程应规定当有股东对表决结果有异议时，应立刻转为记名书面投票方式（根据《法制日报》2006 年 1 月 24 日第 10 版的报道，实践中已经出现法院判决有限责任公司股东举手选举监事有效的案例）。

邮寄书面表决对股东行使表决权较为方便，通常是在公司寄发会议通知时附上书面表决票，由股东填写后寄回公司。这就使那些无法亲自出席会议而又不愿或无法委托代理人出席会议的股东，可以顺利地表达其表决意志。但如何保证邮寄表决票统计的公正，避免公司篡改投票结果，则需要设置严格的监票程序解决。根据中国证监会制定的《上市公司股东大会规则》，上市公司可以采用安全、经济、便捷的网络或其他方式为股东参加股东大会提供便利。股东通过上述方式参加股东大会的，视为出席。上市公司股东大会采用网络或其他方式的，应当在股东大会通知中明确地载明网络或其他方式的表决时间以及表决程序。

5. 一股一表决权原则的例外。

一股一表决权原则体现了资本平等的原则，但为适应公司的不同情况，体现实质公平，一股一表决权原则也有例外。

第一，无表决权股。优先股股东通常无表决权。发行无表决权股，有利于吸引只对投资收益感兴趣而无心管理公司、行使表决权的投资者，而有表决权的股东则可以较少投资控制公司的经营。

为保护无表决权股股东的利益，在法律规定或章程所定情况下，无表决权股可以恢复表决权。一是未能优先分取股利，使其权利与义务失衡；二是股东大会决议影响无表决权股之利益。此外，有的国家允许无表决权股按照约定条件转换为有表决权股。

第二，公司自己所持本公司股份，即自持股份无表决权。公司在一定情况下可能会出现自己持有本公司股份的现象，例如，为减少公司注册资本、公司合并、依法收购异议股东的股份等。禁止自持股份享有表决权的目的，是为避免出现董事会等内部人利用该表决权控制公司，损害股东利益。我国《公司法》第104条规定："公司持有的本公司股份没有表决权。"

第三，子公司持有母公司的股份及公司相互持股的股份无表决权。这一规定的目的，是为防止因公司相互持股而导致资本虚化、扭曲公司正常控制关系、限制市场竞争、损害小股东的权益等弊端。例如，《日本商法典》第41条第3款规定：公司、母公司和子公司一并持有或子公司单独拥有其他股份公司股份的1/4，或拥有其他有限责任公司资本的1/4以上时，该股份公司或有限责任公司对持有股份的公司或母公司的股份失去表决权。

第四，多重表决权股，即一股多表决权。多重表决权股最初出现在第二次世界大战后的德国。目前德国立法对此仍采取原则禁止、例外允许的做法。多数国家立法不允许设置多重表决权股，但英美法系国家的公司法允许在公司章程中规定某些股东享有多重表决权股。

据《中国证券报》2006年4月21日报道，拥有纽约时报公司（New York Times Company）逾5%A类股股权的大股东摩根斯坦利投资管理公司（MSIM），要求纽约时报公司放弃其由来已久的多重表决权股票分层架构。他们认为，这种双层资本结构（dual-class capital structure）使大多数股东的权责不平等。

根据纽约时报公司的双层资本结构及相应的投票机制，拥有该公司99%市值的A类股股票的股东只能提名公司13名董事中的4名。而只拥有该公司市值不到1%的B类股股东却享有提名9名董事的权利。这种双层资本结构使得该公司创始人后裔——舒尔茨伯格家族（Sulzberger family）可以通过持有少数股权而控制该公司的大部分投票权。纽约时报公司最初设立这一机制的目的是为了保证其编辑业务的独立性和统一性，现在却衍生出股东之间的不平等。

摩根斯坦利投资管理公司2006年4月18日称，为推动纽约时报公司改变其双层资本结构，它将对纽约时报公司提名的董事人选投反对票。它认为，纽约时报公司目前的股价比其2002年6月最高峰时已经下跌了52%，纽约时报公司董事会没有采取必要措施改善公司的运营和财务表现，而且，纽约时报公司的双层资本结构也已经过时了。

摩根斯坦利投资管理公司认为，纽约时报公司现行的双层资本结构有悖于“一股一票”的通行准则，使不同股东在权、责、利之间出现不公平现象。

实际上，华尔街一些历史悠久的大公司在上市之初都对股票的投票权进行了区分，以保证创始股东能以较少的成本控制该公司。尽管创始股东逐渐减持股份，但他们的投票权却没有发生转移，由此带来的争议也不仅限于纽约时报公司一家。一些在纳斯达克上市的中国高科技企业也采用了这种双层资本结构，以最大限度地保障公司创始人的权益。① 但这种权利设置方式看来已经难以长期持续下去。

第五，零股份无表决权。零股份为不足一股的股份，往往在股份合并时产生。根据一股一表决权的原则，其不足一股，故无表决权。

第六，多股一表决权股。其设置目的是为限制大股东的表决权。有的国家立法对持股超过一定比例的股东，限制其一定比例股份以上的表决权，以维护中小股东的权益。还有些国家的公司法为保障公司的监督机制正常运行，对监事的选举作出特别规定。例如，1995年韩国修正商法后，强化了中小股东对监事的选举权利，规定在选任监事时，持有有表决权股份3%以上的股东就其超过3%以上的部分不得行使表决权，以缩小大股东的表决权，保证选任监事的独立性。

6. 表决权排除制度。

为保证股东表决权的公正行使，各国立法中设置了表决权排除制度。在股东大会对关联交易等与个别股东有利害关系的事项进行表决时，与表决事项有利害关系的股东，尤其是控股股东，应当回避，不得参加表决。上述股东所持表决权的数额，不应计入出席股东大会有表决权的股份总数之中，不

① 参见李豫川：《纽约时报股东要求同股同权》，载《中国证券报》，2006-04-21。

影响股东大会决议的通过。

在我国，公司控股股东（包括其控制的董事）滥用其持有多数股份的权利，使股东大会（包括董事会）通过违法决议，损害其他股东或公司合法权益的情况时有发生。为防止资本多数决原则的滥用，保障公司，尤其是小股东的合法权益，2005 年修订后的《公司法》规定了表决权排除制度。《公司法》第 16 条规定：公司为公司股东或者实际控制人提供担保的，必须经股东会或者股东大会决议。前款规定的股东或者受前款规定的实际控制人支配的股东，不得参加前款规定事项的表决。该项表决由出席会议的其他股东所持表决权的过半数通过。《公司法》第 22 条规定：公司股东会或者股东大会、董事会的决议内容违反法律、行政法规的无效。股东会或者股东大会、董事会的会议召集程序、表决方式违反法律、行政法规或者公司章程，或者决议内容违反公司章程的，股东可以自决议作出之日起六十日内，请求人民法院撤销。《公司法》第 125 条对上市公司作出专门规定：上市公司董事与董事会会议决议事项所涉及的企业有关联关系的，不得对该项决议行使表决权，也不得代理其他董事行使表决权。该董事会会议由过半数的无关联关系董事出席即可举行，董事会会议所作决议须经无关联关系董事过半数通过。出席董事会的无关联关系董事人数不足三人的，应将该事项提交上市公司股东大会审议。

（二）股东的累积投票权

《公司法》第 106 条规定：股东大会选举董事、监事，可以根据公司章程的规定或者股东大会的决议，实行累积投票制。本法所称累积投票制，是指股东大会选举董事或者监事时，每一股份拥有与应选董事或者监事人数相同的表决权，股东拥有的表决权可以集中使用。

在股东大会选举 2 名以上董事或监事时，中小股东可以行使累积投票权，将分散于各候选人身上的所有投票权集中选举，以利于其同意的候选人当选。

累积投票制度于 1870 年产生在美国的伊利诺伊州。该州《宪法》第三章第 111 条规定，任何股东在法人公司选举董事或经理人的任何场合，均得亲自或通过代理人行使累积投票权。累积投票制的基本思想乃源自“公司民主”理论。它援用政治上的“国会议员”选举之比例代表制精神，使少数派股东也有当选董事之机会，以防止多数派股东利用所处优势，把持董事选举。①

① 参见刘连煜：《公司法理论与判决研究》，19 页，北京，法律出版社，2002。

采纳累积投票制度的国家在立法上对累积投票权的设置有两种主义：一是强制主义，即强制公司实行累积投票制度；二是许可主义，即允许公司自行决定是否采用累积投票制度，如1974年以后的《日本公司法》（此前采取强制主义）。我国旧《公司法》对累积投票制未作规定，2005年修订后的《公司法》作出上述规定，在立法模式上采取许可主义。

累积投票制度有利于中小股东选举其代表进入公司管理层，按照其持股比例参与董事会的活动，保护其利益，降低过度集中决策的风险，既可以维持公平，又不违背资本多数决原则。但它可能削弱大股东对董事等人选的控制，增大其投资风险，可能因董事之间缺乏互信，互不合作，降低效率，提高代理成本，甚至出现帮派现象，还可能出现泄露商业秘密的问题，从而使所有股东同受其害。不过，经过综合比较，累积投票制度更具有积极的意义，尤其是在我国。

《上市公司治理准则》对符合特定情况的上市公司采用累积投票制作出强制性规定。《上市公司治理准则》第31条规定：在董事的选举过程中，应充分反映中小股东的意见。股东大会在董事选举中应积极推行累积投票制度。控股股东控股比例在30%以上的上市公司，应当采用累积投票制。采用累积投票制度的上市公司应在公司章程里规定该制度的实施细则。

在通常情况下，股东在股东大会上对董事选举行使累积投票权，应当事先声明，以提示其他人也可以行使相应的权利，以求选举公平。

在累积投票制度下，影响人事选举结果的有两种因素：第一，董（监）事会的规模大小。董事会的规模越大，小股东推荐的人选当选的可能性越大，当选的人数会越多；董事会的规模越小，小股东推荐的人选当选的可能性越小，当选的人数会越少。董事会的规模小到一定程度，则小股东无法使其候选人当选。大股东欲抵消累积投票可能产生的不利影响，可以采取对董事分类选举或分批错期选举的方式，以减少一次选举中的选任人数，降低小股东推荐的人选当选的可能性。第二，董事、监事是否合并选举，如果两者合并选举，因候选人人数的增加，小股东的累积投票将收到更佳效果。目前，我国的董事、监事一般均为分别选举。为使累积投票权能够更好地发挥其作用，有的学者建议，对选举制度予以变更，董事与监事同时合并选举。① 但因董事与监事人选的要求条件有所不同，需要解决不同任职条件者的合理同时合并选举问题。

为避免大股东无故更换小股东累积投票选出的董事，有的国家规定，禁

① 参见刘俊海：《股份有限公司股东权的保护》，193页，北京，法律出版社，1997。

止更换以累积投票方式选出的小股东董事，除非同意更换的表决票数足以阻止其在原始选举中当选。

四、股东的诉讼权

从股份有限公司的内部机构设置看，对董事会、经理等高级管理人员的监督约束，属于股东大会、监事会的职责。随着公司股权的分散、所有权与经营权的高度分离，董事会乃至经理的权限膨胀，在公司中取得中心地位，仅靠股东大会、监事会的一般监督已不足以保护股东的正当权益。为此，各国立法更加重视以股东权包括个别股东的诉讼权制约经营者的活动。股东的诉讼权分为直接诉讼提起权和代表诉讼提起权两类。

（一）股东的直接诉讼提起权

股东的直接诉讼，是指当股东个人的利益受到公司、董事、高级管理人员侵害时，股东作为原告直接向法院提起的诉讼。股东直接诉讼的目的是实现其作为股东而拥有的相应的权利。直接诉讼的请求包括：要求支付股息的诉讼、要求维护新股认购优先权的诉讼、要求强制登记股份转让的诉讼、要求查阅账簿、文件和记录的诉讼等。《公司法》第20条、第22条、第34条、第153条等对此作出了规定。

（二）股东的代表诉讼提起权

1. 概念与意义。

股东代表诉讼，又称股东派生诉讼、股东间接诉讼，是指当公司怠于通过诉讼追究公司董事、经理等高级管理人员的侵权责任及实现其他权利时，具备相应资格的股东为公司利益而依据法定程序代表公司提起诉讼，要求侵权者赔偿公司损失的权利。从权利性质上来讲，股东代表诉讼是一种事后救济性的权利，股东只有在公司的利益已经遭受实际损害的状态下，才有权利为了维护公司的合法权益而提起诉讼。在股东代表诉讼中，股东诉讼的目的是为保护公司利益，而不仅仅是提起诉讼的股东的个人利益，所以，胜诉所得利益直接归属于公司，而不是由进行诉讼的股东个人所独享。

现代公司多是由多元利益主体组成的，当损害公司利益的行为是由董事、经理等高级管理人员（包括实际上控制公司人事权与经营权的大股东、实际控制人）作出时，很难期望公司董事会会作出由公司起诉其成员或与其有利害关系者的决定，股东则由于不是直接利害关系人而无权提起诉讼，最终导致公司与股东的利益受到损害而无法纠正。为更好地保障公司与股东权益，

19世纪初，英国率先在衡平法中创设了股东代表诉讼制度，允许股东在这种情况下代替公司行使诉权，以消除不合理的诉讼障碍。股东代表诉讼在英美法系国家始终是公司法的重要研究对象，并通过公司立法或相关判例建立规则加以规范，其中尤其以美国的相关制度最为发达。股东代表诉讼制度产生的根本原因是为了防止现代公司制度从"股东会中心主义"过渡到"董事会中心主义"之后，出现董事、经理等对公司的过度控制。股东代表诉讼制度对于预防和纠正公司经营者滥用职权，强化股东对经营者的监督与制衡，救济股东因公司内部违反法律或章程的行为而受到的损害，具有重要的意义。

旧《公司法》对公司利益受到损害而使股东利益间接受到损害时，股东如何通过诉讼维护公司利益从而达到维护自己利益的问题未作规定。在2005年修订《公司法》时，立法者一致认为，我国也应当通过立法确立股东代表诉讼制度，以防止内部人控制之弊端，保障股东的权益。为此，《公司法》第152条规定：董事、高级管理人员有本法第一百五十条规定的情形的，有限责任公司的股东、股份有限公司连续一百八十日以上单独或者合计持有公司百分之一以上股份的股东，可以书面请求监事会或者不设监事会的有限责任公司的监事向人民法院提起诉讼；监事有本法第一百五十条规定的情形的，前述股东可以书面请求董事会或者不设董事会的有限责任公司的执行董事向人民法院提起诉讼。监事会、不设监事会的有限责任公司的监事，或者董事会、执行董事收到前款规定的股东书面请求后拒绝提起诉讼，或者自收到请求之日起三十日内未提起诉讼，或者情况紧急、不立即提起诉讼将会使公司利益受到难以弥补的损害的，前款规定的股东有权为了公司的利益以自己的名义直接向人民法院提起诉讼。他人侵犯公司合法权益，给公司造成损失的，本条第一款规定的股东可以依照前两款的规定向人民法院提起诉讼。这一规定建立了我国的股东代表诉讼制度。

2. 股东代表诉讼和股东直接诉讼的区别。

从我国及其他一些国家的法律规定看，股东代表诉讼和股东直接诉讼的区别主要表现在以下五个方面：

第一，提起条件不同。股东代表诉讼设有前置程序，只有在董事会（执行董事）或监事会（监事）对股东要求公司起诉的请求置之不理，或当延迟将导致失去获得赔偿的可能时，股东方可以提起诉讼。而股东的直接诉讼无前置程序。

第二，调整范围不同。股东代表诉讼的调整是侵权行为人对公司利益的侵害，而股东直接诉讼的调整仅限于对个别成员股东利益的侵害。股东直接诉讼发生在股东合法权益受到侵害的各种情况下，诉讼的对象包括公司的股东、董事、经理、雇员等，但不包括公司外的第三人。股东代表诉讼发生在公司利益受到损害而无正当理由怠于或拒绝行使诉权的情况下。有的国家规定，被提起股东代表诉讼的对象仅限于董事，如日本；有的国家规定，被提起股东代表诉讼的对象包括控制股东、董事、经理、雇员以及公司外的第三人，如美国。我国《公司法》的规定接近于美国，未限制对第三人的侵权行为提起股东代表诉讼。

第三，提起者的身份不同。提起代表诉讼的股东虽然在形式上是以自己的名义提起诉讼，而实际上是在代表公司提起诉讼，股东在诉讼中行使的是公司的请求权。股东直接诉讼则是以该股东自己的名义提起。

第四，保护的利益不同。股东代表诉讼中的侵权行为对公司的权益造成了损害，股东提起诉讼的目的是通过保护公司的权益，从而保护所有其他股东的利益。股东代表诉讼获胜的直接结果是所获利益归公司所有，间接结果则是使所有股东的权益得到维护。在直接诉讼中，是股东个人的合法权益受到侵害，侵权行为并不一定对公司造成侵害，它保护的是股东的个人利益。

第五，提起诉讼时原告的资格条件等不同。各国的公司法就股东代表诉讼的原告往往规定一些限制性条件，例如，股东持股期限、持股数额、对违法行为的态度等要求。而股东直接诉讼则不受限制。

从股东代表诉讼的以上特征还可以看出，股东代表诉讼也不同于诉讼法中所规定的代表人诉讼和必要共同诉讼。代表人诉讼又称集团诉讼，实质上是共同诉讼与诉讼代理两项制度相结合的诉讼形式。诉讼的代表人本身即拥有诉权，而后才能作为其他诉讼人的代表。代表人诉讼和必要共同诉讼均属于直接诉讼。

3. 权利性质与法理基础。

股东代表诉讼制度现在已经成为各国公司法中的共同制度。对股东代表诉讼提起权是属于自益权还是共益权，或两者兼而有之，学者的观点不同。笔者认为，通过对损害公司利益的侵权行为提起股东代表诉讼，可以间接地实现股东参与公司决策的目的，而且股东代表诉讼的胜诉结果直接归属公司。因此，股东代表诉讼提起权在性质上应属于共益权。

对股东代表诉讼的法理基础，比较具有代表性的学说有股东权说、受益权说和债权人代位权说等。笔者认为，股东权说较为合理。该学说基于公司所有权的构造理论认为，公司的出现主要是所有权与经营权分离的结果。即使在股份有限公司中，公司财产最终仍属于股东所有，股东之所有权并未消灭，而是转变为股东权的形式存在。公司对其财产的支配权利除受到法律的限制以外，还受到公司章程、股东大会决议等的限制，而这些均依赖于股东的意思表示。所以，对公司利益的侵害，必然同时又是对股东权的侵害，当公司的利益受到侵害而公司拒绝或怠于提起诉讼时，股东基于其股东权，可以代表公司提起诉讼，要求加害者予以赔偿，以维护公司与自己的利益。

4. 前置程序。

股东代表诉讼的前置程序，是指股东在提起代表诉讼前，须先履行要求公司的董事会、监事会（或股东大会）采取行动，以便对股东起诉的情形作出补救的程序。这是所谓“竭尽公司内部救济”原则的体现。该原则要求，股东必须在提起代表诉讼之前先尽力在公司内部解决问题，即应先请求公司的董事会、监事会（或股东大会）对侵权行为采取诉讼救济措施。只有董事会、监事会（或股东大会）对起诉要求置之不理，或延迟将导致失去获得赔偿的可能时，才允许股东提起代表诉讼。

设置前置程序的原因，是考虑到股东代表诉讼只有在公司怠于行使诉权的情况下才能提起。为尊重公司的独立法人人格，防止不必要的诉讼，股东在征求公司意见以确定其是否对该侵害行为提起诉讼前，不得提起股东代表诉讼。如果公司能够要求加害人主动纠正，或者提起诉讼，公正、合理地解决问题，股东就没有必要再提起代表诉讼。

提起股东代表诉讼的实际情况是复杂的，虽然多数股东代表诉讼的提起是为了维护公司及股东利益，但也存在一些股东恶意起诉的情况，还有的诉讼因达不到获得司法救济的实际作用，所以，没有进行的必要。因此，法律通常赋予公司机关在一定的条件下阻却股东代表诉讼发生的职权。

根据上述原则，准备提起股东代表诉讼的股东首先应向公司机关提出书面请求，说明起诉的事实和理由。公司机关在收到书面请求后，应根据事实情况与商业判断规则在一定的期限内作出答复。如果公司同意起诉，则以自己的名义起诉。如果公司不同意起诉，则股东可以决定提起代表诉讼。如果公司逾期未作答复，则股东也可以提起代表诉讼。

各国公司法对公司的答复期限规定不同。《美国示范公司法》第7条第42项规定，任何股东在提起诉讼之前必须履行以下程序：（1）书面请求公司采取措施；（2）除非股东被提前通知其请求被拒绝，或者拖延有给公司导致不可恢复的损失之危险时，原告必须自其请求之日起等待90日。美国一些州的立法对此等待期作出例外规定，若被诉的侵害人组成或控制了董事会的多数，以至于原告的请求将成为徒劳，则免除原告股东向董事会（或股东大会）作出请求的义务。《日本商法典》第267条（代表诉讼）规定：（1）自6个月前起连续持有股份的股东，可以以书面方式请求公司提起追究董事责任的诉讼。（2）自有前款请求日起30日内，公司不提起诉讼时，前款的股东可以为公司提起诉讼。(3) 因经过前款所定期间，有对公司产生难以恢复损害之虞时，第一款的股东，可以不拘前二款规定，径直提起前款的诉讼。①

在股东代表诉讼中，若原告未向公司的董事会、监事会或股东大会提出要求而直接起诉，被告可以以未履行前置程序为由要求驳回起诉。股东在其向公司机关提出的诉讼请求被拒绝后提起股东代表诉讼的，法院在决定是否受理案件前，通常要审查拒绝提起诉讼的董事等是否在某种程度上参与了诉讼中涉嫌的违法行为，是否受到了侵权行为人的支配或控制，董事会、监事会拒绝提起诉讼的行为是否合理等情况。

我国公司设有股东（大）会、董事会、监事会。监事会、监事有权对公司董事、经理等高级管理人员在执行职务时违反法律、法规或者公司章程的行为进行监督，包括提议召开股东会等职权。所以，《公司法》规定，股东对公司董事、经理等高级管理人员的违法行为起诉的请求应向监事会、监事提出。如果股东对监事的违法行为提起诉讼，则可以向董事会或者不设董事会的有限责任公司的执行董事提出起诉的请求。但不要求股东须向股东大会提出代表诉讼的请求，因股东大会往往难以及时召开，会延误诉讼时间，造成公司损失进一步扩大或难以挽回。

5. 股东代表诉讼的当事人。

第一，股东代表诉讼被告的范围。

各国分别在公司法或商法中列举了股东代表诉讼的被告范围，其中美国的规定最为广泛。在美国，对董事、监事、经理、控股股东及其他侵犯公司利益者，股东都可以提起代表诉讼。多数国家未将公司外部人作为股东代表诉讼的对象。《日本商法典》第 267 条则仅规定对董事侵犯公司利益的行为可以提起代表诉讼。这主要是考虑，一般在公司外部人侵犯公司的权利时，公司都会对其提起诉讼。但在特定的情况下，如公司外部人和公司董事或经理有各种利益关系时，公司董事或经理如果怠于起诉，股东也应当可以提起代表诉讼。在我国的实践中，公司外部人员侵犯公司利益进而侵犯股东利益，而又得不到公司董事等人员纠正的现象比较普遍。为了保护公司及股东权益，我国《公司法》规定，股东代表诉讼的被告范围可以包括公司外部人员。

第二，股东代表诉讼的原告资格。

为了防止一些别有用心的人在得知公司存在可以提起代表诉讼的情形后，以获得提起诉讼资格为目的而事后取得股份，滥用代表诉讼权，进行不正当的投机诉讼，各国立法都对股东代表诉讼的原告资格作出限制性规定。

---

① 参见王书江、殷建平译：《日本商法典》，71 页。

美国公司法对股东代表诉讼原告资格的限制，主要体现为其所创立的“当时股份拥有”等原则。所谓“当时股份拥有”原则，亦称“同时所有原则”，是指提起代表诉讼的原告应当在其所诉侵害行为发生时即为股东，并在代表诉讼进行过程中保持其股东身份。但如果原告股东资格的丧失是由于公司及其控制者恶意行为所致，则不受此限。

美国一些州的法院也允许在某些情况下事后取得股份的股东提起派生诉讼。他们认为，对董事和高级职员的不法行为提起诉讼的权利，是可以随着股东的股份转让的。《美国示范公司法》第 7 条第 41 项规定，股东不得开始或持续一项派生的（诉讼）程序，除非该股东：(1) 在程序中被控告的作为或不作为发生时是该公司的股东，或者在上述时间内虽不是股东，却从在上述时间内该公司的股东依法转让得到该公司股票，而成为该公司的股东；(2) 在要求强制行使公司的权利时，公正地和充分地代表了公司的利益。

为应对“当时股份拥有”原则的局限，学者又提出“继续性过错”原则，认为如果所起诉的违法行为“继续”到原告取得股份时，原告就符合“当时股份拥有”原则的要求。此外，如果公司的所有股东在侵权行为发生后，均已将股份转让，致使侵权行为发生时的所有股东都无法提起派生诉讼，则应当允许后来持有股份的股东提起代表诉讼。对因合并、继承等法定原因而后续取得股份的股东，也应给予其股东代表诉讼的提起权。

大陆法系国家和地区立法对股东代表诉讼的限制，主要体现在股东持股期间与持股数额方面。《日本商法典》第 267 条（代表诉讼）第 1 款规定，自 6 个月前起连续持有股份的股东，可以以书面方式请求公司提起追究董事责任的诉讼。我国台湾地区“公司法”第 214 条规定，提起代表诉讼的股东至少须连续 1 年以上持有公司的股份。这是为防止以获得诉讼资格为目的于事后取得股份者对代表诉讼制度的滥用。英国、美国等国家对原告股东的持股期间长短并无限制。

对提起股东代表诉讼的股东是否应当持有最低比例或数量的公司股份，各国（地区）立法规定不同。英美法系国家一般无此要求，日本也认为股东代表诉讼提起权为单独股东权，即股东只要持有一股，就可以提起诉讼。但法国则规定，原告股东应该持有公司股份的 5%以上方可提起股东代表诉讼。我国台湾地区“公司法”第 214 条规定，作为代表诉讼原告的股东应该持有已发行股份的 5%以上。德国规定的持股数额比例更高，要求原告股东持股应该占公司股份的 10%以上。对提起代表诉讼的股东持股数量予以适当的限制是合理的，但限制的比例不宜过高，一方面，可以体现原告股东代表多数股东的利益，另一方面，有利于防止原告对诉权的滥用。在计算股东持股比例时，应当允许数名股东合并计算股份、共同起诉。

在股东代表诉讼中，对原告资格的另一项要求是所谓“纯洁的手”原则，亦称“净手”规则，即原告未参与、批准或默许过其所起诉的过错行为。此外，原告应当能够公正、充分地代表公司及多数股东的利益，不是为个人利益或限制竞争等不正当目的而提起代表诉讼。

《公司法》第152条规定，有限责任公司的股东、股份有限公司连续一百八十日以上单独或者合计持有公司百分之一以上股份的股东，可以提起股东代表诉讼。据此规定，我国未采用当时拥有原则，这样更有利于保护那些在持有公司股份时不知道侵害行为发生，但损失后果却一直延续并直接或间接损害其利益的股东。

对有限责任公司的股东提起代表诉讼，《公司法》未规定任何条件限制。之所以不规定持股期限的限制，是因为股东对有限责任公司的投资往往是长期投资（一般均超过6个月），再作持股期限的限制没有实际意义。之所以不规定持股比例的限制，是因为法律对有限责任公司的股东人数规定了上限限制，不可能有不特定的多数公众投资者参加，而在股东数量很少（如只有两三名股东）的情况下，每一个股东的权益均应当得到充分的保护，即便其持股比例很低。否则，这些小股东在公司受到董事、高管人员或控股股东等侵害时，既不能提起代表诉讼，又难以转让其股权，其正当权益无法得到法律救济。而且有限责任公司具有人合的性质，各个股东在公司成立或新股东加入时，彼此之间是有选择权的，以受让股权方式滥用代表诉讼的情况很少可能在有限责任公司发生，即便出现，其他股东也完全可以通过行使优先购买权的方式加以阻止。

对股份有限公司的股东提起代表诉讼，《公司法》则要求须连续180日以上单独或者合计持有公司1%以上的股份。股份有限公司，尤其是上市公司因股份转让不受限制，可能出现通过短期受让股份或仅持极少股份取得股东资格的方式滥用代表诉讼权利的情况，所以，有必要设置持股比例的限制。但须持有公司1%以上股份的规定可能标准设置仍然过高，尤其是上市公司的股东，绝大多数都难以具备原告资格。以联通公司为例，根据其2003年6月30日披露的信息（以下其他公司信息的时点均与此相同），除控股股东外，任何一个投资者包括机构投资者的持股数额均达不到原告资格条件要求。再如，宝钢公司总股本为125亿，其第二至第十大股东是各证券投资基金。其中第二大股东持股也仅占股本的0.45%，同样达不到原告资格条件。中小股本规模的上市公司也是如此。例如，江泉实业公司总股本为3.1亿多，其第五大股东为流通股股东，持股134万，仅占总股本的0.41%。即使是像西藏圣地公司这样的小盘股，其第七大股东为最大的流通股股东（自然人），持股18万，仅占总股本的0.23%。虽然理论上讲可以由多个股东共同提起诉讼，从而将多个股东所持的公司股份累计计算以达到规定的标准，但这在实务操作上是十分困难的。鉴于各上市公司的股本大小差异很大，以持股比例作为原告资格标准在各公司股东之间还可能出现实际上的不平等。例如，联通公司的总股本为196亿多，其中第二大股东持股8 000多万，仅占股本的0.44%。而西藏圣地公司的总股本为8 000万，持股80万即可达到1%。所以，对这一规定还应考虑有无进一步予以完善的可能。

此外，立法对股份有限公司股东提起代表诉讼的条件还应作出一些例外规定，以保证公平。例如，侵害行为发生的时间与股东开始持有股份的日期不足180日的，不应受连续180日以上持股的限制，否则，将会出现部分股东眼睁睁地看着侵害行为发生却因持股时间不够而无法起诉获得救济的现象。再如，发生“有关财产即将被转移、有关权利的行使期间或者诉讼时效即将超过”等紧急情况，不立即提起诉讼将会使公司利益受到难以弥补的损害的，持股期间的限制也不应再适用。

美国法律不禁止其他股东参加已经提起的股东代表诉讼。其他股东要求作为原告一起参加诉讼，由法院依集团诉讼的规则决定是否允许。如果原告股东能够公正、充分地代表申请参加诉讼者的利益，出于诉讼经济的原则，一般不再准许其他股东参加诉讼。日本法律对此持较为宽松的态度，《日本商法典》第268条第2款规定，股东或公司可以参加原告股东提起的诉讼。但是，因其参加将使诉讼不适当地拖延或显著加重法院负担时，不在此限。

根据“一事不再理”的原则，原告股东提起股东代表诉讼后，其他股东不得再就同一诉讼标的提起诉讼。但为防止原告股东与被告人通谋，故意败诉，从中牟利，《日本商法典》第268条之三规定，提起追究董事责任之诉，“如果因原告与被告串通，以欺诈损害作为诉讼标的的公司权利为目的，致使判决成立时，公司或股东可以以再审之诉，对确定的终局判决声明不服”。这一规定给予那些未能参加股东代表诉讼的公司或股东以救济的渠道。我国在完善股东代表诉讼制度时，应采取同样的原则。

第三，公司在股东代表诉讼中的法律地位。

公司在股东代表诉讼中的法律地位是一个有争议的问题，各国立法规定也有差异。有的学者认为，股东在代表诉讼中行使的诉权本属于公司，所以，公司应与起诉股东成为共同原告。有的学者认为，公司拒绝在股东代表诉讼中行使本属于自己的诉权，所以，不能与起诉股东成为共同原告。另一方面，公司不是被诉对象，也不能与被告人成为共同被告。由于原告股东所行使的诉权本是公司所享有的请求权，所以，公司也不是诉讼中的第三人。而且股东是为公司利益提起代表诉讼，胜诉所得归公司所有，公司也没有必要作为有独立请求权的第三人。所以，公司在股东代表诉讼中的法律地位在理论上的确很难确定。

美国有学者认为，公司在代表诉讼中居于双重地位。由于公司拒绝作为原告提起诉讼，所以，它是名义上的共同被告。但因原告胜诉后直接受益的是公司，而非原告股东，因此，公司又是代表诉讼中的真正原告。一般认为，应按照公司名义上的地位，认定为代表诉讼的共同被告。

如前所述，《日本商法典》规定，提起代表诉讼的原告股东在提起诉讼后，应告知公司；公司可以参加诉讼，但因此将使诉讼不当拖延或显著加重法院负担时除外；因原告与被告恶意串通而败诉时，公司可以提起再审之诉。据此，有的学者认为，日本的公司在股东代表诉讼中既非原告，也非被告，而是居于诉讼参加人的地位。①

我国《公司法》对此未作明确规定。笔者认为，根据代表诉讼中的法律关系，将公司列为名义上的被告较为适宜。

6. 股东代表诉讼的和解。

在民事诉讼中，原告和被告可以自由决定和解结案。但在股东代表诉讼中，如果放任原告股东任意与被告个别达成和解，可能会损害公司或其他股东的利益。因此，各国立法对股东代表诉讼中的和解往往作出限制性规定。美国从诉讼经济的角度考虑，鼓励以和解的方式解决股东代表诉讼，但如果法院认为和解损害公司或其他股东的合法利益，则可以不准许和解。有的日本学者则主张，在为了监督公司而进行的股东代表诉讼中，诉讼保护的是公司的利益，原告股东不得就原属于公司的权利在诉讼中进行和解。

7. 诉讼费用担保。

一些国家为防止股东代表诉讼被滥用，保障被告在原告败诉时能够获得补偿，在法律中规定了诉讼费用担保制度。诉讼费用担保，是指法院有权根据被告的申请，要求某些提起股东代表诉讼的原告股东提供一定的保证，以使原告败诉时能够支付被告应诉的合理费用。

诉讼费用担保制度于 1944 年首先在美国采用。《纽约一般公司法》第 267 条规定，如果提起派生诉讼的股东，其所持有的股份、表决权之信托证书或受益人利益所代表的股份在公司已发行的任何种类股份总额中不足 5%，且其市场价值不到 5 万美元，则根据被告的请求和法庭的命令，有向法庭提

① 参见刘俊海：《股份有限公司股东权的保护》，134 页。

供诉讼费用担保的义务。[①] 此项制度后为美国各州公司法采用，继而为各国立法所借鉴。

各国（地区）立法对应提供诉讼费用担保的情况，规定宽严不一。我国台湾地区“公司法”第 214 条第 2 款规定，股东提起代表诉讼时，“法院因被告之声请，得令起诉之股东，提供相当担保。如因败诉，致公司受有损害，起诉之股东，对公司负赔偿之责”。从规定的文义看，只要被告提出申请，法院就可以令原告股东提供担保，条件过于宽泛，不利于股东代表诉讼权的行使。美国纽约州公司法将原告股东持股多少作为判断是否应提供担保的标准，大股东无须提供担保，这与股东代表诉讼以保护中小股东利益为主要目的的性质又不相符合。所以，多数国家立法规定，被告在有证据证明股东提起代表诉讼可能出于恶意时，法院方可以命令原告股东提供担保。《日本商法典》第 268 条之二规定，股东代表诉讼胜诉后，原告股东可以请求公司对律师费用支付相当数额。原告股东败诉时，非有恶意，对公司不负损害赔偿责任。我国《公司法》对股东代表诉讼的诉讼费用担保问题未作规定。

五、股东的知情权

（一）知情权概述

股东知情权，是指股东依据法律和公司章程之规定，享有的及时知悉公司经营、管理、财务等方面真实信息的权利。股东的知情权是一项重要的权利。对公司情况不知情，股东便无从行使其他任何权利，也无法作出任何判断和决定。从这种意义上讲，股东的知情权是股东行使其他权利的基础。

股东的知情权属于单独股东权。股东对公司文件等查阅知情的权利，一方面，可以保障股东在股权上的经济利益不致因不知情而受到损害，另一方面，这也是股东参与公司经营决策，提出建议或质询的前提。所以，一些学者认为，股东的知情权，如财务会计报告等文件的查阅权，兼有自益权和共益权的双重性质。

股东知情权不是单独的一项权利，而是一个“权利束”，各项具体权利从不同方面相互结合，以保障股东能够及时、全面、准确地知悉公司情况。股东的知情权包括股东对公司文件的查阅权、获取权、质询权等多方面的权利。一些学者借鉴国外立法经验总结后认为，股东的知情权应包括对公司文件查阅权、账簿查阅权、质询权和外部检查人选派请求权四项基本权利。

---

① 参见张民安：《现代英美董事法律地位研究》，515 页，北京，法律出版社，2000。

股东知情权有助于维护股东之权益，但股东知情权的行使也可能产生一些不利的后果，例如，增加公司管理成本，降低运行效率，可能泄露商业秘密等，需要加以规范，以防止权利被滥用。

旧《公司法》第32条规定，有限责任公司的"股东有权查阅股东会会议记录和公司财务会计报告"；第110条规定，股份有限公司的"股东有权查阅公司章程、股东大会会议记录和财务会计报告，对公司的经营提出建议或者质询"。但是，只允许股东查阅公司章程、股东大会会议记录和财务会计报告是远不足以保障股东知情权的，而且由于其规定过于粗略，缺乏可操作性，致使一些公司在大股东的操纵下，随意阻碍中小股东了解公司的情况，恶意侵害中小股东权益。

2005年修订后的《公司法》扩大了股东的知情权，《公司法》第34条规定，有限责任公司的股东有权查阅、复制公司章程、股东（大）会会议记录、董事会会议决议、监事会会议决议、财务会计报告及会计账簿。《公司法》第98条规定，股份有限公司的股东有权查阅公司章程、股东名册、公司债券存根、股东大会会议记录、董事会会议决议、监事会会议决议、财务会计报告，对公司的经营提出建议或者质询。有限责任公司应当按照公司章程规定的期限将财务会计报告送交各股东。股份有限公司应当将相关文件置备于本公司，供股东查阅。上市公司必须公告其财务会计报告。此外，《公司法》第146条还针对上市公司的特殊性规定，上市公司必须依照法律、行政法规的规定，定期公开其财务状况、经营情况及重大诉讼，在每会计年度内半年公布一次财务会计报告。

根据《公司法》第34条的规定，有限责任公司的股东可以要求查阅公司会计账簿，这是根据有限责任公司的特点作出的不同于股份有限公司股东知情权的规定。"股东要求查阅公司会计账簿的，应当向公司提出书面请求，说明目的。公司有合理根据认为股东查阅会计账簿有不正当目的，可能损害公司合法利益的，可以拒绝提供查阅，并应当自股东提出书面请求之日起十五日内书面答复股东并说明理由。公司拒绝提供查阅的，股东可以请求人民法院要求公司提供查阅。"

一些国家的公司法规定，股东有权在自行承担费用的情况下得到上述各种文件的复本，并规定对公司拒绝股东查阅上述文件或拒绝向股东提供文件复本的，要对公司及负有责任的高级管理人员给予罚款处分，并可以由法院下令强制执行。对股东查阅上述各种文件之外的其他内部文件，如详细的会计账簿、董事会及监事会的各种会议记录等的权利，各国立法也作出规定。例如，《德国商法典》第116条规定："（1）有限责任股东有权请求交付年终决算的誊本和在查阅账簿和文件的情况下审查年终决算的正确性……（3）有重大事由的，经一名有限责任股东申请，法院可以随时命令交付资产负债表和年终决算或其他阐述性资料以及提示账簿和文件。”[①] 为防止权利的滥用，立法往往对股东知情权的行使规定相应的条件，例如，股东查阅文件须出于正当目的，持股应达到公司股本的一定比例，持股时间应达到一定期间，当事人须作出保密承诺等。如果公司有合理根据认为股东查阅会计账簿存在不正当竞争、窃取公司商业秘密等不正当目的，可能损害公司合法利益的，则可以拒绝提供查阅。

（二）质询权

股东的质询权是知情权的一项重要内容。《日本商法》第237条之三规定，董事及监事在股东大会上应就股东要求解答的事项予以说明，但该事项与会议目的的事项无关，因作说明将明显损害股东共同利益，为作说明需要进行调查，或有其他正当理由时除外。《奥地利股份有限公司法》规定，股东有权在大会上就议程中的任何事项提出疑问，董事会在不妨碍公司利益和公众利益的前提下应对股东的质询作出回答。《德国股份法》第131条“股东的受告知权”第1款规定，“经请求，董事会应在股东大会上向任何一位股东告知公司的事务，但以此种告知为客观评价议事日程的内容而为必要为限”。第131条第4款同时还规定，所有股东享有平等的知情权，“因一名股东的股东身份而在股东大会之外向其进行一项告知的，经任何其他股东请求，应在股东大会上向任何其他股东进行此项告知，即使此项告知对客观评价议事日程的内容非为必要，也不例外”。第131条第5款还规定，“拒绝向一名股东进行告知的，其可以请求，将其问题及拒绝给予告知的理由列入关于讨论的笔录”[②]。同时第132条规定，任何一位没有得到告知的股东，都可以向州法院申请裁判董事会是否应给予告知。如果法院裁判应予告知，即使是在股东大会以外，仍应给予告知。根据裁判，可以要求强制执行。《德国股份法》之所以重视股东的质询权，是因为“《德国股份法》没有赋予股东查阅公司账簿和资料的权利”[③]，需要通过质询权保障股东获得参与公司管理所需要的各种信息。《瑞士债法典》规定，每一股东均有权提请监事关注可疑事项并有权要求

---

① 参见杜景林、卢谌译：《德国商法典》，63页，北京，中国政法大学出版社，1999。

② 参见杜景林、卢谌译：《德国股份法、德国有限责任公司法、德国公司改组法、德国参与决定法》，65页，北京，中国政法大学出版社，2000。

③ ［德］托马斯·莱塞尔、吕迪格·法伊尔著，高旭军等译：《德国资合公司法》，236页，北京，法律出版社，2005。

作出必要的解释。赋予股东的权利不因章程或者公司机构的决议而被取消或者限制。只有在股东大会有明确授权或者董事会决议的情况下，方可取得公司账目和信息，并应对公司事务保密。法官有权对有效行使管理权的关系重大的事实，命令上市公司通过其账目或者通信以翔实的摘要形式告知股东，但此项命令不得危及公司利益。

我国《公司法》第 151 条规定，股东会或者股东大会要求董事、监事、高级管理人员列席会议的，董事、监事、高级管理人员应当列席并接受股东的质询。股东质询权的设置，可以切实保护股东，尤其是中小股东的知情权，有利于健全和完善公司法人治理结构，有助于使股东（大）会真正成为公司的最高权力机关。

（三）股东知情权的行使

各国立法对股东行使就公司普通文件的查阅权，如财务会计报告的查阅权和质询权，通常没有规定条件限制。对股东行使账簿查阅权，有些国家立法予以一定的限制，主要是规定行使账簿查阅权的股东须持有公司一定比例的股票，或持股达一定期间。例如，《韩国商法典》第 466 条规定，持有 5%以上股份的股东，可以凭借记载其理由的书面文件请求查阅或者誊写会计账簿及文件。《日本商法典》（2001 年修订）第 293 条之八第 1 款则要求股东行使账簿查阅权，需持有全部表决权的 3%以上。1969 年《美国示范公司法》第 52 条规定，主张查阅公司账簿的股东须符合以下标准："（1）记载于股东名册上的股东须持股达到 6 个月或 6 个月以上，或者（2）其持股比例达到公司全部发行股份的 5%以上。"① 但该法在 1997 年修订后取消了上述限制。我国立法对股东行使账簿查阅权没有规定限制条件，这更适合我国国情，且更有利于维护股东权益。

此外，一些国家和地区的立法还规定，股东可以请求选派检查人检查公司财务账簿等情况。股东请求行使此项权利，其持股应不少于公司已发行股份的一定比例或者一定数额。例如，《瑞士债法典》要求需持股达到公司股份总额的 10%以上或者股票总值超过 200 万法郎；《德国股份法》要求合计持有公司股份总数 1/10 以上或者 100 万欧元。我国台湾地区"公司法"第 245 条则规定，持续 1 年以上持有已发行股份总数 3%以上之股东，得申请法院选派检查人，检查公司业务账目及财产情形。目前我国立法对此未作明确规

① Robert W. Hamilton, *The Law of Corporations* (4th ed.), p. 525，北京，法律出版社，1999。

定，但在实践中股东应可以委托专业中介机构检查公司财务账簿。

目前，在股东对知情权的行使中一个有争议的问题是，股东在转让其全部股份后是否还享有对其为股东期间公司情况的知情权。对此问题学者之间观点不一，在司法实践中也有结果完全不同的裁判案例。笔者认为，一般而言，股东资格与股东的知情权具有不可分离的特性，所以，在股东转让全部股份后，原则上不应再享有知情权。否则，由原股东继续行使诸如账簿查阅权等敏感的知情权，可能会影响公司的正常经营，甚至泄露公司的商业秘密，损害现股东的利益。但是，为了保护原股东在其身为股东期间的正当利益，即使在其股份全部转让后，也应当允许原股东查阅其作为公司股东期间会计年度内的财务会计报告等文件。这也是考虑到财务会计报告出台具有滞后性(公司通常均需在次年第一季度或更晚时间才能公布上一会计年度的财务会计报告)，原股东在转让股份前无法及时得知该信息，无法据此维护其权益。

六、股东大会自行召集权

股东大会自行召集权，是指持有公司有表决权股份总数一定比例以上的股东，享有的向公司董事会请求召开临时股东大会，并在董事会拒绝召开时依法自行召集会议的权利。这是为了保障少数股东的权益，使其提出的议案与问题能够及时在股东大会上得到解决。在符合法律规定的情况下，股东自行召集会议，费用由公司承担。在美国、英国的公司法中均规定，单独或者合并持有公司10%以上有表决权股份的股东可以自行召集股东大会。我国台湾地区的“公司法”则规定，持续1年以上持有已发行股份3%以上的股东可以自行召集股东大会。《日本商法典》第237条规定，连续6个月以上持有已发行股份3%以上的股东，可以自行召集股东大会。

我国旧《公司法》对股东的临时股东大会自行召集权未作明确规定。2005年修订后的《公司法》设置了此项股东权利，《公司法》第41条规定，有限责任公司董事会或者执行董事不能履行或者不履行召集股东会会议职责的，由监事会或者不设监事会的公司的监事召集和主持；监事会或者监事不召集和主持的，代表1/10以上表决权的股东可以自行召集和主持。《公司法》第102条规定，股份有限公司董事会不能履行或者不履行召集股东大会会议职责的，监事会应当及时召集和主持；监事会不召集和主持的，连续90日以上单独或者合计持有公司10%以上股份的股东可以自行召集和主持。

与旧法相比，新《公司法》在此问题上主要有两处修改：一是规定在董事会和监事会等公司机关不履行职责时，由股东直接行使会议召集权和主持权，以有效地保障股东权益；二是为了防止股东滥用权利，扰乱公司正常运营秩序，针对不同类型的公司，立法对股东行使此项权利限定了持股比例和持股时间的要求。

中国证监会发布的《上市公司股东大会规则》，遵循《公司法》有关股东自行召集临时股东会议权利的规定，规定了上市公司股东自行召集股东大会的操作程序。该规则规定，单独或者合计持有公司10%以上股份的股东有权以书面形式向董事会请求召开临时股东大会。董事会应当根据法律、行政法规和公司章程的规定，在收到请求后10日内提出同意或不同意召开临时股东大会的书面反馈意见。董事会同意召开临时股东大会的，应当在作出董事会决议后的5日内发出召开股东大会的通知，通知中对原请求议案的变更，应当征得相关股东的同意。董事会不同意召开临时股东大会，或者在收到请求后10日内未作出反馈的，单独或者合计持有公司10%以上股份的股东有权以书面形式向监事会提议召开临时股东大会。

监事会同意召开临时股东大会的，应在收到请求5日内发出召开股东大会的通知，通知中对原请求议案的变更，应当征得相关股东的同意。监事会未在规定期限内发出股东大会通知的，视为监事会不召集和主持股东大会，连续90日以上单独或者合计持有公司10%以上股份的股东可以自行召集和主持。

股东决定自行召集股东大会的，应当书面通知董事会，同时向公司所在地中国证监会派出机构和证券交易所备案。在股东大会决议公告前，召集股东持股比例不得低于10%。监事会和召集股东应在发出股东大会通知及发布股东大会决议公告时，向公司所在地中国证监会派出机构和证券交易所提交有关证明材料。

对于股东自行召集的股东大会，董事会和董事会秘书应予以配合。董事会应当提供股权登记日的股东名册。董事会未提供股东名册的，召集人可以持召集股东大会通知的相关公告，向证券登记结算机构申请获取。召集人所获取的股东名册不得用于除召开股东大会以外的其他用途。

监事会或股东自行召集的股东大会，会议所必需的费用由上市公司承担。

七、股东提案权

《公司法》第103条规定，单独或者合计持有公司3%以上股份的股东，可以在股东大会召开10日前提出临时提案并书面提交董事会；董事会应当在收到提案后2日内通知其他股东，并将该临时提案提交股东大会审议。临时提案的内容应当属于股东大会职权范围，并有明确议题和具体决议事项。此项规定所设置的权利即为股东提案权，这一提案权主要是指在股东大会召开前提出临时提案的权利。旧《公司法》对股东提案权未作规定，仅在中国证监会制定的《上市公司股东大会规范意见》中有所规定。

《公司法》规定的股东提案权具体、合理，且具有可操作性。第一，规定有权行使提案权的股东须持股（合计）的比例为3%，比原执行的《上市公司股东大会规范意见》所规定的5%持股比例更低，有利于更充分地保障更多的股东行使此项权利。第二，对提案权的行使限定了时限与方式，可以保证董事会能够及时了解提案并通知其他股东，保障股东大会的顺利召开。第三，明确地规定了对股东所提临时提案的内容以及议题、议决事项等方面的要求，具有指导性与可操作性。第四，规定了董事会对股东所提临时提案及时通知其他股东，并将提交股东大会审议的义务，董事会无权对提案进行实质审查并裁量是否提交股东大会，提案的合法性、适当性和关联性由提案股东负责。

八、异议股东股份收购请求权与股东强制出售权

（一）异议股东股份收购请求权

异议股东股份收购请求权，是指在法律规定的情况下，股东有权要求公司收购其股份（股权）。在实践中，有时可能出现大股东利用对公司的控制权，操纵股东（大）会作出种种损害其他股东权益的决议。为在此种情况下给受害股东提供更多的救济渠道，一些国家在公司法中设置了反对股东大会决议的股东的股份收购请求权，即在股东大会作出对股东利益有根本性影响的决议时，持反对意见的股东享有请求公司收购其股份的权利。此项权利仅可以适用于法律规定的情况，例如，公司分立或合并、公司全部或主要营业与财产的转让等。

我国《公司法》在2005年经过修订后也设置了异议股东股份收购请求权，《公司法》第75条规定：有下列情形之一的，对股东会该项决议投反对票的股东可以请求公司按照合理的价格收购其股权：（1）公司连续五年不向股东分配利润，而公司该五年连续盈利，并且符合本法规定的分配利润条件的；（2）公司合并、分立、转让主要财产的；（3）公司章程规定的营业期限届满或者章程规定的其他解散事由出现，股东会会议通过决议修改章程使公司存续的。自股东会会议决议通过之日起六十日内，股东与公司不能达成股权收购协议的，股东可以自股东会会议决议通过之日起九十日内向人民法院提起诉讼。《公司法》第143条规定，股份有限公司的股东因对股东大会作出的公司合并、分立决议持异议，有权要求公司收购其股份。这一制度为持异议股东的退出建立了相应的机制，体现了对股东权益的保护。

由于公司收购股东的股权或股份后，可能需要予以注销，从而出现减资，因此，此项制度之规定与资本维持原则可能发生冲突，在实施时需要权衡考虑对债权人利益的维护。

（二）股东强制出售权

股东强制出售股票的权利并未规定在《公司法》中，而是规定在《证券法》之中，作为在上市公司收购中维护小股东权益的一项制度。《证券法》第97条规定：收购期限届满，被收购公司股权分布不符合上市条件的，该上市公司的股票应当由证券交易所依法终止上市交易；其余仍持有被收购公司股票的股东，有权向收购人以收购要约的同等条件出售其股票，收购人应当收购。上市公司的股东本具有在证券交易所就其持有的该公司股票进行交易的权利，当上市公司因收购而退市时，此项权利被取消，所以，应当赋予股东是否退出该公司的选择权利，而公司收购人有义务以收购要约的同等条件收购向其要求收购的股票。

复习思考题

1. 简述股东的概念与分类。
2. 股东资格的认定应当遵循哪些一般原则？
3. 根据公司法的理论与审判实践，解决隐名股东资格纠纷应遵循哪些原则？
4. 处理股东与公司之间、股东相互之间的关系，应当贯彻哪些基本原则？
5. 如何理解和应用公司法人格否认制度？
6. 如何理解公司法人财产权的法律性质？
7. 什么是公司的社会责任？
8. 股权具有哪些法律特征？它与物权、债权的区别是什么？
9. 股东具有哪些主要的权利？
10. 股东应如何正确行使表决权？
11. 如何正确行使股东的股利分配请求权？
12. 什么是股东代表诉讼？股东代表诉讼与股东直接诉讼的区别是什么？
13. 股东知情权包括哪些具体的内容？

第三章

公司资本制度

第一节　公司资本制度概述

资本制度是公司法中的一个重要问题，也是《公司法》在2005年修订中争议较大、修改也较大的问题。在公司法理论上，按照公司在经济活动中取得信用所依赖的基础可以将公司划分为人合公司与资合公司。人合公司是以股东个人信用为公司信用的基础，典型的如无限公司；资合公司是以资本信用为公司信用的基础，典型的如股份有限公司。在历史上，公司信用基础是一个发展变化的过程。在中世纪，公司信用主要依赖于股东个人信用及公司取得的特许状，其中，特许状赋予的行业垄断地位是公司法人人格及其信用的重要基础之一。由合伙发展而来的无限公司是公司人格与投资人人格分离的开端，但是个人信用仍是公司信用的基础。16世纪出现的合股公司（Joint Stock Company）仍是以出资人的个人信用为基础，个人要对公司债务承担个人责任或者连带责任。1807年《法国商法典》首次从法律上规定了股份有限公司，并明确股东对公司债务只承担有限责任，1855年的《英国有限责任法》也规定了股东承担有限责任，这些立法均对经济活动中股东的有限责任进行确认。1892年4月20日，德国颁布了《有限责任公司法》，创造有限责任公司这种新的公司组织形式，其股东对公司债务以投资额为限承担有限责任。总之，19世纪所逐渐建立的近代公司制度开始把一些公司的信用建立在公司资本的基础之上，公司财产和个人财产分离较为清楚，公司人格与投资人人格的分离比较彻底，公司设立也由特许设立转变为准则主义，资合公司制度得以建立。自此，大多数公司的信用主要建立在公司责任财产的基础之上，主要国家的公司资本制度也贯彻了公司以其资本为其信用基础的理念。正是在这种意义上，有学者认为“资本信用是资本企业的灵魂”①。

一、有关公司资本的一些概念

资本这个概念在不同学科具有不同的意义，在公司法中也存在多种有关资本的概念。资本，对于资合公司来说，既是公司存在和运作的基础、对债权人的基本担保，又是股东对公司享有权益的表现形式。在公司法中，最重要的有关资本的概念有两个：一是公司净资产；二是公司注册资本。公司净资产，也称所有者权益，是指体现股东权益的股本、公积金和其他未分配的盈余。在我国公司法中通常所说的资本，是指公司的注册资本，又称法定资本金。

（一）注册资本

注册资本，是指股东已经或者承诺将来投资于公司并在登记机关登记注册的财产，这些财产通过登记而与股东的个人财产分开从而成为公司债务的责任财产。注册资本的法律意义在于把股东个人财产和公司法人财产分开，从而为股东的有限责任提供基础；同时这些法人财产也可以在一定程度上保障债权人的利益，促进交易安全。

《公司法》第 26 条第 1 款规定，有限责任公司的注册资本为在公司登记机关登记的全体股东认缴的出资额。《公司法》第 81 条第 1 款、第 2 款规定，股份有限公司采取发起设立方式设立的，注册资本为在公司登记机关登记的全体发起人认购的股本总额。股份有限公司采取募集方式设立的，注册资本为在公司登记机关登记的实收股本总额。《合营企业法实施条例》第 21 条第 1 款规定，中外合资经营公司的注册资本，是在登记机关登记的合营各方认缴的出资额之和。由此可见，我国公司法中的注册资本，是指股东已经或者承诺将来投资于公司的各种出资所构成的财产，这些财产在公司成立时须登记注册于公司登记机关。

英美法系国家或地区采取授权资本制，股东授权公司未来发行一定数额

① 江平：《现代企业的核心是资本企业》，载《江平文集》，395 页，北京，中国法制出版社，2000。

的资本金，这个授权的数额必须记载于公司章程，将来公司董事会在此限额内不经股东会决议同意就可以直接发行资本，所以，英美法系中的授权资本（也称注册资本）与公司的实际发行资本并无直接关系，在这种意义上其注册资本是名义资本。

在一些大陆法系国家或地区，采取折中的授权资本制，它要求公司成立时实际发行资本必须达到注册资本的一定比例，公司方能成立。在折中的授权资本制下，其注册资本也是名义资本。

（二）实际资本金

实际资本金，是指股东实际认缴、缴付的出资额。公司的实际资本取决于实际发行的股份数量以及由此而取得的资本。

在我国公司法中，对于有限责任公司和发起设立的股份有限责任公司而言，在股东未实际缴付所认缴的全部出资或股本即可以进行公司登记的情况下，股东实际缴付的出资金额与公司的注册资本是不一致的。由于股东依法以其出资额对公司承担责任及享有相应的权益，所以，在股东认缴的出资或股本实际上未缴足或未缴付的情况下，如果注册资本和股东的出资比例没有变更，则直至公司终止，该股东仍应在其认缴的范围内对公司承担责任，即补足其未缴付的出资或股本。公司解散清算时，清算组应向股东收取其已认缴而未实际缴付的出资。所以，对于有限责任公司和发起设立的股份有限公司而言，注册资本与实际资本金是一致的，因为已认缴未收缴的股本也是公司的责任财产。

但是，对于募集设立的股份有限公司而言，在股票溢价发行的情况下，股东实际缴付的股款与公司的实收股本总额是不一致的。依据《公司法》第81条第2款的规定，股份有限公司采取募集方式设立的，注册资本为在公司登记机关登记的实收股本总额，其数额为：发行股份总数乘以每股票面价值。根据《公司法》第168条的规定，股份有限公司以超过股票票面金额的发行价格发行股份所得的溢价款，应当列为公司资本公积金。在这种情况下，股份有限公司的实际资本金是实收股本总额与资本公积金之和。这样的结果是，公司成立时其实际资本金高于其注册资本（即实收股本总额）。

另外，国务院财政部门规定，公司资本公积金还包括应当列入的公司其他收入。这些列入资本公积金的其他收入，也是公司的实际资本金。如果公司有可以列入资本公积金的其他收入，也会使得公司的实际资本金高于其注册资本。

在英美法系国家或者地区，由于授权资本（即注册资本）中未发行的部分尚未有确定的认购股东，所以，在公司解散清算时并不能也无从取得该部分资本用来清偿债务。英美法系公司法中有发行资本（issued capital）的概念，这是指公司实际已向股东发行，并由股东认购的股份金额。用已发行的股份换来的资本也被称作投资资本（invested capital）或者缴纳资本（contributed capital）。发行资本（即资本总额）包括两个部分：账面资本（stated capital）和资本盈余（capital surplus）。所谓账面资本，就是股票面值与股票数量的乘积。在股票数量一定的情况下，股票的面值越高，账面资本的值就越高。所谓资本盈余，就是公司的资本总额（股票实际发行价格与股票发行数量的乘积）减去账面资本后的差。发行资本是账面资本与资本盈余的和。该资本具有实质意义，股东以实际出资为限对公司债务间接承担责任，公司以其全部财产对公司债务负清偿责任。由此可见，公司成立时，其发行资本就可能高于其账面资本，公司就可以向股东派发股息。与我国公司法的具体规定相比较，美国公司法中的发行资本非常类似于我国公司法中的实际资本金，其账面资本非常类似于我国公司法中的实收股本总额。

（三）投资总额

在我国，投资总额不仅包括公司的注册资本，还包括公司的借款，即投资总额=注册资本+借款。为了保证企业的正常经营，维护债权人的利益和交易安全，国家工商总局于1987年发布的《关于中外合资经营企业注册资本与投资总额比例的暂行规定》明确地规定，合营公司的注册资本与投资总额应当保持适当的比例。原则上是投资总额小的，注册资本在其中所占比重应当大一些，投资总额大的，其比重则可以小一些。① 从经济法的理念与调整机制看，公司的借款融资与注册资本应当保持一定的比例关系，尤其是借款融资不可以过分大于注册资本，否则容易导致企业，尤其是跨国企业避税，也不利于保护债权人的利益。从调整手段看，采取硬性的比例规定并不适合公司所需要的灵活的资本运作需求，因此，应当采取税法的调控方式，即对

① 《关于中外合资经营企业注册资本与投资总额比例的暂行规定》第3条规定，中外合资经营企业的注册资本与投资总额的比例，应当遵守如下规定：(1) 中外合资经营企业的投资总额在300万美元以下（含300万美元）的，其注册资本至少应占投资总额的7/10。(2) 中外合资经营企业的投资总额在300万美元以上至1 000万美元（含1 000万美元）的，其注册资本至少应占投资总额的1/2，其中投资总额在420万美元以下的，注册资本不得低于210万美元。(3) 中外合资经营企业的投资总额在1 000万美元以上至3 000万美元（含3 000万美元）的，其注册资本至少应占投资总额的2/5，其中投资总额在1 250万美元以下的，注册资本不得低于500万美元。(4) 中外合资经营企业的投资总额在3 000万美元以上的，其注册资本至少应占投资总额的1/3，其中投资总额在3 600万美元以下的，注册资本不得低于1 200万美元。

于超过股权一定倍数的债务所发生的利息不允许所得税的税前扣除，以遏制企业利用关联关系进行避税①，并促进公司股权资本与债权融资保持适当比例。

（四）公司总资产

投入公司的各种资金被运用后，就成为公司的各种资产。各种资产形态的总和就是公司的总资产。公司总资产，是指公司注册资本、资本公积金和其他未分配的盈余（盈余公积金、公益金、未分配的利润）以及由公司负债所形成的资产。在会计规则上，公司总资产一般包括固定资产、流动资产和递延资产。固定资产包括建筑物、设备、运输工具、长期投资、长期债权、知识产权和其他权利；流动资产包括现金、有价证券、存款、库存品和短期债权；递延资产是指有待逐年摊销的费用，会计学上将其列为资产。

（五）公司净资产

公司净资产，是指资产负债表中的所有者权益。其计算公式是公司总资产减去负债，即公司净资产＝资产－负债。公司净资产是一个很重要的财务指标，它反映了公司现有的资本实力。例如，2007 年年底某公司的资产负债表中，总资产为 40.56 亿元，负债是 7.42 亿元，净资产就为两者之差，即 33.14 亿元，这也是该公司的股东权益数额。

二、法定资本制与授权资本制

从公司法的立法历史看，目前世界上存在着两种有关公司资本制度的基本模式，即法定资本制和授权资本制，同时存在着两种资本制度的变形模式，即折中的法定资本制和折中的授权资本制。

法定资本制，又称实缴资本制，是指设立公司时，不仅应在公司章程中记载注册资本额，而且所记载的金额应由股东全部认缴并全部缴足，公司才能成立的资本制度。大陆法系国家在其近代公司法中确立了法定资本制。在法定资本制下，立法往往对公司最低注册资本数额有要求，其目的在于防止空壳公司或皮包公司的设立，使公司在成立之初就有必要的营运资金，并担保债务的履行。但该资本制度也存在一定的弊端，公司章程中规定的资本额在实践中往往不易、也不必在公司成立时全部认足并缴清，严格贯彻该规则，

① 《中华人民共和国企业所得税法》第 46 条规定，企业从其关联方接受的债权性投资与权益性投资的比例超过规定标准而发生的利息支出，不得在计算应纳税所得额时扣除。

可能导致筹资过程中资金闲置或者公司不能及时成立的不利后果，不利于提高经济效率。而且公司成立时的注册资本不等于公司以后的实际资本金，公司的偿债能力往往不取决于其注册资本，甚至也不取决于其净资产，因为公司净资产有时对应的可能是收不回来的债权、滞销商品等。自 1993 年《公司法》颁布以来，其规定之法定资本制的实践未达到预期效果，公司的资本信用并未因为严格的法定资本制度而得到建立，相反，由于设立公司的门槛较高，使得当事人采取各种方式规避该制度，结果是该制度的优点未能充分发挥，却增加了设立公司的成本与风险。2005 年《公司法》经过修订后，对募集设立的股份有限公司和一人有限责任公司仍采取严格的法定资本制，对其他公司的设立，则改采折中的法定资本制。

为了克服严格的法定资本制度的弊端，一些国家对该制度进行了修正完善，即在法定资本制下实行注册资本全额认购、分期缴纳的制度，学理上被称为折中的法定资本制，也称为缴付折中资本制①，在德国称为认可资本制(authorized capital system)。从设立过程看，德国的认可资本制可以做这样的理解：在向公司商务注册处申请注册之前，发起人必须按照法律规定缴纳其应缴的股金。如果为现金出资，则发起人必须至少缴纳其认购股份面值1/4的股金；如果为溢价发行，则还必须缴纳其认购股份的全部溢价；如果只有一个发起人，则该发起人除了依照法律至少缴纳其认购股份的 1/4 股金外，还必须对其未缴纳的股金设定担保。如果为实物出资，发起人必须将其相关的实物完全缴给公司。在最特殊的情况下，股东必须在 5 年内完成实物出资义务，该期限从公司在商务注册处完成注册时起算。② 日本在 1948 年以前的商法典中也实行这种资本制度。③ 2005 年《公司法》经过修订后，对于有限责任公司和发起设立的股份有限公司采取了类似德国认可资本制的制度，即折中的法定资本制，这是以法定资本制为主的一种折中资本制，即注册资本需要全额认购但又无须全额缴纳公司即可成立的资本制度。具体而言，依照《公司法》第 26 条和第 81 条的规定，有限责任公司和发起设立的股份有限责任公司的注册资本必须由全体股东认缴但无须在公司成立前全额缴纳，只要满足首次出资的要求公司即可成立。对于有限责任公司而言，首次出资既不能低于 20%，也不能低于法定的最低注册资本限额，即 3 万元；股份有限公

① 参见王欣新编著：《企业和公司法》，92 页，北京，中国人民大学出版社，2003。

② 参见［德］托马斯·莱塞尔、吕迪格·法伊尔著，高旭军等译：《德国资合公司法》，91 页。

③ 章程规定注册资本总额，注册资本总额必须由股东全额认购后才能成立公司，各股东不一定一次缴清股款，第一次只要缴够总股款的 1/4 即可，未缴部分留待公司成立后缴清。参见王书江、殷建平译：《日本商法典》，9 页。

司首次出资不得低于注册资本的20%。其余的资本在公司成立后的2年内缴清；如果设立的是投资公司，则可以在公司成立后5年内缴清。

法定资本制和折中的法定资本制必须与注册资本法定最低限额相配合，否则法定资本制度很容易被规避。最低资本金制度是大陆法系国家的惯例，《德国有限责任公司法》和《德国股份制法》都规定了公司注册资本的法定最低限额。根据《德国股份法》第7条和《德国欧元引入法》的规定，设立股份有限公司的注册资本法定最低限额是5万欧元，在注册登记前应至少缴付注册资本的半数；根据《德国有限责任公司法》第5条和《德国欧元引入法》的规定，设立有限责任公司的注册资本法定最低限额是2.5万欧元，而其中至少1.2万欧元是公司在申请注册登记之前就必须缴付的。在法国，自2002年起，设立股份有限公司的最低注册资本金是3.7万欧元，如果为公众性股份有限公司，其最低注册资本金是22.5万欧元，设立时必须缴纳1/4的股金；有限责任公司则为7 500欧元，全部股金必须在公司设立时缴清。在意大利，股份有限公司的最低注册资本金为100万欧元，有限责任公司则为1万欧元；在设立时，至少缴纳1/10的股金。在英国，本来没有最低注册资本金的规定，但根据《欧盟第二号公司法指令》，英国必须导入最低注册资本金制度。为此，英国修改公司法，明确规定："设立公司的最低资本金为5万欧元，其中的1/4必须于公司设立时缴纳"①。日本在1990年修改商法典时又重新导入了最低资本金制度（股份公司资本额不得低于1 000万日元，有限公司则从原10万日元提高到300万日元）。我国于2005年修订的《公司法》尽管降低了1993年《公司法》规定的注册资本最低限额的数额，但也规定了注册资本最低限额，有限责任公司为人民币3万元，股份有限责任公司为人民币500万元。

英美法系国家多数采取授权资本制。在采取授权资本制的情况下，公司如果只想发行单一类别的股票，可以在章程大纲中记载公司授权发行的普通股的总数，授权日后不经过股东会的批准而由董事会决定发行股份。② 授权股份也就是公司的法定注册资本，由于它与公司实际收到的资本并不一致，因此又叫做名义资本。公司可以全额发行资本，也可以以部分发行的方式发行资本。注册资本中已经发行认购出去的部分叫做"已发行资本"，剩下的部分叫做"未发行资本"。对于未发行资本，公司董事会可以不经股东会批准而

① ［德］托马斯·莱塞尔、吕迪格·法伊尔著，高旭军等译：《德国资合公司法》，64页、390页、33页。

② 参见［美］罗伯特·W·汉密尔顿著、李存捧译：《公司法概要》，86页，北京，中国社会科学文献出版社，1999。

在公司需要时决定发行。但是，在一些国家，对公司发行“未发行资本”有一定的限制条件。譬如英国，公众公司在其募集了至少 1/4 的名义资本并支付了红利之后才可以分配股份，即发行“未发行资本”。授权资本制的好处在于设立公司的成本较低，股东的风险也相对较小，因此设立公司较为容易，有利于鼓励投资。其弊端也正是因为注册资本仅仅是名义上的，所以，为注册空壳公司或皮包公司提供了方便，可能会影响社会交易的安全。

为了克服授权资本制度的弊端，一些大陆法系国家或地区对其进行改革，实行折中的授权资本制。例如，日本在 1948 年至 1950 年实行的是严格的法定资本制，但 1950 年修改《日本商法典》，建立折中的授权资本制，即规定公司设立时发行的股份数不得少于章程所定发行股份总数的 1/4，公司设立时发行的股份应当由认股人全额认购并全额缴付，其余部分在公司成立后发行。[①] 折中授权资本制不但要在章程中记载授权发行股份的数额，而且要记载设立时实际发行的股份数，且该数额不得低于授权股份的一定比例。不同国家和地区对公司设立时实际发行的股份数额与注册资本之间的比例规定并不一致。法国规定不得低于 50%，我国台湾地区“公司法”与日本一致，不得低于1/4。[②] 需要注意的是，在日本于 2002 年 4 月 1 日修改施行的《日本商法典》中，废止了公司设立时发行股份数不得低于章程所定发行股份总数的 1/4 的规定，开始彻底地实行授权资本制。这大概与日本的股份有限公司的治理结构和资本信用较为发达有关系。

三、我国资本制度的沿革与发展

在我国企业制度的发展历史上，针对不同类型的企业曾采取不同的资本制度，并经过一个复杂的发展过程。

（一）国有企业的资本制度

1. 国家全额划拨资本。

在计划经济体制时期，设立企业所需的资本，由国家财政全额划拨，企业投资不够就追加划拨。由于没有任何投资约束机制，各地方政府为地方利益争中央、上级政府的投资，企业随投资规模的大小确定相应的行政级别，

---

① 参见王书江、殷建平译：《日本商法典》，32 页、33 页。

② 为配合证券市场交易之需要，我国台湾地区 1966 年修改“公司法”，仿效日本采取折中的授权资本制。“公司法”第 156 条第 2 项规定：“股份总数，得分次发行。但第一次应发行之股份，不得少于股份总数之四分之一。”参见柯芳枝：《公司法论》，131 页，北京，中国政法大学出版社，2004。

企业领导人为提高自身行政级别和待遇也希望争取更多的投资，扩大企业规模。在计划经济向市场经济转化的过程中，因企业与其经营者已逐步体现出一些独立的经济利益，向国家争投资、抢项目的现象更为大量地发生。地方政府、企业出现严重的投资饥渴，毫无制约机制，各种所谓“钓鱼”工程（即企业设立前期故意缩小投资数额，骗取国家同意投资后，再以“半拉子工程”的现状迫使国家不断追加投资）大量出现，企业投资与资本体制出现严重混乱，重复建设、烂尾工程现象严重。

2.“拨改贷”。

为改变上述状况，国家决定改变企业投资体制。采取以银行贷款取代国家财政拨款的方式设立企业，希望能通过对基本建设投资加收贷款利息的方式，迫使企业强化成本概念，制约不当投资。但由于当时的银行体制尚未转变等问题，这种做法不仅未能有效地制约乱投资问题，反而又产生了大量的无资本企业，给企业成立后的经营造成严重困难。由于完全没有资本投入，很多企业的盈利尚不足以支付银行利息，亏损严重，而银行则增加了大量的不良资产，至今留有不少后遗症难以解决，所谓的“债转股”、国家补充企业资本金、银行不良资产处分等措施，在相当程度上乃是对当初“拨改贷”这种所谓的“投资”体制无奈的反证。

3. 分期拨付资本金的制度。

1996 年，在国务院发布的《关于固定资产投资项目试行资本金制度的通知》中，规定了与《公司法》有所不同的资本制度。该通知规定，从 1996 年开始，对各种经营性投资项目，均实行资本金制度，改变旧体制下对投资项目采用的“拨改贷”制度，改变了企业设立完全靠贷款而无资本投入的不合理做法。但是，该通知第 7 条规定，投资项目的资本金一次认缴，并根据批准的建设进度按比例逐年到位，在第 8 条、第 9 条中也规定了有关资本金的认缴进度、分年到位等内容。也就是说，允许企业在注册资本未全部实际缴付的情况下成立，允许分期缴纳资本。

（二）外商投资企业的资本制度

改革开放之后，外商投资企业是我国最早出现的公司型企业。但我国对外商投资企业采用的是一套独立的资本制度。根据《中外合资经营企业法》、《中外合作经营企业法》和《外资企业法》的规定，外商投资企业的注册资本是投资各方在登记机关登记的认缴资本总和，而且没有最低资本额的要求。在注册资本尚未实际全部缴付时，外商投资企业即可成立。未缴资本可以在企业成立后一定期限内一次或分期缴付。据此，外商投资企业虽是有限责任公司或者股份有限公司，但实际上可在未收到合营者各方投资的情况下成立，领取营业执照。由此产生的问题是外商投资企业投资的到位率较低，引发了一些中方为享受税收优惠或避免补税等目的的假合资等违法现象。而且，在我国加入 WTO 之后，这种资本制度对中国的内资企业而言，也不公平。

（三）1993 年《公司法》规定的法定资本制

我国 1993 年颁布的《公司法》采取的是严格的法定资本制。必须于公司成立时全部实际缴纳在章程中记载的注册资本数额，否则公司不得成立。立法对最低注册资本金作出了规定，有限责任公司的注册资本不得少于下列最低限额：（1）以生产经营为主的公司人民币 50 万元；（2）以商品批发为主的公司人民币 50 万元；（3）以商业零售为主的公司人民币 30 万元；（4）科技开发、咨询、服务性公司人民币 10 万元。股份有限公司注册资本的最低限额为人民币1 000万元。外商投资企业的资本制度仍适用外商投资企业法的特殊规定。

（四）2005 年修订的《公司法》规定的资本制度

从 1993 年《公司法》颁布实施以来，外商投资企业与内资企业实行不同的资本制度，国有企业与非国有的公司实行不同的资本制度，非常混乱。而且，严格的法定资本制和过高的注册资本最低限额也招致了很多批评。因此，2005 年修订的《公司法》对我国的资本制度进行了修改、创新，同时采取了两种资本制度。对有限责任公司和发起设立的股份有限责任公司采取折中的法定资本制，即注册资本需要全额认购但无须全额交纳公司即可成立。折中的法定资本制，既增强了公司随时获得现金的能力，避免了公司设立中及其成立初期的资金闲置，促成公司及时设立，也有效地保障了债权人的利益。这种规定并非授权资本制，也不同于折中的授权资本制（即注册资本无须全额发行与认购，但是已经发行与认购之股份的对价应当全额缴付的资本制度）。因为在授权资本制或折中的授权资本制下，未发行的股份在公司成立时并没有确定的认购人，将来公司清算时现有财产不足以清偿所有债务的，对未发行的部分也无从要求追缴。授权资本制或者折中的授权资本制的好处之一是在发行新股时，免予修改公司章程。目前，我国司法实践中的问题是对债权人权益保护不力，资本信用不彰，因此，引入授权资本制的条件尚不成熟。即使引入授权资本制的发达国家，如日本，也仅限于适用于股份有限责任公司，有限责任公司则不适用授权资本制。[①] 所以，我国对于有限责任公

① 参见［日］末永敏和：《现代日本公司法》，283 页，北京，人民法院出版社，2000。

司和发起设立的股份有限责任公司这两种较为封闭的公司采取折中的法定资本制度，基本上能够满足经济生活的需要。

对以募集方式设立的股份有限公司和一人有限责任公司，《公司法》仍采取传统的法定资本制。由于实践中募集设立的股份有限公司基本上都是上市公司，其增发新股必须召开股东大会作出决议，不方便上市公司的资本运作，所以，有学者建议，我国《公司法》应当进一步修改，对募集设立的股份有限公司实行折中的授权资本制。

第二节　资本三原则

公司资本制度的核心问题就是公司财产与股东财产的分离，公司以其全部财产承担民事责任，而股东只以其出资额为限承担民事责任。为了控制股东不承担个人连带责任所给公司债权人带来的风险，为了保障公司承担财产责任的范围和实际清偿能力，大陆法系国家或地区的公司法大都要求：公司在设立之时就应当有最低限额的确实的责任财产。就债权人而言，公司财产是其债权唯一的清偿保障，因此，公司之责任财产越稳固、充实，公司债权人受偿的机会就越大。在公司成立之后，公司须力保有至少相当于注册资本额的现实财产，以确保对公司债权人最低限额制担保额。此外，公司注册资本是一个固定不变之数，如果欲减少注册资本，则必须履行保护债权人的程序。这就是公司法中的公司资本三原则，即资本确定、资本充实、资本不变。我国1993年的《公司法》重视交易安全，严格遵循“资本三原则”的要求。但是，为了适应时代发展的要求，资本三原则的具体规定是发展变化的，尤其是在信息化、全球化的时代，信息资本、人力资本、无形财产的地位日益重要，国际竞争日益加剧，迫切需要重新审视公司资本制度。从20世纪90年代开始的世界主要国家公司资本制度改革潮流来看，改革的导向是追求效率，推动企业高效筹资，以提升企业竞争力为终极目标。因此，应当以最低的成本推动公司资本的形成和运作。我国于2005年修订的《公司法》就以此标准重塑了我国资本三原则的具体制度。

一、资本确定原则

所谓资本确定原则，是指设立公司时须在章程中确定资本额，并根据其总额确定投资者和缴纳出资。

如前所述，我国1993年《公司法》的规定体现了资本确定的原则，但是对其诟病最多的并不是资本确定问题，而是法定最低资本额太高不利于企业设立和资本形成，以及内外资本的不平等。① 为了适应提高企业竞争力以及内外资企业公平竞争的需要，2005 年修订后的《公司法》，对有限责任公司和发起设立的股份有限责任公司采取折中的法定资本制，使之与外商投资公司的资本制度趋向一致（因外商投资企业没有规定注册资本的最低限额，所以还不完全一样）；对募集设立的股份有限公司和一人有限责任公司则仍然采取严格的法定资本制。

我国的公司资本制度体现了资本确定的原则：有限责任公司和发起设立的股份有限责任公司成立后可以根据章程要求股东缴纳分期缴付的出资；在公司清算财产不足以清偿债务时，股东尚未完全履行出资义务的，清算人应当要求其缴纳所认缴的出资，而不受出资期限的限制；股东非货币出资的实际价额显著低于章程所定价额的，该股东应补足差额，设立时的其他股东对此承担连带责任。募集设立的股份有限公司和一人有限责任公司在全部注册资本实际缴付之前，不得成立公司。这些规定说明，在公司成立时，资本必须确定。

外商投资企业的注册资本与《公司法》规定的有限责任公司和发起设立的股份有限责任公司的资本制度相近，其差异之处在于外商投资公司没有注册资本的法定最低限额，同时对分期缴付的期限和比例的规定也不同于《公司法》。这使外商投资企业的资本制度比内资公司更为宽松，但它也在一定程度上体现了资本确定的原则，因为逾期未缴或者未缴清出资的，应当按合同规定支付延迟利息或者赔偿损失，并且承担缴付责任，以清偿公司的债务。

二、资本充实原则

所谓资本充实原则，是指公司在存续期间应维持与注册资本相当的资产，以维护债权人的利益，保护社会交易安全。② 公司注册资本是向外公示的，其他人是通过公司注册资本了解公司实力的。公司一旦成立，资产就开始处于变动之中，或者因盈利而增加，或者因亏损而减少，所以，资本充实原则不是要求股东承担不断向公司补充投资的义务，而是要求尽量维持公司的实际资产，保持注册资本的对外信用。

资本充实原则包括出资时的资本真实，例如，限制出资形式、非货币出资的规制、公司设立时的股东及发起人的出资担保责任、禁止折价发行股

① 参见赵旭东：《中国公司法的修订与改革》，载《法学论坛》，2003（2）。

② 参见王欣新编著：《企业和公司法》，97 页，北京，中国人民大学出版社，2003。

份等。

资本充实原则还包括资本形成后的维持，例如，禁止股东抽回股本、盈余分配规制、法定公积金的积累及用途规制、公司回购股票的限制、禁止接受本公司的股票作为质押权标的等。

2005年修订的《公司法》在体现资本充实原则的制度上也发生了一些变化，主要体现在以下方面：

（一）出资形成时的资本真实

《公司法》第27条规定，股东可以用货币出资，也可以用实物、知识产权、土地使用权等可以用货币估价并可以依法转让的非货币财产作价出资；但是，法律、行政法规规定不得作为出资的财产除外。

1993年《公司法》对出资形式采取列举式，列举规定了货币、实物、工业产权、非专利技术、土地使用权五种具体的出资方式。列举式太过僵化，不利于公司资本的形成，2005年修订的《公司法》将其变为列举加概括式，既列举具体的出资方式，又有概括性的规定，即所有可以用货币估价并可以依法转让的非货币财产都可以出资，这样就大大地增强了股东出资的灵活性。对概括性规定应当把握两点：第一，出资必须是财产或财产权利，人身权利是不能出资的，这与普通合伙不同，普通合伙人可以以劳务出资。第二，这种财产或财产权利必须可以用货币估价，并可以依法转让。可以用货币衡量及可以依法转让都是一般财产权的共性，禁止流通、限制流通的贵金属、特殊药品、毒品等财产作为出资一般是不允许的。

法律、行政法规规定不得作为出资的财产，目前主要是指《公司登记管理条例》第14条的规定。该条明确地规定，股东不得以劳务、信用、自然人姓名、商誉、特许经营权或者设定担保的财产等作价出资。

2005年修订的《公司法》改变了1993年《公司法》中有关出资形式的僵化规定，有利于公司资本形成，有利于促进经济发展，已经接近发达国家的做法。例如，《日本商法典》规定，只要是可作为资产记载于资产负债表的，不分其种类，都可现物出资。①《美国示范公司法修正本》的规定更为宽松，股票对价可以是现款、有形或者无形财产、已提供的服务或者未来提供的服务以及期票。对价是否充分完全由董事会决定。除非董事有欺诈行为，否则法院尊重董事会的决定。② 美国公司法将服务等作为出资形式之一，是

---

① 参见［日］末永敏和著：《现代日本公司法》，41页。

② 参见朱伟一著：《美国公司法判例解析》，60页，北京，中国法制出版社，2000。

因为美国有成熟的市场制约机制和有效的法院系统的保障。我国《公司法》采取列举加概括的方法，将非货币出资扩大到实物、知识产权、土地使用权等可以用货币估价并可以依法转让的非货币财产，基本可以适应现实经济生活的需要。

在我国现有的信用条件下，对出资形式放松管制之后，还应当建立相应的保障制度。

首先，对非货币出资应当评估作价。投资者以什么样的非货币财产投入到公司，以股东之间的章程确定，并应经过评估作价，核实财产，不得高估或者低估作价。法律、行政法规对评估作价有规定的，要按照规定进行评估作价。

其次，强化公司设立时的股东及发起人的非货币出资的价值担保责任。《公司法》第 31 条规定，有限责任公司成立后，发现作为设立公司出资的非货币财产的实际价额显著低于公司章程所定价额的，应当由交付该出资的股东补足其差额；公司设立时的其他股东承担连带责任。《公司法》第 94 条规定，股份有限公司成立后，发现作为设立公司出资的非货币财产的实际价额显著低于公司章程所定价额的，应当由交付该出资的发起人补足其差额；其他发起人承担连带责任。

最后，评估机构的连带价值担保责任。对非货币出资进行评估作价的评估机构应当对公司设立或增资时的发起人及股东的非货币出资的价值承担相应的责任。《公司法》第 208 条第 3 款规定，承担资产评估、验资或者验证的机构因其出具的评估结果、验资或者验证证明不实，给公司债权人造成损失的，除能够证明自己没有过错的外，在其评估或者证明不实的金额范围内承担赔偿责任。

经过非货币出资的检查制度以及相应的法律责任的强化，无形财产的出资比例限制则可取消，以适应信息资本和技术资本重要性提高的现实需要。所以，2005 年修订的《公司法》取消了有关知识产权的作价限额规定，仅是在第 27 条规定，全体股东的货币出资金额不得低于有限责任公司注册资本的 30%。

（二）资本形成后的维持

依据《公司法》的规定，资本形成后的具体维持制度表现为：

1. 股东在公司成立后不得抽逃出资或者抽回股本。《公司法》第 36 条和第 92 条分别针对有限责任公司和股份有限公司作出了公司成立后不得抽逃出资或者抽回股本的规定。公司成立后，股东已经丧失对投入公司财产的所有权，转换为股东权，因此，对有限责任公司而言，公司成立后，股东不得抽逃出资，除非公司解散；对股份有限公司而言，发起人、认股人缴纳股款或者交付抵作股款的出资后，除未按期募足股份、发起人未按期召开创立大会或者创立大会决议不设立公司的情形，或者公司解散外，不得抽回其交付的股本。

2. 股票不得低于票面金额发行。股票发行价格既可以按票面金额，也可以超过票面金额，但不得低于票面金额。在我国，目前只允许发行额面股，不允许发行无额面股，因此，股票发行价格不能低于票面金额，只能等于或者高于票面金额，其中高于票面金额发行的溢价款应当列入公司的资本公积金。

3. 公司不得回购本公司的出资或者股票，但是立法有例外规定者除外。股东因公司回购股票而退出公司和股东将股份转让给他人退出公司是完全不同的，回购股票的本质是股份减少，和抽回投资效果是一样的，而股份转让并没有导致股票数量的减少。公司法规定只有在法定的情形下，并经严格程序，公司才可以回购出资或者股票。《公司法》对有限责任公司和股份有限公司分别建立了股份回购请求权制度。

对有限责任公司而言，《公司法》借鉴日本等国家的股东股份收购请求权制度，在转让股份之外为股东退出公司设置了其他路径。根据《日本有限公司法》第41条准用《日本商法典》一些条款的规定，有限公司营业的转让、受让、租赁等，与股份有限公司一样均需要社员特别决议，有异议的社员可以请求公司收购份额（《日本有限公司法》第41条，《日本商法典》第245条之二至第245条之四）；有限公司根据社员大会的特别决议变更为股份公司时，有异议的社员可以请求公司收购份额（《日本有限公司法》第48条、第67条第1款）。在社员大会决议前，如果社员以书面通知公司反对并在社员大会上也表示异议，则可以按照决议前的应有的公正价格要求公司收购其份额。如果在收购价格上得不到一致协议，可以请求法院决定。① 公司对股份进行回购主要是保护公司进行重大决策的利益，而股东股份收购请求权主要是为保护中小股东利益而设立的一种用脚投票的制度，从而平衡维护双方权益。在我国法律实施对中小股东保护不力的情况下，更应当引进此种制度。因此，针对有限责任公司，《公司法》第75条规定，有下列情形之一的，对股东会该项决议投反对票的股东可以请求公司按照合理的价格收购其股权：(1) 公司连续5年不向股东分配利润，而公司该5年连续盈利，并且符合本

① 参见［日］末永敏和著：《现代日本公司法》，287页。

法规定的分配利润条件的；（2）公司合并、分立、转让主要财产的；（3）公司章程规定的营业期限届满或者章程规定的其他解散事由出现，股东会会议通过决议修改章程使公司存续的。自股东会会议决议通过之日起 60 日内，股东与公司不能达成股权收购协议的，股东可以自股东会会议决议通过之日起 90 日内向人民法院提起诉讼。

对股份有限公司而言，各国公司法实践表明，无限制地允许公司回购自己的股份可能会导致资本虚化，危害股票公正交易，破坏股东平等，会使公司经营者以不正当手段控制股东大会。因此，很多国家都限制公司回购本公司的股票。这种限制一般表现为三个方面：目的限制、收购财源限制和数量限制。另外还有价格限制、程序限制等。①

很多国家或地区的公司法都作出了回购股份的目的限制规定。《日本商法典》第 210 条规定，在减资、公司合并或者受让他公司全部营业、行使公司权利所必要时、股东行使收购请求权时以及股份公司章程规定转让股份应经董事会承认等五种情形下，可以收购本公司股份，但是不得超过发行股份总数的 1/20。自 20 世纪 90 年代开始，可以回购公司股票的具体情形的范围在扩大。日本在 1994 年的商法典修改中规定“股份公司为了向本公司的董事及从业人员出售股份，可以在不超过已发行股份总数 1/10 的限度内收购本公司的股份”，同时还规定“封闭型公司为了自身暂时成为股权转让的对方等情形下可以取得自己公司的股份”。1997 年又作进一步修改，“股份公司可以通过期权方式，向本公司董事及从业人员出售股份”。② 这是适应现代社会人力资本重要性提升和公司治理结构变化而出现的重大变革。美国的规定较为宽松，不公开招股公司回购股份通常是为了消除公司的一个或者多个股东的股权，消除的理由可能是股东死亡或要求退休，也可能是股东对公司业务政策产生分歧之后协议退出公司；在公开招股公司中，公司为了利用自己的股份选择计划或者其他补偿计划，或者为了收购其他公司，或者出于财务方面的考虑，或者公司管理层面临接管威胁时作为巩固自己在职地位的一种防卫措施，可以回购公司股票。例如，《特拉华州公司法》第 160（a）条和《纽约州公司法》第 513（a）条规定，只要不影响公司的资本账户，公司有权在股票市场上买卖本公司的股票。

就收购财源限制而言，美国一些州规定公司回购股票以不影响公司的资本账户为前提。《日本商法典》第 214 条之四对公司取得自己股份的财源进行

① 参见王欣新编著：《企业和公司法》，113 页。

② 参见王书江、殷建平译：《日本商法典》，6 页、7 页。

限制。《法国商事公司法》第 217－3 条规定，“购买本公司股份不得产生使公司自有资金减少到低于其资本加上不可分配的储备金总额的结果”。美国的规定市场化特征更为明显，它主要通过《美国国内税收法规》第 531 节的规定对公司的回购行为进行调控。①

就回购数量限制而言，《德国股份法》第 71 条和《法国商事公司法》第 217－3 条都对公司持有本公司股份的数量进行了限制，一般不得超过本公司股份的 10％。

我国《公司法》在 2005 年修订时也对股份回购规定进行了完善。1993 年《公司法》第 149 条规定，除了减资和公司合并外，公司不得收购本公司的股票。2005 年修订的《公司法》则放松了管制。

第一，放宽了目的限制。《公司法》第 143 条规定，除减资和公司合并外，增加了两种可以收购本公司股份的情形：将股份奖励给本公司职工；股东因对股东大会作出的公司合并、分立决议持异议，要求公司收购其股份的。②

第二，建立了数量限制。公司为将股份奖励给本公司职工而收购的本公司股份，不得超过本公司已发行股份总额的 5％。

第三，就收购财源而言，用于收购的资金应当从公司的税后利润中支出。

第四，完善了程序规定。公司因减少公司注册资本、与持有本公司股份的其他公司合并、将股份奖励给本公司职工的原因收购本公司股份的，应当经股东大会决议。公司依法收购本公司股份后，属于减少公司注册资本的，应当自收购之日起 10 日内注销；属于与持有本公司股份的其他公司合并或者股东因对股东大会作出的公司合并、分立决议持异议，要求公司收购其股份的，应当在 6 个月内转让或者注销；属于将股份奖励给本公司职工而收购的本公司股份的，所收购的股份应当在 1 年内转让给职工。

第五，《公司法》规定，股份有限公司不得接受本公司的股票作为质押的标的。

---

① 参见［美］罗伯特·W·汉密尔顿著、李存捧译：《公司法概要》，332～335 页，北京，中国社会科学文献出版社，1999。

② 《日本商法典》规定的回购请求权行使的情形不仅包括公司合并、分立，而且还包括：(1) 转让营业、委托经营等；(2) 限制股份转让的章程的变更；(3) 公司组织变更为有限公司等。这后三种情形也是公司基础的重大变更，应当授予股东回购请求权，因此，我国《公司法》进一步修改时应当考虑。同时，《日本商法典》规定的股份回购请求权制度建立了明确的程序制度：在股东大会决议前，如果股东以书面通知公司反对并在股东大会上也表示异议，则可以按照决议前的应有的公正价格要求公司收购其股份。如果在收购价格上得不到一致协议，可以请求法院决定。我国 2005 年修订的《公司法》尽管规定了公司处理股份的程序制度，但是并未建立股份有限公司股东行使此种权利的程序制度，是一种缺漏，需要进一步完善。参见［日］末永敏和著：《现代日本公司法》，95 页。

第六，公司应该按法律规定提取和使用法定公积金，遵照法律规定分配利润。有关公积金和利润分配的规制将在后文中阐述。

此外，需要注意的是，2005年修订的《公司法》取消了公司转投资数额限制。1993年《公司法》第12条第2款规定，除了国务院规定的控股公司和投资公司外，公司转投资不得超过净资产的50%。在2005年修订《公司法》时，有学者认为："公司的转投资是公司的财产支配和自主经营行为，本应服从公司经营战略和盈利追求的需要，在财产能力上，它也只是公司资产的形态转换问题，并不直接影响资本真实与维持……而事实上，中国股份制改革和国企公司化的实践早已突破了现行公司法的比例限制。"① 转投资数额限制的目的主要是防止虚增资本。转投资是不可避免的，但虚增资本应该有所限制，否则经济容易出泡沫，债务人的责任财产也会整体虚化。但转投资的数额限制不利于公司信用的扩张，也不利于提高公司的国际竞争力。因此，2005年修订的《公司法》取消了转投资数额的限制，这有利于公司信用的扩张，促进投资的形成。但是，对转投资虚增资本的弊端也要进行必要的限制，例如，借鉴发达国家采取税法上的调控措施，美国一些州对公司的核定股份征收特许税或者股份税。② 此外，刺破公司面纱制度的适用，也有助于解决虚增资本对公司债权人的危害问题。这种税收调控加上事后管制方法，值得我国借鉴。

三、资本不变原则

所谓资本不变原则，是指注册资本额不得自由变更，但这并不是说绝对禁止资本额变化，而是制定严格的程序约束资本额的变化。资本不变原则和资本充实原则有些相似，但两者强调的方面不同。资本维持原则是从实体上强调公司要保持资本充实。而资本不变原则则是从程序上强调公司的资本不可随意变动。

1993年《公司法》中对公司资本变动规定的程序过于严格、僵化，资本变动难度很大，债权人保护成本高昂，而且缺少具体操作的规范。这样既不利于公司资本运作，也不利于保护债权人，使法律关系处于不稳定状态。

公司资本的变化首先表现为公司资本的减少。公司减资可以分为形式上的减资和实质上的减资。形式上的减资，是指当公司因严重亏损等原因造成

---

① 赵旭东：《从资本信用到资产信用》，载《法学研究》，2003（5）。

② 参见朱伟一：《美国公司法判例解析》，86页，北京，中国法制出版社，2000。

实有资本与注册资本数额差距过大，为使两者相符而采取的减资。在公司进行形式上减资时，股东不得从公司抽走任何资金或资产。实质上的减资，是指因股东从公司减少相应资金或资产而进行的减资。

减资，尤其是实质减资直接影响股东的利益，因此，要由股东（大）会决议；它也直接影响公司债权人的利益，因此，必须遵守保护债权人的程序，即通知债权人并公告、债权人的异议程序、公司的清偿或者担保义务；同时涉及国家管制，即减资后不得低于最低注册资本并需要履行变更登记的手续。这些规则是大多数实行法定资本制国家的公司法惯例，但为更灵活地处理公司资本问题，很多国家开始放松管制。例如，《日本商法典》规定，债权人提出异议需要通过债权人会议以决议形式提出，而此时如果公司认为减资不会侵害债权人利益，就可以免予清偿、提供一定担保或者信托一定的财产。为了平衡当事人之间的权益和稳定法律关系，《日本商法典》又规定了减资无效制度。[①] 减资无效之诉保护了债权人的利益，又有利于公司灵活运作资本。我国《公司法》在将来修订时可以借鉴日本的这一制度。必须注意的是，在我国上市公司采取电子化股票情形下，减资无效之诉胜诉后的资本收回很难操作，因此可以考虑上市公司不适用减资无效制度。但在债权人会议提出异议时，如果该上市公司认为减资不会侵害债权人利益而不进行清偿的话，必须提供财产担保。

根据《公司法》的规定，减资的程序大致如下：

1. 减资决议需要股东会或者股东大会以法定多数表决通过。

2. 编制资产负债表和财产清单。

3. 决议之日起 10 日内向债权人发出通知并于 30 日内在报纸上公告。

4. 债权人自接到通知书之日起 30 日内，未接到通知书的自公告之日起 45 日内，有权要求公司清偿债务或者提供相应的担保。

5. 减资后，注册资本不得低于最低法定资本限额。

6. 到登记机关办理变更登记。

公司资本的增加涉及资本变动，但因其仅涉及股东的利益，公司债权人可以得到更多的责任财产，因此，只需要股东（大）会决议，不需要履行通知债权人并应其要求进行清偿债务或者提供相应的担保的程序。由于增资涉及公司注册资本的变化，应当按照法定程序进行变更登记。

公司的合并、分立不仅涉及公司股东的利益，也涉及公司资本的变化，

---

① 《日本商法典》第 380 条规定，股东、董事、监事、清算人、破产管理人、不同意减资的债权人在变更减资登记之日起 6 个月内可以向法院提起减资无效之诉。

从而涉及债权人的利益。为了更有利于公司灵活地根据市场变化进行分立、合并，大多数国家的公司法放松了公司合并、分立的管制。例如，日本创设了简易合并、分立的制度。《日本商法典》在合并、分立方面规定了与上述减少资本类似的债权人保护程序，即债权人异议和合并、分立无效诉讼等制度，与公司的合并相比，公司分立设置了更为严格的债权人保护程序。① 我国《公司法》对公司合并设置了严格的债权人保护程序，即公司应当自作出合并决议之日起 10 日内通知债权人，并于 30 日内在报纸上公告。债权人自接到通知书之日起 30 日内，未接到通知书的自公告之日起 45 日内，可以要求公司清偿债务或者提供相应的担保。在公司分立的情形下，公司应当自作出分立决议之日起 10 日内通知债权人，并于 30 日内在报纸上公告，但是因为分立后由其分立后的各公司承担连带责任（但公司在分立前与债权人就债务清偿达成的书面协议另有约定的除外），债务人对债权人的责任财产并没有减少，所以，2005 年修订的《公司法》取消了债权人的清偿债务、提供担保的请求权。

复习思考题

1. 如何理解《公司法》中的注册资本？
2. 如何理解我国股份有限公司的股本总额与实收资金的关系？
3. 什么是公司的净资产？它与公司的总资产是何种关系？
4. 什么是法定资本制？什么是授权资本制？简析其优点与弊端。
5. 什么是折中的法定资本制？其与折中的授权资本制有何异同？
6. 分析《公司法》中资本制度的具体内容。
7. 什么是资本确定原则？《公司法》对此有哪些具体的规定？
8. 什么是资本充实原则？《公司法》对此有哪些具体的规定？
9. 分析《公司法》中有关资本不变原则的规定。

① 参见［日］末永敏和著：《现代日本公司法》，258 页。

第四章

公司的设立

第一节　公司设立的概念与立法原则

一、公司设立的概念

（一）公司的设立与公司的成立

一般而言，设立公司应具备发起人、章程和资本三项要件，此外，公司名称、住所和组织机构也是公司设立过程中必须确定的问题。公司的设立，是指拟设立公司的出资者或发起人依据法律规定的条件与程序，为取得生产经营资格、组建公司所实施的一系列法律行为，例如，订立发起人协议、订立公司章程、选举董事和监事、申请设立登记、募集股份、缴纳出资或股款、召开公司创立大会、申请成立登记等，目的在于取得公司法人资格。公司设立不等同于公司成立。公司成立，是指已具备法律规定的实质要件，完成申请程序，以公司登记机关颁发营业执照为标志的一个特定时间点完成的活动。《公司法》第 7 条规定，依法设立的公司，由公司登记机关发给公司营业执照。公司营业执照签发日期为公司成立的日期。该条规定对公司“设立”和“成立”的概念作了区分，即公司设立和核准登记是公司成立的两个前后联系的阶段。

（二）公司设立的方式

公司在设立方式上有发起设立与募集设立两种。发起设立，是指由拟设立公司的发起人认缴公司的全部股份或出资额，不向发起人以外的任何人招募资本，公司设立人或发起人只要认足了股份或出资额，公司即可登记成立的一种公司设立方式。募集设立，是指由发起人认购公司应发行股份的一部分，其余股份向社会公开发行募集，或者向特定对象发行募集而设立公司。《证券法》对“公开募集”作出了界定：（1）向不特定对象发行证券的；（2）向特定对象发行证券累计超过200人的；（3）法律、行政法规规定的其他发行行为。向特定对象募集，是指公司发行的股份，除由发起人认购一部分外，其余部分不向社会公开发行，但可以向特定的法人和自然人发行，经批准也可以向本公司内部职工发行部分股份。

《公司法》规定，有限责任公司只能以发起方式设立，而股份有限公司既可以以发起方式设立，也可以以募集方式设立。公司设立行为的主体，即公司的发起人，是指参与公司设立活动，认缴出资（股份），并在公司章程上签字盖章、承担相应法律责任的人。发起人在公司设立活动中的主要任务是制定公司章程，缴付公司资本，筹集设立资金，在公司成立前以发起人或企业筹办人（如筹办委员会等）的名义，与他人订立为公司设立而必要的合同，从事在公司设立范围内的民事活动，制定公司设立之必要文件，依法报请有关主管部门审批，并向公司登记主管机关申请登记注册，领取企业营业执照。公司的设立人既可以是自然人，也可以是法人，为自然人者应具备民事行为能力。

二、公司设立的立法原则

世界各国在企业设立上存在着不同的立法原则，体现在企业发展的不同历史阶段各国立法对企业设立采取的基本态度。

（一）许可主义

许可主义，又称“核准主义”、“审批主义”，是指设立企业，除须符合法律规定的条件外，还要个别报请行政主管机关审核批准后，才能申请登记成立。我国曾长时期对企业设立采取许可主义。在《私营企业暂行条例》，尤其是《公司法》颁行之后开始转化为准则主义。

（二）准则主义

准则主义，又称“登记主义”，是指设立企业只要符合法律规定的条件，即可直接向登记主管机关申请登记设立，不需要报行政主管机关批准的设立模式。一些国家为了防止在过于宽松的准则主义下可能发生的滥设公司与欺诈行为，又立法严格规定公司设立的条件，被称为严格的准则主义。

（三）特许主义

特许主义，是指企业设立须依据国家立法机关的特别立法、专门法规或行政命令，或由国家元首特许批准设立企业。近代各国或地区公司立法除对某些特殊公司，如公用企业等仍采取特许设立主义原则外，对一般的公司很少采用。

（四）自由主义

自由主义，是指当事人无须履行审批、登记手续即可自由设立企业，法律对企业的设立不予任何条件限制的立法主义。自由主义主要存在于企业的萌芽时期，但在现代社会仍有存在，例如，有些国家或地区对个人独资企业等经济组织的营业，免予登记。

目前，世界各国在公司设立上主要采取准则主义或严格准则主义原则，一方面，维持公司依法律准则设立，不经行政审批的原则，另一方面，在法律中规定公司设立的条件与设立责任，并加强行政机关、司法机关对公司设立的监督。

我国在1993年颁布《公司法》之前，长期以来对企业的设立采取核准主义原则，设立企业必须经过行政机关审批，行政干预往往是企业能否设立的重要因素。目前，我国在企业设立方面，对内资公司、私营企业，如合伙企业、个人独资企业的设立一般实行准则主义，对外商投资企业等的设立实行许可主义，对少数特殊企业实行特许主义。在国家法制逐步健全、经济体制改革已经日渐深入的情况下，对企业设立普遍采取准则主义或严格准则主义，是市场经济发展对企业设立立法的要求，也是国家对社会经济秩序进行间接调控的需要。

第二节　公司的设立条件

一、有限责任公司的设立条件

公司设立的条件广义上包括两部分，即实体条件与程序条件。但通常所说的公司设立条件仅指法律规定的各项具体实体条件，不包括程序条件。

有限责任公司，是指股东以其认缴的出资额为限对公司承担责任，公司以其全部资产对公司债务承担责任的企业法人。其基本特征是：只以公司全部资产为限对公司债务承担责任；法律限制股东人数最多不得超过50人；不能发行股票，不能公开募集资本；公司注册资本为全体股东认缴股本的总和，公司全部资产不分为等额股份；设立时各股东出资可以分期缴纳；公司股东对外转让出资有较严格的限制；股东一般依其出资比例享受权利、承担义务等。

根据有限责任公司的上述特点，《公司法》第23条规定了有限责任公司的设立条件。

（一）股东符合法定人数和法定资格

根据《公司法》第24条的规定，有限责任公司由50个以下股东出资设立。允许一个法人或一个自然人投资设立一人有限责任公司，或由国务院或地方政府授权的机构设立国有独资公司。通常认为，有限责任公司同时具有“资合”与“人合”的双重因素，有限责任公司在对外承担债务时主要具有“资合”的性质，但在公司内部合作关系上则主要具有“人合”的性质。股东往往是基于相互间的人身信任关系才共同设立公司的，而且股东一般通过董事会、监事会、经理层直接参与企业的经营管理与监督，必须充分重视、发展股东之间的相互信任与合作关系，所以，股东人数不能过多。若股东人数过多，沟通交往不易，人际间的信任合作关系难免受到影响，对公司经营不利。故《公司法》规定，股东人数的上限为50人。这一规定与国际惯例相符。许多国家和地区公司立法对有限责任公司股东的人数上限作出规定，例如，英国、法国规定为50人，美国规定为30人，而我国台湾地区则规定为20人。也有的国家和地区立法对有限责任公司股东人数不作限制性规定，例如，《德国有限责任公司法》第1条便规定，有限责任公司可以“由一人或数人设立”。

有限责任公司的股东不仅人数要符合法律规定，还必须具备相应的身份和资格。公司的股东既可以是法人、自然人，也可以是国家。外国人也可以依法成为公司股东。党政机关及所属编制系列的事业单位，这些机关单位的干部、公务员等作为公司股东，不能违反国家的禁止性规定。根据国家工商行政管理局于1998年2月1日公布施行的《公司登记管理若干问题的规定》的规定，机关法人、社会团体法人、事业单位法人作为公司的股东或者发起人时，应当按照国家的有关规定执行。企业化经营的事业单位，应当先办理企业法人登记，再以企业法人的名义投资入股。农村中由集体经济组织履行集体经济管理职能的，由农村集体经济组织作为投资主体；没有集体经济组织，由村民委员会代行集体经济管理职能的，村民委员会可以作为投资主体投资设立公司。村民委员会投资设立公司，应当由村民委员会作出决议。具有投资能力的城市居民委员会可以投资设立公司。外商投资企业成为公司股东时，应当符合国家的有关法律、行政法规和政策的具体规定，按照国家工商行政管理局《关于外商投资企业成为公司股东或发起人登记管理的若干规定》执行。法人之间可以共同出资设立公司，不受是否存在产权关系的限制。家庭成员共同出资设立有限责任公司，必须以各自拥有的财产作为注册资本，并各自承担相应的责任，在登记时需提交财产分割的书面证明或者协议。企业法人的法定代表人不得成为所任职企业投资设立的有限责任公司的股东。根据《商业银行法》第43条规定，商业银行在中华人民共和国境内不得从事信托投资和证券经营业务，不得向非自用不动产投资或者向非银行金融机构和企业投资，但国家另有规定的除外。会计师事务所、审计事务所、律师事务所和资产评估机构不得作为投资主体向其他行业投资设立公司。

需要注意的是，根据国家工商行政管理局的上述文件，"职工持股会"或者其他类似的组织已经办理社团法人登记的，可以作为公司股东。但是根据国务院《社会团体登记管理条例》和民政部《关于暂停对企业内部职工持股会进行社团法人登记的函》，职工持股会属于单位内部团体，不再办理社团法人登记。由于职工持股会不能取得法人资格，所以不能成为公司发起人。与此相关的还有工会组织。工会是社团法人，但其作为公司发起人与其设立宗旨及章程不符，所以也不能成为公司发起人。中国证监会在其《关于职工持股会及工会能否作为上市公司股东的复函》中，也规定暂不受理工会作为股东或发起人的公司公开发行股票的申请。

（二）股东出资达到法定资本最低限额

许多国家立法对公司的法定资本最低限额作出规定。要求股东出资必须达到法定资本最低限额，是为了保证公司设立后能够有足够的资金进行正常经营，保障公司的经营能力，同时，也可以保障债权人的利益不致因股东出资不足、公司注册资本过低而受到损害。通常有限责任公司的规模较小，对其注册资本限额规定较低，股份有限责任公司的规模较大，对其注册资本限额较高。

1993年《公司法》根据不同行业的经营特点，将有限责任公司区分为以生产经营为主的公司，以商品批发为主的公司，以商业零售为主的公司和科技开发、咨询、服务性公司四种类型，分别对其最低注册资本额作了规定。

2005年修订的《公司法》取消了这种区分，对有限责任公司实行统一规定，除法律、行政法规对有限责任公司注册资本的最低限额有较高规定的从其规定外①，有限责任公司最低注册资本额为3万元，一人有限责任公司则为10万元。这一修改是为贯彻“效益优先，兼顾公平”的现代公司法理念，降低公司设立门槛，使更多的社会成员能够参与到市场活动中来。

（三）股东共同制定公司章程

章程是记载公司组织、活动基本准则的法律文件。在大陆法系国家，公司章程表现为一份统一的独立文件。而在英美法系国家中，公司章程由章程大纲和章程细则两份文件组成。在章程大纲中规定公司最为重要的事项，例如，公司名称、设立宗旨、注册资本、股东责任形式等涉及外部关系的问题。章程大纲是设立公司登记注册时必备的文件，它对外公开，以使公司的利害关系人能够了解公司的基本情况。章程大纲的修改由股东会负责。章程细则是在章程大纲的原则指导下，规定公司内部关系的文件，例如，公司股东的相互关系，组织机构的设置、职权，公司业务的执行等。章程细则不对外公开，通常由董事会负责制定或修改。

《公司法》规定，设立有限责任公司必须制定公司章程。有限责任公司的章程必须经全体股东共同制定，并签名盖章。一人有限责任公司章程由股东制定；国有独资有限公司章程由国有资产监督管理机构制定，或者由董事会制定报国有资产监督管理机构批准。《公司法》第25条规定了有限责任公司章程应当载明的事项：

1. 公司名称和住所。公司名称可以在法定范围内自由选定，其中设立有限责任公司必须标明“有限责任公司”字样。

2. 公司经营范围。经营范围是指国家允许企业生产和经营的商品类别、品种及服务项目。根据传统的公司法理论，经营范围限定公司之权利能力，公司只能在登记之内从事经营活动。

公司经营范围限定即公司目的范围限制的理论，源于英美法系国家公司

① 参见史际春等：《企业和公司法》，205页的注释：法律、法规有较高规定的，例如，《商业银行法》规定，商业银行无论采取何种公司形式，全国性商业银行的注册资本最低限额为10亿元人民币，城市商业银行的注册资本最低限额为1亿元人民币，农村商业银行的注册资本最低限额为5 000万元人民币。《保险法》规定，设立保险公司（国有独资有限公司或股份公司）的，其注册资本最低限额为人民币2亿元。《证据法》规定，证券公司（包括有限责任公司和股份有限公司），其经营证券经纪，证券投资咨询，与证券交易、证券投资活动有关的财务顾问业务的，注册资本最低限额为人民币5 000万元；经营证券承销与保荐、证券自营、证券资产管理和其他证券业务之一的，注册资本最低限额为人民币1亿元；经营上述业务中两项以上的，注册资本最低限额为人民币5亿元。

在目的范围外之越权行为无效的理论。但在社会经济生活实践中，这一理论未能发挥其保护投资者、确保交易安全等作用，反而给企业的经营徒增诸多不便，甚至出现借此欺诈债权人的现象。所以，这一理论已经逐步为很多国家和地区所放弃。我国台湾地区“公司法”于 2001 年修改后，第 18 条第 2 款规定，公司所营事业除许可业务应载明于章程外，其余毋庸登记，基本上废除了对公司营业范围的限制。

1993 年《公司法》规定了对公司经营范围的强制性登记，但实践中已改变对经营范围规定的效力认定。根据最高人民法院于 1999 年 12 月 1 日通过的《关于适用〈中华人民共和国合同法〉若干问题的解释（一）》的规定，为维护交易秩序，保护合同对方当事人的正当权益，对当事人超越经营范围订立合同的，人民法院不因此认定合同无效，但违反国家限制经营、特许经营以及法律、行政法规禁止经营规定的除外。

《公司法》第 12 条规定，公司的经营范围由公司章程规定，并依法登记。公司可以修改公司章程，改变经营范围，但是应当办理变更登记。否则，不得以其变更对抗第三人。

公司的经营范围中属于法律、行政法规规定须经批准的项目，应当依法经过批准。

3. 公司注册资本。

4. 股东的姓名或名称。股东为自然人时应载明其姓名，股东为社会组织时应载明其名称，以确认权利与义务关系，便利联系事务。

5. 股东的出资方式、出资额和出资时间。根据《公司法》和相关法律、法规的规定，有限责任公司的股东既可以用货币出资，也可以用实物、知识产权、土地使用权等可以用货币估价并可以依法转让的非货币财产作价出资。股东不得以劳务、信用、自然人姓名、商誉、特许经营权或者设定担保的财产等作价出资。① 股东的出资额是指各个股东认缴或实缴的以不同财产出资的价值，对作为出资的非货币财产应当评估作价，以货币单位表示。每一股东的出资方式与数额均应在章程中载明。依《公司法》规定，股东可以分期缴纳出资，但全体股东的首次出资额不得低于注册资本的 20%，也不得低于法定的注册资本最低限额，其余部分由股东自公司成立之日起 2 年内缴足。其中，所设立的为投资公司的，可以在 5 年内缴足。

6. 公司的机构及其产生办法、职权、议事规则。在《公司法》或相关法律、法规对此有强制性规定的，公司章程应予以遵守，对法律没有明确规定

① 参见《公司登记管理条例》第 14 条规定。

的或允许当事人自行约定的，股东可以在公司章程中协商确定。

7. 公司法定代表人。《公司法》规定，有限责任公司的法定代表人依照公司章程的规定，由董事长、执行董事或者经理担任，并依法登记。这在某种程度上弱化了法定代表人的法定化，有利于形成适应不同情况与需要的公司治理结构。

8. 股东会会议认为需要规定的其他事项。在不违反法律、法规，不违反社会公共利益的情况下，可以由股东会根据实际需要在章程中规定其认为需要规定的有关事项。制定公司章程，应根据《公司法》及有关法规的规定，考虑本公司具体情况和实际需要，内容要详略得当。考虑到章程是对外公开的文件，一些不宜公开的内容，可以不列入章程的就尽量不列入章程中。章程的修改程序较为繁复，故对那些可能随其他情况变化的内容要尽量原则化，以减少对章程的修改。为规范公司行为，对一些具体问题，公司可以根据章程制定实施细则。章程的实施细则属于内部文件，无须公开，可用以解释章程中含义不明或不够具体之处，但不得与章程相抵触。

（四）有公司名称，建立符合有限责任公司要求的组织机构

名称是企业法律人格的文字符号。公司必须有自己的名称，作为识别标志，区别于其他公司、企业。公司只能使用一个名称。公司名称具有三个特征：（1）标志性，即具有与其他公司、企业相区别的标志作用，同时也可以标明公司的组织形式、股东的债务责任等重要事项；（2）排他性，即公司对其名称有独占、专用的权利；（3）财产性，公司对其经登记注册的名称，在规定范围内享有专用权。公司名称也属于工业产权的一种，可以通过转让取得经济利益。

登记主管机关对企业名称实行分级登记管理。国家工商行政管理局在《企业名称登记管理规定》中规定，企业名称应当由字号、行业或者经营特点、组织形式依次组成。企业名称应当冠以企业所在地省（包括自治区、直辖市，下同）或者市（包括州，下同）或者县（包括市辖区，下同）行政区域名称。在核准登记的行政区划内，同行业企业的名称不得相同或近似。对有限责任公司而言，名称中必须标明有限责任公司的字样。

在企业名称中不得含有下列内容和文字：（1）有损于国家、社会公共利益的；（2）可能对公众造成欺骗或者误解的；（3）外国国家（地区）名称、国际组织名称；（4）政党名称、党政军机关名称、群众组织名称、社会团体名称及部队番号；（5）汉语拼音字母（外文名称中使用的除外）、数字；（6）其他法律、行政法规规定禁止的。

申请登记注册的企业名称与下列情况的企业名称相同或者近似的，登记主管机关不予核准：(1) 企业被撤销未满 3 年的；(2) 企业营业执照被吊销未满 3 年的；(3) 企业因上述两项所列情况以外的原因办理注销登记未满 1 年的。

设立公司应当申请名称预先核准。对公司名称进行预先核准的目的，是为防止因出现取名不当或名称重复等问题，造成公司设立工作的延误与反复。法律、行政法规规定设立公司必须报经审批或者公司经营范围中有依法必须报经审批的项目的，则应在报送审批前办理公司名称预先核准，并以公司登记机关预先核准的公司名称报送审批，以免因更改不当名称而使审批工作重复进行。申请名称预先核准应提交必要的文件。公司登记机关在收到有关文件后 10 日内作出是否核准的决定，决定核准的，则发给“企业名称预先核准通知书”。预先核准的公司名称保留期为 6 个月。预先核准的公司名称在保留期内不得用于从事经营活动，不得转让。在此保留期内公司成立者，即以预先核准的公司名称登记注册。

企业名称经核准登记注册后，无特殊原因在 1 年内不得申请变更。企业名称可以随企业或者企业的一部分一并转让。企业名称只能转让给一户企业。企业名称的转让方与受让方应当签订书面合同或者协议，报原登记主管机关核准。企业名称转让后，转让方不得继续使用已转让的企业名称。

公司组织机构，又称公司机关，是代表公司对外活动、行使相应职权的自然人或自然人组成的集合体。有限责任公司的组织机构包括股东会、董事会、监事会及高级管理人员，但其设置较股份有限公司灵活，例如，可依法以执行董事代替董事会，以 1～2 名监事代替监事会。在一人有限责任公司、国有独资有限公司中因股东是单一的，故不设股东会。中外合资、合作的有限责任公司则可以不设股东会和监事会，而实行董事会（或联合管理委员会）领导下的经理负责制。①

（五）有固定的生产经营场所和必要的生产经营条件

生产经营场所，是指企业进行生产经营的地点、建筑、设施等。设立公司应当有固定的生产经营场所，所谓固定，是指公司对经营场所享有所有权，在租用场所经营时，则应有 1 年期以上的租赁协议。同时，公司还应具备必要的生产经营条件，例如，有从事生产经营的主要设备和设施，有与其生产经营规模和业务相适应的从业人员、科技人员等。

---

① 参见史际春等：《企业和公司法》，206 页，北京，中国人民大学出版社，2001。

二、股份有限公司的设立条件

股份有限公司是现代企业制度的典型形式。在各国公司法中均规定了股份有限公司这种组织形式，各国对股份有限公司的称谓并不完全一致，美国称为 share corporation，英国称为 company limited by shares，西欧国家称为 public company，日本则称为株式会社。不过各国立法对其基本特征的规定大致相同，即股份有限公司是指股东负有限责任，全部注册资本由等额股份构成，股份可以自由转让，可以通过公开发行股票筹集资本的企业法人。

根据我国《公司法》的有关规定，股份有限公司的基本特征是：公司的资本总额平分为金额相等的股份；股东以其所认购股份对公司承担有限责任，公司以其全部资产对公司债务承担责任；公司可以向社会公开发行股票，股票可以自由转让；股东人数一般不得少于规定的数目，但没有上限；每一股份有一表决权，股东依其持有的股份享受权利、承担义务等。股份有限公司是典型的资合公司，众多小股东与公司的关系淡薄，所有者与经营者在较大程度上分离，公司完全以其资本为信用与经营活动的基础。股份有限公司的筹资与经营具有开放性，在设立、运作方面更为规范。

由于股份有限公司往往资本巨大，股东人数众多，对社会经济、公众权益，乃至经济秩序有重要的影响，故各国公司法对其设立均规定较之有限责任公司更为严格的条件和复杂的程序。依据我国《公司法》第 77 条规定，设立股份有限公司，应具备下列条件：

（一）发起人符合法律规定的条件和法定人数

1. 发起人资格。

在大陆法系与英美法系国家的立法中，发起人的概念有所不同。在大陆法系国家中，发起人在履行设立公司职责的同时必须是公司的股东，必须向公司履行出资义务。在发起设立公司的情况下，发起人的范围与公司成立时的股东范围完全相同，如德国、日本等国家。而在英美法系国家中，发起人仅仅是在公司章程上签名并筹办公司设立事务的人，并不一定是公司的股东，没有必须向公司出资的义务。发起人的作用就是为设立公司，在公司成立之后，发起人甚至可能就与公司没有其他关系。

根据我国法律相关规定与原则，发起人，是指依法订立发起人协议，提出设立公司申请，认购公司股份，筹办公司设立事宜，并对公司设立承担责任者。在公司成立之前，发起人对外代表设立中的公司，对内履行设立公司的义务，为设立中公司的机关，对公司设立活动承担法律责任。依我国《公司法》的规定，发起人既可以是自然人，也可以是法人。自然人充当公司发起人，必须具备完全的民事行为能力，无民事行为能力人或限制民事行为能力人不得为发起人。法人充当公司发起人，一般应限定为企业性质的经济组织，即营利性法人，非营利性质的法人一般不宜充当公司发起人。无论是中国自然人、外国自然人还是外国法人都可以发起设立股份有限公司，对发起人的国籍没有限制，但对发起人的住所作了限制性的规定：必须有过半数的发起人在中国境内有住所。法律作出这一强制要求，一是考虑有一定数量在中国境内拥有住所的发起人具体筹办股份有限公司的创立活动会比较便于公司的设立活动；二是公司法规定股份有限公司发起人在公司设立过程中或公司成立之后，均须依法承担较重的法律责任，因此，要求一定数量的发起人在中国境内有住所，有利于主管机关对其进行管理，也利于防止发起人利用设立股份有限公司损害广大社会公众的利益。

此外，我国其他一些法律、政策对发起人的资格也作出了限制性规定，例如，党政机关及公务员等不得作为发起人，不得办公司等。

2. 发起人满足法定人数。

各国立法对股份有限公司发起人的法定最低人数一般都作出了规定，法国、英国规定为7人，韩国规定为3人，日本允许一人公司存在，故规定为1人。我国《公司法》规定，股份有限公司的发起人应为2人以上、200人以下，且过半数者在中国境内有住所。对国有独资公司变更为股份有限公司的，不再单独予以特别规定。

（二）发起人认缴和社会公开募集的股本达到法定资本最低限额

英美法系国家和地区的法律一般不规定公司资本的最低限额，而大陆法系国家对股份有限公司的资本一般要求最低限额。在我国设立股份有限公司，其注册资本的最低限额为人民币500万元。法律、行政法规对股份有限公司注册资本的最低限额有较高规定的，遵守其规定。依照《商业银行法》、《保险法》和《外商投资股份公司暂行规定》等法律、法规的要求，外商投资股份有限公司的注册资本的最低限额为人民币3 000万元；依照《证券法》的规定，股份有限公司申请股票上市，公司股本总额不少于人民币3 000万元。

采用发起方式设立的股份有限公司，只要全体发起人首次实缴的出资额不低于注册资本的20%，公司即可成立；募集设立的股份有限公司，发起人及全体认股人应当缴付全部注册资本额后公司才能成立。

（三）股份发行、筹办事项符合法律规定

设立股份有限公司的股份发行、筹办事项必须符合法律规定，包括履行

必要的审批程序，法律规定应具备的文件均已具备且符合法定要求等。发起人应承担公司筹办事务，包括联合法定最低人数以上的发起人并订立发起人协议，制定公司章程等文件，办理申请设立公司的有关审批手续，进行募集股本的申请与发行工作，主持召开公司创立大会；依法确定公司名称，建立符合股份有限公司要求的组织机构；设定公司住所等。公司的筹办事务可以通过发起人协议或发起人会议决议的方式委托 1 名或数名发起人具体负责办理，但责任由全体发起人共担。这些活动均须符合法律规定，发起人未履行或未正确履行法定义务者，要承担相应的法律责任。

（四）发起人制定公司章程，并经创立大会通过，章程具备法定必备事项

公司章程草案由发起人制定，在公司发起设立的情况下，须经全体发起人一致同意通过，通过之后即对各发起人具有一定的约束力，如果未经发起人一致同意，则不得修改；在公司募集设立的情况下，还应经创立大会通过。

《公司法》第 82 条规定：股份有限公司章程应当载明下列事项：

1. 公司名称和住所。公司名称中必须标明“股份有限公司”字样，住所则为公司主要办事机构所在地。

2. 公司经营范围。公司经营范围，应按工商注册登记中对经营范围核定的规范用语标明，全面反映公司业务范围，其中属于法律、行政法规限制的项目应取得批准。

3. 公司设立方式。公司设立方式，即是发起设立还是募集设立。

4. 公司股份总数、每股金额和注册资本。每股金额一项，依我国实践情况应定为人民币 1 元，以利于统一管理。

5. 发起人的姓名或者名称、认购的股份数。发起人的姓名或名称均应使用现用法定全称。在募集设立时，各发起人认购股份之和应符合法律规定，不低于公司股份总数的 35%。

6. 股东的权利和义务。股东权利通常应包括出席或委托代理人出席股东大会并表决的权利，按股份取得股利，公司终止后依法取得公司剩余财产，依法转让股份，查询公司有关文件、监督公司经营等；股东义务则有遵守章程，缴纳股款及缴纳股款后不得退股，依所持股份为限对公司债务承担责任等。

7. 董事会的组成、职权、任期和议事规则。

8. 公司法定代表人，即应由公司何部门、何职位的人士担任法定代表人，代表公司对外活动。《公司法》规定，公司法定代表人依据公司章程，可

以由董事长或者经理担任。章程中对法定代表人的职权应作出相应的规定。

9. 监事会的组成、职权、任期和议事规则。

10. 公司利润分配办法。公司利润分配办法，包括盈利的分配比例数额，可以采用的分配形式，例如，是分配现金还是派送股份，或可以其他何种方式分配股利，分配领取办法等。在章程中对利润分配办法一般只作原则性的规定，公司每年利润分配的具体实施方法，由股东大会决定。

11. 公司的解散事由与清算办法。

12. 公司的通知和公告办法。公司的通知和公告办法，包括通过何种传播媒介发布通知和公告，例如，在何报纸上刊登通知或公告，公告的次数，通知和公告的生效等。

13. 股东大会认为需要规定的其他事项。股东大会认为需要规定的其他事项，例如，公司章程的修改程序、公司的财务制度等基本制度。

在公司设立之前，发起人制定的公司章程草案尚不完全具有法律效力，其作用主要是作为申请公司设立及募股的法定必备文件，有些国家的公司法称这种章程为“初始章程”。依法律规定，公司章程草案或初始章程须经公司创立大会通过，并在公司登记核准之后，才成为对公司及各方当事人具有法律效力的文件。

（五）有公司名称，建立符合股份有限公司要求的组织机构

公司名称应当符合《企业名称登记管理规定》的要求，并应由公司登记机关预先核准。建立股东大会、董事会、监事会等组织机构。

（六）有固定的生产经营场所和必要的生产经营条件

设立公司应当有固定的生产经营场所，所谓固定是指公司对生产经营场所有所有权或者有一年以上的租赁权。同时，设立公司还应当具备必要的生产经营条件，如有从事生产经营的主要设备和符合条件的从业人员等。

第三节　公司的设立程序

一、有限责任公司的设立程序

有限责任公司的设立程序，除了根据前述设立条件要求应当完成的工作，例如，确定公司发起人、订立发起人协议、制定公司章程、确定公司组织机构设置等之外，主要还有以下四项。

（一）股东缴纳出资

我国《公司法》实行分期缴纳的法定资本制，即公司的全部股东在公司设立时认缴公司的全部注册资本，首次缴纳的出资额不能低于注册资本的20%，其余的认缴出资额可以在一定期限内分期缴纳。《公司法》第28条规定，股东应当按期足额缴纳公司章程中规定的各自所认缴的出资额。股东以货币出资的，应当将货币出资足额存入有限责任公司在银行开设的账户；以非货币财产出资的，应当依法办理其财产权的转移手续。股东违背义务，不依规定缴纳所认缴的出资（包括补交差额）时，应向已足额缴纳出资的股东承担违约责任，包括承担因此致使公司无法成立而使其他股东受到的经济损失，如设立费用等。对此问题，《德国有限责任公司法》第20条规定，股东不按时缴纳股本出资，应依法支付延迟利息；第21条规定，如延迟缴纳出资的股东，在公司催告的宽限期内仍不缴纳，公司可以将该股东的股份及其已缴款项收归公司，将股东除名。

我国有关中外合资经营企业的法规对中外合资企业在设立过程中合营各方的出资要求也作了较详细的规定，例如，合营合同中规定一次缴清出资的，合营各方应当从营业执照签发之日起6个月内缴清。合营合同中规定分期缴付出资的，合营各方第一期出资，不得低于各自认缴出资额的15%，并且应当在营业执照签发之日起3个月内缴清。① 合营各方缴付第一期出资后，超过合营合同规定的其他任何一期出资期限3个月，仍未出资或者出资不足时，工商行政管理机关应当会同原审批机关发出通知，要求合营各方在1个月内缴清出资。② 合营一方未按照合营合同的规定如期缴付或者缴清其出资的，即构成违约。守约方应当催告违约方在1个月内缴付或者缴清出资。逾期仍未缴付或者缴清的，视同违约方放弃在合营合同中的一切权利，自动退出合营企业。守约方应当在逾期后1个月内，向原审批机关申请批准解散合营企业或者申请批准另找合营者承担违约方在合营合同中的权利和义务。守约方可以依法要求违约方赔偿因未缴付或者缴清出资造成的经济损失。③

（二）验资

因有限责任公司仅以其资产对公司债务负责，股东的出资不仅为公司经

① 参见《中外合资经营企业合营各方出资的若干规定》第4条规定。

② 参见《中外合资经营企业合营各方出资的若干规定》第6条规定。

③ 参见《中外合资经营企业合营各方出资的若干规定》第7条规定。

营所用，还要在公司对外清偿债务时，可以有效地从公司移转给公司的债权人，因此，在公司成立前，对股东的非货币出资要进行评估、验资，以使出资标的价值具有可确定性；对股东的货币首次出资缴纳后，必须经依法设立的验资机构验资并出具证明。目前，验资工作应由具有执业资格的会计师事务所委派注册会计师进行。注册会计师在验资时应认真核查出资单据、银行账户单据及有关产权转让的文件等，在确认全部出资均已到位后，出具验资报告。验资报告须由注册会计师签字或者盖章、会计师事务所加盖公章后方为有效。

验资机构因故意或过失提供有重大遗漏或虚假内容的证明文件，要依法承担法律责任。《公司法》第208条规定，承担资产评估、验资或者验证的机构提供虚假材料的，由公司登记机关没收违法所得，处以违法所得1倍以上5倍以下的罚款，并可以由有关主管部门依法责令该机构停业、吊销直接责任人员的资格证书，吊销营业执照。构成犯罪的，依法追究刑事责任。承担资产评估、验资或者验证的机构因过失提供有重大遗漏的报告的，责令改正，情节严重的，处以所得收入1倍以上3倍以下的罚款，并可以由有关主管部门依法责令该机构停业，吊销直接责任人员的资格证书。

（三）工商登记

设立公司必须履行登记手续。各国立法规定的公司登记机关不同，德国是注册法院，美国为州政府下设的公司注册办事处，英国为公司登记处，日本是法务省所属的登记所。我国的公司登记机关为国家各级工商行政管理部门。各级工商行政管理部门依照《公司登记管理条例》中划定的管辖范围办理公司登记事项。

为了获得行政主管部门对其法律人格的认可，向公司登记机关申请设立登记是公司设立程序中一个必不可少的步骤。申请公司设立登记，必须在股东的首次出资经依法设立的验资机构验资后，由全体股东指定的代表或者共同委托的代理人向公司登记机关报送公司登记申请书、公司章程、验资证明等文件申请设立登记。设立国有独资公司，应当由国务院或者地方人民政府授权的本级人民政府国有资产监督管理机构作为申请人，申请设立登记。

根据《公司登记管理条例》的规定，设立有限责任公司，应当由全体股东指定的代表或者共同委托的代理人向公司登记机关申请设立。欲登记申请设立有限责任公司的，应当向公司登记机关提交下列文件：

1. 公司法定代表人签署的设立登记申请书。

2. 全体股东指定代表或者共同委托代理人的证明。

3. 公司章程。

4. 依法设立的验资机构出具的验资证明，法律、行政法规另有规定的除外。

5. 股东首次出资是非货币财产的，应当在公司设立登记时提交已办理其财产权转移手续的证明文件。

6. 股东的主体资格证明或者自然人身份证明。

7. 载明公司董事、监事、经理的姓名、住所的文件以及有关委派、选举或者聘用的证明。

8. 公司法定代表人任职文件和身份证明。

9. 企业名称预先核准通知书。

10. 公司住所证明。

11. 国家工商行政管理总局规定要求提交的其他文件。法律、行政法规或者国务院决定规定设立有限责任公司必须报经批准的，还应当提交有关批准文件。

有限责任公司因经营需要可以设立分公司。分公司在公司设立时或设立后均可设立。分公司由本公司设立，而非股东设立。分公司的设置应属于公司章程中必须记载的事项。公司设立时同时设立分公司的应在章程中载明，公司设立后设立分公司的应依法变更章程。在设立有限责任公司同时设立分公司的，应在申请公司设立登记时，就所设分公司一并向公司登记机关申请登记，在领取公司营业执照的同时，领取分公司的营业执照。有限责任公司成立后设立分公司，应当首先依法修改、变更公司章程，然后由公司法定代表人向公司登记机关申请登记，办理相应的手续，领取营业执照。在异地设立分公司，应向分公司所在地的登记机关申请登记，并向其领取营业执照。分公司的法定登记事项包括：名称、营业场所、负责人、经营范围。在通常情况下，分公司的名称应冠以所属公司的名称，加“分公司”字样并标明该分公司的行业和所在地行政区划名称或地名，其行业与所属公司一致的，可以从略。分公司虽然不是独立法人，但其经营活动具有一定的独立性，与公司内的车间、部门或门市部、办事处等性质不同。

（四）签发出资证明书

有限责任公司成立后，应当向股东签发出资证明书。有限责任公司证明股东已缴纳出资额的法律文件是出资证明书，与股份有限公司以股票作为出资凭证不同。出资证明书，亦称股单，仅为确认股东出资之凭证，不属于有价证券，其不能自由转让。虽然股东的出资在公司成立之前就已经缴纳并经验证，但出资证明书必须在公司成立以后才能向股东签发，因为在公司成立之前，出资证明书并不能证明股东对未成立的公司的权利，也不能进行转让。出资证明书属于要式法律文件。根据《公司法》的规定，出资证明书应当载明下列事项：(1) 公司名称；(2) 公司登记日期；(3) 公司注册资本；(4) 股东的姓名或者名称、缴纳的出资额和出资日期；(5) 出资证明书的编号和核发日期。

出资证明书均为记名式，必须载明股东的姓名或名称，与股份有限公司可以向社会公众发行无记名股票不同。出资证明书由公司盖章。有限责任公司的股东，依据出资证明书行使对公司的权利，按照实缴的出资比例分取红利；在公司新增资本时，股东有权优先按照实缴的出资比例认缴出资。但是，全体股东约定不按照出资比例分取红利或者不按照出资比例优先认缴出资的除外。出资证明书不得自由流通转让，股东出资的转让须依据《公司法》及公司章程之规定进行。

有限责任公司应当置备股东名册，各国公司法对此均有规定。股东名册是公司为记载股东情况及出资事项而设置的簿册。置备股东名册的目的，主要是为便于向股东签发出资证明书、发放股利、登记股东出资的转让，进行通知、联络工作以及接受有关部门的审查监督。股东和公司债权人等也有权查阅、抄录股东名册中的内容。股东名册应载明股东的姓名或者名称及住所，股东出资额，出资证明书编号等必要内容。股东名册所记载内容发生变更时，公司应及时修改股东名册。股东名册为公司法定文件，公司依据股东名册记载的股东名称、住所等进行的各项活动即具有法律效力，例如，依股东名册登记的住所发出的会议通知视为正确通知等。股东转让出资后，应将受让人的姓名或名称及住所、受让出资的数额等登记于股东名册之中。未进行登记者，其转让效力不得对抗公司，公司仍以载于股东名册之人为出资的合法所有者，并对因此做出的行为给受让人造成的损失不负责任，但公司对股东名册未能变更负有过错的除外。

通常各国公司法规定，对不置备股东名册或对股东名册内容作虚假记载的行为，要给予法律处罚。例如，《日本有限公司法》第 85 条“处罚款的行为”第 1 款规定，不备置股东名册、不在股东名册中记载应记事项或作不实记载的，处 100 万日元以下罚款，但是，应对其行为处刑时，不在此限。[①]目前我国《公司法》对此类违法行为未作处罚规定，有待于对立法加以完善。

我国《公司法》规定，在公司登记设立后，股东不得抽回投资。对股东

① 参见王书江、殷建平：《日本商法典》，247 页、248 页。

在公司成立后抽逃出资的行为，要责令改正，处以罚款，构成诈骗等犯罪行为的，要依法追究刑事责任。过去在我国多次的“公司热”中，屡屡发生设立公司时借用他人资金验资，公司成立后就将资金抽回，以致发生债务纠纷时无力清偿，损害债权人利益，影响经济秩序的现象。《公司法》的规定为制止这类违法行为发生提供了法律依据。

二、股份有限公司的设立程序

（一）发起设立公司

以发起设立方式设立股份有限公司，因不向社会公开募股，故程序较为简单，与有限责任公司的设立程序大体相同。在公司发起人为多人的情况下，发起人之间通常需要签订发起人协议，以规范发起人在设立公司过程中的权利与义务和各项活动。一般主要内容为：发起人的名称、住所，法定代表人的姓名、国籍、住所、职位；组建公司的名称，公司的宗旨、经营范围、组织形式；公司注册资本、股份总额、类别，发起人认购的数额、形式及期限；发起人的权利和义务；违约责任；适用法律及争议的解决等。协议应由各发起人签字盖章。对发起人协议的性质，各国公司法通常认为属于合伙合同，并按照合伙关系对发起人的权利与义务加以规定。例如，在公司不能成立时，各发起人须对设立行为所产生的债务和费用负连带责任；在公司设立过程中，由于发起人的过失致使公司利益受到损害的，发起人应当对公司承担连带赔偿责任等。

发起人应以书面形式认足公司章程规定其认购的股份。《公司法》第84条规定，以发起设立方式设立股份有限公司的，发起人应当书面认足公司章程规定其认购的股份；一次缴纳的，应缴纳全部出资；分期缴纳的，应缴纳首期出资。以非货币财产出资的，应当依法办理其财产权的转移手续。

法律、行政法规对设立公司规定必须报经审批的，要在公司登记前依法办理审批手续，例如，设立外商投资股份公司、商业银行、保险公司等。

发起人首次缴纳出资后，应选举董事会和监事会，由董事会向公司登记机关报送设立公司的有关文件，包括公司章程、资产评估报告、验资证明、公司设立申请书等，申请设立登记。公司登记机关认为其符合法定设立条件的，予以登记，颁发营业执照，对不符合法律规定条件的不予登记。

（二）募集设立公司

股份有限公司可以募集设立。募集设立，是指由发起人认购公司应发行股份的一部分，其余股份向社会公开募集或者向特定对象募集而设立公司。

采用募集方式设立公司时，除需要进行发起设立公司时的各种程序外，还需要进行股份的募集、召开公司创立大会等程序。根据《公司法》的规定，发起人向社会公开募集股份时必须公告招股说明书并制作认股书。《公司法》第 87 条规定了招股说明书必须具备的内容。招股说明书应当附有发起人制定的公司章程，并载明下列事项：

1. 发起人认购的股份数，同时应将公司股份总数，发起人所占比例，各发起人出资方式、出资数额等一并加以说明。

2. 每股的票面金额和发行价格。

3. 无记名股票的发行总数；同时应讲明发行的地点、范围和对象。不发行无记名股票者无此项内容。目前在实践中发行的股票均为记名股票。

4. 认股人的权利与义务，除章程中规定的股东权利与义务外，还应包括在公司不能成立等法律规定情况下要求返还所缴股款及利息的权利。

5. 本次募股的起止期限及逾期未募足时认股人可撤回所认股份的说明。依据有关规定，招股说明书的有效期为 6 个月，自招股说明书签署完毕之日起计算。招股说明书失效后，股票发行必须立即停止。

发行人向社会公开募集股份，应与银行签订代收股款协议。这样做，一方面可以保证在公司未能设立的情况下，资金不被挪用，能够向认股人返还所缴股款及利息，另一方面可以保证募股活动规范进行，以防发生营私舞弊现象。

对股份募集的其他具体问题，在此不再赘述。

发起人和其他认股人将发行股份的股款全部缴足后，由法定的验资机构，即具有从事证券业务资格的会计师事务所进行验资，并出具验资证明。设立股份有限公司的验资报告，除载明前述对有限责任公司规定的内容外，还应当载明设立方式。以募集方式设立的，应当载明发起人认购的股份和该股份占公司股份总数的百分比。

创立大会是在股份有限公司以募集方式设立时，由全体认股人（包括发起人）组成的决定公司设立事宜的决策机构。由于在公司成立前认股人尚无股东资格，故不能称为股东大会，但其性质与股东大会相同。《公司法》第 90 条规定：发起人应当自股款缴足之日起三十日内主持召开公司创立大会。创立大会由发起人、认股人组成。

为保障认股人的权利不至于因募股不成功或发起人的失职行为而受损失，《公司法》规定，发行的股份超过招股说明书规定的截止期限尚未募足的，或者发行股份的股款缴足后，发起人在 30 日内未召开创立大会的，认股人可以按照所缴股款并加算银行同期存款利息，要求发起人返还。

创立大会由发起人召集主持，全体认股人均有权参加。在创立大会召开15日前，发起人应当将会议日期通知各认股人或者按公司章程规定予以公告，通知或公告中应列明会议的时间、地点、议事内容与程序等有关内容。创立大会应有代表股份总数过半数的发起人、认股人出席，方可举行。

创立大会行使下列职权：(1) 审议发起人关于公司筹办情况的报告；(2) 通过公司章程；(3) 选举董事会成员；(4) 选举监事会成员，其中监事会中的职工代表由公司职工民主选举产生；(5) 对公司的设立费用进行审核，合理适当者加以确认，设立费用确有过高者，创立大会可予以核减，未被审核通过的费用，不由公司承担，而由发起人承担；(6) 对发起人用于抵作股款的财产的作价进行审核，发现其实际价额显著低于公司章程所定价额的，应当责成发起人补足差额；(7) 发生不可抗力或者经营条件发生重大变化直接影响公司设立的，可以作出不设立公司的决议。

创立大会对前述所列事项作出决议，必须经出席会议的认股人所持表决权的半数以上通过。创立大会的决议事项均应作成会议记录，会议记录中应载明会议日期及场所、主席或主持人的姓名、决议方法、议事经过概要及决议等，由选任的董事签名，与出席大会的认股人签名簿及代理出席委托书一并保存。

在创立大会通过公司的设立决议以后，设立登记申请工作由董事会办理。在创立大会后，发起人已完成其职责，董事会已产生，公司设立工作应由其继续进行。在创立大会结束后30日内，董事会应向公司登记机关申请设立登记。在申请设立登记时，应报送下列文件：(1) 公司登记申请书；(2) 创立大会的会议记录；(3) 公司章程，包括创立大会批准公司章程的决议；(4) 验资证明，包括发起人的验资证明和认股人的验资证明，同时应附有出具验资证明机构的资格证明；(5) 法定代表人、董事、监事的任职文件及身份证明；(6) 发起人的法人资格证明或者自然人身份证明；(7) 公司住所证明。

以募集方式设立股份有限公司公开发行股票的，还应当向公司登记机关报送国务院证券监督管理机构的核准文件。

公司登记机关自接到股份有限公司设立登记申请之日起30日内作出是否予以登记的决定。公司登记机关对符合法律规定条件的设立登记申请，予以登记，发给公司营业执照；对不符合法律规定条件的，不予登记。公司营业执照签发日期，为公司成立日期。公司成立后，应当进行公告。

设立股份有限公司的同时设立分公司的，应当就所设分公司向公司登记机关申请登记，领取营业执照。股份有限公司成立后设立分公司，应当由公司法定代表人向公司登记机关申请登记，领取营业执照。

发起人作为公司设立的筹备人，对股份有限公司的成立负有重任，亦须付出劳动，承担风险。所以，一些国家的公司法允许发起人享有一些特殊权利，例如，决定公司设立方式，取得发起设立活动的报酬，以非货币出资，享有优先认股权，要求偿还设立费用，分享溢价发行形成的资本公积金等，这些利益通常应在公司章程中加以规定。目前我国《公司法》对发起人的上述一些权利，在法律上或事实上予以承认，例如，以非货币出资，要求偿还设立费用，分享溢价发行形成的资本公积金等。对发起人的设立报酬等其他利益，法律未作出规定，在实践中，也未采取这种做法。如果当事人认为必要时，则可以由章程规定，但需经创立大会批准确认。在我国股份有限公司设立实践中，发起人最重要的实际利益体现在可平价认购股份方面，而其他认股人通常则须溢价认购股份，尤其是向社会公众公开发行的股份，此项利益十分重大。

与之相对应，因发起人的行为关系到认股人或股东、公司乃至债权人的权益，发起人也应负有相应之责任，以解决公司设立活动失败时的民事责任承担等问题，并防止其利用筹建公司的机会获取不正当利益。

根据《公司法》第 95 条的规定，股份有限公司的发起人应承担以下责任：

第一，公司不能成立时，对设立行为所产生的债务和费用负连带责任。如果公司依法成立，发起人即转为股东，其设立行为产生的权利与义务均由公司承受。但如果公司不能成立，无论原因如何，设立行为所产生的债务和费用便只能由发起人自行承担，认股人是不负责任的。对设立中公司的发起人之间的关系，许多国家的法律将其视同合伙，准用相关法律。所以，公司不能成立，在发起人为多人时，彼此负连带责任。

第二，公司不能成立时，对认股人已缴纳的股款，负返还股款并加算银行同期存款利息的连带责任。

第三，在公司设立过程中，由于发起人的过失致使公司利益受到损害的，应当对公司承担赔偿责任。这是指在公司已经设立的情况下，发生如设立费用支出明显不合理、经营准备活动失误、发起人出资不实等问题，致使公司利益受到损害时的处理。

此外，在发起人所作的招股说明书等公开文件中有重要遗漏、误导或虚假，致使善意第三人利益受损时，一些国家的法律规定，发起人要和公司共同对其承担连带赔偿责任。我国相关法律、法规也有此类规定。

在此须注意的是，发起人为多人时，其对外责任是连带的责任。发起人协议的性质视同合伙契约。这一性质是法律所定，当事人在合同中另作约定是无效的，发起人责任的连带性质即是由此契约而来。但是在公司发起活动之外，由于个别发起人的个人过失致使公司利益受到损害的，该发起人承担的应为个人责任，因这些损失是由发起人个人造成的，且与公司发起活动无关。

公司的设立是一个渐进的过程，在公司设立过程中，发起人为筹备公司的设立，使之符合法定条件，需要与外界签订各种合同，例如，经营场所的购买或租赁，机器设备的订购，办公用品的购买，必要人员的雇用等。这些因公司设立行为而签订的合同，应当以谁的名义签订，其责任又应当如何承担，设立中的公司处于何种法律地位，这是公司设立过程中必须解决的问题。

大陆法系学者通常将自开始制定公司章程时起，至公司设立登记完成前的公司雏形，称为设立中的公司。对设立中的公司的法律地位，我国台湾学者提出“有限人格说”及“同一体说”，认为设立中的公司已具备公司雏形，它有章程，已有发起人，可以对外代表设立中的公司，已有公司成员（即发起人、认股人），已有公司机关（即董事、监事），具有有限人格。而且，设立中的公司好比是胎儿，与成立后的公司实为一体。因此，发起人在必要范围内为公司成立而实施的设立行为的后果应该直接归属于成立后的公司。在德国公司法中，设立中的公司的法律地位与无权利能力社团相同，适用合伙的有关规定。①

根据我国《公司法》和《公司登记管理条例》的规定，未经公司登记机关核准登记，不得以公司的名义从事经营活动，在立法上不承认设立中的公司的法律地位。发起人为发起设立公司对外签订合同只能以自己的名义进行，这将为这些财产的登记、转让、使用等增加不便。故而，我国公司法也应对设立中的公司的法律地位等问题作出详尽规定，以适应实践的需要。

对于发起人为发起设立公司而对外签订的合同，各国立法与实践中通常认为，在公司成立的情况下，由该公司承受；在公司不能成立的情况下，则由发起人承担。为保证各方当事人的正当权益，发起人为发起设立公司而对外签订合同时，应向相对人说明情况，并在合同中约定，在公司成立后，合同由该公司承受。当然，如果公司不能成立，则由发起人承担。此外，为避免发生争议，发起人应在发起人协议中对为发起设立公司而对外签订合同的各种情况加以列明，作出授权，并明确地规定在公司成立或不能成立情况下

---

① 参见毛亚敏：《公司法比较研究》，70页，北京，中国法制出版社，2001。

的法律后果与责任承担。

此外，在原《股份有限公司规范意见》第 21 条中还规定了发起人的资本充实责任，即公司发行的股份未能缴足时，应负连带认缴责任。此项规定一方面确认了发起人在股份未缴足时负有连带认缴义务，另一方面也确认了发起人可以通过认缴股份未足部分而使公司成立。许多国家立法均有此类规定。现行《公司法》未明确规定允许发起人通过自己补缴股款的方式使公司设立，似显过于严厉。

（三）有限责任公司变更为股份有限公司

有限责任公司可以变更为股份有限公司，改换企业组织形式。但应当符合《公司法》规定的股份有限公司的条件，例如，股东数额、资本限额等，并且应依照法律规定的设立程序办理。

有限责任公司变更为股份有限公司，先由有限责任公司董事会拟订公司变更组织形式的方案，提交股东会对此作出批准决议，依《公司法》规定的条件筹办变更。有限责任公司变更为股份有限公司时，折合的实收股本总额不得高于公司净资产额。有限责任公司变更为股份有限公司，为增加资本公开发行股份时，应当依法办理设立工作，例如，修改公司章程、调整组织机构、制定有关文件等，然后依法履行工商登记手续，变更设立为股份有限公司。公司组织形式变更后，原有限责任公司的债权、债务及其他法律关系，均由变更后的股份有限公司承受。

第四节　外国公司分支机构的设立

一、外国公司及其分支机构的概念

《公司法》规定，外国公司可以依法在中国境内设立分支机构。外国公司与依我国外商投资企业法规定设立的外商投资企业有本质的不同。外商投资企业是中国企业法人；外国公司则不是中国企业法人，而是依照外国法律在中国境外登记成立的公司，是外国法人。我国确认公司的国籍，不是以公司控股股东、雇员的国籍或者营业所在地等为标准，而是看其依据何国法律在何国注册登记成立。所以，即使是中国公民以其资产包括境内资产在境外依所在国法律登记成立的公司，也属于外国公司。

由于外国公司是依外国法律成立的，所以，公司组织形式的种类便可能与我国公司法之规定有所不同，除有限责任公司、股份有限公司外，还可能有无限责任公司、两合公司、股份两合公司等，但只要是在国外依法成立，均属于《公司法》规定的外国公司的范围。

二、外国公司分支机构的法律特征和法律地位

外国公司在中国须以其分支机构的形式从事生产经营活动。外国公司在中国境内设立的分支机构，虽然经中国主管机关批准，并经中国公司登记机关注册登记、颁发营业执照，但因其在法律上没有自己的独立财产承担民事责任，仅有由公司拨给的运营资金，不符合中国法律关于法人条件的规定，所以，不具备中国法人资格。

一般而言，外国公司的分支机构具有以下特征：（1）以营利为目的从事生产经营活动，其营业活动应为经常性的；（2）分支机构须经我国政府批准设立，并依法办理核准登记手续，领取营业执照；（3）属于外国法人的分支机构，不具有独立民事主体的地位，其法律责任由外国公司承担。

三、外国公司在中国境内设立分支机构的条件

各国、各地区的公司法为加强对外国公司的监督管理，通常均对其在本国或本地分支机构的设立规定相应的条件。例如，我国台湾地区“公司法”规定，有下列情况之一的，不允许其在本地设立分支机构：（1）其目的或业务违反法律、公共秩序或善良风俗者，如赌博、军火买卖等；（2）其设分公司地区限制外国人居住或该业务限制外国人经营者；（3）申报事项有虚假；（4）外国公司所属国家，对本国公司不予承认者，但有此情况者可以由主管机关酌定是否批准。

《公司法》对外国公司在中国境内设立分支机构规定了以下两项条件，以保证外国公司的分支机构在中国的生产经营活动中具有相应的民事权利能力和民事行为能力，并在发生经济纠纷或违法行为时能够承担法律责任。

1. 外国公司必须在中国境内指定负责该分支机构的代表人或代理人。此项规定要求该被指定的负责人或代理人必须在中国境内，以实际负责该分支机构的生产经营活动，一旦有纠纷诉讼或违法行为发生，即可由代表人或代理人负责处理，同时也有利于中国主管部门对其进行管理监督。

2. 外国公司应向该分支机构拨付与其所从事的经营活动相适应的资金。外国公司分支机构的本公司设在国外，资产也在国外，这对与该分支机构进行交易者，尤其是其债权人风险甚大，为维护交易安全，保障债权人权益及正常经济秩序，必须要求分支机构具有与其营业活动相适应的资

金。对此，各国公司法均作出规定。《公司法》规定，对外国公司分支机构该项经营资金需要规定最低限额的，由国务院另行规定。此项规定对确保外国公司的分支机构有能力承担相应的民事责任，维护正常的社会经济秩序是非常必要的。

四、外国公司在我国设立分支机构的审批

按照国际惯例，一国公司在他国设立分支机构，要经过设立地国家主管机关的批准程序。《公司法》从维护国家主权，促进对外开放的目的出发，对外国公司在中国境内设立分支机构的程序作了原则性规定。外国公司在中国设立分支机构，首先，必须向中国主管机关提出申请，申请中应载明公司的名称、住所、种类、国籍、营业范围、资本总额、法定代表人、设立时间，以及在中国境内分支机构的设立地点、代表人、资金数额等事项，并提交其公司章程、所属国公司登记证书等文件。其次，当其申请被中国主管机构批准后，应到中国的公司登记机关，即工商行政管理部门办理设立登记，领取营业执照后，始可以在中国境内开展营业活动。

外国公司的分支机构应当在其名称中标明该外国公司的国籍及责任形式。在分支机构名称中标明该外国公司的国籍，以示与中国公司有别，且可知其所属的国家，以利于识别。

外国公司的分支机构应当在本机构中置备该外国公司章程，以便公司主管机关和分支机构的债权人等利害关系人查阅，以利于保护分支机构债权人等的利益，以及加强对该分支机构的管理。违背此项义务者，要承担相应的法律责任。

《公司法》规定，由国务院另行规定外国公司分支机构的审批办法，以规范外国公司设置分支机构的审批活动，切实加强对外国公司分支机构的管理。

在《公司法》颁布前，国家工商行政管理局于 1992 年 10 月 1 日发布《关于外国（地区）企业在中国境内从事生产经营活动登记管理办法》，实际上起到对外国公司分支机构登记管理的作用。根据该办法规定，外国企业从事下列生产经营活动应办理登记注册：（1）陆上、海洋的石油及其他矿产资源勘探开发；（2）房屋、土木工程的建造、装饰或线路、管道、设备的安装等工程承包；（3）承包或接受委托经营管理外商投资企业；（4）外国银行在中国设立分行；（5）国家允许从事的其他生产经营活动。

外国企业从事生产经营的项目经审批机关批准后，应在批准之日起 30 日内向登记主管机关申请办理登记注册。

外国企业在申请办理登记注册时，应提交下列文件或证件：（1）外国企业

董事长或总经理签署的申请书；(2) 审批机关的批准文件或证件；(3) 从事生产经营活动所签订的合同（外国银行在中国设立分行不适用此项）；(4) 外国企业所属国（地区）政府有关部门出具的企业合法开业证明；(5) 外国企业的资金信用证明；(6) 外国企业董事长或总经理委派的中国项目负责人的授权书、简历及身份证明；(7) 其他有关文件。

外国企业登记注册的主要事项有：企业名称、企业类型、地址、负责人、资金数额、经营范围、经营期限。

登记主管机关受理外国企业的申请后，应在30日内作出核准登记注册或不予核准登记注册的决定。登记主管机关核准外国企业登记注册后，向其核发营业执照。

外国企业应在登记主管机关核准的生产经营范围内开展生产经营活动，其合法权益和经营活动受中国法律保护。外国企业不得超越登记主管机关核准的生产经营范围从事生产经营活动。

外国企业登记注册事项发生变化的，应在30日内向原登记主管机关申请办理变更登记。

外国公司撤销其在中国境内的分支机构时，必须依法清偿债务，依照《公司法》有关公司清算程序的规定进行清算。在未清偿债务之前，不得将其分支机构的财产移至中国境外。

对未经登记注册擅自从事生产经营活动的外国企业要给予一定的处罚。《公司法》第213条规定：外国公司违反本法规定，擅自在中国境内设立分支机构的，由公司登记机关责令改正或者关闭，可以并处五万元以上二十万元以下的罚款。

经批准在中国境内设立的外国公司分支机构，必须遵守中国的法律，从事业务活动不得损害中国的社会公共利益，其合法权益受中国法律保护。

复习思考题

1. 什么是公司设立？公司设立与公司成立有什么区别？
2. 简述在企业设立上存在的不同立法原则。
3. 什么是公司的发起设立与募集设立？
4. 试论有限责任公司的设立条件。
5. 什么是公司名称？在名称登记时应注意哪些问题？
6. 试论股份有限公司的设立条件。

7. 试论有限责任公司的设立程序。
8. 试论股份有限公司的募集设立程序。
9. 什么是股份有限公司创立大会？有何职能？
10. 试论股份有限公司发起人的法律责任。
11. 简述有限责任公司变更为股份有限公司的条件与程序。
12. 简述外国公司分支机构的法律地位及设立条件与程序。

第五章

公司组织机构制度

第一节　公司组织机构概述

一、公司组织机构的概念、组成与类型

公司依法成立之后即取得独立人格，能够从事经营活动，并独立享有权利、承担义务。但公司作为一个法人，其本身并不具有思维与表达能力，也不能亲自实施法律行为，所以，需要通过其组织机构表达并实现其意思，即通过公司组织机构的自然人成员的行为实现。

公司组织机构，又称公司机关，是代表公司活动、行使相应职权的自然人或自然人的集合体。在公司组织机构制度的基础之上，形成了现代公司的法人治理结构。

一般而言，公司组织机构应由决策机构、执行机构和监督机构三部分构成。公司的决策机构是公司意思的形成与表达机构，公司的执行机构是公司的经营管理机构，而公司的监督机构则是公司的监督检查机构。公司组织机构就是由这三部分构成的有机体。由于公司组织机构是公司的有机组成部分，同公司密不可分，故公司组织机构的意志就是公司的意志，公司的意志通过公司机构的自然人而表示出来，例如，法定代表人和其他成员的代表行为而表示出来。因此，凡公司机构及其成员代表公司执行业务的行为，在法律上

就认为是公司本身的行为，公司应对其承担一切法律后果。

公司的类型不同，其组织机构的设置以及各组织机构之间的关系也有所不同，甚至公司的规模大小也对其机构设置产生影响。即使是相同类型的公司，不同国家对其组织机构设置的规定也有区别。

英美法系国家实行单轨制的公司机构体制，在股东会下只设董事会，不设监事会；大陆法系国家则一般在股东会下既设有董事会，也设有监事会。在大陆法系国家中，在董事会与监事会的关系上存在双层制与单层制之别。双层制的体制是在股东会下设监事会，监事会成员由股东会选任，监事会下设董事会，董事会成员由监事会选任，向监事会负责，如德国。单层制的体制是在股东会下平行地分设董事会与监事会，均由股东会选任，直接对股东会负责，如日本。也有的国家实行灵活的体制，允许公司在章程中选择采取只设董事会的单轨制或在监事会下设董事会的双层制，如法国、荷兰等国家。

我国《公司法》规定的公司类型为有限责任公司和股份有限公司两种，同时对有限责任公司中的一人有限责任公司和国有独资公司以及股份有限公司中的上市公司作出特别规定。从《公司法》的规定看，有限责任公司和股份有限公司的组织机构均由股东会、董事会和监事会组成，董事会和监事会处于平行关系。股东会是公司的权力机关，董事会是公司的代表及执行机关，监事会为监督机关。有限责任公司的组织机构设置较股份有限公司更为灵活，如果公司的股东人数较少、规模较小，则可以不设董事会，只设 1 名执行董事，可以不设监事会，而只设 1～2 名监事。此外，国有独资公司和一人有限责任公司的组织机构以及上市公司的组织机构也有其特殊之处。

二、公司组织机构与公司治理问题

（一）公司组织机构与公司治理的关系

股东的投资行为是公司产生的基础，所以，早期的公司法非常重视股东（大）会的地位，将其规定为公司的最高权力机构，拥有至高无上的权力，除法律或公司章程明文规定属于董事会的职权外，其他权力包括对重大经营事项的决定权均由股东（大）会行使。例如，1899 年的《日本商法典》规定，股东大会除享有法定及章定权限事项之外，对公司的任何事项都有决定权。股东大会可以直接干预董事会的经营行为。此种立法状况被称为股东会中心主义。这一立法主义将公司视为投资者，即资本所有者的公司，是他们营利的工具，公司雇员包括管理人员均处于从属地位。所以，由投资者组成的股东（大）会处于公司的中心地位。股东会中心主义立法之本意，是为全面保障投资者的利益。有限责任公司的股东多通过兼任董事或高级管理人员而直接参与公司的经营管理，所以，其股东会中心主义的色彩至今仍然浓厚。

随着社会化大生产的发展，尤其是股份有限公司的股权高度分散化，众多小股东没有能力、时间管理公司，而且出于“搭便车”的心理也不愿对公司业务经营进行有效而统一的管理。股份有限公司的所有权与经营权日益相互分离，而公司的业务要求高级管理人员面对激烈竞争的市场必须能够迅速地作出决策，公司的管理与营利越来越依赖于具有专门知识的管理人员，股东会中心主义这种体制已不适应现代公司，尤其是股份有限公司经营管理的需要。于是，股份有限公司的控制体制逐渐由股东会中心主义转向董事会中心主义，股东会的地位开始下降，董事会的权限得到加强，形成董事会中心主义。所谓董事会中心主义，在股东控制董事及高级管理人员的情况下也就是大股东中心主义，公司主要由经营股东控制，投资股东或者投机股东对公司经营并不关心。

股份有限公司所有权与经营权的分离使投资者和公司经营者形成了新的社会分工，但由此又产生了所有者和经营者之间的利益冲突和“代理成本”问题。在公司中，董事与董事会实际掌握着决策权，一些公司甚至出现被董事和高级管理人员等内部人员控制的现象。公司经营者的个人利益与股东利益有一致之处，但也存在着冲突之处，股东不可能指望经营者像为自己经营一样管理公司事务。亚当·斯密在1776年就曾指出：“股份公司的经营，例由董事会处理。董事会在执行任务上固不免受股东大会的支配，但股东对于公司业务多无所知……在钱财的处理上，股份公司的董事为他人尽力，而私人合伙公司的伙员，则纯为自己打算。所以，要想股份公司董事们监视钱财用途，像私人合伙公司伙员那样用意周到，那是很难做到的。有如富家管事一样，他们往往设想，着意小节，殊非主人的光荣，一切小的计算，因此就抛置不顾了。这样，疏忽和浪费，常为股份公司业务经营上多少难免的弊端。”① 在实践中，还存在董事为一己之利，利用职务之便损害公司利益、损害股东利益的现象。所以，波斯纳认为，股份有限公司的股东应关注的不是公司决策是否民主，“而是需要一种能阻止经理人员将过多的企业净收入从股东转向他们自己的机制”。在所有权和经营权分离的情况下，为了解决公司组织机构中的委托代理关系，就产生了公司法中最为重要的现代课题，即公司治理问题。

① ［英］亚当·斯密：《国民财富的性质和原因的研究》，303页，北京，商务印书馆，1981。

有学者说，自进入21世纪以来，公司治理“既引起人们极大的关注，又给人们带来了极大的混乱”①。其原因在于，公司治理是一个可以从多角度界定的概念，而且良好的公司治理机制并无统一的模式。因此，对公司治理的讨论可谓众说纷纭，甚至同一领域的专家在讨论问题时所使用的公司治理概念的内涵和外延都可能是有所不同的。所以，日本学者平田光弘在一次公司治理国际研讨会上疾呼，在公司治理的研究方面，当务之急是各国学者要对公司治理的关键词进行国际比较，以便取得共识。②

一般而言，人们从广义和狭义两个角度理解公司治理。狭义的公司治理，是指所有者，主要是股东对经营者的一种监督与制衡机制，即通过一种制度安排，合理地配置所有者与经营者之间的权利与责任关系。公司治理的目标是保证股东利益的最大化，防止经营者对所有者利益的背离。广义的公司治理则不局限于股东对经营者的制衡，而涉及对广泛的利害相关者包括股东、债权人、供应商、雇员、政府和社区等与公司有利害关系者的利益的协调。治理的目标不仅是股东利益的最大化，而且要保证公司决策的科学性，从而保证公司各方面的利益相关者的利益最大化。广义的公司治理与其说是公司治理，不如说是治理公司，或者叫做公司规制，即不仅从股东利益的角度，而且还要从国家或者社会公共利益的角度规范公司的行为。它往往是一个包括但不限于股东权保护、债权人保护、环境保护、劳工保护、关系契约、税收、会计准则、社会责任等多方面法律制度，仅仅或主要靠对公司组织关系进行调整的公司法通常是不够的。

公司治理之本意应是如何构建公司合理的组织结构、自治机制，恐难以包容过于宽泛的内容。但将公司治理完全局限于公司内部而忽视外部因素对公司治理机制的制约也不能适应社会形势发展的需要。由此可见，公司治理是对公司内、外部结构及其运作机制的一种概括，从公司内部看，它包括公司机构的设置、权限及运行机制；从公司外部看，它涉及公司相互持股、关联交易、证券市场规则、会计准则等对公司的制约。公司治理实际上是一个系统，即由公司、股东、股东会、董事会（执行董事）、监事会、高级管理人员等组成，并通过一定的机制联结在一起且有效运行的系统。公司及其机构的合理组成是建立公司治理机制的前提与基础；公司的控制权机制、激励机制和问责机制则是公司治理的重要内容；而公司外部的市场规则也有效地制

① L. Rout，Corporate Governance，*Wall Street Journal*，2003-10-27.

② 参见［日］平田光弘：《日本公司治理改革的现状与今后的方向》，载李维安主编：《公司治理理论与实务前沿》，31页，北京，中国财政经济出版社，2003。

约公司内部组织机构的行为。

（二）公司治理问题的产生原因

在西方学者看来，公司治理问题主要存在于所有权与经营权分离的公司。英国牛津大学管理学院院长柯林·梅耶（Mayer）在《市场经济和过渡经济的企业治理机制》一文中认为，作为一种“公司赖以代表和服务于它的投资者的一种组织安排”，公司治理是“随着市场经济中现代股份有限公司所有权和控制权相分离而产生的需求”。科克伦（Phlip L. Cochran）和沃特克（Steven L. Wartick）在 1988 年发表的《公司治理——文献回顾》一文中指出：“公司治理问题包括高级管理阶层、股东、董事会和公司其他利害相关者的相互作用中产生的具体问题。构成公司治理问题的核心是：（1）谁从公司决策/高级管理阶层的行动中受益；（2）谁应该从公司决策/高级管理阶层的行动中受益。当在‘是什么’和‘应该是什么’之间存在不一致时，一个公司的治理问题就会出现。”这种抽象而更为准确的方式阐释了这样一种观点：所有权和控制权分离并不必然产生公司治理问题，只有在所有权和经营权分离并且发生了利益冲突的情况下才出现公司治理的问题。然而令人遗憾的是，在公司所有权和经营权分离的情况下大多会发生各方的利益冲突。奥利弗·哈特（Oliver Hart）在《公司治理理论与启示》一文中提出了公司治理理论的分析框架。他认为，只要以下两个条件存在，公司治理问题就必然在一个组织中产生。第一个条件是，发生代理问题，确切地说是组织成员之间存在利益冲突；第二个条件是，交易成本之大以至于代理问题不可能完全通过合约解决。换言之，在所有权和经营权分离的公司中，股东、董事、经理等高级管理人员之间存在利益冲突，因此出现了代理问题。尽管出现代理问题，但如果能够低成本地订立和履行一个将一切代理问题都规定进来的完全合约，则公司治理结构也无存在的必要。然而在实际生活中，订立、履行这样合约的成本甚大。由于存在过高的交易成本，当事人无法订立完全合约，所以，只能订立不完全合约。奥利弗·哈特在运用代理理论和交易成本理论分析公司治理存在的条件后指出，在出现代理问题并且合约不完全的情况下，公司治理结构确实有其重要的作用。

综上所述，公司治理问题产生的前提是公司所有权和经营权的分离，直接原因是出现“委托—代理”问题，并且由于订约成本过于巨大而无法通过签订完全合约加以解决。

（三）公司治理所要解决的问题

公司治理所要解决的问题，一方面是代理问题，即公司内部成员之间的利益冲突问题，另一方面还要通过设置侵权责任制度以弥补合同不完全所生弊端。

就公司成员之间的冲突而言，大体可以分为三种情况：一是在股权十分分散的情况下，可能只存在一个突出问题，即难以受到股东直接制约的经营者利用对公司的控制损害全体股东的利益。二是在股权集中的情况下，可能存在两个突出问题，即经营者损害股东的利益和大股东利用对公司与经营者的控制损害中小股东的利益。三是在中国的国有股一股独大的情况下，则存在三个突出问题，即经营者损害股东的利益，大股东损害中小股东的利益，以及国有股大股东的代理人利用企业国有资产管理体制的缺陷损害大股东的利益。

要想解决这些问题，尤其是在合同违约责任制度可能部分失灵的情况下，就需要国家提供侵权责任法律制度的保障，即在合同不完全的情况下，通过侵权责任的事后解决方案保护公司及其利益相关者的正当权利。

在制度经济学中，公司被看做是其组织成本低于由市场协调这些交易时所发生的交易成本的产物。① 公司能够低成本地组织其内部交易，主要是通过公司治理机制实现的。对公司治理的安排，凡强制性事项须适用公司法的规定，对其他问题的处理则是以公司章程、公司内部规则、高级管理人员聘用合同及其股票期权合同等为依据，通过在股东、董事、监事、高级管理人员、公司之间构建一系列确定相互关系的合同，使对公司的控制权得到合理的配置与使用。必须注意的是，在这些关系中虽然可以用广义的契约概括其本质，但其具体表现形式则是多样化的，在很多情况下可能与一般的合同有所差异。

这些关系契约能够有效实现的关键是，必须确立所有者支配的理念，即谁拥有公司的所有权，谁就拥有剩余控制权，包括对法律或合同未作规定的事项作出决策的权利。公司治理的首要功能就是保障股东的控制权。因此，公司治理首先需要构建合理的组织机构并为其配置相应的权力，确定目标原则和决议规则，建立选举机制、激励机制和责任机制等，这主要是通过完善关系契约的方式实现的。关系契约中最为基础的是股东（大）会的决议机制。股东会的决议机制（包括对公司章程的制定与修改）虽然是在公司内部进行的，但因股东与公司人格上的独立，它是公司外部意志的内部化。关系契约中还包括公司股东与董事和监事之间的契约关系、公司与公司经理及其他高级管理人员之间的契约关系，在这些契约关系中通过约定和法定的方式或者默示的诚信信赖确定它们之间的权利与义务关系。在大股东支配的公司，关

① 参见［德］柯武钢、史漫飞著，韩朝华译：《制度经济学——社会秩序与公共政策》，325页，北京，商务印书馆，2000。

系契约中还应当包括大股东和中小股东之间明示或默示的诚信关系。

关系契约要求“对契约关系加以动态的把握”，“并且当纠纷发生的场合下，要考虑迄今为止契约关系的全过程来判断权利义务”。“导出这一判断的原理不只是当事人的意思和信赖或法律，而是到存在于契约背后的社会关系和共同体的规范（关系的保全等）去寻求根据”①。关系契约的理论使得大股东和中小股东之间以及股东和公司董事、经理等高级管理人员之间的利益冲突得到一定程度的协调，对违反关系契约者不仅涉及违约责任的追究，同时也蕴涵着侵权责任的追究。② 为此，必须建立公司组织机构之间的制衡机制，强化公司董事、高级管理人员法定职责和章定职责，建立有效的监督机制和责任追究机制。③

第二节 股东（大）会

一般而言，股东（大）会，是指股东就公司重大事务为个别意思表示，并通过法定程序进行决议，从而形成公司意思的公司最高权力机关。从《公司法》的规定看，除一人有限责任公司和国有独资公司不设股东会外，股东（大）会是有限责任公司和股份有限公司的法定必备机关。就股东（大）会的组织而言，它是一种会议体机关，由全体股东组成，通过多数决议的方法形成公司意思，决定公司的重大事项。

一、有限责任公司的股东会

（一）股东会的组成、性质与职权

1. 股东会的组成、性质与职权的一般规定。

有限责任公司的股东会由全体股东组成，是公司的权力机构。

---

① ［日］内田贵：《契约的再生》，载《为权利而斗争》，272页，北京，中国法制出版社，2000。

② 一般而言，对约定义务（obligation）的违反需要承担违约责任（contract liability），对法定义务（duty）的违反承担的是侵权责任（tort liability）。大股东、董事、经理的这种责任更多的是对法定义务的违反，因此，它主要并非违约责任，也非商法上的法定责任说，而是一种特殊的侵权责任，要按照侵权责任的构成要件证明对方负有损害赔偿责任。这样，既可以利用侵权责任的证明难度控制滥诉，也可以通过特殊侵权制度灵活处理社会生活对法律规则的多样需求。

③ 参见王欣新、王斐民：《论公司治理与公司控制人侵权责任的追究》，载《政法论丛》，2005（6）。

根据《公司法》第38条的规定，股东会依法行使以下职权：(1) 决定公司的经营方针和投资计划；(2) 选举和更换非由职工代表担任的董事、监事，决定有关董事、监事的报酬事项；(3) 审议批准董事会的报告；(4) 审议批准监事会或者监事的报告；(5) 审议批准公司的年度财务预算方案、决算方案；(6) 审议批准公司的利润分配方案和弥补亏损方案；(7) 对公司增加或者减少注册资本作出决议；(8) 对发行公司债券作出决议；(9) 对公司合并、分立、变更公司形式、解散和清算等事项作出决议；(10) 修改公司章程；(11) 公司章程规定的其他职权。上述职权可以划分为两大类：一是法定职权；二是章定职权。对于法定职权而言，可以概括为经营方针和投资计划决定权、非职工董事和监事的选任权、公司报告和方案的审议批准权、特别事项决议权、公司章程修改权；对于章定职权而言，凡是不违反公司法强制性规定、公共利益的，公司章程均可以设定股东会的职权。

2. 一人有限责任公司和国有独资公司的特殊规定。

一人有限责任公司和国有独资公司的组织机构，除了适用关于有限责任公司组织机构的一般规定之外，还应遵守《公司法》第58条、第62条、第65条、第67条的特殊规定。详细内容在下文中阐述。

（二）股东会的召开

1. 召集权人。

除首次会议由出资最多的股东召集和主持外，股东会的召集权人主要是董事会（执行董事）、监事会（监事）和代表1/10以上表决权的股东。需要注意的是，以上召集权人的召集权限有先后顺序：首先，董事会享有优先召集权。其次，董事会（执行董事）"不为召集"（不能履行或者不履行召集股东会会议职责）时，监事会（监事）方享有召集权。最后，在监事会（监事）也"不为召集"时，代表1/10以上表决权的股东方可自行召集股东会会议。

一般而言，股东会的召集权人也是会议的主持人。具体而言，执行董事或者监事召集会议的，其同时也是会议的主持人；代表1/10以上表决权的股东召集的会议，其同时也是会议的主持人；监事会召集时，监事会主持会议；董事会召集时，一般由董事长主持；董事长不能履行职务或者不履行职务的，由副董事长主持；副董事长不能履行职务或者不履行职务的，由半数以上董事共同推举1名董事主持。

2. 会议的种类。

股东会会议分为定期会议和临时会议。此外，还有为公司解散清算目的而召开的特殊股东会会议。

有限责任公司的定期会议按照公司章程的规定召开。

代表1/10以上表决权的股东、1/3以上的董事、监事会或者不设监事会的公司的监事提议召开临时会议，应当召开临时会议。1993年《公司法》规定，代表1/4以上表决权的股东提议召开时应当召开临时会议，限定条件过高，实际上很难召开临时会议，也很难保障小股东的权益，所以，2005年修订的《公司法》改变为代表1/10以上表决权的股东就可以提议召开临时股东会会议。

此外，在公司解散清算的情形下，清算组享有召集特殊股东会会议的提议权。根据《公司法》第187条和第189条的规定，清算组在清理公司财产、编制资产负债表和财产清单后，应当制订清算方案，并报股东会确认；公司清算结束后，清算组应当制作清算报告，报股东会确认。因此，在上述情形下，清算组有股东会会议的提议召开权。

3. 会议召集通知与会议记录。

召集股东会会议应当提前一定期间通知股东，这是股东权能否行使的前提，因此，也是股东会会议召集权人的法定义务。但是，对于召集通知时限各国公司法规定并不统一，有的国家规定应当在股东会召开1周前作出通知，如日本。有的国家规定为15日，如法国。《公司法》规定，召开股东会会议，应于会议召开前15日通知全体股东，但是，公司章程和全体股东可以另定具体期限，即可以缩短股东会会议的召集通知时限。《公司法》对会议通知方式未作明确规定，因此，可以在章程中予以约定。

《公司法》规定，股东会应当对所议事项的决定作成会议记录。出席会议的股东均应在会议记录上签名。会议记录应当保存在公司住所地，以备公司股东和有关监管机关、司法机关查阅。这一规定是股东行使查阅权的重要制度保障。

（三）股东会会议的议事规则

有限责任公司的股东表决权一般采取资本多数决规则，即股东会会议由股东按照出资比例行使表决权，但考虑到有限责任公司的人合特征，所以，也可以由公司章程对表决规则另行规定。

股东会的议决事项分为一般议决事项和特殊议决事项。一般议决事项，是指法律未作出明确规定而由章程规定其议事方式和表决程序的事项。特殊议决事项，是指法律明确规定其议事方式和表决程序的事项。根据《公司法》第44条的规定，除《公司法》另有规定的外，股东会的议事方式和表决程序由公司章程规定。股东会会议作出修改公司章程、增加或者减少注册资本的决议，以及公司合并、分立、解散或者变更公司形式等特殊议决事项的决议，必须经代表2/3以上表决权的股东通过。公司法对上述特殊议决事项的规定是强制性规范，不得以章程规定降低表决标准，但公司章程可以规定较之法律更为严格的标准。

（四）有限责任公司股东会的“书面决议制度”

由于有限责任公司的股东人数较少，所以，法律规定了一个股东议决的简易程序，即“书面决议制度”。根据《公司法》第38条第2款的规定，对股东会职权范围内的事项股东以书面形式一致表示同意的，可以不召开股东会会议，直接作出决定，并由全体股东在决定文件上签名盖章。

对于一人有限责任公司而言，由于其股东是一个主体，所以，《公司法》第62条规定，股东依照法定职权和章程所定职权作出决定时，应当采用书面形式，并由股东签名后置备于公司。

二、股份有限公司的股东大会

（一）股东大会的组成、性质与职权

股东大会是股份有限公司的必设机关。股份有限公司股东大会由全体股东组成，是公司的权力机构，依法行使职权。根据《公司法》第100条的规定，股份有限公司股东大会与有限责任公司的股东会的职权完全相同。其中“公司章程规定的其他职权”一项作为授权性规范，其范围应当是属于决定公司的重大事项。如果章程将本属于董事会或者经理的一些职权也收归股东大会，于理论上并无不可，毕竟股东大会是公司的最高权力机关，但合理设置公司不同机关之间的职权，对于完善公司治理结构具有重要的意义，因此，章程中规定的股东大会权限以不及于业务执行事项为宜。

（二）股东大会的召开

1. 召集权人。

股东大会由具有召集权的机构与人员召集。根据《公司法》的规定，享有股东大会召集权的机构与人员依次是董事会、监事会和连续90日以上单独或者合计持有公司10%以上股份的股东，只有在排位在前的机构“不为召集”（不能履行或者不履行召集股东会会议职责）时，后一顺位的机构或人员方能召集股东大会。必须注意，董事会和监事会皆为会议组织，所以必须经过法定程序形成决议，方可召集股东大会。

在董事会召集股东大会时，由董事长主持；董事长不能履行职务或者不履行职务的，由副董事长主持；副董事长不能履行职务或者不履行职务的，由半数以上董事共同推举 1 名董事主持。由监事会召集股东大会时，监事会负责主持。连续 90 日以上单独或者合计持有公司 10%以上股份的股东自行召集股东大会的，则由其主持或者由其推举的代表主持会议。

2. 会议类型与召开地。

股东大会会议分为定期会议和临时会议。定期会议每年至少召开一次，《公司法》第 101 条规定，股东大会应当每年召开一次年会。一般而言，年会的重要议题是审议批准公司的年度财务预算方案、决算方案以及审议批准公司的利润分配方案和弥补亏损方案，所以，应当在决算期结束后召开。

临时股东大会是在必要时随时召开的大会。《公司法》规定，有下列情形之一的，应当在 2 个月内召开临时股东大会：(1) 董事人数不足《公司法》规定人数或者公司章程所定人数的 2/3 时；(2) 公司未弥补的亏损达实收股本总额 1/3 时；(3) 单独或者合计持有公司 10%以上股份的股东请求时；(4) 董事会认为必要时；(5) 监事会提议召开时；(6) 公司章程规定的其他情形。

《公司法》对会议的召开地没有作出规定，只是规定应当在发出召开会议通知中告知会议召开地点。一般而言，股东大会应当在公司住所地以及附近地点召开。公司章程也可以对召开地点进行规定。如果公司故意选择不利于股东参加会议的地点开会，则有召集程序不公正的嫌疑，可以根据《公司法》第 22 条的规定，对违反章程规定的召开地点而召开的会议提起撤销之诉。

3. 召集通知与会议记录。

《公司法》第 103 条规定，召开股东大会会议，应当将会议召开的时间、地点和审议的事项于会议召开 20 日前通知各股东；临时股东大会应当于会议召开 15 日前通知各股东；发行无记名股票的，应当于会议召开 30 日前公告会议召开的时间、地点和审议事项。《公司法》缩短了 1993 年《公司法》规定的通知时限，这样更有利于公司组织机构的有效运作。

单独或者合计持有公司 3%以上股份的股东，可以在股东大会召开 10 日前提出临时提案并书面提交董事会；董事会应当在收到提案后 2 日内通知其他股东，并将该临时提案提交股东大会审议。临时提案的内容应当属于股东大会职权范围，并有明确议题和具体决议事项。

股东大会不得对召开股东大会会议通知和临时提案通知中未列明的事项作出决议。

股东大会应当对所议事项的决定作成会议记录，主持人、出席会议的董事应当在会议记录上签名。会议记录应当与出席股东的签名册及代理出席的委托书一并保存。

（三）股东大会的议事规则

股份有限公司作为典型的资合公司贯彻的是“一股一表决权”的资本多数决原则。由于出资多的股东承受的风险大，所以，应当赋予其较大的发言权与决定权。为了保障资本多数决原则的正确实现，并保障小股东的利益，股东大会的议事规则必须遵循法律与章程的规定。

1. 股东出席会议的方式。

原则上股东应当亲自出席股东大会。无记名股票持有人出席股东大会会议的，应当于会议召开5日前至股东大会闭会时将股票交存于公司，否则不得出席股东大会。将记名股票出质的股东，仍可以根据股东名册的记载出席股东大会；将无记名股票出质的股东，经过质权人同意把股票交存于公司之后可以出席股东大会。

除股东亲自出席股东大会之外，股东可以委托代理人出席股东大会，代理人应当向公司提交股东授权委托书，并在授权范围内行使表决权。《公司法》虽然确认了代理出席制度，但是并未对代理人的资格作出限制规定。一些公司章程规定，只有具有表决权的股东方具有代理行使其他股东表决权的资格。这种限制对于限制股份转让的有限责任公司而言，可能具有防止外人扰乱公司股东会的正当目的；但是对于股份自由流动的股份有限公司，尤其是上市公司而言，任何符合法律规定的可以持股的人都可以自由取得股份而成为股东，限制代理人资格就显得毫无意义。

2. 股东大会的表决规则。

首先，股东出席股东大会会议，所持每一股份有一表决权。但是，公司持有的本公司股份没有表决权。

其次，股东大会作出决议，必须经出席会议的股东所持表决权过半数通过。但是，股东大会作出修改公司章程、增加或者减少注册资本的决议，以及公司合并、分立、解散或者变更公司形式的决议，必须经出席会议的股东所持表决权的2/3以上通过。

再次，法律和公司章程规定公司转让、受让重大资产或者对外提供担保等事项必须经股东大会作出决议的，董事会应当及时召集股东大会会议，由股东大会就上述事项进行表决。

最后，股份有限公司股东大会人数，尤其是中小股东人数众多，需要对中小股东的利益进行特殊保护，因此，《公司法》借鉴发达国家法律制度并总结我国对上市公司实行累积投票制度的经验，建立了一个倡导性规范，以引导股份有限公司建立累积投票制。所谓累积投票制，是指股东大会选举董事或者监事时，每一股份拥有与应选董事或者监事人数相同的表决权，股东拥有的全部表决权可以集中使用，投于其满意的候选人。

三、股东（大）会决议的无效和撤销

股东（大）会以决议方式行使其职权。在特定情形下，股东（大）会的决议可能出现无效或者可撤销的情况，从而没有或者失去法律效力。股东（大）会决议的无效和撤销制度涉及两种互相冲突的利益，一方面，公司为了召集股东（大）会付出了大量的人力和财力，且作出的决议也产生了一定影响，这些都要求维持决议的效力；另一方面，只有股东（大）会的决议是在遵守保护股东和社会公共利益的法律规定以及章程规定的前提下作出的，才应具有法律效力。股东（大）会决议的无效和撤销制度便是防止大股东滥用影响力、保护小股东利益的重要手段。因此，《公司法》借鉴发达国家相应的法律制度，试图在上述两种不同的利益之间寻求平衡。《公司法》第 22 条的规定把股东（大）会的决议区分为无效的决议和可以撤销的决议。无效决议从决议形成时就没有法律效力，属于自始无效。可撤销决议在股东提起无效诉讼至法院作出相应判决期间可以通过股东（大）会的补救措施使其有效，而且在法院撤销之前是暂时有效的，但是一旦法院作出撤销判决，则该决议从形成时起就没有法律效力。

（一）股东（大）会决议的无效

1. 无效决议的概念。

《公司法》第 22 条第 1 款规定，公司股东会或者股东大会的决议内容违反法律、行政法规的无效。所谓无效，是指自始、当然、确定之无效，而无须法院作出判决。但当决议是否无效存在争议时，则可以提起确认之诉解决。从起诉主体看，股东或者其他人（董事、监事、高级管理人员以及其他利害关系人）都可以对这种决议提起无效确认之诉。从诉讼时效看，无效确认之诉没有诉讼时效的限制。从决议无效的内容看，既可以请求判决决议全部无效，也可以只请求判决其中有瑕疵的部分无效。人民法院宣告该决议无效后，公司根据股东会或者股东大会决议已办理变更登记的，公司应当向公司登记机关申请撤销变更登记。

2. 决议无效的原因。

股东（大）会决议无效的原因是决议内容违反法律、行政法规，即违反法律、行政法规的强制性规定和基本原则。仅仅是股东（大）会会议召集程序和表决方式等程序性活动违反法律、行政法规的规定，不构成股东（大）会决议无效的原因。

（二）股东（大）会决议的撤销

1. 撤销决议的概念。

《公司法》第 22 条第 2 款规定，股东会或者股东大会的会议召集程序、表决方式违反法律、行政法规或者公司章程，或者决议内容违反公司章程的，股东可以自决议作出之日起 60 日内，请求人民法院撤销。欲撤销股东（大）会的决议，应当以诉讼为之。此诉是“形成之诉”，目的在于让已经发生效力的决议溯及到决议形成时成为无效。从起诉主体看，只有在股东（大）会召开时和提起诉讼时具有股东身份者，方可提起撤销之诉。不具有股东身份的人不具备提起诉讼的主体资格，这与无效诉讼不同。从诉讼时效看，撤销之诉必须在决议作出之日起 60 日内提起。这与无效诉讼不受诉讼时效限制也不同。从决议撤销的内容看，可以请求判决决议全部撤销，也可以只请求判决其中有瑕疵的部分撤销。从撤销判决的效力看，公司根据股东会或者股东大会决议已办理变更登记的，人民法院撤销该决议后，公司应当向公司登记机关申请撤销变更登记。

2. 撤销决议的原因。

决议撤销的原因分为两种：一是会议召集程序、表决方式违反法律、行政法规或者公司章程；二是决议内容违反公司章程。

3. 对滥用撤销权的限制。

股东提起撤销股东（大）会决议的诉讼，公司可以通过人民法院要求该股东提供担保。人民法院可以应公司的请求，要求该股东提供相应的担保。

第三节　董事会及经理

由公司所有股东共同执行业务往往不具有可操作性，即使可以操作，也必然使得公司的运作效率大大降低，因此，公司的业务执行需要委托给专门的业务执行机关。根据《公司法》的规定，由董事会和经理构成公司的业务执行机关。必须注意，董事为董事会的成员，而非公司的机关。

2005 年经过修订的《公司法》变化之一，是将有限责任公司的经理由法定必设机构转变为选设机构，这使得有限责任公司机构的设置与运作更具有灵活性。经理由董事会决定聘任或者解聘，经理对董事会负责，并可以列席董事会会议。

股份有限公司的经理是法定必设机关。根据《公司法》第 114 条、第 115 条的规定，股份有限公司设经理，由董事会决定聘任或者解聘。公司董事会可以决定由董事会成员兼任经理。

一、有限责任公司的董事会

（一）董事会的组成与选任

除股东人数较少或者规模较小的有限责任公司，可以设 1 名执行董事而不设立董事会外，有限责任公司和股份有限公司都应当设立董事会。

有限责任公司董事会的成员为 3 人～13 人，至于具体设置多少名董事，由股东会决定。董事会的人数设置是章程的绝对必要记载事项。

一般而言，董事会的成员由股东会根据章程规定选任、解任，法律对具体程序并无强制性规定。需要注意的是，2005 年修订的《公司法》引入了职工董事制度。职工董事是由职工推选的董事。两个以上的国有企业或者其他两个以上的国有投资主体投资设立的有限责任公司，其董事会成员中应当有公司职工代表，这是强制性规定。对于其他有限责任公司而言，职工董事的设置则属于自治的范畴，《公司法》仅作出倡导性规定，即董事会成员中也可以有公司职工代表。董事会中的职工代表由公司职工通过职工代表大会、职工大会或者其他形式民主选举产生。

董事会成员除了分为股东选任的董事和职工选任的董事外，还可以分为一般董事和代表董事。代表董事是无须授权即可代表公司对外执行业务的机关，通常为公司的法定代表人。

（二）董事的任期与董事会的职权

《公司法》规定，有限责任公司董事的任期由公司章程规定，但每届任期不得超过 3 年。董事任期届满，连选可以连任。董事任期届满未及时改选，或者董事在任期内辞职导致董事会成员低于法定人数的，在改选出的董事就任前，原董事仍应当依照法律、行政法规和公司章程的规定，履行董事职务。

董事会是公司业务的执行机关，对股东会负责。董事会的职权可以分为法定职权与章定职权。其中法定职权中又分为股东会召集权、股东会决议执行权、公司事务决定权（决定公司经营计划和投资方案、公司内部管理机构设置、公司经理和副经理以及财务负责人的人选与报酬、公司的基本管理制度）、方案制订权（公司的年度财务预算方案、决算方案、利润分配方案和弥补亏损方案、增加或者减少注册资本以及发行公司债券的方案、公司合并、分立、解散或者变更公司形式的方案均由董事会制定，并最终由股东会决议通过）。法定职权属于法律强制性规定，不得以公司章程或者股东会决议改变。章定职权属于任意性规范，由股东通过公司章程予以规定。

（三）董事会会议的种类、召集与主持

董事会会议分为定期会议和临时会议。根据我国《公司法》的规定，有限责任公司的章程中可以对公司董事会定期会议和临时会议的召开作出约定。

董事会会议由董事长召集和主持；董事长不能履行职务或者不履行职务的，由副董事长召集和主持；副董事长不能履行职务或者不履行职务的，由半数以上董事共同推举 1 名董事召集和主持。

（四）董事会会议的议事规则

《公司法》规定，董事会决议的表决，实行一人一票；董事会应当对所议事项的决定作成会议记录，出席会议的董事应当在会议记录上签名。除此之外，董事会的议事方式和表决程序，由公司章程规定，体现有限责任公司人合性、封闭性和自治性的特点。

（五）执行董事

股东人数较少或者规模较小的有限责任公司，可以设 1 名执行董事，不设董事会。执行董事可以兼任公司经理。执行董事的职权由公司章程规定。

二、股份有限公司的董事会

（一）董事会的组成与选任

董事会的成员至少为 5 人，最多为 19 人，在下限与上限之间由公司章程确定具体人数，为避免董事会决议时出现僵局，人数以单数为宜。

公司设立时选任的首任董事会依公司成立方式不同而在程序上有所不同。公司若采取发起设立，其董事由发起人认足所有股份并缴纳首次出资后选任；公司若采取募集设立，则由创立大会选举选任。

股份有限公司董事会的成员可以分为股东选任的董事和职工选任的董事。前者由股东大会选任，后者由公司职工通过职工代表大会、职工大会或者其他形式民主选举产生。

在上市公司中，董事会的成员可以分为内部董事和外部董事。内部董事，

是指在公司内部任有经营职务的董事，包括代表董事和不对外代表公司但担任公司内部职务的董事；外部董事，是指不在公司任职的董事，其中包括非执行董事和独立董事。有关独立董事的选任在后文中阐述。

《公司法》第110条规定，董事会设董事长1人，可以设副董事长。董事长和副董事长由董事会以全体董事的过半数选举产生。董事长与副董事长的选任和解任是董事会的固有职权，不得在章程中将其规定为股东大会的权利。但股东大会可以通过解除董事长、副董事长的董事身份而罢免其职务。

根据《公司法》第109条的规定，对有限责任公司董事任期和董事会职权的规定也适用于股份有限公司。

（二）董事会的召集

1. 董事会的召集权人。

董事长负责召集和主持董事会会议，并检查董事会决议的实施情况。副董事长协助董事长工作，董事长不能履行职务或者不履行职务的，由副董事长履行职务；副董事长不能履行职务或者不履行职务的，由半数以上董事共同推举1名董事履行职务。

2. 董事会的召集程序。

董事会会议分为常会和临时会议。董事会常会每年度至少召开2次，每次会议应当于会议召开10日前通知全体董事和监事。代表1/10以上表决权的股东、1/3以上董事或者监事会，可以提议召开董事会临时会议。董事长应当自接到提议后10日内，召集和主持董事会会议。董事会召开临时会议，可以另定召集董事会的通知方式和通知时限。

（三）董事会会议的召开与议事规则

董事会会议，应由董事本人出席；董事因故不能出席，可以书面委托其他董事代为出席，委托书中应载明授权范围，可以包括对特定事项的表决意见，董事以外的人员无资格代理董事出席董事会。①

董事会会议应有过半数的董事出席方可举行。董事会作出决议，必须经全体董事的过半数通过。董事会决议的表决，实行一人一票，董事长也不例外。董事会应当对会议所议事项的决定作成会议记录，出席会议的董事应当在会议记录上签名。

---

① 参见王欣新：《公司法》，145页，北京，中国人民大学出版社，2008。

（四）董事对董事会决议的责任

董事应当对董事会的决议承担责任。董事会的决议违反法律、行政法规或者公司章程、股东大会决议，致使公司遭受严重损失的，参与决议的董事对公司负赔偿责任。但经证明在表决时曾表明异议并记载于会议记录的，该董事可以免除责任。董事对董事会决议承担法律责任的条件有三项：(1) 董事会的决议给公司造成了严重损失。有关严重损失的标准尚未有明确规定，应当根据公司规模、损失数额等情况进行认定，也可以在公司章程中进行规定。(2) 该董事参加会议，并投票表决。(3) 董事会的决议违反法律、行政法规、公司章程或者股东大会决议。

董事免责须具备两个条件：(1) 在表决时曾表明异议，即投票时明确反对。对于议事时表示口头异议，但在投票时投同意票的，其异议表示不成立，不能作为免责事由。(2) 必须有会议记录的明确记载。未纳入会议记录的异议表决，不具有使董事免责的效力。

三、董事会决议的无效和撤销

在特定情形下，董事会的决议可能被宣告无效或者被撤销，从而没有或者失去法律效力。《公司法》第 22 条规定了董事会决议的无效与撤销问题，即董事会的决议内容违反法律、行政法规的无效；董事会的会议召集程序、表决方式违反法律、行政法规或者公司章程，或者决议内容违反公司章程的，股东可以自决议作出之日起 60 日内，请求人民法院撤销。董事会决议的无效和撤销与股东（大）会决议的无效和撤销的法律规定基本相同，在此不再赘述。

四、经理

经理作为公司的高级管理人员之一，在董事会授权范围内代表公司对外进行业务活动。根据《公司法》的规定，对于有限责任公司而言，经理是选设机构，而对于股份有限公司而言，经理是必设机构。

经理作为公司的高级管理人员之一，其任职资格应当符合《公司法》的规定，即不得有《公司法》第 147 条规定的禁止情形，而且监事不得兼任经理。经理由董事会决定聘任或者解聘，公司董事会可以决定由董事会成员兼任经理。

股份有限公司经理的职权适用《公司法》第 50 条关于有限责任公司经理职权的规定。《公司法》第 50 条规定，经理对董事会负责，其职权可以分为法定职权和章定职权。法定职权主要有：（1）主持公司的生产经营管理工作，组织实施董事会决议；（2）组织实施公司年度经营计划和投资方案；（3）拟订公司内部管理机构设置方案；（4）拟订公司的基本管理制度；（5）制定公司的具体规章；（6）提请聘任或者解聘公司副经理、财务负责人；（7）决定聘任或者解聘除应由董事会决定聘任或者解聘以外的负责管理人员；（8）董事会授予的其他职权。章定职权则是公司章程对经理职权的特殊规定。必须注意，章定职权可以修改法定职权，即可以由公司章程进行特别约定。笔者认为，《公司法》这一规定不妥：（1）经理由董事会聘任或者解聘，并在董事会的授权与监督之下进行业务活动，因此，其职权应由其与公司签订的聘任合同约定，而不宜由股东制定的章程约定；（2）经理与公司董事会存在依附关系，并不能构成公司治理结构中完全独立的机构，因此，由法律规定其职权也不妥当，经理应根据董事会授权和聘任合同行使职权。

为便于经理理解和执行董事会决议，《公司法》规定，经理列席董事会会议。

第四节 监事会

一、监事会的人数、组成及任期

有限责任公司设立成员不得少于 3 人的监事会，但是股东人数较少或者规模较小的有限责任公司，可以设 1 名～2 名监事，不设立监事会。

股份有限公司均须设立成员不得少于 3 人的监事会。

有限责任公司和股份有限公司的监事会均应当包括股东代表和适当比例的公司职工代表，其中职工代表的比例不得低于 1/3，具体比例由公司章程规定。

有限责任公司和股份有限公司有关监事任期的规则相同。监事的任期每届为 3 年。监事任期届满，连选可以连任。监事任期届满未及时改选，或者监事在任期内辞职导致监事会成员低于法定人数的，在改选出的监事就任前，原监事仍应当依照法律、行政法规和公司章程的规定，履行监事职务。

二、监事的选任

有限责任公司和股份有限公司的监事均分为股东监事和职工监事。股东监事是监事会中的股东代表，职工监事是监事会中的职工代表。监事的选任机关因其类别不同而有所不同，股东监事由股东（大）会选任，职工监事由公司职工通过职工代表大会、职工大会或者其他形式民主选举产生。

有限责任公司的监事会设主席 1 人，由全体监事过半数选举产生。

股份有限公司的监事会设主席 1 人，可以设副主席。监事会主席和副主席由全体监事过半数选举产生。股份有限公司设立时的首任监事会因其设立方式不同而有差异：在公司发起设立时，由发起人认足所有股份并缴纳首次出资后选任；公司若采取募集设立，则由创立大会选任。

三、监事会的职权及行使职权的保障措施

股份有限公司的监事会职权与监事行使职权的保障措施适用与有限责任公司同样的规则。《公司法》第 54 条规定，有限责任公司监事会、不设监事会的公司的监事行使下列职权：（1）检查公司财务；（2）对董事、高级管理人员执行公司职务的行为进行监督，对违反法律、行政法规、公司章程或者股东会决议的董事、高级管理人员提出罢免的建议；（3）当董事、高级管理人员的行为损害公司的利益时，要求董事、高级管理人员予以纠正；（4）提议召开临时股东会会议，在董事会不履行公司法规定的召集和主持股东会会议职责时召集和主持股东会会议；（5）向股东会会议提出提案；（6）依照《公司法》第 152 条的规定，对董事、高级管理人员提起诉讼；（7）公司章程规定的其他职权。

《公司法》于 2005 年修订时，为强化监事会之权限，增加了“召集和主持临时股东会会议”、“向股东会会议提出提案”、“对董事、高级管理人员提出罢免的建议”和“对董事、高级管理人员提起诉讼”四项权利。前三项权限强化了监事会与股东会之间的联系，以利于监事会通过股东会加强对董事和高级管理人员的监督，后一项则赋予其对董事、高级管理人员提起诉讼的权限，增强了其直接监督董事、高级管理人员的能力。

除强化监事会的权利外，《公司法》还为监事行使职权提供了有力的保障措施。根据《公司法》第 55 条的规定，监事行使职权的保障措施有：（1）质询与建议权利。监事可以列席董事会会议，并对董事会决议事项提出质询或者建议。所谓“监事可以列席董事会会议”包含两层意思：一是董事会召开会议必须在通知董事的同时通知监事，监事列席董事会会议是法定职权，不得以章程予以限制或者废除。如果不通知或者不允许监事列席董事会会议，则董事会决议因为召集程序违法可以被归于可撤销的情形。二是接到通知的监事既可以列席董事会会议，也可以不列席董事会会议，是否列席完全取决于监事的意志。（2）调查权。监事会、不设监事会的公司的监事发现公司经

营情况异常，可以进行调查；必要时，可以聘请会计师事务所等协助其工作，费用由公司承担。为了保障监事会或者监事调查权的实现，《公司法》第151条第2款明确地规定，董事、高级管理人员应当如实向监事会或者不设监事会的有限责任公司的监事提供有关情况和资料，不得妨碍监事会或者监事行使职权。(3) 费用保障。监事会、不设监事会的公司的监事行使职权所必需的费用，由公司承担。

四、监事会会议召集与议事规则

（一）有限责任公司监事会会议的召集与议事规则

监事会主席召集和主持监事会会议；监事会主席不能履行职务或者不履行职务的，由半数以上监事共同推举1名监事召集和主持监事会会议。

监事会每年度至少召开一次会议，监事可以提议召开临时监事会会议。监事会决议应当经半数以上监事通过。除公司法有规定者外，监事会的议事方式和表决程序，由公司章程规定。监事会应当对所议事项的决定作成会议记录，出席会议的监事应当在会议记录上签名。

（二）股份有限公司监事会会议的召集和议事规则

监事会主席召集和主持监事会会议；监事会主席不能履行职务或者不履行职务的，由监事会副主席召集和主持监事会会议；监事会副主席不能履行职务或者不履行职务的，由半数以上监事共同推举1名监事召集和主持监事会会议。

监事会每6个月至少召开一次会议。监事可以提议召开临时监事会会议。监事会决议应当经半数以上监事通过。除公司法另有规定外，监事会的议事方式和表决程序，由公司章程规定。监事会应当对所议事项的决定作成会议记录，出席会议的监事应当在会议记录上签名。

复习思考题

1. 简析公司组织机构的概念、组成与类型。
2. 如何理解公司组织机构与公司治理的关系？
3. 简述有限责任公司股东会的书面决议制度。
4. 简述股份有限公司股东会的特殊议决事项及议事规则。

5. 如何理解股份有限公司股东大会的累积投票制？
6. 分析《公司法》有关股东（大）会决议的无效制度。
7. 分析《公司法》有关股东（大）会决议的撤销制度。
8. 如何理解《公司法》规定的监事会职权？
9. 简述监事行使职权的保障措施。

第六章

董事、监事和高级管理人员的资格和义务

《公司法》将“公司董事、监事、高级管理人员的资格和义务”单独作为一章进行规定，其规定对股份有限公司和有限责任公司都适用。与1993年《公司法》相比较，2005年经过修订的《公司法》在此方面有以下变化：

1. 明确“高级管理人员”的范围并将其纳入公司负责人的范围。

公司“高级管理人员”在公司实践中往往被习惯地简称为公司“高管”。在1993年《公司法》中，公司高级管理人员中受法律规定的公司负责人资格条件和相关义务约束的主体只有“经理”和“财务负责人”两种人员。尽管1998年颁布的《证券法》以及相关法律、法规都使用了公司“高级管理人员”的概念，但其范围却并不明晰。《公司法》不仅直接使用了“高级管理人员”概念，而且在第217条第1项对其范围作出法律术语解释：“高级管理人员，是指公司的经理、副经理、财务负责人，上市公司董事会秘书和公司章程规定的其他人员。”这一列举不仅扩充了受原法规定的资格条件和相关义务约束的人员范围，而且还授权公司可以通过章程将法律未列举的人员纳入公司的高级管理人员的范围，例如，在实践中担任一些公司设置的总裁、首席执行官、总会计师、总律师等职位的人员。

2. 明确规定公司负责人的“忠实义务”、“勤勉义务”。

公司作为一种法人组织，必须通过公司组织机构及其组成人员体现法人的意志和从事法律行为。公司组织机构及其负责人与公司法人及其股东之间虽然从整体利益上具有一致性，但也不可避免因两者行为目标不一致而产生利益冲突。公司负责人作为公司代理人的身份和地位，决定其在行使职权过

程中存在“道德风险”，可能出现为谋求自身利益最大化而损害公司及其股东利益的行为。因此，《公司法》规定公司负责人须对公司负有“忠实义务”和“勤勉义务”，作为对公司负责人的一项概括性的法律要求，以缩小其与公司法人行为目标的差异，达到保护公司及其股东利益的目的。

3. 区分了公司董事、高级管理人员与公司的监事的不同法律义务。

公司董事、高级管理人员与监事在公司法理论上尽管可以合称为公司负责人，但作为担负三类不同职责的人员，其在公司的法律地位上是有区别的。公司董事处于公司经营决策者的地位，高级管理人员处于公司行政管理者的地位，监事处于公司事务监督者的地位。从权力的分配看，公司董事和高级管理人员显然优于监事，处于公司权力主要执掌者的地位。根据权利（力）义务对等的原则，法律也应当对董事和高级管理人员分配更多的义务和责任。《公司法》从公司负责人角度虽然对董事、高级管理人员、监事三者的资格条件规定了相同的内容，但在义务的规定上却有明显的差异。①

第一节　公司董事、监事、高级管理人员的任职资格

许多国家的公司法规定了不得担任董事、监事、高级管理人员的具体情形，即任职消极条件。《公司法》也主要从消极条件规定公司董事、监事、高级管理人员的任职资格，即不得担任董事、监事、高级管理人员的具体情形。

对于董事、监事和高级管理人员的积极资格而言，一般涉及两个方面：一是董事、监事和高级管理人员不以具有股东身份为必要；二是董事、监事和高级管理人员必须具有自然人身份。就第一方面而言，《公司法》体现了第三方管理机构②，即董事、监事和高级管理人员不以股东身份为必要，公司可以选任一些独立的职业管理人掌管公司的业务执行，从而在公司的治理方面取得更好的效果。就第二方面而言，《公司法》不承认法人可以担任董事、监事，董事、监事和高级管理人员以具有完全民事行为能力的自然人为限。

一、《公司法》第147条规定

《公司法》对公司负责人资格的有关规定主要集中于消极资格的内容。根

① 参见周友苏：《新公司法论》，380页、381页，北京，法律出版社，2006。

② 参见［德］托马斯·莱塞尔、吕迪格·法伊尔著，高旭军等译：《德国资合公司法》，148页，北京，法律出版社，2005。

据《公司法》第 147 条第 1 款的规定，具有下列情形之一的，不得担任公司的董事、监事、高级管理人员：

1. 无民事行为能力人或者限制民事行为能力人。

据此规定：首先，公司的董事、监事、高级管理人员应为自然人。这与《美国示范公司法修正本》的规定一致，只有"个人"才能担任董事［《美国示范公司法修正本》第八章第三节（a)］。《日本商法典》对此未明确规定，但在实践中主导观点认为，董事的职务是以个人信誉为基础的，所以，法人不能担任董事。[①] 某些国家或地区的公司法规定，法人可以担任公司董事，例如，英国、我国台湾地区和香港地区立法规定法人可以担任董事。在法人担任董事的情形下须指定 1 名具有完全民事行为能力的自然人作为其代表（如我国台湾地区"公司法"第 27 条第 1 项规定，"政府"或法人为股东时，得当选为董事或监察人。但须指定自然人代表行使职务)。但是这种做法在《公司法》中并未得到认可。国有独资公司可以由国有资产监督管理机构直接委派代表自己利益的自然人担任董事，由于不涉及其他股东，其更换也比较方便。但是政府或者法人成为公司诸多股东之一时，只能通过股东（大）会选举代表自己利益的自然人担任董事，在实践中有不便之处。因为政府或者法人欲更换代表自己利益的董事，必须召开股东（大）会予以更换、选任。相反，如果政府、法人可以成为董事，则可以指定自然人代表行使职务，即使中途更换代表人，也可以随时改派并补足原任期，从而避免公司因此而召开股东（大）会的繁复程序。[②] 因此，允许政府、法人可以成为董事有利于公司运作。其次，限定担任公司董事、监事、高级管理人员的自然人为完全民事行为能力人。依照《民法通则》及相关规定，无民事行为能力人包括两类：一是不满 10 周岁的未成年人；二是不能辨认自己行为的精神病人。限制民事行为能力人也包括两类：一是 10 周岁以上的未成年人（16 周岁以上不满 18 周岁的公民，以自己的劳动收入为主要生活来源的，视为完全民事行为能力人)；二是不能完全辨认自己行为的精神病人。限制民事行为能力人可以从事某些民事活动，在其相应的民事行为能力范围内的行为有效，同时具有一定的民事责任能力，但不能承担公司负责人的职责。所以，未满 18 周岁的人（不包括视为完全民事行为能力人的未成年人）和精神病人不能担任公司董事、监事、高级管理人员，这与我国香港公司法的规定相近。一些国家的公司法还规定了任职年龄上限，例如，《法国公司法》规定，董事不超过 70 岁，董事长不超过 65 岁。

---

① 参见［日］末永敏和著：《现代日本公司法》，135 页。

② 参见柯芳枝：《公司法论》，243 页，北京，中国政法大学出版社，2004。

2. 因贪污、贿赂、侵占财产、挪用财产或者破坏社会主义市场经济秩序，被判处刑罚，执行期满未逾5年，或者因犯罪被剥夺政治权利，执行期满未逾5年的人。

对于该项规定需要注意：（1）限定于因法定罪名而被判处刑罚执行期满未逾5年者。法定的罪名包括贪污、贿赂、侵占财产、挪用财产罪或者《中华人民共和国刑法》（以下简称《刑法》）第三章规定的破坏社会经济秩序罪等。被判处的刑罚，无论是主刑还是附加刑，执行期满尚未超过5年，便不得担任公司的董事、监事、高级管理人员。（2）剥夺政治权利，作为刑罚附加刑主要适用于危害国家安全的犯罪和其他严重破坏社会秩序的犯罪。曾因犯罪被判剥夺政治权利的人，刑罚执行期满尚未超过5年，不得担任公司的董事、监事、高级管理人员。

3. 担任破产清算的公司、企业的董事或者厂长、经理，对该公司、企业的破产负有个人责任的，自该公司、企业破产清算完结之日起未逾3年的人。

对此规定需要注意：（1）《公司法》规定的主体限定于董事或者厂长、经理。但《中华人民共和国企业破产法》（以下简称《企业破产法》）第125条规定，企业董事、监事或者高级管理人员违反忠实义务、勤勉义务，致使所在企业破产的，自破产程序终结之日起3年内不得担任任何企业的董事、监事、高级管理人员。根据新法优于旧法的法理，《企业破产法》的规定具有优先适用的效力。禁止任职的主体不仅包括企业董事或者厂长、经理，还应包括监事和其他高级管理人员。（2）必须是因为违反忠实义务、勤勉义务而致使所在企业破产，即对公司、企业的破产负有个人责任。所谓破产清算，是指依据《企业破产法》的规定，因具有破产原因而被宣告破产并清算。（3）期限为3年，即禁止任职期间为对该公司、企业的破产清算完结之日起未逾3年。所谓“破产清算完结之日”，是指人民法院裁定终结破产程序之日。

4. 担任因违法被吊销营业执照、责令关闭的公司、企业的法定代表人，并负有个人责任的，自该公司、企业被吊销营业执照之日起未逾3年的人。

对此规定需要注意：（1）主体限定，只限法定代表人。（2）对公司、企业被吊销营业执照、责令关闭负有个人责任。吊销营业执照使企业经营资格丧失，是工商行政管理部门对企业违法行为最严厉的一种处罚。《公司法》修订后增加了“责令关闭”的内容。责令关闭是指公司因违反环境与资源保护、劳动与社会保障、经理管理等方面的法律、行政法规而被有关权力部门依法责令关闭。（3）期限为3年，从吊销营业执照、责令关闭的决定作出之日起。

5. 个人所负数额较大的债务到期未清偿的人。

对此规定需要注意：（1）这里的债务是指当事人本人欠下的债务。（2）当事人所欠债务达到“数额较大”的程度。所谓“数额较大”，一般根据当事人情况判断，目前没有法定具体标准。(3) 该债务已到期或逾期，当事人尚未归还。“到期未清偿”是对事实状况的描述，不考虑未清偿到期债务的原因，即无论是基于客观条件的限制无力偿还，还是基于主观上的品格问题不愿意偿还，只要存在未清偿到期数额较大债务的事实，则都直接关系到个人信誉和承担责任的能力等问题，所以属于这种情形的人不宜担任董事、监事、高级管理人员的职务。①

二、违反《公司法》第 147 条规定的法律后果

违反《公司法》第 147 条第 1 款关于公司董事、监事、高级管理人员的任职资格的规定，将依违法行为发生的不同时期产生两种法律后果：

1. 无效。

如果公司违法选举、委派董事、监事或者聘任高级管理人员的，应当按照《公司法》第 147 条第 2 款规定处理，即该选举、委派或者聘任无效。该项选举、委派或者聘任属于自始无效的情形。

2. 决议解除职务。

如果董事、监事、高级管理人员在任职期间出现违反《合同法》第 147 条第 1 款规定的情况，应按照《公司法》第 147 条第 3 款规定处理，即“公司应当解除其职务”。

公司负责人因违法选任而自始无效者，被选者代表公司所为的行为依法理应对公司不发生效力，但为保障交易安全，对其行为应依据民法表见代理的规定使之对公司生效。如果属于公司负责人被决议解除职务的情形，被解任者在决议解除前的职务行为自然仍属有效。

三、董事、监事、高级管理人员之间的职务兼任问题

（一）董事、监事、高级管理人员之间职务兼任的限制

1. 国有独资公司的董事、监事、高级管理人员职务兼任的限制。国有独资公司的董事长、副董事长、董事、高级管理人员，未经国有资产监督管理机构同意，不得在其他有限责任公司、股份有限公司或者其他经济组织兼职。

2. 董事、高级管理人员不得兼任监事。监事会是公司的监督机构，故监事不得兼任董事和高级管理人员，否则就会出现了角色、利益的冲突。所以，《公

① 参见周友苏：《新公司法论》，387 页，北京，法律出版社，2006。

司法》第 52 条、第 118 条明确地规定，董事、高级管理人员不得兼任监事。

（二）董事、高级管理人员之间职务兼任的允许性规定

由于不会引起利益、角色冲突，一般而言，董事可以兼任经理。《公司法》第 51 条规定，有限责任公司执行董事可以兼任公司经理。《公司法》第 69 条规定，经国有资产监督管理机构同意，董事会成员可以兼任经理。《公司法》第 115 条规定，股份有限公司董事会可以决定由董事会成员兼任经理。

第二节　董事、监事、高级管理人员的义务与责任

在英文中，有三个词表达平等主体之间的义务、责任关系。第一个是 obligation，主要是指当事人双方约定的义务或者是道德义务，道德义务不涉及法律责任，约定义务被违反则需要承担违约责任；第二个是 duty，通常是指法定义务，违反此种义务承担的是法定侵权责任；第三个是 liability，即违反约定或者法定义务所应当承担的民事法律责任。

在公司法中，董事、监事、高级管理人员的义务包括两个方面：一是该类人员依照章程或者股东会决议对公司承担的义务（obligation）；二是该类人员依照法律的强制性规定而对公司的义务（duty）。《公司法》第 148 条第 1 款规定："董事、监事、高级管理人员应当遵守法律、行政法规和公司章程，对公司负有忠实义务和勤勉义务。"这为具体判断董事、监事、高级管理人员在公司经营过程中是否应当为其行为承担法律责任提供了一个一般性条款。违反上述义务，董事、监事、高级管理人员则须承担相应的法律责任（liability）。

在公司法中，董事、监事、高级管理人员的民事责任（liability）主要包括两个方面：一是该类人员的损害赔偿责任，即赔偿公司由此所遭受的损失；二是该类人员的归入责任，即该类人员违反义务所取得的收益必须归入公司。除此之外，在行政法中还需要承担行政责任。如果后果严重社会危害性较大，还需要承担刑事责任。

一、忠实义务和勤勉义务的概念、理论基础以及我国的法律规定

（一）忠实义务和勤勉义务的概念及两者的关系

所谓忠实义务（又称忠诚义务），是指公司董事、监事、高级管理人员

为公司执行其职务应竭尽忠诚，行事时必须诚实信用，必须为公司的最佳利益和适当目的行事，在公司利益与自己利益冲突对立时应当把公司利益置于自己利益之上。所谓勤勉义务（又称善管注意义务或尽职义务），是指公司董事、监事、高级管理人员为公司执行其职务时必须表现出一般谨慎者在类似情况下处理其个人事务时应尽到的勤勉、注意和技能。

对忠实义务和勤勉义务的相互关系存在不同的观点。有的学说认为，忠实义务是在股份有限公司中将善管注意义务具体化的、注意性的规定，两者在本质上没有区别。但也有的学说认为，善管注意义务是董事执行职务时应该注意的程度上的义务，忠实义务则是董事不得利用自己的地位牺牲公司的利益而满足自己（第三者）利益（无过失责任），两者是不同的义务。① 也就是说，勤勉义务是就特定执行公司事务的行为具体判断公司董事、监事、高级管理人员如何尽心尽力；而忠实义务则通常是在处理公司董事、监事、高级管理人员与公司发生利益冲突的问题。从义务的性质而言，忠实义务大多从不作为义务的角度规定，勤勉义务大多从作为义务的角度规定，即公司董事、监事、高级管理人员应当积极从事某种行为以实现其义务。

在一些特定情况下，忠实义务与注意义务高度交叉、融合，是法律所要求的最高义务，一般在上市收购或者公司兼并时对董事、高级管理人员、控股股东施加的更为严格的义务，在学理上被称为诚信义务。

（二）忠实义务和勤勉义务的理论基础

忠实义务和勤勉义务的产生，与人们对公司董事、监事、高级管理人员在公司中法律地位的认识密切相关。

大陆法系国家或地区普遍接受董事、高级管理人员为委任关系中的受任人的理论。例如，《日本商法典》第四章股份有限公司第 254 条第 3 款规定，公司与董事的法律关系适用委任的规定。同时，根据《日本有限公司法》第 32 条的规定，《日本商法典》第 254 条第 3 款规定准用于有限公司，所以，在有限责任公司董事与公司的法律关系中也适用委任的规定。董事作为董事会的成员或代表董事，在执行职务时对公司负有善管注意义务。董事应当遵守法令和章程的规定以及股东大会的决议，对公司负有忠实执行职务的义务。②在德国，由于有限责任公司的管理机构与股份有限公司不同，所以，其管理机构成员的义务也不尽相同。对于有限责任公司而言，《德国有限责任公司法》第 45 条、第 48 条、第 6 条、第 35 条规定，有限责任公司不设

---

①② 参见［日］末永敏和著：《现代日本公司法》，146 页。

董事会，监事会是选设机构，其法定机构是股东会和经理。经理既可以是股东，也可以不是股东。股东会是企业的最高机构和决策中心。经理对外代表公司，与股份有限公司的董事会不同，经理不是依法独立管理企业，而是根据公司合同或者股东会决议管理公司业务。① 也就是说，根据《德国有限责任公司法》第 35 条第 1 款、第 37 条第 1 款、第 45 条、第 36 条、第 37 条第 2 款的规定，在有限责任公司，经理是公司的经营管理机构和代理机构，公司通过经理参加法律活动。公司与经理之间适用委任代理法律关系，即在内部，公司可以通过章程、聘用合同或股东会决议等消减或增加经理权限，经理受股东指示约束，必须根据章程和股东会决议的授权进行经营管理活动；在外部，经理代表公司不受限制、也无法受到限制，仅在经理滥用代理权的情况下，经理代表公司与公司客户为故意损害公司利益而进行交易的合同方为无效。对于股份有限公司而言，监事会代表公司与选任的董事签订聘用合同而非雇佣合同，因此，董事不是公司的雇员。但是，不管具体的合同是如何规定的，双方当事人都必须受一般的忠诚义务和照料义务的约束。②

英美法系国家或地区普遍接受董事为信托关系受托人的理论。董事有时被称作“受信托人”，他们的义务有时也被类比为信托中的受托人的义务。但是也有观点认为，公司的董事并不是严格意义上的受托人，他们的义务、责任与其他种类的受托人的义务、责任并不相同。董事与公司之间的关系是一种类似信托的独特法律关系。③ 同时，负有管理职责的高级职员对公司的义务可能与董事的义务相同，而处于从属地位或有限地位的高级职员的义务可能要小一些。④ 在美国，这种受托义务（fiduciary duty）直接分为忠实义务与注意义务。这些公司与其董事之间的义务是通过普通法发展起来的，其特殊之处在于通过业务判断规则（business judgement rule）作为判断注意义务之重要标准，并发展出“自我交易”、“公司机会”等具体义务规则。在英国法中，受托义务分为普通法（common law）上的义务与衡平法（equitable rule）上的义务。普通法上的义务主要体现为注意义务，衡平法上的义务主要体现为忠实义务，其下又有种种不同原则与态样。⑤

无论接受哪种理论，共同的认识均为：公司董事、高级管理人员应当对

① 参见［德］托马斯·莱塞尔、吕迪格·法伊尔著，高旭军等译：《德国资合公司法》，524 页。

② 同上书，153 页。

③ 参见［美］罗伯特·W·汉密尔顿著、李存捧译：《公司法概要》，249 页。

④ 同上书，250 页。

⑤ 参见王文宇：《公司法论》，26 页。

公司忠实诚信、认真谨慎地办理委托事务，不能在执行公司事务中从事损害公司利益的行为，如同我国民间奉行的一项基本准则：受人之托，终人之事。正是基于此，两大法系国家公司法都有关于公司董事忠实义务和勤勉义务的规定，其基本内容大同小异。在当代，高级管理人员在公司中的地位非常重要，所以，法律一般要求公司的高级管理人员也承担类似公司董事的义务。但是，在设立监事会的一些国家或地区，由于监事在公司中的地位和职权不同于董事和高级管理人员，因此，在具体义务的负担上也与董事和高级管理人员存在一定的差异。①《公司法》所规定的具体义务也体现了董事和高级管理人员与监事之间存在的一定差异。

二、说明义务

（一）董事、监事、高级管理人员对股东（大）会的说明义务

《公司法》第151条第1款规定：股东会或者股东大会要求董事、监事、高级管理人员列席会议的，董事、监事、高级管理人员应当列席并接受股东的质询。接受股东质询的义务在公司法理论上也可以称为董事、监事、高级管理人员的说明义务。与这一义务相对应的是股东享有的知情权。《公司法》第98条规定，股东有权对公司的经营提出建议或者质询。为确保股东质询权的行使，法律自然要设定董事、监事的说明义务。②

1. 说明义务。

从法律性质上看，说明义务属于勤勉义务、作为义务，是董事、监事、高级管理人员依法向股东会或者股东大会承担的法定义务。

从法律义务的主体看，不仅包括董事和高级管理人员，而且还包括监事；从该项法律义务对应的权利主体看，是股东会或者股东大会。

为了有效履行其说明义务，董事、监事、高级管理人员应当列席股东会议。

2. 违反说明义务的法律责任。

《公司法》对违反说明义务的法律责任没有作出直接规定。有学者认为，“董监说明义务之违反，乃是对股东质询权之侵害，构成违法的决议方法，是股东大会决议中的程序性瑕疵。在此种场合下，任何股东均可以决议方法违反法律为由向法院提起决议撤销之诉。公司和股东还有权对违反说明义务的

---

① 参见周友苏：《新公司法论》，389页。

② 参见刘俊海：《股份有限公司股东权的保护》，296页。

董监参照善管（勤勉）义务之违反追究其对公司和对作为第三人股东的责任”①；还有学者认为，如果董事、监事、高级管理人员拒绝就股东的质询作出答复和说明，可以认为该做法是违反法律规定的行为，尽管《公司法》没有对义务人直接规定法律责任，但鉴于该义务的相对人是股东，因此，可以适用《公司法》第153条的规定，即如果这一行为损害股东利益，股东就可以向人民法院提起诉讼。② 笔者认为，违反说明义务的行为是直接侵害股东知情权的行为，属于《公司法》第150条和第153条规定的“执行公司职务时违反法律规定”的情况，可以分三种情形分别处理如下：因违法行为给公司造成损失的（如会议延期或者决议无法进行所造成的损失），由公司依据《公司法》第150条规定追究违法者的损失赔偿责任；如果公司不及时追究法律责任，则股东可以根据《公司法》第152条规定通过代表诉讼的方式追究违法者的损害赔偿责任；因此直接损害股东利益的，股东可以根据《公司法》第153条的规定通过直接诉讼的方式追究违法者的法律责任，承担责任的方式有强制其接受质询并履行说明义务、赔偿股东的损失。

（二）董事、高级管理人员对监事会（监事）的说明义务

《公司法》第151条第2款规定，董事、高级管理人员应当如实向监事会或者不设监事会的有限责任公司的监事提供有关情况和资料，不得妨碍监事会或者监事行使职权，明确地规定了董事、高级管理人员对监事会（监事）的说明义务。在现代公司治理中，监事会（监事）作为公司的监督机关，对于董事、高级管理人员等“内部人”损害公司、股东权益的现象应起到控制和防范的作用。但在我国的实践中，监事会（监事）往往未能很好发挥这一作用。究其原因，与监事会权威不够，董事、高级管理人员的法定义务不明确有关系。2005年修订的《公司法》一方面增加了监事会职权，另一方面明确规定董事、高级管理人员对监事会的说明义务，对完善我国公司的治理结构具有现实意义。

1. 说明义务。

从法律性质上看，说明义务属于勤勉义务、作为义务，是董事、高级管理人员依法向监事会（监事）承担的法定义务。

2. 违反说明义务的法律责任。

《公司法》对董事、高级管理人员违反说明义务的法律责任无直接规定。

---

① 刘俊海：《股份有限公司股东权的保护》，299页。

② 参见周友苏：《新公司法论》，413页。

但根据《公司法》第 150 条规定，可以认为属于行为人“执行公司职务时违反法律规定”的情况，监事会（监事）可以依据《公司法》第 54 条、第 119 条的规定要求董事、高级管理人员履行法定说明义务。如果因此给公司造成损失，监事会（监事）可以依据《公司法》第 150 条的规定，要求行为人承担赔偿责任。

三、董事、监事、高级管理人员不得利用职权收受贿赂或者其他非法收入，不得侵占公司财产

《公司法》第 148 条第 2 款规定：董事、监事、高级管理人员不得利用职权收受贿赂或者其他非法收入，不得侵占公司的财产。董事和监事的报酬由股东会或股东大会决定，并体现在聘用合同中；高级管理人员的报酬由董事会决定，并体现在雇佣合同中。董事、监事、高级管理人员的报酬一般包括固定薪酬（salary）＋短期激励（如奖金 bonus）＋长期激励（如期权 stock option）。除此之外，可能还有一些补偿金及其他福利。在这些明确约定的报酬之外，董事、监事、高级管理人员不得从公司取得其他任何收入或者财产。

（一）禁止取得非法收入和侵占公司财产

从法律性质上看，该义务属于忠实义务、不作为义务，是董事、监事、高级管理人员依法向公司承担的法定禁止性义务。

董事、监事、高级管理人员履行义务的方式是不得利用职权收受贿赂或者其他非法收入，不得侵占公司财产。所谓收受贿赂，是指以为他人谋利益为交换条件，索取他人财物或者非法收受他人财物的行为。在实践中常见的就是公司负责人在以公司的名义从事购销等交易活动中向交易的相对方索要“回扣”或者对方给予“回扣”的行为。① 所谓收受其他非法收入，是指除与公司约定收入以外的其他收受他人钱财的行为。所谓侵占公司财产，是指将公司财物非法据为己有的行为。董事、监事、高级管理人员执行公司职务必须不存私心，更不能利用职务之便为自己谋取非法利益，这是最基本的忠实义务。

---

① 《中华人民共和国反不正当竞争法》（以下简称《反不正当竞争法》）第 8 条规定：经营者不得采用财物或者其他手段进行贿赂以销售或者购买商品。在账外暗中给予对方单位或者个人回扣的，以行贿论处；对方单位或者个人在账外暗中收受回扣的，以受贿论处。经营者销售或者购买商品，可以以明示方式给对方折扣，可以给中间人佣金。经营者给对方折扣、给中间人佣金的，必须如实入账。接受折扣、佣金的经营者必须如实入账。

（二）法律责任

董事、监事、高级管理人员违反这一法定义务，可以按照两种方式处理：第一，按《公司法》第 150 条规定，在上述行为给公司造成损失时，追究行为人的赔偿责任。第二，按照《公司法》第 216 条规定，在上述行为构成犯罪时，依法追究违法者的刑事责任。

四、董事、高级管理人员不得挪用、私存公司资金或者把佣金归己

公司资金是公司法人财产权的支配对象，所有权属于公司。董事、高级管理人员在行使职权时，不得挪用或私存公司资金。根据《反不正当竞争法》第 8 条的规定，他人在与公司交易时给公司的佣金属于公司资金，双方都应当如实入账，董事、高级管理人员不得把他人与公司交易的佣金归为已有。

董事、高级管理人员的该项义务具体体现在以下法律规定中：(1)《公司法》第 149 条第 1 款第 1 项规定，董事、高级管理人员不得挪用公司资金；(2)《公司法》第 149 条第 1 款第 2 项规定，董事、高级管理人员不得将公司资金以其个人名义或者以其他个人名义开立账户存储；(3)《公司法》第 149 条第 1 款第 6 项规定，董事、高级管理人员不得接受他人与公司交易的佣金归为已有。

（一）禁止挪用、私存公司资金或把公司交易佣金归己

从法律性质上看，该义务属于忠实义务、不作为义务，是董事、高级管理人员依法向公司承担的禁止性义务。义务主体之所以不包括监事，是因为监事不具备直接管理和支配公司资金的职权与条件。

从违法行为方式看，既包括挪用、私存公司资金，也包括把公司交易佣金归为已有。所谓“公司资金”，是指公司所有或处于公司保存、使用中的资金，不包括实物状态的其他公司财产。所谓“挪用公司资金”，是指行为人擅自将公司资金供自己使用的行为。所谓“私存公司资金”，是指将公司资金以自己或者他人个人名义开立账户存储。挪用、私存公司资金与前述侵占公司财产的主要区别在于：第一，挪用、私存资金的对象是公司的资金，不包括公司其他实物状态的财产；侵占公司财产中的“财产”不限于公司的资金，还包括一切具有价值的财产。第二，挪用、私存资金的目的在于非法取得资金的使用权或资金的利息收入，但并不企图永久占有资金本身；侵占公司财产的目的在于非法取得公司财物的所有权，而不仅是暂时使用。

所谓“佣金归己”，是指董事、高级管理人员接受他人与公司交易的佣金

归为己有。所谓的“佣金”，是指从事中介服务的行为人获得的报酬。这里的“佣金”并非人们一般理解的商业“回扣”，它与商业“回扣”的主要区别在于：第一，“回扣”是交易的买卖一方给予对方代理人的费用，而“佣金”是交易的买卖一方或双方给予提供中介服务的行为人的费用，这里的行为人是相对于交易的买卖双方的第三人。第二，“回扣”在法律上属于非法的收入，《反不正当竞争法》第 8 条和《刑法》第 163 条都规定，对收受“回扣”的行为要“以受贿论处”，如果达到一定程度就构成公司人员受贿罪，而“佣金”则是从事中介服务应当获得的合法报酬。所谓的“他人与公司交易的佣金”，应当是指他人与公司通过中介进行交易而支付的中介服务费用。既然佣金是合法的中介费用，他人与公司的交易中，无论哪一方给付了佣金，都意味着一定是有中介服务及其中介行为人的存在，否则就可能是支付给对方代理人的“回扣”。在他人与公司进行的交易中，如果董事、高级管理人员做了交易中介，是不应当取得佣金的，即使对方支付了，也应当归公司所有，这是由董事、高级管理人员的法律地位和角色决定的。公司的董事、高级管理人员是公司的委任代理人，如果让其取得佣金则与其代理人身份形成利益冲突，因此，按照现代法治的“角色利益不得冲突”原则和忠实义务的要求，公司的董事、高级管理人员不得收取他人与公司交易的任何佣金。

（二）法律责任

董事、高级管理人员违反以上法定义务，可以按照具体情况承担以下一种或者多种法律责任：

1. 归入责任。按照《公司法》第 149 条第 2 款的规定，公司可以将其挪用、私存的公司资金及其因此获得的收入收归公司所有，把归己的佣金收归公司所有。

2. 赔偿损失。如果其行为给公司造成损失，则应依照《公司法》第 150 条的规定，由行为人承担赔偿责任。

此外，如果挪用、私存资金的行为构成犯罪，则应当依照《刑法》第 272 条规定的“挪用资金罪”处理。需要指出的是，根据“佣金”的性质，对于董事、高级管理人员接受他人与公司交易的佣金归为己有的行为，无论“佣金”数额有多大，都只能按照民事方式处理，而不能按《刑法》第 163 条规定的“公司人员受贿罪”和第 271 条规定的“职务侵占罪”处理。①

① 参见周友苏：《新公司法论》，410 页。

五、董事、高级管理人员在借贷、担保方面的限制性义务

《公司法》第149条第1款第3项规定，董事、高级管理人员不得违反公司章程的规定，未经股东会、股东大会或者董事会同意，将公司资金借贷给他人或者以公司财产为他人提供担保。公司资金属于公司，借贷给他人应当根据公司章程规定取得股东（大）会或董事会的同意，否则是对公司资金的侵犯。以公司财产为他人设定担保，也应当根据公司章程规定取得股东（大）会或董事会的同意，否则是对公司财产的侵害。

（一）借贷或担保受限制

从法律性质上看，该义务属于忠实义务、不作为义务，是董事、高级管理人员依法向公司承担的法定限制性义务。

从行为方式看，包括将公司资金借贷给他人和以公司财产为他人提供担保。违反该项义务必须具备“违反公司章程的规定，未经股东会、股东大会或者董事会同意”的前提。第一，违反该项义务的行为虽然是以公司的名义作出的，但属于公司董事、高级管理人员违法擅自实施的行为。董事、高级管理人员以个人的名义对公司资金或财产的借贷或担保行为，性质属于挪用公司资金或侵占公司财产。第二，如果公司董事或高级管理人员履行了经公司机关同意的合法程序，可以把公司资金借贷给他人或以公司财产为他人提供担保。所谓“他人”，包括法人、自然人、非法人团体，也包括本公司的股东。

既然“他人”包括本公司股东在内，是否意味着只要经过股东（大）会或者董事会同意，就可以没有限制地将公司资金借贷给股东或以公司财产为股东提供担保。如果回答是肯定的，在公司制度的“股份多数决”原则下，大股东就可能轻而易举地将公司资产合法转归己用，损害公司及其他股东的利益。为此，《公司法》设置了相应的限制措施：第一，根据《公司法》第16条第2款、第3款的规定，公司为股东或者实际控制人提供担保的，股东（大）会通过决议时，该股东或者受实际控制人支配的股东应当回避。该项表决由出席会议的其他股东所持表决权的过半数通过。第二，如果股东利用公司与自己的借贷关系抽逃出资（如借用公司资金长期不归还），可以依照《公司法》第201条规定处理，由公司登记机关责令改正，处以所抽逃出资金额5%以上15%以下的罚款。

（二）法律责任

董事、高级管理人员违反该项法定限制性义务从事了违法借贷或违法担

保行为，其法律责任分为两种情况：

1. 归入责任。按照《公司法》第 149 条第 2 款的规定，公司可以将行为人违反该项义务行为获得的收入收归公司所有。

2. 赔偿损失。如果违反该项义务的行为给公司造成损失，则应依照《公司法》第 150 条规定，由从事该行为的董事、高级管理人员承担赔偿责任。

六、董事、高级管理人员自我交易的限制性义务

《公司法》第 149 条第 1 款第 4 项规定，“董事、高级管理人员不得违反公司章程的规定或者未经股东会、股东大会同意，与本公司订立合同或者进行交易”。“与本公司订立合同或者进行交易”，在公司法理论上也称为“自我交易”。

（一）自我交易受限制

自我交易（self-dealing），是指董事、高级管理人员为自己或为他人利益与其所任职的公司进行的交易。从英美法系国家公司法发展的历史看，普通法认为，凡是有“自利”嫌疑的交易，公司都可以宣布交易无效。现代案例法认为这种“一刀切”的做法是因噎废食，因为并非所有的董事或者高级职员与自己任职的公司进行的交易都是自利的。所以，法庭对公司和董事或者高级职员之间的交易并不是一概否认。① 目前，大多数国家或地区在立法上把以往禁止自我交易的规定改为限制自我交易的规定，因此，董事、高级管理人员自我交易是一种限制性义务，而非绝对禁止的义务。

从国外公司法看，不少国家或地区都有关于限制自我交易的法律规定。之所以如此，是因为自我交易是一柄“双刃剑”，它既可能增加公司交易机会、节约交易成本、提高交易效率而给公司带来利益，也可能因董事、高级管理人员的特殊地位，且由于交易中行为人与公司之间利益的相对性，从而损害公司利益。“公司与董事之间在进行自我交易时存在的危险，使公司有可能在这种交易中受到不公平的对待。”② 故许多国家或地区都对自我交易进行较为严格的规制。法律规制的内容，包括规定自我交易的适用范围、自我交易行为的批准和违反自我交易规定的法律责任等。

从国外公司立法及司法实践看，自我交易可以分为两种基本形式：第一，

① 参见胡果威：《美国公司法》，186 页、187 页，北京，法律出版社，1999。

② ［美］罗伯特·W·汉密尔顿著、李存捧译：《公司法概要》，264 页，北京，中国社会科学出版社，1999。

直接交易，即公司管理人员直接以本人的名义与其任职公司进行的交易，在交易过程中，行为人独立行使权利、履行义务并承担责任。第二，间接交易，即与公司管理人员有利害关系的第三人与公司管理人员所任职的公司之间进行的交易。在该交易中，公司管理人员不是交易主体，不以其本人的名义与公司交易。就形式而言，它是第三人与公司之间的一种交易。但就实质而言，该第三人与公司管理人员具有一定的利害关系，如系公司管理人员的配偶，从而使公司管理人员与该交易之间产生一定的利益联系。无论哪种交易都应当受到限制。

《公司法》也规定了限制自我交易义务。从法律性质上看，该义务属于忠实义务、不作为义务，是董事、高级管理人员依法向公司承担的法定限制性义务。义务主体是董事、高级管理人员，但学界对自我交易的义务主体是否包括与董事、高级管理人员有利害关系的第三人存在不同的意见。有学者认为，《公司法》规定的自我交易仅为前述直接交易的形式，排除间接交易的形式。但也有学者认为，《公司法》界定的自我交易范围过于狭窄，应当对该条款内容作扩大解释，使其涵盖间接交易形式，以防止董事或者高级管理人员利用其关联人规避法律限制。至于“有利害关系”的具体判断标准，可以借鉴国外立法经验，适用两种基本标准：一是情感标准，即董事和高级管理人员是否与第三人之间具有特殊感情联系，其范围包括父母、配偶、子女及其他近亲属等；二是利益标准，即董事和高级管理人员是否与第三人之间具有直接的物质利益联系，例如，有无投资关系（是否是第三人的股东）、管理关系（是否是第三人的董事、高级管理人员）等。[①] 此观点具有理论与实践价值。

各国公司法对自我交易基本都采取限制规定，法律禁止的是未经批准的自我交易行为，因此，需要对自我交易的批准问题进行必要的探讨。

各国和地区公司法对自我交易的批准采取不同的做法，批准的条件大体可以分为实质条件和程序条件。就实质条件而言，要求自我交易的内容合法，不得损害公司利益，该项交易对公司是公正、合理和适当，否则就属于不能被批准的行为。《美国特拉华州普通公司法》第 144 条规定，若符合“非利害关系股东批准了该合同或交易”且“在批准时，该交易对公司是公平的”条件，那么，这项利害冲突的交易就是可以被公司接受的，或者说该自我交易合法。就程序条件而言，各国（地区）的做法不同。例如，美国规定的程序

① 参见储育明、张启兵：《公司法中的自我交易制度研究》，载《安徽大学学报（哲社版）》，1998 (5)。

较为自由[①]，对自我交易实行避风港规则，《美国示范公司法修正本》第八章第31节规定，如果满足了以下三个条件中的一个条件的话：(1) 在将有关交易的情况完全披露之后，而且与交易有关的董事回避的情况下，该交易得到董事会或者董事会某一委员会的批准或同意；(2) 该交易按第八章第31节(d) 的规定经过股东的批准或同意（该款要求排除与交易有关的董事所拥有的或者其控制下参与表决的那些股份）；(3) 交易对公司来说是公平的。所以，董事会或者股东会的批准被用来作为避免法院对交易公平与否进行调查，因此，批准是个“避风港”。日本对股份有限公司采取的是董事会批准制度，依据《日本商法典》第265条第1款的规定，董事为了自己或者第三者的利益与公司进行直接交易或者间接交易都需要得到董事会的批准。在实践中，即使董事和公司之间有了交易，但公司方不会受到任何损失时，不需要董事会批准。多数说主张，董事会应该在公开重要事实的基础上，对个别交易个别予以批准，但对同种交易也可予以包括性批准，还允许事后批准。[②] 德国则规定单一审批制度，由监事会讨论决定是否批准自我交易。而英国则采取较为灵活的做法，对重要财产交易（如款项达5万英镑以上的自我交易）由董事会和股东会认可，而一般财产交易则由董事会同意即可。我国台湾地区“公司法”第223条规定，董事为自己或他人与公司为买卖、借贷或者其他法律行为时，由监察人为公司之代表。为了保障对自我交易实行审批的积极效应，各国（地区）都要求给予公司机关必要的审查期限，使公司机关能够全面、充分地了解自我交易的各项条件，以合理地判断该项交易对公司利益的影响，不允许出现“仓促决策”或“突击决策”的现象。同时，经过审批的自我交易仅表明其程序合法，并不产生自我交易内容合法的必然结果。如果自我交易的内容不合法，即便经过公司机关的审批，仍属无效的自我交易。[③]

按照《公司法》的规定，公司自我交易的批准可以分为两种情况：一是“公司章程规定”，即公司章程直接确定董事、高级管理人员可以自行从事的自我交易，一旦规定，便不必再履行具体的批准手续；二是“股东会或者股东大会同意”，即公司股东会或者股东大会作出批准董事或高级管理人员从事某项自我交易的决议。该项决议一般应是在自我交易行为发生前作出，如果股东会或者股东大会决议是对已经完成的自我交易行为的追认，则也视为合法、有效。

---

① 参见［美］罗伯特·W·汉密尔顿著、李存捧译：《公司法概要》，266页。

② 参见［日］末永敏和著：《现代日本公司法》，149页。

③ 参见储育明、张启兵：《公司法中的自我交易制度研究》，载《安徽大学学报（哲社版）》，1998（5）。

（二）法律责任

从国外公司法看，违反限制自我交易义务的法律责任有多种方式，除行政责任（如罚款）和刑事责任外，更为重要的是民事赔偿责任，以期充分、有效地补偿公司的利益损失。例如，《日本有限公司法》第30条之二规定，对于违反法律规定的自我交易行为，行为人应当就公司蒙受的损害额，对公司负连带清偿或赔偿责任；同意实施违反法律规定的自我交易行为的董事，视为实施该行为者；董事对此承担的责任，非经全体股东同意，不得免除。

《公司法》对违反限制自我交易义务的行为规定了两项民事责任，具体为：

1. 归入责任。《公司法》第149条第2款规定，公司可以将董事、高级管理人员违反该项义务行为获得的收入收归公司所有。

2. 赔偿责任。《公司法》第150条规定，董事、高级管理人员违反该项义务行为给公司造成损失的，应承担赔偿责任。

在责任追究方面，如果公司或股东对未经批准的自我交易提出质疑，则证明交易正当性的举证责任应由该董事或高级管理人员承担。

经过章程和股东（大）会批准之后，从事该项交易的董事或高级管理人员可以获得一个避风港。为避免因法院调查交易的公平与正当而涉足复杂、棘手的企业事务，如果公司或者股东对经批准的自我交易的正当性提出质疑，则证明批准程序存在问题或者交易不正当的举证责任应当由异议方承担。

七、董事、高级管理人员"篡夺公司机会"或"与公司竞争"的限制性义务

《公司法》第149条第1款第5项规定，董事、高级管理人员不得未经股东会或者股东大会同意，利用职权便利为自己或者他人谋取属于公司的商业机会，自营或者为他人经营与所任职公司同类的业务。所谓"为自己或者他人谋取属于公司的商业机会"，就是"篡夺公司机会"；所谓"自营或者为他人经营与所任职公司同类的业务"，也就是"竞业"活动。因此，《公司法》该项规定包含相互独立的两项内容："篡夺公司机会之限制"或"竞业限制"①。

---

① 目前，许多公司法论著对此都使用了"禁止"的表述，例如，称之为"篡夺公司机会禁止"或"竞业禁止"。需要说明的是，作者对该两项义务的表述之所以使用"限制"而没用"禁止"一词，是因为《公司法》中规定的该两项义务，本来就是作为限制义务而不是作为绝对禁止义务设定的。限制义务从法律上看，并非是对从事某种行为的完全禁止而只是对其设置了相应的限制条件和限制程序而已。

（一）“篡夺公司机会”或“与公司竞争”受限制

1. 限制篡夺公司机会。

篡夺公司机会之限制在一些公司法论著中也被称为“禁止篡夺公司机会”，最早为英美法系国家公司法规定，作为董事、高级管理人员忠实义务的组成部分。限制篡夺公司机会，是指公司经营者不得将公司拥有的权利、财产利益或正期待的机会或者理应属于公司的机会据为己有。在美国公司法中，董事或高级职员因为职业上的需要，经常代表公司同外界接触，洽谈生意，自然会遇到有利可图的“商业机会”（business opportunity）。因为这些商业机会本来属于公司，因此又称“公司机会”（corporate opportunity）。如果董事或高级职员不让公司利用这些机会，而是将这些机会占为己有，就违反了为公司尽忠的义务。此外，有的董事或高级职员除了为公司服务之外，自己也拥有与公司经营范围类似的企业。如果让自己的企业与公司抢生意，使公司受损失，这种竞争同样也违反了为公司尽忠的义务。[①] 在英美法系国家，有众多判例援引这一法理。日本学者借鉴美国判例法，认为董事基于其在公司中的地位，将公司与第三人之间的交易机会转为己用，既不应纳入《日本商法典》第 264 条规定的竞业禁止义务的范围，也不应纳入第 243 条之一第 3 项规定的善管注意义务的范围，而有必要承认此为忠实义务的独立存在。[②]

在现代市场经济中，商业机会就是财富，就是公司存在和发展的机遇。篡夺公司机会实质是以隐形方式侵害公司潜在可得的财产，而董事和高级管理人员作为公司的受托人无任何理由谋取公司的商业机会，这不仅是董事和高级管理人员忠实义务的一项重要内容，也是诚实信用原则在现代公司中的必然逻辑引申。

《公司法》在第 149 条第 1 款第 5 项正式使用了“公司的商业机会”一词，从而确立了篡夺公司机会的限制性义务。

从篡夺公司机会的行为方式看，是董事、高级管理人员利用职权便利为自己或者他人谋取属于公司的商业机会。所谓“商业机会”，是指董事、高级管理人员在执行公司职务过程中获得的、并有义务向公司披露的、与公司经营活动密切相关的各种机会。有学者认为，判断一个机会是否构成公司商业机会应同时考虑三个要素：第一，公司商业机会必须是董事、高级管理人员在执行公司职务过程中获得的。第二，公司商业机会必须是董事有义务向公

---

① 参见胡果威：《美国公司法》，189 页。

② 参见［日］田中诚二、堀口亘、川村正幸：《新版商法》，203 页，千仓书房，1991。

司披露的。此时判断董事、高级管理人员是否有义务应以客观标准衡量。第三，公司机会必须是与公司经营活动密切相关的。既包括公司机会与公司目前经营活动的密切相关性，又包括公司机会与公司未来经营活动的密切相关性。① 在判断董事或高级职员遇到的机会是否属于公司，美国案例法提供一个“营业范围检验法”（line of business test）。根据这种检验方法，董事或高级职员遇到的商业机会与公司的经营范围越接近，这样的机会就越应当是公司机会。此外，法庭还会考虑以下因素以确定某个商业机会是否属于公司：(1) 公司是否有足够的财力利用耗资可观的商业机会；(2) 公司是否有权利用商业机会；(3) 董事或高级职员是否利用工作之便遇到商业机会。② 笔者认为，在判断某一商业机会是否属于公司机会的时候，主要应当考虑两项因素：(1) 我国公司的经营范围需在公司登记机关进行登记，因此该商业机会是否属于公司经营范围之内就是评价标准之一。如果该商业机会在公司经营范围之内，就可能属于公司机会。(2) 董事或者高级管理人员是否利用职权便利取得该商业机会。如果该商业机会的取得与董事或者高级管理人员的职权无关，则不属于公司机会，没有必要向公司披露。

从法律性质上看，该义务属于忠实义务、不作为义务，是董事、高级管理人员依法向公司承担的限制性义务。如经过股东会或者股东大会同意，董事、高级管理人员也可以为自己或者他人谋取并利用属于公司的商业机会。正是在这种意义上，篡夺公司机会并非绝对禁止性义务，而属于限制性义务，董事、高级管理人员可以合法地利用公司的商业机会，主要包括两种情形：第一，按照《公司法》规定，经过股东会或者股东大会同意，董事、高级管理人员可以利用属于公司的商业机会。第二，公司不能利用的商业机会。所谓公司不能利用，是指公司经营范围或者财力不允许其利用，此种商业机会不需要向公司披露，因此，也不需要经过批准。就第一种情形而言，经过批准就取得安全的避风港，法院一般不会对此进行深入调查，除非证明董事、高级管理人员披露的有关该商业机会的信息不实，使得股东（大）会作出错误批准。就第二种情形而言，如果公司或股东对此提出质疑，则该董事或高级管理人员必须对该商业机会是公司不能利用的商业机会进行举证证明。

2. 竞业限制。

竞业限制在一些国家和地区的公司法中被称为“竞业禁止”。例如，《日本有限公司法》第 29 条的条目就为“竞业禁止义务”；我国台湾地区“公司

① 参见刘俊海：《股份有限公司股东权的保护》，454 页。

② 参见胡果威：《美国公司法》，190 页。

法”则在不同的条文中使用“竞业禁止”、“竞业之禁止”、“竞业之限制”、“不竞业”等表述。① 无论其使用何种概念，但对竞业限制的定义都基本一致。例如，《日本有限公司法》第29条对竞业禁止作出规定：（1）董事为自己或第三人进行属于公司营业部类的交易时，应向股东全会说明其交易的重要事实，征得股东大会的认许；（2）认许采取股东大会决议方式，决议应有全体股东的过半数并代表全体股东表决权3/4以上者同意方可形成；（3）董事违反第1款规定，为自己进行交易时，股东大会可以将其交易视为为公司进行的交易。根据该条规定，“竞业禁止义务”适用的对象为公司董事；所谓“竞业”，是指“董事为自己或第三人进行属于公司营业部类的交易”；法律对“竞业”并非完全禁止，只有董事从事了未征得股东全会认许的“竞业”，才属于公司法禁止的行为。由此可见，《日本有限公司法》规定的“竞业禁止”，实际上也是一种“竞业限制”。

《公司法》第149条第1款第5项规定，董事、高级管理人员不得未经股东会或者股东大会同意……自营或者为他人经营与所任职公司同类的业务。这也是一种“竞业限制”。由于董事、高级管理人员直接掌握或者有可能接触到公司的重要商业秘密，例如，客户名单、秘密工艺或者配方等技术秘密，如果其利用公司的商业秘密进行竞争，就将导致角色利益冲突，违反为公司尽职的义务。所以，董事、高级管理人员自营或者为他人经营与所任职公司同类的业务，必须经过股东会或者股东大会的同意。

从法律性质上看，该义务属于忠实义务、不作为义务，是董事、高级管理人员依法向公司承担的限制性义务，经过股东会或者股东大会同意，董事、高级管理人员也可以自营或者为他人经营与所任职公司同类的业务。

从行为方式看，是董事、高级管理人员“未经股东会或者股东大会同意，自营或者为他人经营与所任职公司同类的业务”。竞业行为既包括董事、高级管理人员自己设立公司、企业与公司展开竞争，也包括担任与公司有竞争关系之公司的重要职务，例如，董事长、执行董事、总经理。所谓“同类的业务”，既可以是完全相同的商品或服务，也可以是同类或者类似、具有竞争关系或者替代关系的商品或服务。

《公司法》对董事、高级管理人员经营竞业是限制而不是绝对禁止，所以，其如果经营竞业，则需要经过合法程序批准。各国（地区）立法对此规定有所不同。针对股份有限公司，《日本商法典》第264条第1项和第2项规定：“董事为自己或第三人进行属于公司营业种类的交易，应向董事会说明其

① 参见我国台湾地区“公司法”第32条、第54条、第120条、第209条。

交易的重要事实，并取得认可；从事前项交易的董事，应立即将其交易的重要事项向董事会报告。”《德国股份法》第88条第1项规定，董事得在监事会同意后从事竞业活动。我国台湾地区“公司法”第209条第1款、第2款和第3款亦规定：“董事为自己或他人为属于公司营业范围内之行为，应对股东会说明其行为之重要内容，并取得其许可。股东会为前项许可之决议，应有代表已发行股份总数三分之二以上股东之出席，以出席股东表决权过半数之同意行之。公开发行股票之公司，出席股东之股份总数不足前项定额者，得以有代表已发行股份总数过半数股东之出席，出席股东表决权三分之二以上之同意行之。”

《公司法》对此采取了由股东会或者股东大会作为批准机关的立法例。立法者之所以没有将董事会列为批准机关，主要是考虑到竞业限制是对董事和高级管理人员的行为规制，由股东（大）会作为批准机关更为合适。

董事或者高级管理人员离开公司后，是否就可以同公司进行竞争而不再对公司负有忠实义务呢？在美国公司法中，董事或高级管理人员离开公司仍然负有保守商业秘密的义务。例如，在 Abbott Redmont Thinlite Corp v. Redmont（CA-2 1973）一案中，法院认定一位公司总裁从该公司辞职后成立一家公司，利用从原来公司获取的商业秘密同原来的雇主进行竞争，从而违反了对公司的忠实义务。我国公司法中这项义务并没有涵盖到董事、高级管理人员离职后的行为，通常的做法是通过《反不正当竞争法》有关商业秘密保护的规定以及雇佣合同中的保守商业秘密和不竞业的条款进行规制。

（二）法律责任

1. 归入责任。

《公司法》第149条第2款规定，公司可以将董事、高级管理人员违反竞业限制义务行为获得的收入收归公司所有。董事、高级管理人员违反竞业限制义务进行的交易行为有效，至于交易的相对人知情与否并不重要，股东会或股东大会可以决议行使归入权，将董事、高级管理人员违反该项义务行为获得的收入收归公司所有。所谓归入权，系以股东会决议，基于公司一方之意思表示，使违反竞业义务而为自己或他人从事同类营业的董事或高级管理人员所得经济上效果归属于公司的权利，属于法定的形成权。有关该事项的决议属于股东会或股东大会的普通决议事项，董事、高级管理人员如果也具有股东身份则不得参与此项表决，也不得代理其他股东行使表决权。表决决议通过后，即由董事会或者监事会代表公司行使权利。如果董事会或者监事会不行使该权利，则任何股东可以通过代表诉讼的方式行使权利。

2. 赔偿责任。

《公司法》第 150 条规定，如果董事、高级管理人员违反竞业限制义务的行为给公司造成损失，则应承担赔偿责任。

八、董事、高级管理人员不得擅自披露公司秘密

《公司法》第 149 条第 1 款第 7 项规定，董事、高级管理人员不得擅自披露公司秘密。

（一）不得擅自披露公司秘密

从法律性质上看，该项义务属于忠实义务、不作为义务，是董事、高级管理人员依法向公司承担的限制性义务。经过公司机关同意或法律规定必须对外披露的公司信息，则不属于该项规制的范围。

从违法行为方式看，是董事、高级管理人员擅自披露了公司秘密。这里的“公司秘密”，主要是指商业秘密，但不限于商业秘密。根据《反不正当竞争法》第 10 条第 2 款的规定，商业秘密指不为公众所知悉，能为权利人带来经济利益，具有实用性并经权利人采取保密措施的技术信息和经营信息。在实践中，商业秘密往往指生产流程、产品配方、营销策略、客户名单、专有技术等。公司秘密除了商业秘密外，还包括一切可能对公司利益产生影响的信息，譬如，公司交易谈判的底线、重大诉讼决策情况等。保护公司秘密是董事、高级管理人员的一项重要的忠实义务。

（二）法律责任

1. 归入责任。

《公司法》第 149 条第 2 款规定，公司可以将董事、高级管理人员违反该项义务行为获得的收入收归公司所有。

2. 赔偿责任。

《公司法》第 150 条规定，如果董事、高级管理人员违反该项义务的行为给公司造成损失，则应承担赔偿责任。

由于公司秘密包括了商业秘密在内，因此，如果董事、高级管理人员擅自披露公司商业秘密，不仅要承担《公司法》规定的民事责任，而且可能依照《反不正当竞争法》第 25 条的规定承担相应的行政责任。① 如果因此给公

① 《反不正当竞争法》第 25 条规定：违反本法第十条规定侵犯商业秘密的，监督检查部门应当责令停止违法行为，可以根据情节处以一万元以上二十万元以下的罚款。

司造成了重大损失，还可能依照《刑法》第219条的规定承担刑事责任。[①]

九、董事、监事、高级管理人员不得利用其关联关系损害公司利益

《公司法》第21条规定：公司的控股股东、实际控制人、董事、监事、高级管理人员不得利用其关联关系损害公司利益。违反前款规定，给公司造成损失的，应当承担赔偿责任。根据《公司法》第217条的界定，所谓关联关系，是指公司控股股东、实际控制人、董事、监事、高级管理人员与其直接或者间接控制的企业之间的关系，以及可能导致公司利益转移的其他关系。但是，国家控股的企业之间不仅因为同受国家控股而具有关联关系，该项义务的主体除董事、监事、高级管理人员外，还包括控股股东和实际控制人，其法律责任是赔偿公司由此受到的损失。

复习思考题

1.2005年的《公司法》对公司董事、监事、高级管理人员的资格和义务作出哪些修订规定？

2. 如何理解《公司法》对公司负责人资格的规定？

3. 简述违反《公司法》第147条规定的法律后果。

4. 简述董事、监事、高级管理人员之间职务兼任的限制性规定。

5. 如何理解忠实义务和勤勉义务及两者的关系？

6. 如何理解忠实义务和勤勉义务的理论基础？

7. 简述董事、监事、高级管理人员对股东（大）会的说明义务。

8. 如何理解董事、高级管理人员不得挪用、私存公司资金或者把佣金归己的义务？

9. 如何理解董事、高级管理人员的借贷或担保受限义务？

10. 什么是自我交易？如何理解董事、高级管理人员的自我交易受限义务？

11. 如何理解《公司法》关于“篡夺公司机会”的规定？

12. 如何理解《公司法》关于“竞业限制”的规定？

13. 如何理解《公司法》规定的董事、高级管理人员不得擅自披露公司秘密的规定？

---

① 《刑法》第219条第1款规定，有侵犯商业秘密行为，给商业秘密的权利人造成重大损失的，处3年以下有期徒刑或者拘役，并处或者单处罚金；造成特别严重后果的，处3年以上7年以下有期徒刑，并处罚金。

第七章

有限责任公司的特别规定

第一节　有限责任公司的股权转让

一、有限责任公司股权转让概说

（一）股权转让的基本原则

股权的转让是实现资本流通、保障资源优化配置、促进提高公司管理水平、维护和实现股东及相关利害关系人财产权益的重要手段。转让股权是股东的基本权利、固有权利。各国公司法对股权转让的立法调整以自由转让为原则，以限制转让为例外。例如，《日本商法典》第204条明确地规定，“除法律另有规定外，股东有权决定自由转让其所持有的股份”。

不同公司的性质有差异，法律对股权转让的规制也有所不同。是否需要限制股权转让的判定标准是股东信用与股东人际关系在公司运营中的作用，即公司的性质是资合公司还是人合公司。对资合公司，如股份有限公司，因其经营活动不依赖于股东个人之信用，也不需要利用股东之间的相互信任关系维持公司的运行，所以，原则上无须限制股权的转让，仅在例外情况下出于避免内幕交易、强调特定主体责任、维护经济秩序等目的予以限制。但是对人合公司，如无限公司而言，因其以股东的信用和相互信任关系为公司活动基础，就需要适当限制股权的转让，以维护公司的信用基础，并借此维持作为公司运行基础的股东相互信任关系。

有限责任公司属于资合兼人合的公司，虽然无须以股东的信用作为公司的信用基础，但是其成员却具有一定的封闭性，必须重视股东之间的相互合作关系。所以，与股份有限公司的股东原则上可以自由转让股权不同，有限责任公司的股权在股东之间转让时可以不受限制，但向股东以外的人转让股权则要受到一定的法律限制，以免因公司股权结构变化或成员变化，而影响公司其他股东的利益和正常的经营管理。为此，立法给予老股东以是否接受新股东作为合作对象的适当选择权，以充分保障股东之间信赖关系的存续。除此之外，有限责任公司的股东在股权转让的方式上也因公司之性质而受到一定的局限，股东的股权不能在证券交易所上市自由交易，一般只能通过个别协议转让，所以，难以充分利用市场化的竞争与竞价机制，不利于当事人寻求充分的转让机会和准确的市场定价。

各国公司立法对有限责任公司的股权在股东之间的内部转让，一般不予限制，但对向股东以外的人转让股权，通常作出限制性规定，并赋予其他股东优先购买权。例如，法国规定，向股东以外的人转让股权，须经过代表3/4表决权的股东同意。日本则规定，出任董事的股东向股东以外的人转让其股权，必须经过全体股东的同意。但为了保证股权的合理流动，在限制转让的情况下，通常要求不同意转让的股东应当购买该转让的股权，否则视为同意转让。2005 年修订的《公司法》十分重视有限责任公司的股权转让问题，专门设置了第三章加以调整。

（二）股权转让的分类

有限责任公司股权的转让因其原因不同，可以分为狭义上的股权转让与广义上的股权转让。狭义上的股权转让，专指当事人之间因协议关系而发生的股权转让；广义上的股权转让，除协议转让之外，还包括因司法强制执行而发生的转让，因企业合并、继承、离婚造成财产分割等发生的转让。股权转让可以根据不同的标准分为不同的类别。

1. 内部转让与外部转让。

内部转让，是指股权在公司原有股东之间进行的转让；外部转让，是指股东向股东以外的人转让股权。这是依据受让对象的不同所作的分类。由于股权的内部转让不会产生新的股东，只是使原有股东之间持股比例发生变化，不影响有限责任公司“人合”之性质，所以，立法对其一般不加限制。《公司法》规定，股东之间的股权转让可以自由进行，无须取得其他股东的同意。但股东之间的股权转让可能打破股东之间原有的权益平衡，持股比例的变化可能改变公司的控制股东，进而使公司的董事、监事、高级管理人员也随之发生变化，影响到股东利益。为避免此种情况发生，股东可以在公司章程中对股权的内部转让作出特别规定，例如，所有股东有权按照持股比例受让股权等。股权的外部转让使新股东参加，可能影响公司内部权力平衡、影响股东之间的信任关系，所以，各国立法均规定一定的限制。

2. 协议转让与非协议转让。

协议转让，是指基于当事人自愿签署的股权转让协议而发生的转让；非协议转让，是指因发生法律规定的特定事由而发生的转让。由于转让的前提原因不同，故前者又称为约定原因转让，后者则称为法定原因转让。非协议转让一般包括因司法强制执行（不限于民事执行，刑事处罚的执行，如没收财产也会发生股权转让的效果）而发生的股权转让，因实现质押权而发生的股权转让（限于当事人未经司法程序的转让），因企业合并、分立而发生的股权转让，因继承而发生的股权转让，因离婚、家庭析产、合伙关系解散等原因而分割作为共有财产而发生的股权转让等。需要注意的是，所谓协议转让与非协议转让的区别，是指基础原因而言，而不是仅简单的指股权转让的形式。因为在许多非协议转让的情况下，当事人也可能通过相应的协议解决股权转让问题，例如，离婚中的财产分割协议等。

3. 全部转让与部分转让。

全部转让，是指股东将其持有的全部股权予以转让；部分转让，是指股东仅转让其持有的部分股权。在股权全部转让的情况下，有可能因公司所有股权均转让给一人，而出现存续型的一人公司，需要立法特殊调整。

4. 有偿转让与无偿转让。

有偿转让，是指股权的受让方在接受转让时需支付一定对价的转让；无偿转让，是指股权的受让方在接受转让时无须支付一定对价的转让。

5. 控制权股权转让与非控制权股权转让。

控制权股权转让，是指股东将其持有的足以控制公司的股权予以转让，受让方接受转让后将成为公司的控制股东；非控制权股权转让，是指股东将其持有的不足以控制公司的股权予以转让，通常受让方接受转让后不会成为公司的控制股东，但如果受让方原已持有部分公司股权，则可能在接受转让后成为公司的控制股东。在通常情况下，控制权股权转让因包含控制公司的利益，其股权转让价格比非控制权股权转让的价格要高一些，转让条件也可能有所不同。

6. 向他人的股权转让与向公司的股权转让（即公司回购）。

在通常情况下，股东转让股权均是向其他依法可以成为公司股东的他人转让股权，但在法律规定的情况下，股东也可以要求向公司转让股权，即由公司回购股权。《公司法》第 75 条规定：有下列情形之一的，对股东会该项决议投反对票的股东可以请求公司按照合理的价格收购其股权：(1) 公司连续五年不向股东分配利润，而公司该五年连续盈利，并且符合本法规定的分配利润条件的；(2) 公司合并、分立、转让主要财产的；(3) 公司章程规定的营业期限届满或者章程规定的其他解散事由出现，股东会会议通过决议修改章程使公司存续的。自股东会会议决议通过之日起六十日内，股东与公司不能达成股权收购协议的，股东可以自股东会会议决议通过之日起九十日内向人民法院提起诉讼。

此外，还有从其他角度对股权转让所作的分类，例如，依法转让和依章程转让等。在上述各种转让情况中，股权的外部转让、非协议转让、公司回购股权等，因涉及的法律关系复杂多样，所以，在立法中往往作出特殊规定。

二、股权转让之法律规制

（一）《公司法》对股权转让问题的修订

旧《公司法》第 35 条规定，有限责任公司股东向股东以外的人转让其出资时，必须经全体股东过半数同意；不同意转让的股东应当购买该转让的出资，如果不购买该转让的出资，视为同意转让。经股东同意转让的出资，在同等条件下，其他股东对该出资有优先购买权。这一规定及其他与股权转让相关的规定存在内容过于粗略、制度缺失、规定不合理等许多问题，导致实践中出现对立法的不同理解，发生执法不统一等问题。

2005 年修订的《公司法》对有限责任公司股东转让股权问题作了大量的补充完善，并设专章规定。《公司法》第 72 条规定：有限责任公司的股东之间可以相互转让其全部或者部分股权。股东向股东以外的人转让股权，应当经其他股东过半数同意。股东应就其股权转让事项书面通知其他股东征求同意，其他股东自接到书面通知之日起满 30 日未答复的，视为同意转让。其他股东半数以上不同意转让的，不同意的股东应当购买该转让的股权；不购买的，视为同意转让。经股东同意转让的股权，在同等条件下，其他股东有优先购买权。两个以上股东主张行使优先购买权的，协商确定各自的购买比例；协商不成的，按照转让时各自的出资比例行使优先购买权。公司章程对股权转让另有规定的，从其规定。此外，立法还规定了在法院强制执行程序中其他股东优先购买权的行使、转让股权后的公司章程修改、股权的继承、异议股东的股权收买请求权等问题。这一规定及其他相关新规定在一定程度上解决了旧《公司法》对股东向股东以外的人转让股权问题规定不明，甚至存在矛盾的情况。

在理解《公司法》之新规定时，需要注意以下方面：

第一，股东向股东以外的人转让股权不再需要经过股东会决议。修订后的《公司法》在第 38 条对股东会职权的规定中，取消了旧法“对股东向股东以外的人转让出资”须由股东会作出决议的内容。依第 72 条的规定，采取由股东将其股权转让事项书面通知其他股东的方式个别征求同意，从而彻底解决了旧法中的一些规定不明问题，例如，对股权转让事项是应当召开股东会作出决议，还是可以个别征求其他股东同意；召开股东会，会议是按照股东出资比例行使表决权，还是按照股东人数行使表决权，转让股权之股东是否有权参加表决等，消除了不同条款之间存在的矛盾，解决了实践中股东会可能因种种原因难以召开、影响股权转让顺利进行的问题，体现了有限责任公司在此问题上具有的人合法律本质。

第二，立法明确规定，其他股东对股权转让是否同意，以股东的人数判断为标准，而不是以股东拥有的表决权即股权为标准，也就是说，采取“股东多数决”原则，而非“资本多数决”原则。

有限责任公司兼具有资合与人合的性质。从资合的性质讲，应当按照出资比例行使表决权，而从人合的性质讲，则应按照股东人数行使表决权。要确定在某一具体事项上如何行使表决权，关键取决于该事项是涉及公司的资合性质还是人合性质。而人们认为有限责任公司具有人合性质的根据之一，恰恰就是法律规定股东向股东以外的人转让其出资要受到限制。公司内部经营事务属于资合性质的范畴，对这些事项的决定，由此产生的利害与股东持股数额多少直接相关，所以，原则上应当由全体股东按照出资比例行使表决权决定。但“股东向股东以外的人转让其出资”则性质不同，它涉及公司出资人的变化，合作之人的变化显然应属于人合性质的事项，故应按照股东人数行使表决权。每一股东无论出资多少，在设立公司时均有同等的权利选择其认为适当的合作伙伴，否则可以不参加公司。在设立公司后股东发生变化时，同样应有权利选择是否接受新的合作伙伴，不同意时便可以优先购买被转让的出资。此项权利的性质与股东持股多少无关，当然也就不能采取按照出资比例行使表决权的方式决定。

第三，新《公司法》明确规定，其他股东自接到书面通知之日起满 30 日未答复的，视为同意转让，解决了旧法对其他股东是否同意转让无表态期限规定的缺失，避免了有的股东不同意股权转让，又不行使优先购买权，恶意拖延使转让人的合法权益无法实现，且无法获得法律救济的现象。

立法同时规定，“其他股东半数以上不同意转让的，不同意的股东应当购买该转让的股权；不购买的，视为同意转让”，从而保障股东转让股权的权利能够正常实现。需要注意的是，规定中的“应当”购买该转让的股权，并不使不同意股权转让的股东负有必须购买该出资的义务，其享有选择权，只是在其不购买转让股权时，视为同意向非股东转让出资。其购买转让股权时，也不是在行使优先购买权，优先购买权仅在原股东同意转让股权时才会产生。因为购买权优先与否，必须是相比较才能存在的，现在原股东根本不同意转让，当然也就不存在与其他人的购买权相比较而优先的问题。所以，不同意转让之股东购买股权的价格完全由双方协议确定。

此时可能会出现转让股权之股东恶意地抬高转让价格，致使原股东无法承受，不得不拒绝购买股权，而被视为同意股权转让的现象。由于原股东被视为同意股权转让，优先购买权便随之产生，如果转让股东再降低价格向他人转让股权，原股东仍可以优先购买。在有充分证据证明转让股权之股东存在恶意地抬高转让价格行为时，原股东还可以要求其赔偿因此而受到的损失。

根据《公司法》的规定，如果公司其他股东不同意股权转让，但又无能力承受被转让的股权，将被视为同意转让股权，新股东便可强制加入。这种立法设计充分考虑了股权出让人以及受让人的利益，但却可能损害公司其他股东对合作者的选择权。其实对此种情况，可以有更为合理的方法解决，即设置由公司指定其他股权受让方的制度。《日本有限责任公司法》第19条规定：“股东将其股份的全部或部分转让给非股东时，须经股东大会同意。前项的场合，股东得向公司提出载有转让的对方及欲转让的出资股数之书面材料，以获得转让的批准；在未获批准时，则应请求指定其他转让方。”《日本商法典》第204条规定：“股权的转让须董事会同意的场合，欲转让股权的股东，可以记载转让对方并欲转让股权的种类和数量的书面形式，请求公司同意。或在未获同意时，可请求公司指定其他的转让对方。”笔者认为，这种解决办法值得我国借鉴，一方面，可以保证股权转让的顺利进行，另一方面，又可以尊重公司其他股东对合作伙伴的选择权，保障公司正常经营。

第四，对股东的优先购买权行使冲突问题作出详细规定，避免发生争议。立法规定，两个以上股东主张行使优先购买权的，协商确定各自的购买比例；协商不成的，按照转让时各自的出资比例行使优先购买权。据此，在公司原有股东均主张行使优先购买权时，就不会破坏公司内部既存的权力分配与利益平衡机制。

第五，修订后的《公司法》改变了旧法中对股东向股东以外的人转让股权在法律调整上的绝对法定主义，尊重当事人的意思自治，允许“公司章程对股权转让另有规定”，并在公司章程另有规定时遵从其规定，优先于法律规定适用。这也是各国立法的惯例，例如，《德国有限责任公司法》第15条规定，“股份可转让并可继承”，但“章程可就股份转让规定其他条件，也可以规定转让应由公司批准”。

第六，立法还对股权转让的后续办理程序作出规定，以保障股权转让的顺利进行。《公司法》第74条规定：“依照本法第七十二条、第七十三条转让股权后，公司应当注销原股东的出资证明书，向新股东签发出资证明书，并相应修改公司章程和股东名册中有关股东及其出资额的记载。对公司章程的该项修改不需再由股东会表决。”

旧《公司法》对此问题未作详细规定，在实践中，曾出现公司其他股东因对股权转让或新股东不满，故意拖延不召开股东会对公司章程中的股东名称及其出资额进行修改，不向新股东签发出资证明书的现象，致使新股东在公司中的权利不能得到确认，无法正常行使。此外，《公司法》规定公司章程的修改，需要取得代表公司2/3以上表决权的股东同意，与转让股权“应当经其他股东过半数同意”的规定相比，无论是在表决的计票方式，还是在表决通过的标准上均有所不同，两者若一并执行，必然出现矛盾，甚至可能使公司章程的相应修改无法获得通过，影响股权转让的最终完成。经过修订的《公司法》解决了这些问题。

第七，《公司法》对股权的继承问题作出规定。《公司法》第76条规定：“自然人股东死亡后，其合法继承人可以继承股东资格；但是，公司章程另有规定的除外。”股权作为财产权是可以继承的，但继承股权与继承股东资格是不同的问题。因对股东资格的继承不仅涉及财产利益，而且涉及参与公司重大决策、选择管理者等共益权利，而对股权的继承可以在不涉及股东资格的情况下通过继承变卖股权的价款等方式实现。

有限责任公司的自然人股东死亡后，其合法继承人能否继承股东资格存在两种不同的观点。一种观点认为，继承人可以因继承股权自然而然地继承公司股东资格。另一种观点认为，继承人通过继承取得股东资格，应取得其他股东的同意，立法不应强制公司现有的股东接受死亡股东的继承人为公司股东，以维持股东之间的信赖与合作关系。有的学者认为，有限责任公司股东“出资的可继承性主要体现在对死亡股东自益权的继承，而体现身份属性的共益权则随死亡事实的发生而当然地归于消灭。换句话说，共益权不能被继承而只能由继承人通过其他渠道（如公司事后同意或公司章程的事先规定等）来获取”①。为此，《美国统一有限责任公司法》还专门使用“可分派利益的受让人”的概念界定取得公司股权（可分派公司利益）、但未取得股东资格的人士。《法国商事公司法》对公司股东资格的继承规定了三种处理方式：章程可以规定公司由现存的股东继续经营，从而排除了死亡股东继承人的参与；允许继承人成为公司股东，但须经批准；章程也可以允许其他第三人在股东去世后取代其位置，但这得由死亡股东的配偶、继承人及章程或经章程授权的遗嘱事先制定，因而事后也就无须再经批准。②

2005年经过修订的《公司法》规定，自然人股东死亡后，其合法继承人可以继承股东资格；但是，公司章程另有规定的除外，采纳了世界各国较为通行的规定模式。但其“公司章程另有规定的除外”的规定，过于笼统，且无条件地将章程规定优先于法律规定适用，过分强调意思自治，也可能产生章程规定不合理、对后加入公司之股东的意愿考虑不足等弊端。笔者认为，一方面，可以考虑采纳一些学者的建议，以股东过半数同意作为继承人继承股东资格的条件；另一方面，也应当设置异议救济程序，无论是不同意继承人继承股东资格的股东，还是未能继承股东资格的继承人，均可以通过异议救济程序维护其权益，以保公平。

第八，《公司法》规定了在人民法院的强制执行程序中其他股东的优先购买权的行使。《公司法》第73条规定：人民法院依照法律规定的强制执行程序转让股东的股权时，应当通知公司及全体股东，其他股东在同等条件下有优先购买权。其他股东自人民法院通知之日起满二十日不行使优先购买权的，视为放弃优先购买权。对此问题将在后面详述。

第九，为维护中小股东的权益，《公司法》规定了有限责任公司异议股东的股权收买请求权，亦即公司对股权的回购。《公司法》第75条规定：有下列情形之一的，对股东会该项决议投反对票的股东可以请求公司按照合理的价格收购其股权：(1)公司连续五年不向股东分配利润，而公司该五年连续盈利，并且符合本法规定的分配利润条件的；(2)公司合并、分立、转让主要财产的；(3)公司章程规定的营业期限届满或者章程规定的其他解散事由出现，股东会会议通过决议修改章程使公司存续的。自股东会会议决议通过之日起六十日内，股东与公司不能达成股权收购协议的，股东可以自股东会会议决议通过之日起九十日内向人民法院提起诉讼。

对此问题在“股东权”一章中已有讲解，不再赘述。

---

①② 参见赵万一、王兰：《有限公司股权继承法律问题研究》，载《华东政法学院学报》，2006(2)。

(二)《公司法》新规定之思考与完善

《公司法》的新规定，在对股东向股东以外的人转让股权问题的调整上显然比旧法更为合理，更具有可操作性。但新规定也随之带来一些新问题。

第一个问题是，公司章程对股权转让所另作规定之效力认定。股东在章程中对向非股东转让股权约定的限制条件可能是多种多样的，例如，未经全体股东（而不是过半数股东）一致同意不得转让股权；某一股东在股权转让时必须连带转让另一或其他一些股东的股权；股权转让必须经过某大股东同意，或经董事长、董事会的同意；规定股权转让时其他股东均应放弃优先购买权；甚至可能规定禁止向非股东转让股权；只允许以某一固定价格（如原始购买价格）向内部股东转让股权；原股东可以在不同等条件（通常是价格更为优惠的条件）下行使优先购买权；在特定情况下股东必须向特定人转让股权；限制股权转让的时间或限制股东行使优先购买权的时间等。例如，某公司章程规定："原始股东因任何事由均不得转让股权，但允许股权的继承。"这些与法律规定不同的章程约定有些是合理的，有些可能是不合理的，是显失公平的，甚至是违法的（在存在其他法律强制性规定的情况下）。

此外，对于公司的原股东来说，公司章程另作之规定在制定之时是经过其签字同意的，但对公司成立后通过股权转让等方式新加入公司的股东，其可能并不同意章程的特殊规定，但却因种种原因难以改变，对其强制实施有可能是不公平的。而人民法院在当事人对此发生争议时，是否均要无条件地承认章程约定的效力，股东能否请求法院认定章程约定条款无效，或请求予以变更或撤销。《公司法》对这些问题如何处理并无规定，而这恰恰是司法实践中需要解决的问题。

首先，我们需要对公司章程的法律性质加以确定。公司章程是股东之间对公司内部事务的一种合意，从这一角度讲相当于一种特殊性质的社员合同。《合同法》规定，当事人对合同条款的效力发生争议，可以请求人民法院加以确认，具有法定情况时，可以认定合同条款无效，或可以请求予以变更或撤销。所以，尽管在《公司法》中只规定股东会可以通过决议对公司章程条款进行修改，没有关于股东可以请求人民法院对公司章程条款效力加以否定的规定，但从法理上讲，股东对公司章程条款的合法性发生争议是可以请求人民法院加以确认的，人民法院也有权作出否定公司章程条款效力的裁判（如公司章程中规定股东不得向董事提起诉讼的条款，就应认定为属于剥夺股东的法定权利而无效的条款）。再者，从立法关于股东会决议（包括通过公司章程、修改公司章程条款的决议）的内容违反法律、行政法规的无效，并允许股东向人民法院提出撤销决议申请的规定看，人民法院也是可以作出实际上具有否定公司章程条款效力内容的裁判的，尽管是通过否定股东会决议的间接方式。此外，根据修订后的《公司法》修改的《公司登记管理条例》第23条也规定：公司章程有违反法律、行政法规的内容的，公司登记机关有权要求公司作相应修改。否则，公司登记机关可不予登记。

在确定了上述基本原则之后，我们可以得出结论，虽然《公司法》规定公司章程对股权转让可以另有规定，并规定当事人的章程规定可以优先于法律规定适用，但公司章程规定的效力及优先适用并非绝对的，人民法院仍可以依法加以调整。也就是说，虽然《公司法》修订后在很多方面取消了强制性规定，更多地尊重当事人的意思自治，但这种意思自治仍然要受法律制约。

其次，需要确定判断人民法院可以依法对公司章程约定干预、调整的标准。根据《美国修正标准商事公司法》第6.27（c）条的规定，公司对其股份转让所作的限制如果是为了三种目的，则这种限制条款是合理的，即为了维持公司的现有状况而对公司股份的转让所作限制，为了按照联邦或州的法律保持某些豁免权而对公司股份的转让所作限制，或者为了实现任何其他合理的目的。根据《美国特拉华州公司法》第202（c）条规定，如果公司对股东的自由转让所施加的限制是为了使公司和其他股东享有第一拒绝权、同意权和买断义务，则此种限制条款是有效的。

笔者认为，从一般原则上讲，我国可以借用《合同法》第52条、第54条的规定对此加以解决。对于公司章程中一方股东以欺诈、胁迫手段制定的损害国家利益的条款；以合法形式掩盖非法目的的条款；损害社会公众利益的条款；以及违反法律、行政法规的强制性规定的条款，可以认定其无效。对于章程中因股东重大误解通过的条款、显失公平的条款以及一方股东以欺诈、胁迫手段或乘人之危订立的违背其他股东真实意思的条款，股东可以请求人民法院或仲裁机构予以变更或撤销。对公司章程规定的各种具体情况是否属于无效或可撤销、变更的条款，在司法解释尚未作出具体规定时，则由法官根据《公司法》等立法中确立的法律原则加以判断。

第二个问题是，在人民法院的强制执行程序中，其他股东的优先购买权如何行使。《公司法》第73条规定：人民法院依照法律规定的强制执行程序转让股东的股权时，应当通知公司及全体股东，其他股东在同等条件下有优先购买权。其他股东自人民法院通知之日起满二十日不行使优先购买权的，视为放弃优先购买权。但由于这一规定的具体适用程序不够明确，且与最高人民法院过去发布的有关司法解释有差异，在执行时仍可能出现问题。在实践中，股权转让的“同等条件”如何，尤其是转让价格多少，是股东决定是否行使优先购买权的重要前提条件。所以，如果严格按照法律规定的文义解释，只有在负责强制执行的法院以拍卖、变卖或以其他方式将转让股权的价格“同等条件”确定之后，未放弃优先购买权的股东才负有在合理期间内决定是否行使优先购买权并通知法院的义务。由此便可能产生法院要求其他股东确定是否行使优先购买权的时间，与拍卖等程序以公开竞价方式确定股权转让“同等条件”时间上的矛盾。

拍卖是法院在强制执行过程中处分财产最常用的方式，它以公开竞价的形式，将特定物品或者财产权利转让给最高的应价者。《中华人民共和国拍卖法》（以下简称《拍卖法》）第38条规定，“买受人是指以最高应价购得拍卖标的的竞买人”。第51条规定，竞买人的最高应价经拍卖师落槌或者以其他公开表示买定的方式确认后，拍卖成交。第52条规定，拍卖成交后，买受人和拍卖人应当签署成交确认书。据此，拍卖价格即股权转让的“同等条件”确定之时，也就是买受人依法确定之时，没有为股东在此时再行使优先购买权留下适当的时间与空间。

拍卖作为对股权执行的重要方式之一，可以在最大限度上保障股权变现程序的公平，保证股权在竞价基础上最大限度地实现其价值，显然是不能放弃的。然而，根据《公司法》的规定，如果在拍卖成交即“同等条件”确定后，又允许其他股东行使优先购买权，以竞买人的成交应价购买股权，竞买人的利益便无法保障，而且与《拍卖法》的规定相冲突，由此形成两难局面。

有学者建议，以法院事先确定的拍卖底价作为股东行使优先购买权的同等价格。但拍卖底价与实际成交价可能会有相当大的差异，其实施的弊端是可能会损害被执行人或行使优先购买权股东的利益，而且可能为法官的不规范操作留下过大空间。还有学者主张，股东未放弃优先购买权的股权属于依法不可以处分的财产权利，不能进行拍卖，只能以其他方式处分，如协商出售等。是否不应以拍卖方式处分股东未放弃优先购买权股权的主张可以再商榷，但是其理由却显然是难以成立的。因为尽管股权附有股东优先购买权，但对出卖人来说，是完全可以出售的，拍卖标的属于其依法可以处分的财产权利，不同的是，买受人的竞买权利可能受到限制。其他股东对转让的股权保留优先购买权，不能理解为该项股权不能转让，包括以拍卖方式转让。

为解决这一问题，2005年1月1日起施行的最高人民法院《关于人民法院民事执行中拍卖、变卖财产的规定》第14条规定：人民法院应当在拍卖五日前以书面或者其他能够确认收悉的适当方式，通知当事人和已知的担保物权人、优先购买权人或者其他优先权人于拍卖日到场。优先购买权人经通知未到场的，视为放弃优先购买权。第 16 条规定：拍卖过程中，有最高应价时，优先购买权人可以表示以该最高价买受，如无更高应价，则拍归优先购买权人；如有更高应价，而优先购买权人不作表示的，则拍归该应价最高的竞买人。顺序相同的多个优先购买权人同时表示买受的，以抽签方式决定买受人。

严格地讲，这种做法也是与《拍卖法》、《公司法》规定不太相符的。因为它使拍卖的最高应价者不能如拍卖程序所规定的那样在报出最高应价的同时确定地成为买受人，而且其“顺序相同的多个优先购买权人同时表示买受的，以抽签方式决定买受人”的规定，也与《公司法》“两个以上股东主张行使优先购买权的，协商确定各自的购买比例；协商不成的，按照转让时各自的出资比例行使优先购买权”的规定冲突，在《公司法》修订后不能再继续实施。但这一规定在《拍卖法》与《公司法》出现立法冲突时，在尽可能维护相应的法律制度立法原意的前提下较好地协调解决了矛盾，照顾到了优先购买权人的利益。所以，笔者认为，在《公司法》实施中仍可制定司法解释，采取上述方式解决。当然，最终解决拍卖程序与优先购买权人权利行使方式矛盾的方法，就是修改《拍卖法》，为股东行使优先购买权留下适当的时间与空间。

三、特殊情况下股权转让行为效力的认定

（一）未经过半数股东同意向非股东转让股权行为的效力认定

在实践中，有时会发生股东未经多数股东表示同意便向非股东转让股权的情况，这时对股权转让的效力应如何认定便成为当事人争议的焦点。有的学者认为，股权转让行为有效。有的学者认为，股权转让行为无效。有的学者主张，股权转让行为是可撤销行为。也有的学者主张，股权转让为附条件生效行为。还有的学者主张，股权转让属于效力待定行为，即如果事后经其他股东过半数追认同意，则股权转让有效，如果未得到过半数其他股东追认同意，则股权转让无效。

1. 对行为性质的认定。

显然，未经多数股东同意向非股东转让股权的行为，违反法律规定，不可能是具有完备法律效力的行为。问题在于这种行为的性质是无效行为，还是可撤销的行为，或属其他性质行为。如果是无效行为，不仅有关当事人可以提出无效主张，法院、仲裁机构乃至有关国家机关，如公司登记机关发现后也可以主动认定行为无效。而且通常认为，对无效行为的认定不受时效的

限制。如果是可撤销的行为，则只有享有撤销权的当事人才可以提出撤销主张，法院、仲裁机构无权在当事人未提申请时主动撤销该行为，且撤销权必须在法定期限内行使。

笔者认为，未经多数股东同意向非股东转让股权的行为原则上属于可撤销行为，而不是无效行为或其他性质行为。对此时行为之性质与效力，以及发生争议时的处理，要根据法律规定和实际情况区分认定。

《公司法》要求股东向非股东转让股权时应经其他股东过半数同意，并且赋予其他股东在同等条件下对该转让股权的优先购买权，对股权的转让设置了一定的程序性限制条件。另一方面，《公司法》又规定不同意股权转让的股东应购买该转让股权，不购买则视为同意转让，为股权转让、资本流动提供了关键的实质性保证。从立法规定的实质内容看，首先，其本意在于保障股权转让的顺利进行，以保证社会资源的优化配置，而不是限制股权的转让，这集中体现在要求不同意转让者的购买以及不购买便视为同意转让的规定上。有了此项规定，应经其他股东过半数同意的规定对股权的转让来说，就不再是实质性障碍，而可能仅具有程序意义。其次，立法在保障股权顺利转让的前提下，在股权转让的非股东受让人与原有其他股东之间则优先保证原有股东在公司中的既得利益，这集中体现为原有股东在同等条件下对转让股权的优先购买权上。

据此，既然在其他股东半数以上明确表示不同意转让的情况下，反对者如果不购买转让股权都要被视为同意转让，股权转让均可违背其意愿进行，那么，仅以未经其他股东表示是否同意就将股权转让行为定性为无效行为，显然是不妥的。因为存在其他股东追认同意股权转让，或虽然不同意股权转让，但也不购买转让股权而被视为同意转让的可能。如果未征求其同意的这些股东根本就不反对股权转让，也不准备行使优先购买权时，股权转让程序上的瑕疵并不影响其实体权利，故不应据此完全否定股权转让的效力。仅因程序瑕疵便认定股权转让行为无效，也违背了社会活动的经济与效率原则。再者，同意股权转让的行为既可以是明示的，例如，签署声明表示同意转让并放弃优先购买权，也可以是默示的、用行为表达的，例如，明知股权转让发生而不表示反对，与新股东共同参加股东会，同意其进行股东名册变更登记等。而且，同意股权转让，既可以在股权转让之前表态，也可以在此之后表示追认。在其他股东未明确反对股权转让之前，尚无证据证明其没有以默示方式表示同意，或不会予以追认。此时如果将股权转让行为定性为无效行为，则可能损害其他股东默示同意或追认同意股权转让的权利，可能违背其本意。关键是，将此种情况认定为无效行为的定性与立法的本意和法律规定的实质内容不符。

另一方面，未经过其他股东同意的股权转让行为，又可能损害反对者购买该股权的权利，可能损害其他股东的优先购买权，对这些当事人的权利也必须给予充分的保护。通过设置撤销权的方式，即可以对各方当事人的利益予以公平的维护。所以，对未经过其他股东表示是否同意的股权转让行为，应当定性为可撤销的行为。

所谓附条件生效的主张也有不妥之处，未经过其他股东表示是否同意的股权转让行为，的确有可能因为当事人的特殊约定，而成为附条件生效的合同。但此说成立的前提是，双方当事人在订立合同时就将合同签订后需以经过其他股东表示同意为生效条件写入合同之中，如果合同中未附有此项条件，就不能认定此合同为附条件生效的合同。

2. 对股权转让争议的处理。

对可撤销的行为，只有享有撤销权的当事人才可以行使撤销权。在股权转让法律关系中，未曾对股权转让表示同意或放弃优先购买权的其他股东享有撤销权。转让方因本身违反了法律规定，犯有过错，故不享有撤销权。受让方在股权转让时明知或应知股权转让未经其他股东同意并放弃优先购买权的，不享有撤销权；但受让方不知此情况的，在其他股东表示是否同意之前享有撤销权，在其他股东表示追认同意之后，则没有撤销权。

当事人的撤销权必须在法定期间内行使，即自知道或者应当知道撤销事由之日起1年之内。需要特别注意的是，根据《公司法》的规定，其他股东行使撤销权，不能仅以反对股权转让为理由，必须以其要购买不同意转让的股权或者要行使优先购买权为前提，否则无权提出撤销请求，即使提出也将因其不购买转让的股权而被视为同意转让。如果股东在提出撤销请求前曾有明确默认同意股权转让的行为，则不得反悔，转让方可以此为抗辩理由。受让方行使撤销权时，因其他股东是否默示同意或追认同意股权转让可能尚属未定，故转让方可以其他股东已经同意股权转让为抗辩理由（但此时应提供明示或可依法推定同意股权转让的证据，以使股权转让行为的效力确定）。当然，受让方在此种情况下还可以行使对其他未表态股东的催告权，请求其在规定的期间内明确表示是否同意股权的转让，如果其不同意，或在法律规定的期间内仍未明确表示是否同意，则受让方可据此作为行使撤销权的证据。此后其他股东的反悔同意，不得再作为对受让方撤销请求的抗辩理由。

应当指出的是，对在其他股东已经明确表示反对股权转让并提出购买转让的股权，或虽然同意转让股权但明确表示行使优先购买权的情况下，仍漠视其他股东的反对或优先购买权利，强行将股权转让给非股东的行为，应当定性为无效行为。因为此种情况下的股权转让行为，与未经过其他股东表态是否同意的股权转让行为性质是不同的，它是在明知依法不得转让情况下进行的，故而也应还其以本来面目，认定为无效行为。

将未经过其他股东表态是否同意的股权转让行为定性为可撤销的行为，对鼓励资本流动、保证社会资源的优化配置，具有一定的积极意义。

（二）未履行股东名册和工商登记变更手续对股权转让效力的影响

《公司法》第 74 条规定：依照本法第七十二条、第七十三条转让股权后，公司应当注销原股东的出资证明书，向新股东签发出资证明书，并相应修改公司章程和股东名册中有关股东及其出资额的记载。对公司章程的该项修改不需再由股东会表决。

股东依法转让其股权后，受让人的姓名或者名称、住所以及受让的股权数额，应由公司记载于股东名册。此外，如果转让使原有股东及股权情况发生变化，也要在股东名册上作出相应的修改记载。许多国家的公司法均规定，股东转让股权后，应在公司股东名册上进行登记，否则，转让之效力不得对抗公司。

在实践中，往往会遇到一些复杂的情况。例如，在一案例中，某有限责任公司股东甲经股东会同意，在其他股东放弃对转让股权的优先购买权的情况下，向非股东乙转让其持有的公司股权份额。双方在签订股权转让协议后，乙依照合同约定向甲支付了全部股权转让价款。但该公司因原有股东内部矛盾等原因，迟迟未能就甲、乙双方的股权转让办理工商变更登记，公司亦未设置股东名册。后乙方向人民法院起诉，以未变更股东名册和未办理工商变更登记为由，要求确认股权转让合同无效，判决甲方返还全部转让款。

对此案应如何处理有两种观点：一种观点认为，股权转让因未办理工商和股东名册变更登记而无效；另一种观点认为，股权转让有效，是否办理工商和股东名册变更登记，不影响股权转让的效力。笔者以为，应当根据法律规定，分析不同当事人各种行为的性质，区分不同的具体情况正确确定股权转让的效力。

第一，有限责任公司股东转让股权的行为，是否要在办理批准、登记等手续后才能生效？

《合同法》第 44 条规定：依法成立的合同，自成立时生效。法律、行政法规规定应当办理批准、登记等手续生效的，依照其规定。最高人民法院在《关于适用〈中华人民共和国合同法〉若干问题的解释（一）》第 4 条明确地规定：合同法实施后，人民法院确认合同无效，应当以全国人民代表大会及其常务委员会制定的法律和国务院制定的行政法规为依据，不得以地方性法规、行政规章为依据。也就是说，只有“法律、行政法规”，才有权规定合同应当在办理批准、登记等手续后生效。

目前，我国立法规定有限责任公司股东转让股权要办理批准手续后才能生效的，主要是涉及国有资产管理、特殊行业管理、外商投资等问题的国有独资公司、特殊行业企业以及外商投资企业。我国立法中尚未有有限责任公司股东转让股权要在办理工商变更登记（或其他登记）手续后才能生效的规定。《合同法》规定合同应在办理登记手续后生效，主要是指对抵押、质押、对外担保等担保合同的登记手续，未涉及股权的转让问题。

从行为的法律性质上讲，股权转让是在当事人之间依双方约定的合同发生的民事法律行为，一般而言，除有特别约定，应以当事人之间的行为为约束范围。办理抵押、质押、对外担保等合同的登记手续属于行政管理行为，但因其涉及对外公示、第三人权益的保护和外汇管理等重要问题，所以，立法规定，必须办理登记手续后合同才能生效。商事登记分为两类：一类是设权性登记或生效性登记，有关事项如果未登记则不能产生创设权利或法律关系的效力。另一类是宣示性登记或对抗性登记。宣示性登记具有公示力，第三人有权信赖登记事项的真实性，即使登记有瑕疵，第三人仍可认为登记是真实的，但如果未登记不得对抗第三人。① 因股权转让而进行的工商变更登记，应属于宣示性登记或对抗性登记，仅是对当事人之间已经发生的股权转让事实加以确认，通常与股权转让本身的效力无关。依股权变更之事实作股东名册变更登记手续，虽然为公司之法定义务，但其性质主要为公司内部的管理行为，与股权转让是否在转让双方当事人之间生效也没有必然关系。而立法关于某些情况下股权转让要在办理行政批准手续后才能生效的规定，则更侧重于国家对重要经济活动行使的行政监督权力。不同性质的行为，对股权转让是否生效的影响不同。

合同是当事人之间的合意行为，非出于必要，法律、行政机关不应加以干涉。所以，凡是法律、行政法规没有明文规定以办理批准、登记等手续为合同生效条件的，当事人未办理可能涉及的批准、登记等手续不影响合同的效力，也不影响依合同进行的股权转让的效力。

那么，当事人是否可以在合同中约定股权的转让，要在办理工商和（或）

① 参见沈富强：《股东股权法律实务：股权运作与保护》，116页，上海，立信会计出版社，2006。

股东名册变更登记手续后才能生效呢？或者约定在一定期限内未办理完毕工商和（或）股东名册变更登记手续，受让方可以无条件解除合同？《合同法》第 45 条规定：当事人对合同的效力可以约定附条件。所以，当事人如果在合同中作上述约定是不违背法律的。这时原来对股权转让是否生效并无影响之因素便依当事人的特别约定，可能成为股权转让生效的必要条件。未满足特别约定条件，股权的转让便不发生法律效力，受让方即使已经交付了定金、预付款甚至全部转让款，也可以要求返还。

在此还需要注意的是，股权转让协议的生效与股权转让的生效也是有区别的。股权转让协议无效或不生效，股权的转让肯定也是不生效的。但即便在股权转让协议生效后，股权的转让也可能是不生效的。因为在股权转让协议生效后尚需当事人的履行行为，转让股权才能实现，而且当事人在股权转让协议中还可以约定股权转让生效的特别条件。股权转让协议依照法律和约定生效之后，股权转让生效的约定条件不一定同时也得到实现，两者生效的条件是不一样的。股权转让协议的生效，只表明当事人产生履行合同的义务。

不过单纯从理论上分析，以办理完毕工商和（或）股东名册变更登记手续为股东股权转让生效条件的约定，仍可能存在不够协调之处。因为工商登记是通过对企业已经发生的事实的合法性、真实性加以审查、确认，向社会公众公示的一种行政管理手段。办理工商和股东名册变更登记手续的理论前提，应当是股权转让已经生效完成，要通过工商和股东名册变更登记对这个事实加以确认，如果约定此时股权转让尚未生效，办理工商和股东名册变更登记手续则会缺乏法律与事实依据。所以，笔者认为，受让方为维护自己的正当权益，采取将在一定期限内未办理完毕工商和（或）股东名册变更登记手续，在合同中约定为可以无条件解除合同的理由，从法理上更为妥当。

第二，有限责任公司股东转让股权，未办理工商和（或）股东名册变更登记手续，对当事人的权益有何影响？

在实践中，一些公司运作不规范，根本未设置股东名册，股东转让股权的情况自然也就不可能记载于股东名册之上。有的公司虽然设置了股东名册，但未依股东的要求，将股东股权的转让记载于股东名册。也有的股东在转让股权后，未要求或提示公司对股东名册进行变更登记。这时，股权的转让是否发生法律效力，对当事人的权益又有何影响呢？在股权转让协议无特别约定的情况下，无论公司是否设置股东名册，股东转让股权未在股东名册上进行登记的，不影响股权转让在当事人之间的法律效力。但其股权转让是否具有对抗公司及第三人之效力，便需要具体分析了。

在因股东之过错，使公司误以为股权转让未进行或尚未完成，而未对股东名册进行变更登记时，公司依照原股东名册进行的会议通知、利润分配等活动是有效的，股权转让不具有对抗公司的效力，由此给受让股东造成的损失，由转让双方根据过错情况解决。

在因公司之过错而未在股东转让股权后对股东名册进行变更登记的情况下，无论股东名册是否进行了变更登记，公司均应依照股权已经转让后的新情况，进行会议通知、利润分配等活动。同时，公司应依法对股东名册进行相应的变更。否则，公司应承担因此给受让股东造成损失的赔偿责任。因股东名册虽然为证明股东身份之法定文件，公司应依据股东名册进行相关活动，但这仅是在无相反证据的情况下适用的原则。现公司已经明知股东情况发生变化，仍不改正，自应承担侵权行为之后果。至于对公司不依法设置股东名册的行为，更应由责任者承担因此而产生的一切法律后果。

无论何种原因造成股东转让股权后未对公司股东名册进行变更登记，在依法对股东名册进行变更登记之前，股权的转让均不具有对抗善意第三人之效力。例如，《日本有限责任公司法》第 20 条规定："份额的转让，非在股东名册上记载取得者的姓名、住所及移转的出资股数，不得对抗公司及第三人。"① 如果善意第三人因此受到经济损失，则有权向过错方追索赔偿。

与此同理，在无特别约定的情况下，未办理工商变更登记手续，不影响股权转让的法律效力。无论何种原因，股东转让股权后，在未依法办理工商变更登记手续之前，股权的转让不具有对抗善意第三人之效力。如果善意第三人因此受到经济损失，则有权向过错方追索赔偿。

回到前述案例，根据以上分析，在无特别约定的情况下，乙方以未办理工商和股东名册变更登记为由，要求确认股权转让合同（或股权转让）无效，是不成立的。但乙方可以要求强制公司依法办理工商和股东名册变更登记，行使股东权利。至于对公司不设置股东名册、未能及时为股权转让办理有关手续的行为，有关责任人员应承担相应的法律责任。

（三）对股权转让合同实际履行变更时效力的认定

在实践中，股权转让合同订立后，当事人有时会以实际履行行为变更原合同中规定的部分条款，并可能因此而发生争议。例如，合同中规定，股权转让合同的生效以公证等为条件，股权转让的生效或全部转让款的支付以办理完毕工商变更登记为条件等。但是在实践中，当事人有时会以对合同义务的实际履行行为变更合同中的这些规定。如果不发生争议，则皆大欢喜，但

① 参见吴建斌：《日本公司法规范》，285 页，北京，法律出版社，2003。

若事后发生争议，认定合同是否变更履行便成为实践中的一个难题。

首先，《合同法》出于对诚实信用原则的维护，承认实际履行行为对合同订立的效力。《合同法》第36条规定：法律、行政法规规定或者当事人约定采用书面形式订立合同，当事人未采用书面形式但一方已经履行主要义务，对方接受的，该合同成立。《合同法》第37条规定：采用合同书形式订立合同，在签字或者盖章之前，当事人一方已经履行主要义务，对方接受的，该合同成立。笔者认为，在合同的变更问题上也应同样遵循诚实信用原则，应当在严格审查的前提下承认实际履行行为对合同变更的效力。《合同法》第77条规定："当事人协商一致，可以变更合同。法律、行政法规规定变更合同应当办理批准、登记等手续的，依照其规定。"所谓"协商一致"的体现方式，既包括以书面形式签署的变更协议，也包括双方承认的实际履行行为。法律并没有禁止以实际履行行为进行合同变更。例如，合同约定股权转让合同自公证后生效履行，但双方此后均未办理公证，一方履行了合同的付款义务，而对方又接受了付款，甚至办理了股东名册的变更手续，这时就应认定双方以实际履行行为变更了合同自公证后生效履行的约定。如果一方以未办理公证主张合同未生效或无效，要求退款或返回股权，则法院不应予以支持，否则有违诚实信用原则。

其次，笔者认为，认定股权转让实际履行行为是否构成对合同的变更应当考虑以下方面：第一，有无当事人的实际履行行为。第二，实际履行行为本身是否足以构成对合同变更的认定。这就要求当事人实际履行的行为，应当是对合同重要义务的履行，例如，付款、变更工商登记和（或）股东名册登记等，而且这些履行行为必须对原有规定限制条件的明确改变。第三，实际履行行为是否为对方所接受，对方是否作出相应的承认行为，即当事人是否协商一致。在此需要注意，单方的实际履行行为不能构成对合同的变更，至多是表示出一方变更合同的意愿。通常，对方的承认不能是消极的默认，而应当体现为明确的积极行为，即对合同重要义务履行的接受或作出相应的履行。也就是说，实际履行行为应当足以明确表明双方取消原有规定限制条件的意图，否则，不能认定为对合同的变更。对此应遵循《合同法》第78条的规定，当事人对合同变更的内容约定不明确的，推定为未变更。第四，对合同的变更不违背法律的强制性规定。

四、股东优先购买权

《公司法》规定，股东在一定条件下享有对向股东外他人转让股权的优先购买权，但在实践中还存在一些法律未作明文规定的复杂情况需要研究解决。

（一）部分行使优先购买权问题

某有限责任公司有A、B两个股东。A股东持有公司股本的55%，为控股股东，B股东持股45%。A股东欲将其持有的公司股本全部转让给C。B股东要求在同等价格条件下，对其转让的部分股权即公司股本的10%行使优先购买权，从而持有公司股本的55%，取得公司控制权。A股东则认为，C是为取得公司控制权而受让股权的，如果B股东通过部分行使优先购买权控制了公司，剩余的45%股权，对方是不接受转让的。所以，A股东认为优先购买权不能部分行使，要求B股东或者放弃行使优先购买权，或者对全部股权行使优先购买权。B股东不同意其主张，且也无力收购全部股权。双方由此发生争议。

笔者认为，在整体转让不构成转让股权的必要条件即同等条件时，部分行使优先购买权是允许的，如股东向股东以外的人转让其股权时就采取向多人分散出售的形式。《公司法》并未禁止股东部分行使优先购买权。但如果在整体转让股权包括控股权已经构成转让股权的同等条件时，部分行使优先购买权就不符合法律规定的同等条件的要求了。

公司法规定公司其他股东（以下称老股东）有优先购买权，目的之一就是为保证老股东可以优先实现对公司的控制权，维护其既得利益。提供这种保护的立法依据，一是有限责任公司具有一定人合的性质，二是对老股东对公司既有贡献与既得利益的承认。对公司的控制权既包括对原有控制权的维持，也包括对新控制权的优先取得。当部分行使优先购买权就可以取得对公司的控制权，或足以维持其既得利益时，老股东没有必要收购全部转让的股权。对部分行使优先购买权的承认应当包括在立法本意之中。

一般而言，有限责任公司的股权是可分物，法律允许对其进行分割并部分转让。出让的股东可以出让部分股权，受让的股东也可以受让部分股权，优先购买权当然也就可以部分行使。但当股权受让方是为取得公司的控制权而受让股权时，股权转让的标的物就不再是单纯的股权，而变为随特定比例股权而存在的公司控制权。从这种意义上讲，股权转让的标的物便可能具有不可分的性质，分割并部分转让股权不能实现股权转让的目的。虽然在取得公司控制权方面，法律是优先保护老股东利益的，优先购买权的行使顺位在先，其地位要高于为取得公司控制权的非股东受让方的利益。但立法目标中排在保护优先购买权之前的，是保障股权转让顺利进行。由于股权整体转让已经构成股权转让的同等必备条件，不满足该条件股权转让无法进行，所以，老股东应行使对全部股权的优先购买权。但如果在老股东部分行使优先购买权的情况下，剩余的出让股权仍有其他人愿意在同等条件下受让，可以保证该股东的股权转让权利与经济利益实现，则出让股东无权阻止老股东部分行使优先购买权。

（二）同等条件的认定

股东优先购买权的构成，以同意按照与第三人购买的“同等条件”购买股权为前提。优先购买权设置的目的，是保障老股东可以得到优先交易的机会，但不是让其因享有优先购买权而得到交易中的低价等特殊实惠。所谓“同等条件”，是指足以影响双方交易是否成立、影响出让人重要利益的合同条款内容，主要是出让价格，也可以包括价款支付方式、期限、购买数量等。“同等条件”是股东优先购买权行使的实质要件。“同等条件”，一般以股权转让股东与第三人签订的股权转让合同为标准判断，但并非要求行使优先购买权的股东必须丝毫不差的履行转让股东与受让方签订的转让合同的所有内容，这往往是不必要、也是不可能的。不过，某项交易条件的排除不应使出让股权的价值受到任何损失。所以，在价格相同的情况下，不是任何履行方式等方面的区别都可以认定为条件不同等而排除优先购买权，只有履行方式等从根本上影响了转让股东的利益或合同的根本利益时，才可以认定该项合同条款属于同等条件。

有的学者认为，“同等条件”的构成因素主要由价格条件、支付条件和其他商业优化方案构成，并应遵循该三项条件的顺位性，即只有当前一条件因素具有同等性时，才存在对后一条件中优劣性因素进行判别的必要。[①] 笔者认为，所谓“只有当前一条件因素具有同等性时，才存在对后一条件中优劣性因素进行判别的必要”的论点是不能成立的。如果以 95 万元的价格立即付款的交易条件与以 100 万元的价格均衡 10 年分期付款的交易条件相比，虽然前者的价格比后者低一点，但考虑到支付条件，前者的实际价值则远高于后者。所以，对“同等条件”必须综合评判，不能以单一因素或所谓顺序因素作为否定理由。

在股权交易的过程中，“同等条件”有时是会随谈判过程而发生变化的。所以，当股权转让股东与第三人最后签订的股权转让合同，与其原向公司其他股东告知的“同等条件”发生变更，尤其是出现有关转让价格、数量等关键条款的变更，一定要再次事先通知其他股东，以保障其优先购买权。

由于出让股东与第三人就股权转让合同进行的谈判具有一定的内部性，

① 参见师安宁：《股权先买权实现中的“同等条件”》，载《人民法院报》，2008－09－14。

其他股东往往无法得知向其披露的交易同等条件是否真实、准确，其中是否存在欺诈行为，所以，必须给予一定的救济渠道。如果其他股东确有证据证明向其披露的同等条件不真实，存在欺诈，在股权转让前可以要求出让人以公开竞价的方式如拍卖进行交易，以保障价格的真实性，双方就此发生争议可以请求人民法院裁判；在股权转让后，则可以请求人民法院撤销股权转让。

（三）优先购买权的行使期间

《公司法》规定，“经股东同意转让的股权，在同等条件下，其他股东有优先购买权”，不同意转让的股东“应当购买该转让的股权”。但是，立法并没有规定老股东购买该转让股权的时间限制。有人主张行使优先购买权无时间限制，老股东可以随时行使。① 笔者认为，这恐怕是不妥的，可能会影响股权转让的顺利、及时进行，所以，优先购买权的行使应当有期间之限制。法国等国家的公司法规定，股东优先购买权的行使期间为 3 个月，必要时，经法院裁定，可延长 6 个月。鉴于《公司法》对此未作规定，可以由各公司在其公司章程中作具体规定；公司章程无规定的，可以由转让股权的股东参照《合同法》第 94 条关于当事人一方迟延履行主要债务，经催告后在合理期限内仍未履行的，当事人可以单方面行使合同解除权之规定，催告老股东在合理期限内与其签约。如果该股东在催告的期限内不予签约，则视为其放弃优先购买权或不购买该股权，股权转让股东即有权向他人转让股权。

第二节　一人有限责任公司和国有独资公司的特别规定

一、一人有限责任公司

（一）一人有限责任公司概述

一人有限责任公司，简称一人公司、独资公司，是指只有一个自然人股东或者一个法人股东的有限责任公司。一人公司可以分为形式上的一人公司与实质上的一人公司。形式上的一人公司，是指具有股东名义者只有一人，全部股份或出资由一人拥有的公司；实质上的一人公司，是指在形式上虽然有复数股东，但仅有其中一人为股份或出资的真正所有人，即公司的“真实股东”，其余股东依信托等法律关系而为名义股东，就名义下的股份或出资并

① 参见徐琼：《论有限责任公司股东的同意权与优先购买权》，载《河北法学》，2004（10）。

不能实际享有权益的公司。①

在公司制度产生的初期，根据公司为社团法人，应由两个或两个以上股东组成的理论，立法是不允许一人公司存在的。但随着社会经济的发展，一些投资者希望在对企业债务只承担有限责任的同时，对公司保有绝对的控制权，既可以降低经营成本，避免股东发生内部矛盾，又可以排斥他人染指自己的公司，分享利润。一些企业也希望能够以设立全资子公司的方式拓展业务，分散经营风险。为达到上述目的，一些投资者便通过设置挂名股东等规避法律的方式成立实质上的一人公司，而立法对此无法有效规制。此外，在公司设立后，因股份转让、企业合并等原因，也可能出现原有多个股东的公司变为一人公司的现象。涉及一人公司的诸多实践问题，例如，公司设立后，由于股份的转让、股东的退出、公司的合并等，导致公司只剩一名股东，是否仍允许公司继续合法存在；立法是否应当允许一人设立公司；由一人设立的公司股东能否承担有限责任等，使法律矛盾日益突出，迫切需要解决。

为适应经济发展和投资者对经营组织形式的需要，一些国家在立法上开始承认一人公司的合法存在。世界上最早立法承认一人公司的国家是列支敦士登（1925年《有关自然人及公司之法律》）。目前，是否允许一人公司存在，各国（地区）的公司立法规定不同，承认一人公司的国家（地区）承认的公司类别也有所不同，有的承认一人的有限责任公司和股份有限公司，也有的只承认一人有限责任公司或一人股份有限公司。例如，1980年修订后的《德国有限责任公司法》规定，有限责任公司可以按该法规定，为任何合法目的，由一人或数人设立。美国、法国、丹麦、葡萄牙等国家也允许设立一人公司。日本原允许设立一人有限责任公司，1990年修订后的《日本公司法》，取消了对公司发起人的人数限制，允许一人发起设立股份有限公司。2001年修改后的我国台湾地区"公司法"规定，允许一人设立有限责任公司，政府或法人股东一人可发起设立股份有限公司，自然人发起设立股份有限公司的最低人数也由7人降低至2人，同时对一人股份有限公司在公司治理等方面规定了特别制度。还有的国家（地区）不允许公司设立时只有一名股东，但公司成立后因股权转让等原因股东人数减为一人时，如果符合法定条件，则不影响公司的合法存续，例如，英国、西班牙、希腊等国家。

也有一些国家的立法原则上不承认一人公司，例如，《韩国公司法》规定，在公司成立后因股权转让等原因股东人数减为一人时，要求公司在一定期间内使股东人数符合法律规定，否则将取消其公司资格，予以解散，但对

① 参见王天鸿：《一人公司制度比较研究》，1页，北京，法律出版社，2003。

股份有限公司则未作解散之规定。还有的国家立法对一人公司的法律责任作出特别规定，例如，《比利时公司法》规定，如果公司的唯一股东同时又是公司的经营者，对公司债务就必须负无限责任。

学者之间对一人公司的观点亦不相同。反对者认为，一人公司不具有社团性，其公司财产与股东个人财产重合，承认其存在与有限责任制度不符，易产生种种违法欺诈行为，难以保护债权人利益，此外，承认一人公司还会冲击个人独资企业的发展。赞成者则认为，一人公司与有限责任制度并无根本矛盾，而且由于股权的分割、转让非常方便，规避对一人公司的法律限制十分容易，根本无法杜绝实质上的一人公司存在，而股权自由转让的原则就隐含着对一人公司的承认，立法与其不承认其存在，不如在承认合理的社会需求的同时严加管理，更有利于社会经济秩序的稳定与发展。两派学说各有其道理，立法采取何种态度，实际上是个利弊权衡的问题。

旧《公司法》仅允许国有独资的有限责任公司存在，不允许其他一人公司存在。此外，在外商独资企业由一名外商独资设立并采取有限责任公司的组织形式时，也会出现外商一人有限责任公司。2005 年修订的《公司法》顺应我国经济发展以及商事实践对公司新组织形式的需求，允许设立一人有限责任公司，但是尚不允许设立一人股份有限公司，同时立法对一人有限责任公司设置专节调整。允许设立一人有限责任公司，可以进一步降低公司设立的条件，适应不同投资者对企业组织形式的特殊需求，有利于鼓励投资，促进经济发展。

（二）一人有限责任公司的特别规定

《公司法》规定，一人有限责任公司的设立和组织机构，适用其第二章第三节专节调整规定，该节没有规定的，适用《公司法》的一般规定。

1. 一人有限责任公司的设立。

一人有限责任公司的资本制度与一般有限责任公司有所不同，其注册资本的最低限额为人民币 10 万元，高于一般有限责任公司最低注册资本 3 万元的规定，其股东应当在公司设立时一次性足额缴纳公司章程规定的出资额，不允许分期缴付。对一人有限责任公司的资本制度作出特殊规定的目的，是为了适当降低其设立与经营风险，维护交易安全，加强对债权人利益的保护，保障经济秩序。

《公司法》对自然人投资设立的一人有限责任公司还作出特殊规定，即一个自然人只能投资设立一个一人有限责任公司，该一人有限责任公司不能投资设立新的一人有限责任公司。这一规定被戏称为一人公司的“计划生育”

政策。立法限制自然人多层设立一人有限责任公司的目的，是为防止出现恶意利用公司独立人格与有限责任制度逃避法律责任的现象。立法对法人投资设立的一人有限责任公司没有规定此种限制。这一规定有出于对目前我国企业监管、自然人财产登记等制度不够完善的考虑，但也在一定程度上反映出立法者对自然人的不信任感，存在不平等对待问题。实际上，这一规定是很容易被规避的。如果先设立一个形式上由两个股东组成但实质上由一个股东绝对控制的一般有限责任公司，然后再由该公司法人投资设立一人有限责任公司，而该一人有限责任公司再投资层层设立新的一人有限责任公司，而立法对此并未禁止。所以，真正解决问题的关键是要完善对一人公司相关的社会配套监管制度。

由于一人有限责任公司由自然人或者法人投资设立，存在一定的法律监管制度上的区别，所以，一人有限责任公司应当在公司登记中注明其为自然人独资还是法人独资，并应在公司营业执照中载明。强化一人有限责任公司的登记制度，有利于维护交易安全。此外，一般有限责任公司成立后因为股权转让等原因形成存续意义上的一人公司时，也应当进行一人有限责任公司的特别登记公示。《欧盟公司法指令第 12 号》第 3 条即规定，出现存续意义上的一人公司时，一人公司及其股东有义务前往公司登记机关办理变更登记。

一人有限责任公司与一般有限责任公司一样，需要制定公司章程。根据立法规定，一人有限责任公司的章程由公司唯一的股东自己制定。有的国家规定，一人公司的章程应当经过公证，我国未作此规定。

2. 一人有限责任公司的组织形式。

一人有限责任公司只有一名股东，故《公司法》规定其不设股东会，立法规定的股东会职权由一人股东直接行使。为规范其权利的行使，使股东所作出的决定具有公示性和稳定性，维护债权人等利害关系人的权益，避免发生纠纷，《公司法》规定，股东对法律规定属于股东会的职权事项作出决定时，应当采用书面形式，并由股东签字后置备于公司。如果股东对法律规定属于股东会的职权事项作出决定时未采用书面形式，笔者认为，也不应认定其决定无效，但是其决定不具有对抗第三人的效力。

在有些国家或地区的公司法中，规定一人公司也应当设置股东会，并对一人公司股东会的运作规定有特殊规则。

3. 一人有限责任公司的财务监管机制。

根据《公司法》第 63 条规定：一人有限责任公司应当在每一会计年度终了时编制财务会计报告，并经会计师事务所审计。我国对一人有限责任公司施行强制审计制度，以强化对其的财务监督机制，防止会计造假等违规现象，同时也为债权人了解公司的经营情况和财产状况提供了渠道。

4. 一人有限责任公司股东在法定情况下的连带责任。

在一般情况下，一人有限责任公司的股东对公司债务在其认缴的出资范围内承担有限责任。但是在法律规定的特殊情况下，为维护债权人等相关利害关系人的权益，立法规定可以否定一人有限责任公司的法人人格，使其股东对公司债务承担连带责任。

《公司法》第 64 条针对一人有限责任公司的股东可能任意转移、占用公司财产，使公司财产混同于个人财产的特点，规定一人有限责任公司的股东不能证明公司财产独立于股东自己财产的，应当对公司债务承担连带责任。这一规定建立了对一人有限责任公司股东的法人资格滥用推定制度，实行举证责任的倒置，即由掌握公司的股东承担证明公司财产独立于股东财产的责任，更具有合理性，也有利于维护债权人的权益。

二、国有独资公司

（一）国有独资公司的概念

《公司法》第 65 条规定，国有独资公司，是指国家单独出资、由国务院或者地方人民政府授权本级人民政府国有资产监督管理机构履行出资人职责的有限责任公司。国有独资公司的组织形态仅限于有限责任公司一种形式，不得采用股份有限公司形式。国有独资公司原则上仅适用于特定行业或生产特定产品的企业，例如，公用企业或与国计民生有重大关系、必须由国家独家投资、经营的企业。绝大多数原来单一投资主体的国有企业应当改建为规范的有限责任公司或股份有限公司，而不是国有独资公司。

《公司法》规定，国有独资公司的设立和组织机构，适用专节调整规定，专节没有规定的，适用《公司法》有关有限责任公司的一般规定。据此，国有独资公司虽然也是一人公司，但是并不受《公司法》关于一人公司规定的调整。

（二）国有独资公司的章程制定

根据《公司法》第 66 条的规定，国有独资公司章程由国有资产监督管理机构制定，或者由董事会制定报国有资产监督管理机构批准。

有限责任公司的章程本应由股东共同制定，但国有独资公司只有一名股东，不设股东会，由国有资产监督管理机构行使股东会职权，所以，其章程由国有资产监督管理机构制定。由于国有资产监督管理机构可以授权公司董事会行使股东会的部分职权，所以，国有独资公司的章程也可以由董事会制定，报国有资产监督管理机构批准。

（三）国有独资公司的股东

国有独资公司只有一名股东，没有必要也无法设立股东会，故《公司法》规定，国有独资公司不设股东会，由国有资产监督管理机构代表国家行使股东会职权，即履行出资人职责。为适应市场经济经营的需要，提高公司的决策效率，使经营决策更加合理、符合实际，国有资产监督管理机构可以授权公司董事会行使股东会的部分职权，决定公司的一部分重大事项。但是，涉及企业国有资产监督管理关键事项的公司的合并、分立、解散、增减注册资本和发行公司债券，必须由国有资产监督管理机构决定。其中，按照国务院规定确定的重要的国有独资公司合并、分立、解散、申请破产的，应当由国有资产监督管理机构审核后，报本级人民政府批准。

（四）国有独资公司的董事会

国有独资公司设立董事会，但其性质、职能与其他有限责任公司略有区别。国有独资公司的董事会在依照《公司法》第 47 条规定行使有限责任公司董事会职权的同时，还可以在经授权后行使股东会的部分职权，直接决定授权范围内的公司部分重大事项。国有资产监督管理机构对国有独资公司董事会的职权，尤其是其授权公司董事会行使股东会的部分职权，应当在公司章程中明确列举规定。

国有独资公司董事的任期每届不得超过 3 年。旧《公司法》规定，国有独资公司的董事任期为固定期限 3 年，2005 年修订的《公司法》改为与其他有限责任公司相同。对董事的连任，法律虽然未加规定，但从法理与实践状况看，应当允许连任。

旧《公司法》规定，国有独资公司董事会成员为 3 人～9 人，而其他有限责任公司董事会成员则为 3 人～13 人，两者有所区别。2005 年修订的《公司法》不再对国有独资公司董事会的人数作特殊规定，与其他有限责任公司相同，均为 3 人～13 人。

国有独资公司作为国有企业，依法应实行民主管理，董事会成员中应当有公司职工代表。董事会成员由国有资产监督管理机构按照董事会的任期委派或者更换，但董事会中的职工代表由职工代表大会民主选举产生和罢免。国有资产监督管理机构对职工董事的选举与罢免不应进行干预。

董事会设董事长 1 人，可以设副董事长。董事长、副董事长由国有资产监督管理机构从董事会成员中指定。

国有独资公司设经理，由董事会聘任或者解聘。经国有资产监督管理机构同意，董事会成员可以兼任经理。与其他有限责任公司不同的是，国有独资公司的经理为必设机构，而不是选设机构。经理的职权与其他有限责任公司的经理相同。

《公司法》第70条规定，国有独资公司的董事长、副董事长、董事、高级管理人员，未经国有资产监督管理机构同意，不得在其他有限责任公司、股份有限公司或者其他经济组织兼职。这比立法对其他公司董事、高级管理人员竞业禁止的规定限制范围更广。《公司法》第149条规定仅限制其他公司董事、高级管理人员自营或者为他人经营与其任职公司同类的营业，而本条则限制国有独资公司的董事长、副董事长、董事、高级管理人员，在其他公司或任何经营组织中兼职，不论该经营组织与其任职公司营业是否属于同类，也不管其兼职活动实际是否会损害本公司的经营利益。限制兼任的职务，不仅是负责人，而且是任何兼职。所以，这一规定的目的，不仅是要限制同业竞争，而且要限制董事长、副董事长、董事、高级管理人员任何可能影响其对国有独资公司经营活动、分散精力的兼职。

但是这一规定的文字似有不够准确、周延之处。依法律规定，上述人员只要经过国有资产监督管理机构同意，任何兼职便都是允许的。但是立法未明确提出仍要限制上述人员在与本公司经营同类业务、存在同业竞争的经营组织中兼职，而这种兼职即使是经过国有资产监督管理机构同意也是违法的。所以，对此规定只有与《公司法》第149条规定结合理解适用，方符合立法本意，即在取得国有资产监督管理机构同意之后，也只允许国有独资公司的董事长、副董事长、董事、经理在不存在竞业禁止的经营组织任职。

此外，《公司法》修订时还删除了旧法第72条规定，即经营管理制度健全、经营状况较好的大型的国有独资公司，可以由国务院授权行使资产所有者的权利。这一规定也是不妥的。对法律规定的股东的资产收益、参与重大决策和选择管理者等权利，显然不能不加限制地完全交由公司自行行使。如果将资产受益权交给公司，国家便无权收取股利，全部由公司自行支配，这就可能造成国有资产的失控。公司重大决策中的解散公司、改变公司组织形式等权利也不宜交由公司行使，而选择管理者的权利就更不能交给公司董事会行使，否则岂非是让他们自己选择自己，完全摆脱了国家的监督制约机制，使国有独资公司处于内部人控制之下，所以，这种错误的规定必须予以删除。

（五）国有独资公司的监督制度

国有独资公司的监督制度与一般有限责任公司的监事会有所不同。2005

年修订的《公司法》第71条规定：国有独资公司监事会成员不得少于五人，其中职工代表的比例不得低于三分之一，具体比例由公司章程规定。监事会成员由国有资产监督管理机构委派；但是，监事会中的职工代表由公司职工代表大会选举产生。监事会主席由国有资产监督管理机构从监事会成员中指定。监事会行使该法第五十四条第（1）项至第（3）项规定的职权和国务院规定的其他职权。据此，国有独资公司的监事会实行的是“内外结合、以外为主”的组建与运作模式，其不仅具有股东监督的性质，还具有行政监督的性质。

根据《公司法》的规定，监事会履行的职责包括：

1. 检查公司财务。

2. 对董事、高级管理人员执行公司职务的行为进行监督，对违反法律、行政法规、公司章程或者股东会决议的董事、高级管理人员提出罢免的建议。

3. 当董事、高级管理人员的行为损害公司的利益时，要求董事、高级管理人员予以纠正。

这一规定较之修改之前，增加了要求董事、高级管理人员纠正损害公司利益的行为和对违反法律、行政法规、公司章程或者股东会决议的董事、高级管理人员提出罢免建议的职权，更有利于监事会发挥其监督作用。

在遵循《公司法》之原则规定下，国有独资公司的监事会主要是依据国务院发布的《国有企业监事会暂行条例》（以下简称《暂行条例》）具体运行的。在2005年《公司法》经过修改之后，《暂行条例》中有些内容已经与立法不协调，应依据《公司法》的规定执行。

根据《暂行条例》的规定，国有独资公司的监事会以财务监督为核心，根据有关法律、行政法规和财政部的有关规定，对企业的财务活动及企业负责人的经营管理行为进行监督，确保国有资产及其权益不受侵犯。监事会与企业是监督与被监督的关系，监事会不参与、不干预企业的经营决策和经营管理活动。

《公司法》规定，除该法规定的职权外，监事会还可以根据国务院规定行使其他职权。根据《暂行条例》的规定，监事会履行的职责还包括：

1. 检查企业贯彻执行有关法律、行政法规和规章制度的情况。

2. 检查企业财务，查阅企业的财务会计资料及与企业经营管理活动有关的其他资料，验证企业财务会计报告的真实性、合法性。

3. 检查企业的经营效益、利润分配、国有资产保值增值、资产运营等情况。

4. 检查企业负责人的经营行为，并对其经营管理业绩进行评价，提出奖惩、任免建议。

监事会开展监督检查，可以采取下列方式：

1. 听取企业负责人有关财务、资产状况和经营管理情况的汇报，在企业召开与监督检查事项有关的会议。

2. 查阅企业的财务会计报告、会计凭证、会计账簿等财务会计资料以及与经营管理活动有关的其他资料。

3. 核查企业的财务、资产状况，向职工了解情况、听取意见，必要时要求企业负责人作出说明。

4. 向财政、工商、税务、审计、海关等有关部门和银行调查了解企业的财务状况和经营管理情况。

监事会主席根据监督检查的需要，可以列席或者委派监事会其他成员列席企业有关会议。

监事会每次对企业进行检查结束后，应当及时作出检查报告。检查报告的内容包括：企业财务以及经营管理情况评价；企业负责人的经营管理业绩评价以及奖惩、任免建议；企业存在问题的处理建议；国务院要求报告或者监事会认为需要报告的其他事项。监事会不得向企业透露检查报告内容。

监事会根据对企业实施监督检查的需要，必要时，经监事会管理机构同意，可以聘请注册会计师事务所对企业进行审计，还可以建议国务院责成国家审计机关依法对企业进行审计。

监事会由主席 1 人、监事若干人组成。如前所述，根据《公司法》的规定，监事会成员不少于5人（但《暂行条例》规定为 3 人）。监事分为专职监事和兼职监事。从有关部门和单位选任的监事，为专职；监事会中国务院有关部门、单位派出代表和企业职工代表担任的监事，为兼职。监事会中的企业职工代表由企业职工代表大会民主选举产生，报监事会管理机构批准。董事、经理及财务负责人不得兼任监事。企业负责人不得担任监事会中的企业职工代表。监事会成员每届任期 3 年，其中监事会主席和专职监事、派出监事不得在同一企业连任。监事会主席和专职监事、派出监事实行回避原则，不得在其曾经管辖的行业、曾经工作过的企业或者其近亲属担任高级管理职务的企业的监事会中任职。

监事会开展监督检查工作所需费用由国家财政拨付，由监事会管理机构统一列支。监事会主席和专职监事、派出监事不得接受企业的任何报酬、福利待遇，不得在企业报销任何费用。

复习思考题

1. 有限责任公司股东的股权转让应当遵循哪些基本原则？
2. 有限责任公司股东的股权转让可以分为哪几种类型？
3. 简述立法对有限责任公司股东向非股东的股权转让规定。
4. 如何评价新《公司法》对有限责任公司股东股权转让问题的修订？
5. 如何认定特殊情况下有限责任公司股东股权转让行为的法律效力？
6. 有限责任公司的股东如何依法行使优先购买权？
7. 《公司法》对一人有限责任公司作出哪些特别规定？
8. 什么是国有独资公司？《公司法》对国有独资公司作出哪些特别规定？

第八章

股份有限公司的特别规定

第一节　股票概述

一、股份与股票

（一）股份的含义、特征

股东依其持有的股份，享受权利，承担义务，因此，正确理解股份的含义非常重要。股份有限公司的全部资本分为等额股份，每一股份成为公司资本的最小构成单位。每个股东所持有的股份数额可以有所不同，但每股所代表的资本额应当相同。例如，《德国股份法》第1条第2款规定，每个股份都代表着一定份额的基本资本，该股份所代表的资本数额是将基本资本总额和发行的股份总数相除得出的。在我国，由于只能发行额面股，所以，每一股份所代表的基本资本数额是其票面价值。这与1998年3月25日颁行的《德国比例股份发行法》之前只允许发行额面股的做法相同，具有提高透明度和可比性的辅助作用。[①] 每一股份同时也代表着一定份额的实际资本，其所代表的资本数额是将公司实际资本金除以发行的股份总数得出。这在股份发生

① 参见［德］托马斯·莱塞尔、吕迪格·法伊尔著，高旭军等译：《德国资合公司法》，65页。

转让或者公司清算时具有重要的意义。

股份有限公司的股份具有以下特征：

1. 股份是公司资本的最小构成单位，每一股份在公司资本中所占的比例相同。在我国，股份总数乘以每股的票面价值就是股份有限公司的注册资本。《公司法》第 126 条第 1 款规定：股份有限公司的资本划分为股份，每一股的金额相等。在德国允许发行比例股之后，《德国股份法》第 8 条第 1 款规定，每一股份在公司总资本中所占的比例必须相同。

2. 股份代表着股东资格及其相关的股东权利和义务，是股东权益的体现。每一股份都代表着一个股东成员权，同时拥有多个股份的股东就拥有多个股东成员权，同股同权。

3. 股份是一种投资工具，投资股东可以每年据此从公司分红取息；股份也可以是一种参与股市投机的工具，投机股东可以从股市投机中获利；股份还是一种事业投资，企业家股东如果拥有足够的表决权股份，就可以对公司的经营施加重大影响。

4. 股份的表现形式是股票。作为抽象份额的股份是无形的，其表现形式是股票。通过这种有形的方式，股份为股东现实地持有，并方便其行使权利。

（二）股票的含义、形式与特征

股票是股份的表现形式，是一种证明持有者具有股份有限公司成员资格及其所持股份的书面文件。《公司法》第 126 条第 2 款规定：公司的股份采取股票的形式。股票是公司签发的证明股东所持股份的凭证。

股票采取纸面形式或者电子登记形式。《公司法》第 129 条第 1 款规定：股票采用纸面形式或者国务院证券监督管理机构规定的其他形式。采取纸面形式的股票由法定代表人签名，公司盖章。发起人的股票，应当标明发起人股票字样。在实践中，制作纸面股票的成本很高，因此许多公司为股东持有的多数股份出具集体股份证书。《公司法》第 129 条第 1 款规定：股票应当载明下列主要事项：（1）公司名称；（2）公司成立日期；（3）股票种类、票面金额及代表的股份数；（4）股票的编号。由该条款的第（3）项可见，依照《公司法》制作的书面股票主要是一种集体股权证书，因为一张股票可以记载多个股份，当然也不排除只记载一个股份。① 现在，随着现代科学技术的发

① 在德国也是如此。在 1998 年修正的《德国有关加强企业控制和透明度法律》第 10 条第 5 款规定，公司可以取消或者限制股东要求出具股票的权利。在公司实践中，许多公司经常为所有股份出具集体股份证书，或者为大部分股份出具集体股权证书。参见［德］托马斯·莱塞尔、吕迪格·法伊尔著，高旭军等译：《德国资合公司法》，69 页。

展，股票更多地表现为计算机存储信息等电子形式。目前，上市公司股票的发行、交易均已经通过计算机存储信息等电子方式更加便捷地进行，纸面的股票基本不复存在。

股票具有以下特征：

1. 股票是代表股东权的证券。股东权是股东出资的对价，股东出资后丧失了对出资财产的控制，作为回报，股东享有股东权。股东权也就是股权，也有人称其为社员权，包括身份性权利和财产性权利。由于股份有限公司的社团性特征，所以，有人称股票是表明社团法人成员权的证券。但是，随着股东的分散化和股票的投机化，股东在整体上越来越消极，股份有限公司的社团性逐渐萎缩，而机构性特征日益明显，股票主要成为一种金融投资的证券。

2. 股票是有价证券。股票代表的财产性权利可以用货币衡量，可以通过转让方式实现。股票的转让价格会随市场而变化，往往不等于其票面额，甚至与其所代表的每股净资产的数额也无关。

3. 股票是证权证券。证权证券是相对于设权证券而言的，设权证券上的权利在证券作成之前并不存在，签发证券的目的是在证券的当事人之间创设一种法律关系，使证券的持有人享有一种新的权利，即证券权利；当证券灭失或毁损而无法提示时，该证券权利也随之无法行使。票据是典型的设权证券。证权证券所代表的权利在证券作成之前本已存在，签发证券的目的在于证明这种权利的存在，可以将证券理解为权利存在的一种证据；当证券灭失、毁损而无法提示时，只要通过其他途径证明这种权利存在，则该权利仍可行使。股票就是一种典型的证权证券。股票毁损、灭失，但只要能以其他证据证明股东权利存在及其份额、性质，仍可以行使其股东权利。

4. 股票是要式证券。股票的形式和应记载事项应当符合法律的强制性规定，当事人不得随意为之。不遵守要式的股票，不产生股票的法律效力。但是，股票并非严格要式证券，而是一般要式证券，所以，即使其应记载事项有所欠缺，譬如，未记载公司成立日期的，但是能够清楚地辨认股票主要内容的，也应认定股票的法律效力。

二、股票的种类

按照不同的标准，股票可以分为不同的种类。

（一）记名股票和无记名股票

按票面上是否记载股东的姓名或名称，股票可以分为记名股票和无记名股票。

根据《公司法》第 130 条第 1 款的规定，在我国，公司发行的股票，既可以为记名股票，也可以为无记名股票。

记名股票，除了需要把股东的姓名或名称记名于股票上，并应当把股东的姓名或名称记载于股东名册。只有被记名人或者其委托代理人可以行使股东权利。记名股票一般采取背书方式转让，转让时要办理过户登记，由公司将受让人的姓名或者名称及住所记载于股东名册并在必要时办理公司变更登记。《公司法》第 130 条第 2 款规定，公司向发起人、法人发行的股票，应当为记名股票，并应当记载该发起人、法人的名称或者姓名，不得另立户名或者以代表人姓名记名。这样规定的目的有四个：一是发起人转让股票受到法律限制，对其股票采取记名式，便于实施相应的法律管控措施；二是发起人、法人股东大多是大股东，便于公司了解大股东的变化情况；三是可以直接根据股东名册记载的股东地址、名称寄送通知文件，便于召集股东大会和通知股东事项；四是记名股票股东行使股东权利无须提示股票，便于其参加股东大会和行使其他股东权利。

无记名股票可以自由转让。无记名股票的转让，由股东将该股票交付给受让人后即发生转让的效力。无记名股票转让方便，但也有风险，一旦股票发生毁损、灭失等意外风险，则股东权利的证明存在困难。持有无记名股票的股东只能通过公告方式送达通知，其参加股东大会则须在会议期间将股票交存于公司。

记名股票和无记名股票只是记载内容存在差异，并不代表其股东权利有所区别，所以，各国法律对无记名股票转为记名股票并无限制，只要其持有人提出请求即可。但对记名股票转为无记名股票，一般都受到严格限制。

在实践中，我国目前发行的股票大多为记名股票。根据《公司法》第 131 条第 1 款的规定，公司发行记名股票的，应当置备股东名册，记载下列事项：(1) 股东的姓名或者名称及住所；(2) 各股东所持股份数；(3) 各股东所持股票的编号；(4) 各股东取得股份的日期。根据《公司法》第 97 条的规定，股份有限公司应当将股东名册置备于本公司。但由于《公司法》未规定不置备股东名册的法律责任，所以，在实践中公司未设置股东名册的情况仍有发生。此外，由于上市公司的股票在证券交易所交易，股东变化频繁，上市公司很难在其公司住所置备准确的股东名册。根据《公司法》第 98 条的规定，股东有查阅股东名册的权利，对于非上市公司一般可以直接到公司住所查询股东名册，但是对于上市公司的股东名册，通常要经由证券交易登记结算公司的电子记录进行查询。

股份有限公司发行无记名股票的，公司应当记载其股票数量、编号及发行日期。这是股份有限公司记载股票发行情况的簿记，并非股东名册，但是它可以证明无记名股票的发行情况。

（二）额面股和无额面股

按票面是否表明每股金额，股票可以分为额面股和无额面股。

额面股记载每股金额；无额面股不记载可代表的每股金额，只标明每一股份所占公司资本的比例。

一些国家不允许发行无额面股票，如法国。《公司法》第128条规定，股票发行价格可以按票面金额，也可以超过票面金额，但不得低于票面金额，可见我国目前不允许发行无额面股票。在实践中，我国上市公司发行股票的每股票面金额大多为人民币1元。之所以规定较低的票面金额，主要是让大多数收入较低的人也可以购买股票，体现了大众股份的理念。之所以规定股票发行价格不得低于票面金额，是因为低价发行会导致公司资本不充实，这有悖于资本充实原则。在实践中，股份有限公司在设立时发行的股票大多按照票面价值，在增资扩股时大多采取溢价发行，溢价发行所取得的溢价款须计入公司的资本公积金。

一些国家允许发行无额面股票，如美国、英国、日本等。无额面股票最初产生于美国。1915年，《纽约州公司法》首先允许公司发行"无面值股票"[①]（no par shares）。最初的《典范商业公司法》规定，如果股票没有面值，公司发行股票收入的全部都是账面资本。其后果是公司成立之初就没有资本盈余，不能进行任何分配。后来，有的州开始允许公司董事会将发行股票收入资本中的一部分作为资本盈余。在1969年以前，《典范商业公司法》允许公司将发行股票收入资本的25%作为资本盈余。现在，大多数州的公司法允许将发行股票收入中任何大小的一部分作为资本盈余。这样做的实际效果相当于象征性面值。[②] 由于无面值股份是按照其发行价格征收联邦印花税而面值股票是按照票面价值征收联邦印花税，所以，无面值股份一直遭受来自税收方面的不利因素的困扰，从未处于主导地位。[③] 1950年日本修改商法借鉴美国引入无额面股份制度，但由于其最初习惯于发行额面股份，所以至今发行无额面股份的公司甚少。[④] 根据《日本商法典》第284条之二的第1款、第2款的规定，发行额面股至少应当把票面额计入资本，发行无额面股

---

① 参见胡果威：《美国公司法》，107页。

② 同上书，108页。

③ 参见［美］罗伯特·W·汉密尔顿著、李存捧译：《公司法概要》，95页。

④ 参见［日］末永敏和著：《现代日本公司法》，64页。

至少应当把每股5万日元的部分计入资本。除此规定之外，不超过股份发行价额1/2的金额可以不计入资本。当然，公司也可以把已发行股份发行价额的总额计为公司资本。德国原本也不允许发行无额面股票，但是自从1998年3月25日颁布《德国比例股发行法》之后，修正了《德国股份法》。修正后的《德国股份法》第8条第1款规定，公司既可以发行额面股，也可以发行比例股。比例股所表示的是每个已发行的股份在公司总资本中所占的份额。每一股份在公司总资本中所占的比例必须相同。根据《德国股份法》第23条第3款第4项的规定，公司章程必须明确记载公司发行股份的总数，故而无须再标明其票面价值。由于每一股份所代表的公司资产是以公司的基本资本数额（章程确定资本数额，其目的是为了保证公司能够收缴和维持章程规定的最低资本金）而不是以公司的总资产数额算出的，所以，它并不是真正的无额面股，通常又被称为比例股①，这种效果非常类似于美国公司法中的象征性面值。

（三）内资股和外资股

按照投资者的身份以及是以人民币认购还是以外币认购、买卖股票，股票可以分为内资股和外资股。

内资股一般是由境内人士或机构以人民币认购和买卖的股票；外资股一般是境外人士或机构以外币认购和买卖的股票。外资股有境内上市外资股，即B股和境外上市外资股。境外上市外资股一般以境外上市地的英文名称中的第一个字母命名，例如，在纽约上市的N股，在新加坡上市的S股等。

（四）普通股股票、优先股股票和劣后股股票

按股东权利与义务的不同，可以分为普通股股票、优先股股票和劣后股股票。

普通股股票，是指享有公司法规定的普通权利、承担普通义务的股票，股东的权利平等。普通股股票是最常见、最重要、风险较大的一种股票，它的股息不固定，随着公司经营状况的好坏而变动。优先股股票，是指享有优先权的股票，主要体现在公司分配股利和公司解散清算后对剩余财产分配时，较其他股份占有优先地位。劣后股股票，是指股东在股息或剩余财产分配上劣后于普通股股东的股票。在发行劣后股时，普通股就成了相对优先的股票，

---

① 参见［德］托马斯·莱塞尔、吕迪格·法伊尔著，高旭军等译：《德国资合公司法》，65页。

因此，在日本，劣后股多利用于政府、自治体或母公司为了在资金上援助企业，而采取此方法，这样会易于从一般投资者募集普通股。[①] 一些国家把发起人持有的股票规定为劣后股股票，以强化发起人的责任。由于优先股的股息通常是固定的，因此，比普通股更有保障；普通股股息不固定，其可能得到的股息波动性较大，既可能少于优先股，也可能多于优先股。所以，保守的投资者愿意购买优先股股票，而愿意为更大可能利润而承担较大风险的投资者比较喜欢购买普通股股票。

《公司法》主要规定普通股股票、额面股股票，对于优先股股票、劣后股股票、无额面股而言，其发行规则较为复杂，因此授权国务院另行规定。《公司法》第 132 条规定：国务院可以对公司发行本法规定以外的其他种类的股份，另行作出规定。

第二节　股票的发行

发行股票是股份有限公司重要的融资渠道。《公司法》和《证券法》对公司首次发行股票和发行新股的条件和程序作出原则性规定。中国证监会于 2006 年 5 月 7 日发布并于次日施行的《上市公司证券发行管理办法》和 2006 年 5 月 17 日发布并于次日施行的《首次公开发行股票并上市管理办法》，对上市公司的股票发行作出更为具体的规定。

一、股票发行概述

（一）股票发行、上市与资本经营

公司股票的发行与上市，是资本经营的一种方式。资本经营，又称资本运作，是指通过对货币、资产以及由资本各要素构成的企业的经营与运作，实现资本的增值与盈利。资本经营是相对于产品经营而言的。产品经营，是指企业直接通过对商品的生产、销售以及服务的提供盈利。用一句形象化的语言表述，当一个企业通过卖产品盈利时，是在进行产品经营，当它通过卖企业、卖股份、卖资产盈利时，便是在进行资本经营了。在发达的市场经济中，现代企业的经营，一方面要搞好产品经营，完成资本积累，另一方面要搞好资本经营，力促资本增值，两手齐备，才能更好地实现其盈利的目标。

① 参见［日］末永敏和著：《现代日本公司法》，71 页。

产品经营是企业资本经营的基础，资本经营是产品经营发展到一定阶段的必然结果。美国诺贝尔经济学奖获得者、著名经济学家施蒂格勒指出：纵观世界上著名的大企业、大集团，几乎没有哪一家不是在某种程度上以某种方式，通过资本兼并收购等资本运营手段而发展起来的，也几乎没有哪一家是完全通过内部积累发展起来的。① 通常，资本经营是以企业为主体进行的，它通过对企业的业务、资产的重组、上市、投资、融资、并购、参股等方式对存量资本调整，优化社会资源的配置，提高经营效率，以最大限度地实现投资者增值盈利的目标。无论是资产、业务的重组还是企业的收购，融资往往是关键。融资分为间接融资与直接融资。间接融资，如银行借贷、发行债券等，由此形成债务关系。直接融资，如公开发行股票、私募资金、合资经营等，由此形成投资关系。间接融资综合成本较低，方便快捷，但经营风险较大，而且持续融资能力较差。所以，在通常情况下，以直接融资，特别是股票发行与上市的方式参与资本市场的运作，是公司资本经营的最佳方式。

发行股票并上市对公司具有很多有利之处，股东也可以获得实际利益：(1) 股票上市后，对公司规范化治理的压力和盈利要求，有助于促进企业尽快建立、完善现代企业制度，转换经营机制，提高经济效益；(2) 公司可以获得在资金市场长期筹资的便利，拓宽融资渠道，解决发展资金问题，还可以通过发行股份收购资产、业务乃至企业；(3) 通过股票发行前的资产重组，可以解决原企业，尤其是国有企业存在的企业办社会等历史遗留问题，集中经营性资产上市，增强企业的竞争力与发展后劲；(4) 股票上市后，公司股东可以方便地将股票投资变现，增加投资的流动性，且成交价格在市场竞价交易的方式下形成，较为公平合理；(5) 公司现有股东，尤其是控股股东，可以在将公司风险分摊的情况下，继续维持对公司的控制权，以较小的投资控制较大的经营资产；(6) 明晰产权，发展多元化投资主体，通过对经营者的股权激励机制、员工持股等方式，不断改善法人治理结构；(7) 通过股票上市，起到无形广告作用，提高公司信誉，扩大其产品与服务的知名度，促进销售，拓展业务等。但另一方面，股票上市也对公司提出了更高的要求，甚至可能带来一些不利的影响。例如，为进行股票上市工作，公司须付出大量的人力、物力、时间、费用；上市后要履行严格的信息披露等法律义务，须接受社会公众的监督，责任加重，公司信息的公开易暴露商业秘密；公司股权分散后削弱原股东的控制权，需实行共同决策，而且有被人收购的可能；“肥水要流外人田”，股利要向其他股东分配；投资者对公司业绩提高、股息

① 转引自赵炳贤：《资本运营论》，169 页，北京，企业管理出版社，1997。

派发及股票价格上涨的期望，给公司经营带来的压力较大，股市的变动对企业经营也可能会有影响，甚至原可以享有的税收优惠政策也可能受到影响等。不过综合评价，发行股票并上市对公司来说，显然是利大于弊的好事。①

（二）股票发行的原则

《公司法》第127条规定，股份的发行，实行公平、公正的原则。由于《公司法》和《证券法》引入股份私募制度，形成了股票公开发行和非公开发行两种股份发行的渠道和制度，因此，公开原则仅对应股票公开发行的制度，而非所有股票发行的原则，目前我国股票发行的基本原则只有两项，即公平原则与公正原则。

1. 公平原则。

所谓公平原则，是股东平等原则的体现，是指股票发行应当公平对待各种投资人，并保障同股同权、同股同价。所谓公平地对待，是指在股票发行中必须保证对社会投资者的公平，即在同等条件下必须同等对待投资人，无论是机构投资人还是个人投资人，无论是私募对象还是公募对象，都应当受到平等对待，公司无正当理由不能区别对待公司的投资人。所谓“同股同权”，《公司法》第127条第1款规定，是指“同种类的每一股份应当具有同等权利”。所谓“同股同价”，《公司法》第127条第2款规定，是指同次发行的同种类股票，每股的发行条件和价格应当相同；任何单位或者个人所认购的股份，每股应当支付相同价额。所谓同次发行的股票，是指在同一次募股活动中发行的同种性质的股票。发行条件和价格，是指证券承销商对同一类投资者发行股票的具体方式和售出股票的价格等。发行人不得同时采取对社会投资者可能产生不公平的两种或两种以上的发行条件或者价格，承销机构不得在规定的发售起始日前发售股票，在发售中，不得以任何方式为本机构或他人预留股份。

2. 公正原则。

所谓公正原则，是指股票发行应当公正地保护中小投资者和公司债权人等有关利害关系人的权益。

对中小投资者而言，在股票发行活动中不能有内幕活动，要禁止内幕交易、操纵市场、欺诈隐瞒等行为，与股票发行有关的所有文件资料必须公正、准确无误，有关中介机构，例如，资产评估机构、会计师事务所、律师事务所、证券承销商等必须依法履行职责，保证股票发行工作的公正性。

---

① 参见王欣新编著：《企业和公司法》，251页。

对公司债权人而言，股份有限公司是典型的资合企业，公司资产是公司债务清偿的保障，所以，在发行股票时就应当保障公司拥有充实的资产。股票票面上标明票面金额，代表股东向公司的投资及其在公司总股本中所占的份额，总股本形成公司的注册资本。低于票面金额发行股票，必然使已出资股东的资产处于贬值出售的状态，利益受到损失，而且所募股金低于面值，又必然造成注册资本数额不实，影响到公司的正常经营和债权人的利益。因此，股票的发行价格不得低于其票面金额，否则就违反资本充实原则。但股票发行后在市场上的交易价格，则可能因种种因素而低于发行价格，甚至票面金额，这便是股票投资的风险所在。

股票发行价格高过票面金额称为溢价发行，股票能够溢价发行的原因是多方面的。股票价格形成的理论基本要素是股票预期股息和银行利息率。股票价格的实质是资本化的股息收入。用公式可以表示为：股票价格＝预期股息÷银行利息（例如，每股的票面金额为 1 元，收益 0.5 元，银行 1 年期存款利率为 5%，则理论上股票的发行价格可为 10 元，使两者的收益相等）。此外，影响股票发行价格的，还有发行人公司的经营状况与发展前景、股票供求关系、股票交易二级市场的情况、社会经济与政治状况等。股票发行价格必须综合考虑各方面的因素确定。市盈率是确定股票发行价格的一个重要因素。市盈率，是指股票的市场盈利率，其公式为：市盈率＝股价×总股数÷税后总利润，即每股价格÷每股税后利润（如前述例中，股票每股价格为 10 元，收益 0.5 元，市盈率为 20）。股票的发行价格通常是以公司每股税后利润额，乘以一个参考市盈率确定（与市场上其他类似情况已上市公司的股票市盈率比较）。《公司法》规定，以超过票面金额发行股票所得的资金，其中与股票面值相符的部分纳入公司股本，超过面值部分的溢价款列入公司资本公积金。资本公积金是公司资本信用的保障之一，有利于维护公司债权人的利益。

（三）股票发行方式

依据不同的标准，股票发行方式可以分为不同的种类。根据公司发行股票的次数，可以分为首次发行和增资发行；根据股票发行的对象是否特定，可以分为公开发行和非公开发行；根据购买股票的资金来源，可以分为内资股发行和外资股发行。以上发行方式的分类，在实践中可能会发生重合、交叉。

1. 首次发行与增资发行。

首次发行，是指股份有限公司设立时第一次发行股票，或者有限责任公司采取募集设立的方式变更为股份有限公司时第一次发行股票。股份有限公司的设立分为发起设立与募集设立。发起设立是指发起人认购公司应发行的全部股份而设立公司。公司发起设立时发行股票是非公开发行，即针对发起人发行股票，其发行条件只要符合《公司法》规定的发起设立股份有限公司的条件即可。募集设立的股份有限公司在成立时即向社会公众发行股票。但是，在2005年修改《公司法》、《证券法》之前，中国证监会要求拟上市的股份有限公司必须先发起设立，规范运作满1年后方可发行股票，而且禁止在境内向社会公众发行不上市股票。所以，募集设立的方式实际上没有执行，股票发行都是指已依法成立的股份有限公司为增加注册资本，而向社会公众公开发行或者非公开发行新的股份。在2005年修改《公司法》、《证券法》之后，除持续经营3年以上的股份有限公司可以作为发行人首次公开发行股票外，经国务院批准，持续经营3年以上的有限责任公司依法变更为股份有限公司时，可以采取募集设立方式公开发行股票，即通过募集股份把有限责任公司变更设立为股份有限公司。

增资发行，是指已依法成立的股份有限公司，尤其是上市公司为增加资本而再次发行新股，其方式有两种，即配股和增发。

2. 公开发行和非公开发行。

所谓公开发行，又叫做公募，是指向不特定的对象或者向超过法定发行人数的特定对象发行股票募集资金的行为。根据《证券法》第10条的规定，股票发行有下列情形之一的，为公开发行：（1）向不特定对象发行证券；（2）向累计超过200人的特定对象发行证券；（3）法律、行政法规规定的其他发行行为。

所谓非公开发行，又叫做私募，是指针对特定对象采取非公开方式发行股票募集资金的行为。在特定意义上，盈余或者资本公积金转作资本、股利送股、公司合并换股或者转换公司债行使转换权都可以包含在广义的非公开发行股票的范畴之内。① 但是由于上述行为都分别有具体的法律制度进行规范，因此，本章所讲的非公开发行是指根据特定法律规范，向特定对象非公开发行股票募集资金的行为。

3. 内资股发行和外资股发行。

目前我国发行的股票分为内资股和外资股。内资股是指在沪、深两个证券交易所上市的境内上市内资股，即A股股票。外资股分为两种情形：一是在境外发行，在沪、深两个证券交易所上市的境内上市外资股，即B股股

① 参见王文宇：《新金融法》，444页，北京，中国政法大学出版社，2004。

票；二是在中国境外发行、上市的境外上市外资股股票，即 H 股、N 股等。

无论以何种方式发行股票，都必须遵守《公司法》、《证券法》等法律、法规及中国证监会有关规章所规定之条件与程序。

二、股票发行条件

《公司法》和《证券法》于 2005 年作出的修改之一就是把新股发行条件从《公司法》中移入《证券法》，并作出了一定的缓和性修改。

（一）首次公开发行股票的条件

股份有限公司首次公开发行股票，应当符合我国《公司法》、《证券法》以及《首次公开发行股票并上市管理办法》等规定的条件。具体而言，设立股份有限公司申请首次公开发行股票，应当符合以下条件：

1. 发行人的主体资格。

依据《首次公开发行股票并上市管理办法》第 8 条的规定，有两种主体可以首次发行股票：一是发行人应当是依法设立且合法存续的股份有限公司；二是经国务院批准，有限责任公司在依法变更为股份有限公司时，可以采取募集设立方式公开发行股票。

发行人为发起设立的股份有限公司的，其成立后应当持续经营时间在 3 年以上，但经国务院批准的除外。公开发行股票的发行人的注册资本应当已足额缴纳，发行人的主要资产不存在重大权属纠纷。

在有限责任公司通过募集设立的方式变更为股份有限公司的时候，还应当满足股份有限公司募集设立的条件，即应当有 2 人以上 200 人以下为发起人，其中须有半数以上的发起人在中国境内有住所；除法律另有规定外，发起人认购的股份不得少于公司股份总数的 35%。发起人或者股东用作出资的资产的财产权转移手续已办理完毕。依据《公司法》的规定，有限责任公司变更为股份有限公司时，折合的实收股本总额不得高于公司净资产额。有限责任公司为此公开发行股份时，必须符合《证券法》等法律、法规和行政规章的有关规定，其持续经营时间可以从有限责任公司成立之日起计算，但不得低于 3 年。

发行人还应当满足以下条件：(1) 发行人的生产经营符合法律、行政法规和公司章程的规定，符合国家产业政策；(2) 发行人最近 3 年内主营业务和董事、高级管理人员没有发生重大变化，实际控制人没有发生变更；(3) 发行人的股权清晰，控股股东和受控股股东、实际控制人支配的股东持有的发行人股份不存在重大权属纠纷。

2. 发行人的独立性。

发行人应当具有完整的业务体系和直接面向市场独立经营的能力。发行人在以下方面应当具有独立性：（1）发行人的资产完整。生产型企业应当具备与生产经营有关的生产系统、辅助生产系统和配套设施，合法拥有与生产经营有关的土地、厂房、机器设备以及商标、专利、非专利技术的所有权或者使用权，具有独立的原料采购和产品销售系统；非生产型企业应当具备与经营有关的业务体系及相关资产。（2）发行人的人员独立。发行人的总经理、副总经理、财务负责人和董事会秘书等高级管理人员不得在控股股东、实际控制人及其控制的其他企业中担任除董事、监事以外的其他职务，不得在控股股东、实际控制人及其控制的其他企业领薪；发行人的财务人员不得在控股股东、实际控制人及其控制的其他企业中兼职。（3）发行人的财务独立。发行人应当建立独立的财务核算体系，能够独立作出财务决策，具有规范的财务会计制度和对分公司、子公司的财务管理制度；发行人不得与控股股东、实际控制人及其控制的其他企业共用银行账户。（4）发行人的机构独立。发行人应当建立、健全内部经营管理机构，独立行使经营管理职权，与控股股东、实际控制人及其控制的其他企业之间不得有机构混同的情形。（5）发行人的业务独立。发行人的业务应当独立于控股股东、实际控制人及其控制的其他企业，与控股股东、实际控制人及其控制的其他企业之间不得有同业竞争或者显失公平的关联交易。

3. 发行人须规范运行。

发行人应当具备健全且运行良好的组织机构，最近无重大违法行为，并且建立了严密、科学的内控制度。

第一，发行人应当具备健全且运行良好的组织机构。

发行人已经依法建立、健全股东大会、董事会、监事会、独立董事、董事会秘书制度，相关机构和人员能够依法履行职责。

发行人的董事、监事和高级管理人员已经了解与股票发行上市有关的法律、法规，知悉上市公司及其董事、监事和高级管理人员的法定义务和责任。

发行人的董事、监事和高级管理人员符合法律、行政法规和规章规定的任职资格，且不得有下列情形：（1）被中国证监会采取证券市场禁入措施尚在禁入期的；（2）最近 36 个月内受到中国证监会行政处罚，或者最近 12 个月内受到证券交易所公开谴责；（3）因涉嫌犯罪被司法机关立案侦查或者涉嫌违法、违规被中国证监会立案调查，尚未有明确结论意见。

第二，发行人最近无重大违法行为。

发行人不得有下列情形：（1）最近 36 个月内未经法定机关核准，擅自公开或者变相公开发行过证券；或者有关违法行为虽然发生在36个月前，但目前仍处于持续状态。(2) 最近36个月内违反工商、税收、土地、环保、海关以及其他法律、行政法规，受到行政处罚，且情节严重。(3) 最近36个月内曾向中国证监会提出发行申请，但报送的发行申请文件有虚假记载、误导性陈述或重大遗漏；或者不符合发行条件以欺骗手段骗取发行核准；或者以不正当手段干扰中国证监会及其发行审核委员会审核工作；或者伪造、变造发行人或其董事、监事、高级管理人员的签字、盖章。(4) 本次报送的发行申请文件有虚假记载、误导性陈述或者重大遗漏。(5) 涉嫌犯罪被司法机关立案侦查，尚未有明确结论意见。(6) 严重损害投资者合法权益和社会公共利益的其他情形。

第三，发行人具备严密、科学的内控制度。

发行人的内部控制制度健全且被有效执行，能够合理保证财务报告的可靠性、生产经营的合法性、营运的效率与效果。

发行人的公司章程中已明确对外担保的审批权限和审议程序，不存在为控股股东、实际控制人及其控制的其他企业进行违规担保的情形。

发行人有严格的资金管理制度，不得有资金被控股股东、实际控制人及其控制的其他企业以借款、代偿债务、代垫款项或者其他方式占用的情形。

4. 发行人的财务指标、盈利能力符合要求，而且会计制度健全、规范。

第一，发行人的财务指标、盈利能力符合要求。

发行人资产质量良好，资产负债结构合理，盈利能力较强，现金流量正常。

发行人应当符合下列条件：(1) 最近3个会计年度净利润均为正数且累计超过人民币3 000万元，净利润以扣除非经常性损益前后较低者为计算依据。(2) 最近3个会计年度经营活动产生的现金流量净额累计超过人民币5 000万元；或者最近3个会计年度营业收入累计超过人民币3亿元。(3) 发行前股本总额不少于人民币3 000万元。(4) 最近一期末无形资产（扣除土地使用权、水面养殖权和采矿权等后）占净资产的比例不高于20%。(5) 最近一期末不存在未弥补亏损。

发行人依法纳税，各项税收优惠符合相关法律、法规的规定。发行人的经营成果对税收优惠不存在严重依赖。

发行人不存在重大偿债风险，不存在影响持续经营的担保、诉讼以及仲裁等重大事项。

发行人不得有下列影响持续盈利能力的情形：(1) 发行人的经营模式、产品或服务的品种结构已经或者将发生重大变化，并对发行人的持续盈利能力构成重大不利影响；（2）发行人的行业地位或发行人所处行业的经营环境已经或者将发生重大变化，并对发行人的持续盈利能力构成重大不利影响；（3）发行人最近1个会计年度的营业收入或净利润对关联方或者存在重大不确定性的客户存在重大依赖；（4）发行人最近1个会计年度的净利润主要来自合并财务报表范围以外的投资收益；（5）发行人在用的商标、专利、专有技术以及特许经营权等重要资产或技术的取得或者使用存在重大不利变化的风险；（6）其他可能对发行人持续盈利能力构成重大不利影响的情形。

第二，发行人的会计制度健全、规范。

发行人的内部控制在所有重大方面是有效的，并由注册会计师出具了无保留结论的内部控制鉴证报告。

发行人会计基础工作规范，财务报表的编制符合企业会计准则和相关会计制度的规定，在所有重大方面公允地反映了发行人的财务状况、经营成果和现金流量，并由注册会计师出具了无保留意见的审计报告。

发行人编制财务报表应以实际发生的交易或者事项为依据；在进行会计确认、计量和报告时应当保持应有的谨慎；对相同或者相似的经济业务，应选用一致的会计政策，不得随意变更。

发行人应完整披露关联方关系并按重要性原则恰当披露关联交易。关联交易价格公允，不存在通过关联交易操纵利润的情形。

发行人申报文件中不得有下列情形：（1）故意遗漏或虚构交易、事项或者其他重要信息；（2）滥用会计政策或者会计估计；（3）操纵、伪造或篡改编制财务报表所依据的会计记录或者相关凭证。

5. 募集资金运用符合要求。

募集资金应当有明确的使用方向，原则上应当用于主营业务。除金融类企业外，募集资金使用项目不得为持有交易性金融资产和可供出售的金融资产、借与他人、委托理财等财务性投资，不得直接或者间接投资于以买卖有价证券为主要业务的公司。

募集资金数额和投资项目应当与发行人现有生产经营规模、财务状况、技术水平和管理能力等相适应。

募集资金投资项目应当符合国家产业政策、投资管理、环境保护、土地管理以及其他法律、法规和规章的规定。

发行人董事会应当对募集资金投资项目的可行性进行认真分析，确信投资项目具有较好的市场前景和盈利能力，有效地防范投资风险，提高募集资金使用效益。

募集资金投资项目实施后，不会产生同业竞争或者对发行人的独立性产生不利的影响。

发行人应当建立募集资金专项存储制度，募集资金应当存放于董事会决定的专项账户。

（二）上市公司公开发行新股的条件

上市公司发行新股，有增发和配股两种情况。增发是向包括原有股东在内的全体社会公众投资者发售股票；配股是向老股东按一定比例配售新股。依照国际惯例和中国证券市场规范化发展的方向，增发是更为常见的外部融资方式。

《证券法》第13条第1款规定，公司公开发行新股，应当符合下列条件：(1) 具备健全且运行良好的组织机构；(2) 具有持续盈利能力，财务状况良好；(3) 最近3年财务会计文件无虚假记载，无其他重大违法行为；(4) 经国务院批准的国务院证券监督管理机构规定的其他条件。公司对公开发行股票所募集资金，必须按照招股说明书所列资金用途使用。改变招股说明书所列资金用途，必须经股东大会作出决议。擅自改变用途而未作纠正的，或者未经股东大会认可的，不得公开发行新股，上市公司也不得非公开发行新股。

同时，公司公开发行新股还应当符合《上市公司证券发行管理办法》规定的条件。《上市公司证券发行管理办法》修正了以往对公司增发与配股的规定，改变了以往以财务指标和行政管理为主要监管手段的再融资规则，强化市场约束机制，对公开发行股票的条件进行了相应的调整和完善。这里主要就配股条件和增发新股条件作出概括性介绍。

1. 配股的条件。

配股除了应当符合发行人独立且规范运行，财务指标、盈利能力符合要求且会计制度健全、规范，募集资金运用符合要求等条件外，还应当符合下列规定：

第一，最近3年连续盈利。在配股方面，考虑到配股是向公司老股东募集资金，是老股东自愿出资支持公司发展的行为，不牵涉其他投资者的利益，因此，在财务指标上不宜提出过高要求，发行价格上也不宜作硬性规定。所以，《上市公司证券发行管理办法》取消了配股前3年平均净资产收益率6%的限制，仅要求最近3年连续盈利。

第二，控股股东事先承诺认配数量。为有效遏制大股东投票赞成却在认购时放弃配股的情形，以及防止绝大部分公司股东放弃配股而由承销商大比例低价包销的情况，《上市公司证券发行管理办法》要求控股股东应当在股东大会召开前公开承诺认配股份的数量，从而为给其他中小股东的投资决策提供必要的判断依据。

第三，配股规模不超过发行前总股本的30%。对配股规模的限制仍然延续了以前的配售股份数量不超过发行前总股本30%的要求。

第四，以代销方式发行，并引入发行失败制度。《上市公司证券发行管理办法》规定，配股要采用新《证券法》规定的代销方式发行，并引入发行失败制度，即代销期限届满，原股东认购股票的数量未达到拟配售数量70%的，发行人应当按照发行价并加算银行同期存款利息返还已经认购的股东。在采用代销方式配股的情况下，即使股东大会通过了配股决议，也有可能由于中小股东不参与申购而导致配股发行失败。这一新机制有利于促进上市公司在实施配股时理性决策，也进一步强化了对中小股东合法权益的保护。

2. 增发新股条件。

增发除了应当符合发行人独立且规范运行，财务指标、盈利能力符合要求且会计制度健全、规范，募集资金运用符合要求等条件外，还应当符合下列规定：

第一，最近3个会计年度加权平均净资产收益率平均不低于6%。《上市公司证券发行管理办法》适当降低了上市公司的财务指标要求，将净资产收益率要求从10%降低到6%，即最近3个会计年度加权平均净资产收益率平均不低于6%。扣除非经常性损益后的净利润与扣除前的净利润相比，以低者作为加权平均净资产收益率的计算依据。放宽对主要财务指标硬性要求必须搭配强化市场约束的机制，也就是要求增发股票的定价采取市价发行规则。

第二，市价发行。上市公司公开增发股票的发行价格不低于公告招股意向书前20个交易日公司股票均价或前一个交易日的均价。这一政策调整主要是约束以往上市公司折扣增发，不断摊薄公众投资者利益的行为，旨在保护公司既有股东特别是中小股东的利益。在市价发行原则下，公司能否成功发行股票，不仅仅单纯看过往的经营业绩，也取决于投资者对公司整体情况和未来发展的认可。市价发行原则将会增加发行人的发行难度，加大主承销商的包销压力，但也为强化投资者对上市公司再融资行为的约束提供了有力保障。这既可以为真正具有发展潜力、经得起市场检验的公司通过资本市场融资做大、做强提供契机，同时也可以有效防范一些公司一哄而上公开发行证券的情形。

第三，资金用途和资金管理更加严格。在不再限制增发融资规模的同时，对资金用途和资金管理的要求更加严格，规定除金融类企业外，所有证券发行募集资金不得用于买卖有价证券、委托理财、借与他人或投资于以买卖有价证券为主营业务的公司。

（三）上市公司非公开发行新股的条件

《证券法》第13条第2款规定，上市公司非公开发行新股，应当符合经国务院批准的国务院证券监督管理机构规定的条件，即应当符合《上市公司证券发行管理办法》第三章的规定，并报国务院证券监督管理机构核准。

《上市公司证券发行管理办法》对上市公司非公开发行股票作出以下方面的规定：(1) 在对募集资金用途、公司及高级管理人员的诚信等方面提出了严格要求的前提下，对发行公司的盈利指标和非公开发行股票数量不作要求。(2) 限制发行对象的资格和数量。发行对象的资格应当符合股东大会决议规定的条件，发行对象总数不超过10名；境外战略投资者的资格经国务院相关部门事先批准。(3) 股份自发行结束之日起，12个月内不得转让；控股股东、实际控制人及其控制的企业认购的股份，36个月内不得转让。(4) 发行价格不低于定价基准日前20个交易日公司股票均价的90%。(5) 为适应非公开发行的特点，根据新《证券法》的要求，简化了非公开发行的发行审核委员会审核环节，非公开发行适用于股票发行审核委员会的简易审核程序。

三、股票发行程序

发起设立股份有限公司的股票发行程序就是股份有限公司发起设立的程序，不再赘述。在此主要讨论首次公开发行股票的程序和上市公司发行新股的程序。

（一）股票首次公开发行的程序

《公司法》、《证券法》和《首次公开发行股票并上市管理办法》对股票首次发行的程序作出了规定，主要内容如下：

1. 股东大会决议。

发行人的董事会应当依法就本次股票发行的具体方案、本次募集资金使用的可行性及其他必须明确的事项作出决议，并提请股东大会批准。发行人股东大会就本次发行股票作出的决议，至少应当包括下列事项：(1) 本次发行股票的种类和数量；(2) 发行对象；(3) 价格区间或者定价方式；(4) 募集资金用途；(5) 发行前滚存利润的分配方案；(6) 决议的有效期；(7) 对董事会办理本次发行具体事宜的授权；(8) 其他必须明确的事项。

2. 发行人制作文件并交由保荐人保荐。

发行人应当按照国务院证券监督管理机构的有关规定制作申请文件，由保荐人保荐并向国务院证券监督管理机构申报。特定行业的发行人应当提供管理部门的相关意见。

3. 审核批准。

我国股票发行采取核准制，即拟公开发行股票的公司按照法定程序，直接向法定的核准机构报送法定文件，对于符合法定条件的，核准机构予以准许。

国务院证券监督管理机构在收到申请文件后，在5个工作日内作出是否受理的决定。国务院证券监督管理机构受理申请文件后，由相关职能部门对发行人的申请文件进行初审，并由发行审核委员会审核。《证券法》第22条规定：国务院证券监督管理机构设发行审核委员会，依法审核股票发行申请。发行审核委员会由国务院证券监督管理机构的专业人员和所聘请的该机构外的有关专家组成，以投票方式对股票发行申请进行表决，提出审核意见。国务院证券监督管理机构在初审过程中，将征求发行人注册地省级人民政府是否同意发行人发行股票的意见，并就发行人的募集资金投资项目是否符合国家产业政策和投资管理的规定征求国家发展和改革委员会的意见。

在发行审核委员会提出意见后，国务院证券监督管理机构依照法定条件负责核准股票发行申请。核准程序应当公开，依法接受监督。国务院证券监督管理机构或者国务院授权的部门应当自受理证券发行申请文件之日起3个月内，依照法定条件和法定程序作出予以核准或者不予核准的决定，发行人根据要求补充、修改发行申请文件的时间不计算在内；不予核准的，应当说明理由。股票发行申请未获核准的，自中国证监会作出不予核准决定之日起6个月后，发行人可以再次提出股票发行申请。

为了保证审核批准的公正性，《证券法》明确地规定，参与审核和核准股票发行申请的人员，不得与发行申请人有利害关系，不得直接或者间接接受发行申请人的馈赠，不得持有所核准的申请发行的股票，不得私下与发行申请人进行接触。

自国务院证券监督管理机构核准发行之日起，发行人应在6个月内发行股票；超过6个月未发行的，核准文件失效，须重新经国务院证券监督管理机构核准后方可发行。

证券发行申请经核准，发行人应当依照法律、行政法规的规定，在证券公开发行前，公告公开发行募集文件，并将该文件置备于指定场所供公众查阅。发行证券的信息依法公开前，任何知情人不得公开或者泄露该信息。发行人不得在公告公开发行募集文件前发行证券。

发行申请核准后、股票发行结束前，发行人发生重大事项的，应当暂缓或者暂停发行，并及时报告国务院证券监督管理机构，同时履行信息披露义务。影响发行条件的，应当重新履行核准程序。

国务院证券监督管理机构或者国务院授权的部门对已作出的核准证券发行的决定，发现不符合法定条件或者法定程序，尚未发行证券的，应当予以撤销，停止发行。已经发行尚未上市的，撤销发行核准决定，发行人应当按照发行价并加算银行同期存款利息返还证券持有人；保荐人应当与发行人承担连带责任，但是能够证明自己没有过错的除外；发行人的控股股东、实际控制人有过错的，应当与发行人承担连带责任。

4. 发行人发行股票。

发行人应当按照国务院证券监督管理机构的有关规定编制和披露招股说明书。招股说明书内容与格式准则是信息披露的最低要求。不论准则是否有明确规定，凡是对投资者作出投资决策有重大影响的信息，均应当予以披露。发行人及其全体董事、监事和高级管理人员应当在招股说明书上签字盖章，保证招股说明书的内容真实、准确、完整。

保荐人及其保荐代表人应当对招股说明书的真实性、准确性、完整性进行核查，并在核查意见上签字盖章。

招股说明书中引用的财务报表在其最近一期截止日后6个月内有效。在特别情况下发行人可以申请适当延长，但至多不超过1个月。财务报表应当以年度末、半年度末或者季度末为截止日。招股说明书的有效期为6个月，自国务院证券监督管理机构核准发行申请前招股说明书最后一次签署之日起计算。

申请文件受理后、发行审核委员会审核前，发行人应当将招股说明书（申报稿）在国务院证券监督管理机构网站预先披露。发行人可以将招股说明书（申报稿）刊登于其企业网站，但披露内容应当完全一致，且不得早于在国务院证券监督管理机构网站的披露时间。发行人及其全体董事、监事和高级管理人员应当保证预先披露的招股说明书（申报稿）的内容真实、准确、完整。预先披露的招股说明书（申报稿）不是发行人发行股票的正式文件，不能含有价格信息，发行人不得据此发行股票。

发行人应当在预先披露的招股说明书（申报稿）的显要位置声明："本公司的发行申请尚未得到中国证监会核准。本招股说明书（申报稿）不具有据以发行股票的法律效力，仅供预先披露之用。投资者应当以正式公告的招股说明书全文作为作出投资决定的依据。"发行人应当在发行前将招股说明书摘要刊登于至少一种国务院证券监督管理机构指定的报刊，同时将招股说明书全文刊登于国务院证券监督管理机构指定的网站，并将招股说明书全文置备于发行人住所、拟上市证券交易所、保荐人、主承销商和其他承销机构的住所，以备公众查阅。

保荐人出具的发行保荐书、证券服务机构出具的有关文件应当作为招股说明书的备查文件，在国务院证券监督管理机构指定的网站上披露，并置备于发行人住所、拟上市证券交易所、保荐人、主承销商和其他承销机构的住所，以备公众查阅。

发行人可以将招股说明书摘要、招股说明书全文、有关备查文件刊登于其他报刊和网站，但披露内容应当完全一致，且不得早于在国务院证券监督管理机构指定报刊和网站的披露时间。

此后，股票发行进入承销阶段，直至发行结束。

（二）上市公司发行新股的程序

1. 股东大会决议。

《公司法》第 134 条规定，公司发行新股，股东大会应当对下列事项作出决议：（1）新股种类及数额；（2）新股发行价格；（3）新股发行的起止日期；（4）向原有股东发行新股的种类及数额。公司发行新股，可以根据公司经营情况和财务状况确定其作价方案。

2. 公开发行新股。

《公司法》第 135 条规定，公司经国务院证券监督管理机构核准公开发行新股时，必须公告新股招股说明书和财务会计报告，并制作认股书。

发起人向社会公开募集股份，应当由依法设立的证券公司承销，签订承销协议。发起人向社会公开募集股份，应当同银行签订代收股款协议。代收股款的银行应当按照协议代收和保存股款，向缴纳股款的认股人出具收款单据，并负有向有关部门出具收款证明的义务。

3. 进行注册资本变更登记并公告。

发行股份的股款缴足后，必须经法定验资机构验资并出具证明。根据《公司法》第 137 条的规定，公司发行新股募足股款后，必须向公司登记机关办理变更登记，并公告。

第三节　股票的转让与上市交易

一、股份有限公司股份的转让

（一）股份有限公司股份转让的原则

股份有限公司的股份转让也就是股票的转让。股票转让从形式上是证券转让，从实质上是股东资格或股东权的转让。

股份转让自由是股份有限公司股份转让的基本原则。转让人和受让人只要按法律规定履行了必要的手续，转让就具有法律效力。

股票是股份有限公司与证券市场的联结点，股票的转让正是两者联结起来的有机运作方式之一。

（二）股份转让的限制

股份有限公司股东持有的股份可以依法自由转让，但也应遵守一定的程序和限制，以防止股份转让中可能出现的问题，保护公司、股东和其他利害关系人的合法权益，维护交易安全。这些限制可以分为时间限制、地点限制、方式限制和主体限制。

1. 时间限制。根据《公司法》第133条关于“公司成立前不得向股东交付股票”的规定，公司成立前是不能转让股份的。

2. 地点限制。股东转让其股份，应当在依法设立的证券交易场所进行或者按照国务院规定的其他方式进行。

3. 方式限制。记名股票，由股东以背书方式或者法律、行政法规规定的其他方式转让。记名股票转让后，应由公司将受让人的姓名或者名称及住所记载于股东名册，否则受让人不得以股票转让对抗公司。在股东大会召开前20日内或者公司决定分配股利的基准日前5日内，不得进行以股票转让为原因的股东名册变更登记。但是，法律对上市公司股东名册变更登记另有规定的，遵从其规定。

无记名股票的转让，由股东在依法设立的证券交易场所或者按照国务院规定的其他方式将股票交付给受让人，即发生转让的效力。

4. 主体限制。

第一，发起人与准发起人。为了防止发起人不履行其对公司承担的责任，或以设立公司为名到股市上圈钱，法律对其持有股票的转让规定了期限限制。《公司法》规定，发起人持有的本公司股份，自公司成立之日起1年（旧《公司法》规定为3年）内不得转让。

《公司法》还规定，公司公开发行股份前已发行的股份，自公司股票在证券交易所上市交易之日起1年内不得转让。因为公司公开发行股份前已持有该公司股份的股东即使不属于发起人，也具有准发起人的特征，所以，法律规定自公司股票在证券交易所上市交易之日起1年内，这些股东不得转让其持有的本公司股份。

第二，公司的董事、监事、高级管理人员。《公司法》经过修改后扩大了对公司高级管理人员转让股票的限制范围，不仅包括董事、监事、经理，还包括副经理、财务负责人、上市公司董事会秘书和公司章程规定的其他人员。《公司法》对公司董事、监事、高级管理人员在任职期间转让其持有本公司股份的限制措施有所放松，同时规定了股票上市交易后和离职后的转让期限限制，规定“公司董事、监事、高级管理人员应当向公司申报所持有的本公司的股份及其变动情况，在任职期间每年转让的股份不得超过其所持有本公司股份总数的25%；所持本公司股份自公司股票上市交易之日起1年内不得转让。上述人员离职后半年内，不得转让其所持有的本公司股份”。上海和深圳两家证券交易所对此问题作出更为具体的规定。例如，《上海证券交易所股票上市规则》规定，上市公司董事、监事、高级管理人员在任期内应按照有关规定和公司章程向交易所申请在相应期间锁定其持有的全部或者部分本公司股份。董事、监事和高级管理人员所持本公司股份发生变动的（因公司派发股票股利和资本公积金转增股本导致的变动除外），应当及时向公司报告并由公司在本所网站进行公告。

此外，《证券法》第47条规定，上市公司董事、监事、高级管理人员将其持有的该公司的股票在买入后6个月内卖出，或者在卖出后6个月内又买入，由此所得收益归该公司所有，公司董事会应当收回其所得收益。

公司章程可以对公司董事、监事、高级管理人员转让其所持有的本公司股份作出较上述法律规定更为严格的限制性规定。

第三，公司对所持本公司股票的转让限制。除特殊情况外，股份有限公司不得持有本公司的股票。否则，就可能违反资本充实原则，侵害股东利益，影响股票市场的交易。具体的限制有两个方面：

首先，除以下四种情形之外，公司不得收购本公司股份：减少公司注册资本；与持有本公司股份的其他公司合并；将股份奖励给本公司职工；股东因对股东大会作出的公司合并、分立决议持异议，要求公司收购其股份的。

公司因减少注册资本、与持有本公司股份的其他公司合并、将股份奖励给本公司职工的原因收购本公司股份的，应当经股东大会决议。公司在收购本公司股份后，属于减少公司注册资本的，应当自收购之日起10日内注销；属于与持有本公司股份的其他公司合并或者股东行使股份回购请求权的，应当在6个月内转让或者注销。

公司为将股份奖励给本公司职工而收购的本公司股份，不得超过本公司已发行股份总额的5%；用于收购的资金应当从公司的税后利润中支出；所收购的股份应当在1年内转让给职工。

其次，公司不得接受本公司的股票作为质押的标的。股东以持有的公司股票作为对公司债务的质押，一旦债务不能清偿，公司通过实现质押权以本公司股票受偿难免会出现持有自己股票的现象，所以，法律不允许公司接受本公司的股票作为质押的标的。

第四，国家。国家持有股份的转让关系到国家资产的保值和增值，关系到整个国民经济的发展，因此，应当遵守有关企业国有资产转让的相关规定。根据2003年5月27日公布施行的《企业国有资产监督管理暂行条例》第23条的规定，国有资产监督管理机构决定其所出资企业的国有股权转让。其中，转让全部国有股权或者转让部分国有股权致使国家不再拥有控股地位的，报本级人民政府批准。该条例授权国务院国有资产监督管理机构另行制定有关所出资企业投资设立的重要子企业的重大事项批准的管理办法。根据这一授权，国有资产监督管理机构制定并报国务院批准的《企业国有产权转让管理暂行办法》出台，并于2004年2月1日施行。《企业国有产权转让管理暂行办法》第26条规定：所出资企业决定其子企业的国有产权转让。其中，重要子企业的重大国有产权转让事项，应当报同级国有资产监督管理机构会签财政部门后批准。其中，涉及政府社会公共管理审批事项的，需预先报经政府有关部门审批。

第五，持有5%股份的股东。根据《证券法》第47条的规定，不允许持有上市公司股份5%以上的股东将其所持有的该公司的股票在买入后6个月内卖出，或者在卖出后6个月内又买入。否则，由此所得收益归该公司所有，公司董事会应当收回该股东所得收益。但是，证券公司因包销购入售后剩余股票而持有5%以上股份的，卖出该股票不受6个月时间限制。

第六，证券机构的人员及其他有关人员。证券交易所、证券公司和证券登记结算机构的从业人员、证券监督管理机构的工作人员以及法律、行政法规禁止参与股票交易的其他人员，在任期或者法定限期内，不得直接或者以化名、借他人名义持有、买卖股票，也不得收受他人赠送的股票。任何人在成为上述人员时，其原已持有的股票，必须依法转让。

第七，承担上市公司相关业务的中介机构及其人员。为股票发行出具审计报告、资产评估报告或者法律意见书等文件的证券服务机构和人员，在该股票承销期内和期满后6个月内，不得买卖该种股票。为上市公司出具审计报告、资产评估报告或者法律意见书等文件的证券服务机构和人员，自接受上市公司委托之日起至上述文件公开后5日内，不得买卖该种股票。

（三）股份转让的方式

股份转让分为上市转让和非上市转让两种方式。所谓上市转让，是指股份有限公司股票依法进入证券交易所进行交易。股票在证券交易所上市交易的股份有限公司，即上市公司，其股票主要是通过上市交易转让。股份有限公司不都是上市公司，非上市转让也是股份有限公司股份转让的重要方式。

原上市公司的股份还存在流通股与非流通股的区别，非流通股主要通过协议的方式进行转让。2005 年 4 月 29 日，中国证监会发布《关于上市公司股权分置改革试点有关问题的通知》，正式启动股权分置改革，目前股权分置改革已经基本完成。在股权分置改革完成的上市公司中，非流通股均转为流通股。

二、股票的上市交易

股票上市，是指股份有限公司的股票依法进入证券交易所进行交易。这是股份有限公司股票转让的主要方式。2005 年修订的《公司法》、《证券法》把股票上市交易的主要规则从《公司法》中移到了《证券法》中，因此，在这里只做简单介绍。

（一）股票上市的条件

上市公司的股票，依照有关法律、行政法规及证券交易所交易规则上市交易。根据《证券法》第 50 条的规定，股份有限公司申请股票上市，应当符合下列条件：（1）股票经国务院证券监督管理机构核准已公开发行。（2）公司股本总额不少于人民币3 000万元。（3）公开发行的股份达到公司股份总数的 25%以上；公司股本总额超过人民币 4 亿元的，公开发行股份的比例为 10%以上。（4）公司最近 3 年无重大违法行为，财务会计报告无虚假记载。证券交易所可以规定高于上述要求的上市条件，并报国务院证券监督管理机构批准。

国家鼓励符合产业政策并符合上市条件的公司股票上市交易。

（二）股票上市的程序

1. 申请。

申请股票上市交易，应当向证券交易所报送下列文件：（1）上市报告书；（2）申请股票上市的股东大会决议；（3）公司章程；（4）公司营业执照；（5）依法经会计师事务所审计的公司最近 3 年的财务会计报告；（6）法律意见书和上市保荐书；（7）最近一次的招股说明书；（8）证券交易所上市规则规定的其他文件。

2. 经证券交易所核准，签订上市协议并公告。

股票上市交易申请经证券交易所审核同意后，签订上市协议的公司应当在规定的期限内公告股票上市的有关文件，并将该文件置备于指定场所供公众查阅。

签订上市协议的公司除公告前条规定的文件外，还应当公告下列事项：(1) 股票获准在证券交易所交易的日期；(2) 持有公司股份最多的前 10 名股东的名单和持股数额；(3) 公司的实际控制人；(4) 董事、监事、高级管理人员的姓名及持有本公司股票和债券的情况。

3. 上市交易。

股份有限公司完成以上程序后，就可以在证券交易所进行挂牌交易。

（三）股票上市交易的暂停与终止

上市公司有下列情形之一的，由证券交易所决定暂停其股票上市交易：(1) 公司股本总额、股权分布等发生变化不再具备上市条件；(2) 公司不按照规定公开其财务状况，或者对财务会计报告作虚假记载，可能误导投资者；(3) 公司有重大违法行为；(4) 公司最近 3 年连续亏损；(5) 证券交易所上市规则规定的其他情形。

上市公司有下列情形之一的，由证券交易所决定终止其股票上市交易：(1) 公司股本总额、股权分布等发生变化不再具备上市条件，在证券交易所规定的期限内仍不能达到上市条件；(2) 公司不按照规定公开其财务状况，或者对财务会计报告作虚假记载，且拒绝纠正；(3) 公司最近 3 年连续亏损，在其后一个年度内未能恢复盈利；(4) 公司解散或者被宣告破产；(5) 证券交易所上市规则规定的其他情形。

第四节　上市公司组织机构的特别规定

所谓上市公司，是指其股票在证券交易所上市交易的股份有限公司。上市公司作为开放型的公司，立法对其组织机构有一些特别规定，以促进股份有限公司的规范和治理。

一、股东大会的特别规定

由于上市公司的中小股东人数众多，而且大多为投机性股东，其所有权与经营权有较大分离，因此，在保障公司管理层经营权的同时，还需要强化股东大会的权利。基于此，《公司法》第 122 条规定，上市公司在 1 年内购买、出售重大资产或者担保金额超过公司资产总额 30%的，应当由股东大会作出决议，并经出席会议的股东所持表决权的 2/3 以上通过。

二、上市公司董事会制度的特别规定

（一）上市公司的独立董事制度

1. 独立董事的概念。

根据《公司法》的规定，上市公司设立独立董事，具体办法由国务院规定。目前主要的规范性法律文件是中国证监会在 2001 年 8 月 16 日发布的《关于在上市公司建立独立董事制度的指导意见》（以下简称《独立董事指导意见》）。

“独立董事”一词源于美国的 independent director。独立董事制度是顺应 20 世纪上半叶美国上市公司股权高度分散、董事会功能由主导经营机构转为监督机构等新特点，回应当时社会需要而出现的。美国设立独立董事的目的是监控公司经营者，保护股东和公司利益，其基本功能在于对违法经营或利益冲突交易等道德风险行为进行监督。美国公司法中的董事分为内部董事（inside director）和外部董事（outside director）。内部董事，是指兼任公司高级管理人员的董事。外部董事，又称非执行董事（non-executive director），分为有关联关系的外部董事（affiliated outside director）与无关联关系的外部董事（unaffiliated outside director）。有关联关系的外部董事（又称灰色董事），是指与公司存在实质性利害关系者（如公司已退休的高级管理人员、高级管理人员的亲朋好友、公司律师、供应商的总裁）担任的外部董事。独立董事就是无关联关系的外部董事。

在我国，独立董事是指不在上市公司担任董事之外的其他职务，并与公司、内部人及大股东之间不存在可能妨碍其独立作出客观判断的利害关系（尤其是直接或者间接的财产利益关系）的董事。独立董事不兼任公司高级管理职务，属于外部董事范畴；又不与公司存在实质利害关系，故不属于关联董事。

2. 独立董事的任职资格。

作为公司董事会成员，独立董事应当符合公司法有关一般董事的资格规定。同时，独立董事肩负保护所有公司相关利益者利益、督促整个董事会正当行为和规范行为的使命，因而其人选应当有别于一般董事人选，应满足更高的要求。

第一，独立董事的积极资格。

根据《独立董事指导意见》的规定，担任独立董事应当符合下列基本条件：(1) 根据法律、行政法规及其他有关规定，具备担任上市公司董事的资格；(2) 具有独立性；(3) 具备上市公司运作的基本知识，熟悉相关法律、行政法规、规章及规则；(4) 具有 5 年以上法律、经济或者其他履行独立董事职责所必需的工作经验；(5) 公司章程规定的其他条件。

第二，独立董事的消极资格。

根据《独立董事指导意见》的规定，独立董事必须具有独立性，下列人员不得担任独立董事：(1) 在上市公司或者其附属企业任职的人员及其直系亲属、主要社会关系（直系亲属是指配偶、父母、子女等；主要社会关系是指兄弟姐妹、岳父母、儿媳、女婿、兄弟姐妹的配偶、配偶的兄弟姐妹等）。(2) 直接或间接持有上市公司已发行股份 1%以上或者是上市公司前 10 名股东中的自然人股东及其直系亲属。(3) 在直接或间接持有上市公司已发行股份 5%以上的股东单位或者在上市公司前 5 名股东单位任职的人员及其直系亲属。(4) 最近 1 年内曾经具有前三项所列举情形的人员。(5) 为上市公司或者其附属企业提供财务、法律、咨询等服务的人员。(6) 公司章程规定的其他人员。(7) 中国证监会认定的其他人员。

3. 独立董事的选任、人数、任期与更换。

第一，提名。上市公司董事会、监事会、单独或者合并持有上市公司已发行股份 1%以上的股东可以提出独立董事候选人，并经股东大会选举决定。

独立董事的提名人在提名前应当征得被提名人的同意。提名人应当充分了解被提名人职业、学历、职称、详细的工作经历、全部兼职等情况，并对其担任独立董事的资格和独立性发表意见，被提名人应当就其本人与上市公司之间不存在任何影响其独立、客观判断的关系发表公开声明。在选举独立董事的股东大会召开前，上市公司董事会应当按照规定公布上述内容。在选举独立董事的股东大会召开前，上市公司应将所有被提名人的有关材料同时报送中国证监会、公司所在地中国证监会派出机构和公司股票挂牌交易的证券交易所。上市公司董事会对被提名人的有关情况有异议的，应同时报送董事会的书面意见。

中国证监会在 15 个工作日内对独立董事的任职资格和独立性进行审核。对中国证监会持有异议的被提名人，可以作为公司董事候选人，但不作为独立董事候选人。在召开股东大会选举独立董事时，上市公司董事会应对独立董事候选人是否被中国证监会提出异议的情况进行说明。

第二，独立董事的人数。境内上市公司应当按照《独立董事指导意见》的要求修改公司章程，聘任适当人员担任独立董事，其中至少包括 1 名会计专业人士（会计专业人士是指具有高级职称或注册会计师资格的人士）。上市公司董事会成员中应当至少包括1/3独立董事。如果上市公司董事会下设薪酬、审计、提名等委员会的，独立董事应当在委员会成员中占有1/2以上的比例。

第三，独立董事的任期。独立董事每届任期与该上市公司其他董事任期相同，任期届满，连选可以连任，但是连任时间不得超过6年。

第四，独立董事的更换。独立董事连续3次未亲自出席董事会会议的，由董事会提请股东大会予以撤换。除出现上述情况及《公司法》中规定的不得担任董事的情形外，独立董事任期届满前不得无故被免职。提前免职的，上市公司应将其作为特别披露事项予以披露，被免职的独立董事认为公司的免职理由不当的，可以作出公开的声明。

独立董事在任期届满前可以提出辞职。独立董事辞职应向董事会提交书面辞职报告，对任何与其辞职有关或其认为有必要引起公司股东和债权人注意的情况进行说明。如果因独立董事辞职导致公司董事会中独立董事所占的比例低于《独立董事指导意见》规定的最低要求时，该独立董事的辞职报告应当在下任独立董事填补其缺额后生效。

4. 独立董事的职权与义务。

独立董事除应当具有《公司法》和其他相关法律、法规赋予董事的职权外，还具有下列职权：(1) 重大关联交易（指上市公司拟与关联人达成的总额高于300万元或高于上市公司最近经审计净资产值的5%的关联交易）应由独立董事认可后，提交董事会讨论；(2) 向董事会提议聘用或解聘会计师事务所；(3) 向董事会提请召开临时股东大会；(4) 提议召开董事会；(5) 独立聘请外部审计机构和咨询机构；(6) 可以在股东大会召开前公开向股东征集投票权。独立董事行使上述职权应当取得全体独立董事的1/2以上同意。如果上述提议未被采纳或上述职权不能正常行使，上市公司应将有关情况予以披露。

独立董事除履行上述职责外，还应当对以下事项向董事会或股东大会发表独立意见，这些事项为：(1) 提名、任免董事；(2) 聘任或解聘高级管理人员；(3) 公司董事、高级管理人员的薪酬；(4) 上市公司的股东、实际控制人及其关联企业对上市公司现有或新发生的总额高于300万元或高于上市公司最近经审计净资产值的5%的借款或其他资金往来，以及公司是否采取有效措施回收欠款；(5) 独立董事认为可能损害中小股东权益的事项；(6) 公司章程规定的其他事项。独立董事就上述事项发表意见的形式分为同意、保留意见及其理由、反对意见及其理由、无法发表意见及其障碍。如果有关事项属于需要披露的事项，上市公司应当将独立董事的意见予以公告，独立董事出现意见分歧无法达成一致时，董事会应将各独立董事的意见分别披露。

上市公司应当保证独立董事享有与其他董事同等的知情权，提供独立董事履行职责所必需的工作条件和费用。独立董事行使职权时，上市公司有关人员应当积极配合，不得拒绝、阻挠或隐瞒，不得干预其独立行使职权。

独立董事对上市公司及全体股东负有诚信与勤勉义务。独立董事应当认真履行职责，维护公司整体利益，尤其要关注中小股东的合法权益不受损害。独立董事应当独立履行职责，不受上市公司主要股东、实际控制人或者其他与上市公司存在利害关系的单位和个人的影响。

独立董事原则上最多在 5 家上市公司兼任独立董事，并应确保有足够的时间和精力履行独立董事的职责。

（二）上市公司的董事会秘书

《公司法》第 124 条规定，上市公司设董事会秘书，负责公司股东大会和董事会会议的筹备、文件保管以及公司股东资料的管理，办理信息披露事务等事宜。

（三）关联董事的表决权排除制度

董事对于董事会会议事项有利害关系，则其处于角色利益冲突之中，为了避免可能产生的有害于公司利益的决议，《公司法》第 125 条规定，上市公司董事与董事会会议决议事项所涉及的企业有关联关系的，不得对该项决议行使表决权，也不得代理其他董事行使表决权。该董事会会议由过半数的无关联关系董事出席即可举行，董事会会议所作决议须经无关联关系董事过半数通过。出席董事会的无关联关系董事人数不足 3 人的，应将该事项提交上市公司股东大会审议。

复习思考题

1. 简述股份的含义与特征。
2. 简述股票的形式与特征。
3. 简述股票的种类。
4. 简述股票发行的原则。
5. 简述股票发行方式。
6. 简述首次发行股票的条件。

7. 简述上市公司配股的条件。
8. 简述上市公司增发新股的条件。
9. 简述股票首次公开发行的程序。
10. 简述上市公司发行新股的程序。
11. 立法对股份转让规定了哪些限制?
12. 简述股票上市的条件。
13. 立法对股票上市交易的暂停作出哪些规定?
14. 立法对股票上市交易的终止作出哪些规定?
15. 简述并分析独立董事的概念。
16. 立法如何规定独立董事的任职资格?
17. 立法如何规定独立董事的职权与义务?
18. 立法如何规定关联董事的表决权排除制度?

第九章

公司债券

第一节　公司债券概述

一、公司债券的概念和种类

（一）公司债券的概念与含义

公司债券，是指公司依照法定程序发行、约定在一定期限还本付息的有价证券，是公司为筹集资金而向不特定多数人或者特定少数人负担的金钱债务，其表现形式为多数同单位金额的债券。

对公司债券概念的要点可以从以下四个方面理解：（1）发行公司债券必须符合法定条件。公司发行公司债券应当符合《公司法》、《证券法》等规定的发行条件。（2）公司债券是依法定程序发行的有价证券。公司发行债券要由董事会制订方案，股东（大）会作出同意决议，并报请国务院证券监督管理部门批准。（3）公司债券是还本付息的有价证券。发行债券的公司无论是否盈利，都应依照约定向债券持有人支付债券本金和利息。（4）公司债券是必须记载偿还期限的有价证券。偿还期限由公司在发行时根据生产经营情况决定，既可以是短期的，也可以是长期的。一般而言，短期债券的利率较低，长期债券的利率较高。根据2007年8月14日由中国证监会颁行的《公司债券发行试点办法》的规定，我国的公司债券均为 1 年以上期限内还本付息的有价证券。

（二）公司债券的种类

1. 记名债券和无记名债券。

按票面上是否记载债券持有人的姓名或名称，债券可以分为记名债券和无记名债券。记载持有人姓名或者名称的是记名债券，不记载持有人姓名或者名称的是无记名债券。根据《公司法》第 157 条的规定，公司债券，可以为记名债券，也可以为无记名债券。目前，大多数国家或地区实际发行的公司债券都是记名债券，我国也不例外。

区分记名债券与无记名债券的实际意义在于其转让方式不同。记名公司债券，由债券持有人以背书方式或者法律、行政法规规定的其他方式转让；无记名公司债券，由债券持有人将该债券交付给受让人后即发生转让的效力。记名债券的转让方式略为复杂，但不易被人冒领，安全性强。

2. 有担保债券和无担保债券。

根据债券有无设定担保，可以把公司债券分为有担保债券和无担保债券。

对公司债券的本息设定有担保的为有担保债券，未设定担保的为无担保债券。担保的形式可以为保证、抵押和质押等。《公司法》第 155 条第 2 款第 6 项规定，债券募集办法中应当载明“债券担保情况”，据此，我国的公司债券可以分为有担保债券和无担保债券。两者区别的意义在于对债券持有人的清偿保障不同。一般而言，有担保债券的持有人在债券到期日后如果不能从债券发行人那里得到清偿，则可以向担保人求偿，而无担保债券则只能向债券发行人求偿。

3. 普通公司债券、可转换公司债券和可交换公司债券。

根据债券的性质和特点，可以把公司债券分为普通公司债券、可转换公司债券和可交换公司债券。

普通公司债券，是指债券持有人只能要求公司依照约定在一定的期限还本付息的公司债券。在债券发行时未作出可转换为股票约定的，均为普通公司债券。公司发行的债券大多为普通公司债券。为保证投资者在还本付息之外还有权利选择其他方式实现更大利益，公司还可以发行可转换公司债券。可转换公司债券，是指发行人依照法定程序发行的，在一定期限内可以依据约定的条件转换成股票的公司债券。可转换公司债券是公司债券的特殊形式，转换时发行公司应当按照其转换办法向债券持有人换发股票，但债券持有人对转换股票或者不转换股票有选择权。对于一般可转换债券而言，其持有人仅有权选择把债券转换为本公司的普通股，但如果债券持有人有权选择把债券转换成别的公司的普通股，则此种公司债券是可交换公司债券（exchangeable bond）。

此外，公司债券按照是否公开发行可以分为公开发行债券和非公开发行债券。公开发行债券，是指向不特定对象或者向累计超过 200 人的特定对象发行的公司债券；非公开发行债券，是指向 200 人以下的特定对象发行的公司债券。目前，在实践中的公司债券均是以公开方式发行的。

二、公司债券的法律性质

公司债券的法律性质为公司对外所负担的金钱债务，即依照约定在一定的期限内对多数同单位金额的债券还本付息的债务。公司债券则是证明公司对外负担的金钱债务的证明文书，是一种等额的不完全有价证券，属于证权证券，即证明其持有人对公司债权的存在。这种金钱债务关系虽然类似于公司贷款所形成的金钱债务，但与贷款并不尽相同。虽然公司债券和股票都是证券，都是公司融资的工具，两者也存在较大差异。

（一）公司债券与贷款

公司债券和贷款都是公司举债经营的方式，但两者有一定的区别：

1. 主体不同。公司债券一般是向社会不特定对象公开发行的有价证券，任何人都可以购买和持有公司债券；贷款是向特定对象负担的金钱债务。目前，在我国尚不允许银行等金融机构以外的企业从事贷款业务，所以，贷款方的主体只能是金融机构。

2. 形式不同。公司债券是要式契约，贷款合同则是非要式契约。

3. 对价不同。公司债券可以溢价发行，可以等价发行，也可以低于票面价值发行；贷款除了支付利息外，返还的本金数量不变。

4. 转让方式不同。公司债券可以通过证券市场进行自由转让，并可以抵押、质押和作为对企业的出资。也就是说，公司债经过证券化之后，就与其原因关系脱离，具有无因性特征。但是借款所形成的合同只是双方债权债务关系的证明，合同当事人转让合同债权须依照法定程序进行，而且债务人对债权人的抗辩可以及于其受让人。

（二）公司债券与股票

公司债券与公司股票相比有以下不同：

1. 性质不同。股票是指公司签发的证明股东所持股份的凭证；而公司债券是指公司依法定程序发行的、约定在一定的期限内还本付息的有价证券。

2. 发行主体不同。只有股份有限公司方可以发行股票；而股份有限公司、有限责任公司都可以发行公司债券。

3. 持有人地位不同。公司债券的持有人是公司的债权人，享有合同法中债权人的权利；而股票的持有人则是公司的股东，享有公司法中的股东权利。

4. 利益与风险不同。公司债券的持有人对公司享有约定利息给付请求权，即使公司亏损，债券的利息仍应给付；而股票持有人则必须在公司有充分盈利时才能分派股利。

公司债券的利率，一般是固定不变的，风险较小，易于吸收投资；而股票的股息高低，与公司经营好坏密切相关，故而常有变动，风险较大。

公司债券到了规定期限，公司必须偿还债券本金；而股票持有人仅在公司解散时方可请求分配剩余财产。

第二节　公司债券的发行与转让

在我国，调整公司债券发行条件、程序以及转让的规范性法律文件主要有《公司法》、《证券法》等法律以及中国证监会于 2007 年颁行的《公司债券发行试点办法》等行政规章。

一、公司债券发行的核准制

我国对债券发行实行核准制度。公司债券须经国务院授权的部门核准后方可发行。未经有关部门核准，不得擅自发行和变相发行债券。

在债券发行核准制度下，即使符合法定发行条件并提出申请，但是能否得到核准发行并不确定，它取决于国务院授权机构的裁量。国务院授权的机构在目前是中国证券监督管理委员会。

二、公司债券的发行条件

申请发行公司债券，应当符合《证券法》、《公司法》和《公司债券发行试点办法》规定的条件，并经中国证监会核准。

旧《公司法》规定，股份有限公司、国有独资公司和两个以上的国有企业或者其他两个以上的国有投资主体投资设立的有限责任公司，为筹集生产经营资金，可以依法发行公司债券。《公司法》于 2005 年修订时删去对有限责任公司发行公司债券的限制性规定，允许符合条件的各类公司平等地利用债券市场筹集资金，所以，股份有限公司和有限责任公司均可以发行公司债券。

（一）公司债券发行的条件

多数国家或地区的立法对发行公司债券均规定相应的条件。有的国家或地区的立法从消极方面规定禁止发行公司债券的情况，无禁止情况者即可发行。例如，我国台湾地区“公司法”第247条规定：公司债之总额，不得逾公司现有全部资产减去全部负债及无形资产后之余额。无担保公司债之总额，不得逾前项余额1/2。《公司法》第249条规定，公司有下列情形之一者，不得发行无担保公司债：(1)对于已发行之公司债或其他债务，曾有违约或迟延支付本息之事实已了结者。(2)最近3年或开业不及3年之开业年度课税后之平均净利，未达原发行之公司债应负担年息之总额之150%者。依第250条规定，公司有下列情形之一者，不得发行公司债：(1)对于前已发行之公司债或其他债务有违约或迟延支付本息之事实，尚在继续中者。(2)最近3年或开业不及3年之开业年度课税后之平均净利，未达原定发行之公司债应负担年息总额之100%者。但经银行保证发行之公司债不受限制。规定发行公司债券的限制或禁止条件，目的是为了规范债券发行行为，保护公司债权人的利益。

《公司法》、《证券法》则从积极与消极两个方面规定公司债券发行必须达到的条件。《公司法》第154条第2款规定，公司公开发行公司债券应当符合《证券法》规定的发行条件。《证券法》第16条规定，公开发行公司债券，应当符合下列条件：(1)股份有限公司的净资产不低于人民币3 000万元，有限责任公司的净资产不低于人民币6 000万元。(2)累计债券余额不超过公司净资产的40%。所谓“累计债券余额”，是指本次发行后累计公司债券余额。所谓“公司净资产”，是指最近一期末净资产额。需要注意的是，根据《公司债券试点办法》的规定，金融类公司的累计公司债券余额按金融企业的有关规定计算。(3)最近3年平均可分配利润足以支付公司债券1年的利息。所谓“最近3年平均可分配利润”，是指最近3个会计年度实现的年均可分配利润。所谓“足以支付公司债券1年的利息”，是指年均可分配利润不少于公司债券1年的利息。(4)筹集的资金投向符合国家产业政策。(5)债券的利率不超过国务院限定的利率水平。(6)国务院规定的其他条件。有资格发行债券的公司只有在同时符合上述法定发行条件时，方能发行债券。其中第(1)项至第(3)项规定，从发行公司的净资产额、债券累计总额（累计债券总额，是指发行后尚未偿还的债券部分的累计总额）占公司净资产的比例以及公司盈利情况提出发行标准，目的是为使债券发行人财务状况处于良好状态，以切实地保障公司债券持有人的债权能够得到及时清偿。第（4）项规定是为了引导募集资金的合理流向，使之符合国家产业政策要求，保障国家重点建设项目的资金需要。第（5）项关于债券利率的限制性规定，是为了避免过高的债券利率对金融秩序的不当冲击。第（6）项是委任性立法规定，授权国务院根据实际情况的需要，规定债券发行的其他条件。《公司债券发行试点办法》还突出规定了另外三个条件：（1）公司合规经营，即公司的生产经营符合法律、行政法规和公司章程的规定，符合国家产业政策；（2）必须有健全的内部控制制度，即公司内部控制制度的完整性、合理性、有效性不存在重大缺陷；（3）债券信用级别被资信评级机构评为良好。公司债券的信用评级，应当委托经中国证监会认定、具有从事证券服务业务资格的资信评级机构进行。债券信用级别经资信评级机构评级，债券信用级别良好。而且，公司与资信评级机构应当约定，在债券有效存续期间，资信评级机构每年至少公告一次跟踪评级报告。

此外，《公司债券发行试点办法》还进一步规定了债券发行的消极条件，即具有以下情形之一的，不得发行公司债券：（1）最近36个月内公司财务会计文件存在虚假记载，或公司存在其他重大违法行为；（2）本次发行申请文件存在虚假记载、误导性陈述或者重大遗漏；（3）对已发行的公司债券或者其他债务有违约或者延迟支付本息的事实，仍处于继续状态；（4）严重损害投资者合法权益和社会公共利益的其他情形。

（二）公司再次发行债券的消极条件

公司再次发行债券不仅应当满足《公司法》规定的积极条件，而且还应当不属于《证券法》规定的禁止情形，即只有不存在法定禁止的情形，方可以申请再次发行债券。

《证券法》第18条规定，公司有下列情形之一的，不得再次公开发行公司债券：（1）前一次公开发行的公司债券尚未募足。公司发行债券未能募足，说明该公司的信誉不高，或融资的项目对大众缺乏吸引力，为保护投资者的利益，立法上禁止此类公司再次发行公司债券。此外，发行债券尚未募足，又连续招募，也是法律所不允许的。（2）对已公开发行的公司债券或者其他债务有违约或者延迟支付本息的事实，仍处于继续状态。之所以规定公司“对已发行的公司债券或其债务有违约或者延迟支付本息的事实，且仍处于继续状态的”亦不得再次发行公司债券，是因为公司丧失信用的行为已经损害了债权人的合法权益，所以，禁止其再次发行公司债券，防止债权人受到更大的损失。必须注意的是，公司对公司债券以外的其他债务有违约或者延迟支付本息的事实，也不得再次发行公司债券。但如果公司对债券或债务违约或延迟支付本息的事实已经得到纠正，未处于继续状态，则不属于禁止发行公司债券的范围之内。这较之其他一些国家或地区公司法的限制规定更为宽松一些。譬如，我国台湾地区“公司法”第249条规定，对于已发行之公司债或其他债务，曾有违约或迟延支付本息之事实已了结者，也不得发行无担保公司债。(3) 违反证券法规定，改变公开发行公司债券所募资金的用途。发行公司债券筹集的资金，必须用于审批机关批准的用途，不得用于弥补亏损和非生产性支出。如果违规改变公开发行公司债券所募集资金的用途，如果用于弥补亏损和非生产性支出，则不得再次发行公司债券。

三、公司债券的发行程序

公司债券必须遵照法定程序发行。根据《公司法》、《证券法》和《公司债券发行试点办法》的规定，公司债券的发行程序可以概括如下：

（一）股东会或者股东大会作出决议

决定发行公司债券是股东会或者股东大会的权利。股份有限公司、有限责任公司发行公司债券，由董事会制订方案，股东会或者股东大会作出决议。国有独资公司发行公司债券，应由其董事会拟订方案，由国有资产监督管理机构作出决定。依据《公司债券发行试点办法》的规定，股东会或者股东大会应对债券发行的下列事项作出决议：(1) 发行债券的数量；(2) 向公司股东配售的安排；(3) 债券期限；(4) 募集资金的用途；(5) 决议的有效期；(6) 对董事会的授权事项；(7) 其他需要明确的事项。

（二）报请核准

公司在作出发行公司债券的决议或者决定后，应当向中国证监会报请核准。发行债券可以把小额分散资金集中起来，投入生产或经营，对经济和社会发展起到促进作用。但如果监管不当，亦可能产生消极的后果。例如，集资规模过大而冲击金融市场秩序；出现重复投资建设、违背国家产业政策；盲目集资，造成资金分散，降低社会资金使用效益；发行人信用能力不足，投资者的利益不能得到保障等。所以，依据《公司法》第155条和《证券法》第17条的规定，申请公开发行公司债券，应当向国务院授权的部门或者国务院证券监督管理机构报送申请文件，以取得核准。

《证券法》第17条规定，申请公开发行公司债券，应当向国务院授权的部门或者国务院证券监督管理机构报送下列文件：（1）公司营业执照；（2）公司章程；（3）公司债券募集办法；（4）资产评估报告和验资报告；（5）国务院授权的部门或者国务院证券监督管理机构规定的其他文件。依法应聘请保荐人的，还应当报送保荐人出具的发行保荐书。根据《公司债券发行试点办法》的规定，目前，我国发行公司债券，均须由保荐人保荐。保荐人应当按照中国证监会的有关规定编制和报送募集说明书和发行申请文件。公司债券募集说明书是由保荐人编制并经过保荐人、公司全体董事、监事、高级管理人员签署后向中国证监会报送的重要文件。它自最后签署之日起6个月内有效。保荐人应当对债券募集说明书的内容进行尽职调查，并由相关责任人签字，确认不存在虚假记载、误导性陈述或者重大遗漏，并声明承担相应的法律责任。公司全体董事、监事、高级管理人员应当在债券募集说明书上签字，保证不存在虚假记载、误导性陈述或者重大遗漏，并声明承担个别和连带的法律责任。债券募集说明书所引用的审计报告、资产评估报告、资信评级报告，应当由有资格的证券服务机构出具，并由至少2名有从业资格的人员签署。债券募集说明书所引用的法律意见书，应当由律师事务所出具，并由至少2名经办律师签署。债券募集说明书不得使用超过有效期的资产评估报告或者资信评级报告。

国务院证券监督管理机构或者国务院授权的部门应当自受理证券发行申请文件之日起3个月内，依照法定条件和法定程序作出予以核准或者不予核准的决定，发行人根据要求补充、修改发行申请文件的时间不计算在内。中国证监会审核发行公司债券的申请的程序如下：（1）收到申请文件后，5个工作日内决定是否受理；（2）中国证监会受理后，对申请文件进行初审；（3）发行审核委员会按照《中国证券监督管理委员会发行审核委员会办法》规定的特别程序审核申请文件；（4）中国证监会作出核准或者不予核准的决定。不予核准的，应当说明理由。

（三）公告

发行公司债券的申请经国务院授权的部门核准后，应当公告公司债券募集办法。公司债券募集办法类似股票发行中的招股说明书。根据《公司债券发行试点办法》的规定，公司应当在发行公司债券前的2～5个工作日内，将经中国证监会核准的债券募集说明书摘要刊登在至少一种由中国证监会指定的报刊，同时将其全文刊登在中国证监会指定的互联网网站，其中包含债券募集办法。

公司债券募集办法中应当载明下列主要事项：（1）公司名称。（2）债券募集资金的用途。(3) 债券总额和债券的票面金额。根据《公司债券发行试点办法》的规定，我国发行的公司债券每张面值 100 元。(4) 债券利率的确定方式。(5) 还本付息的期限和方式，即债券本金的偿还期限及其偿还方式、利息是每年付息还是到期后一次性付息。(6) 债券担保情况。我国对发行公司债券并不实施强制性担保，只有在发行可转换公司债券时必须提供担保（根据《上市公司证券发行管理办法》第 20 条第 1 款的规定，最近一期末经审计的净资产不低于人民币 15 亿元的公司公开发行可转换公司债券，可以不提供担保）。如果设定担保，则根据《公司债券发行试点办法》的规定，公司债券的担保范围包括债券的本金及利息、违约金、损害赔偿金和实现债权的费用；担保的方式为人的担保和物的担保。以保证方式提供担保的，应当为连带责任保证，且保证人资产质量良好；设定物的担保的，担保财产权属应当清晰，尚未被设定担保或者采取保全措施，且担保财产的价值经有资格的资产评估机构评估不低于担保金额。(7) 债券的发行价格、发行的起止日期。公司债券的发行价格由发行人与保荐人通过市场询价确定。发行的起止日期间隔，最长不得超过 24 个月。(8) 公司净资产额。公司净资产额不应包括无形资产，即这里的“公司净资产额”是指总资产减去负债及无形资产之后的数额。因为无形资产的价值难以评估，而且容易出现评估不实的情况。(9) 已发行的尚未到期的公司债券总额。(10) 公司债券的承销机构。

（四）发行并交付公司债券

发行公司债券，可以申请一次核准，分期发行。自中国证监会核准发行之日起，公司应在 6 个月内首期发行，剩余数量应当在 24 个月内发行完毕。超过核准文件限定的时效未发行的，须重新经中国证监会核准后方可发行。首期发行数量应当不少于总发行数量的 50%，剩余各期发行的数量由公司自行确定，每期发行完毕后 5 个工作日内报中国证监会备案。

公司债券是要式证券，因此，公司以实物券方式发行公司债券的，必须在债券上载明公司名称、债券票面金额、利率、偿还期限等事项，并由法定代表人签名，公司盖章；以无纸化方式发行公司债券的，也应当载明公司名称、债券票面金额、利率、偿还期限等事项。

为了方便确认债券持有人的身份、办理过户手续和清偿到期本息，《公司法》第 158 条规定，公司发行公司债券应当置备公司债券存根簿。发行记名公司债券的，应当在公司债券存根簿上载明下列事项：(1) 债券持有人的姓名或者名称及住所；(2) 债券持有人取得债券的日期及债券的编号；(3) 债券总额，债券的票面金额、利率、还本付息的期限和方式；(4) 债券的发行日期。发行无记名公司债券的，应当在公司债券存根簿上载明债券总额、利率、偿还期限和方式、发行日期及债券的编号。同时，登记结算机构应当建立记名公司债券的登记、存管、付息、兑付等相关制度。因此，记名债券的具体信息不仅在公司存根簿上可以查到，而且在登记结算机构也可以查到。

四、公司债券的场外转让与上市交易

公司债券的转让有两种方式：一是在证券交易所上市交易转让；二是在场外市场交易转让。

（一）场外市场交易转让

在公司债券发行后未能上市或者被暂停、终止上市的情形下，其转让的地点是场外市场，转让方式是双方议定价格，而其转让方式则根据其是否记名而不同。按照《公司法》的规定，记名公司债券，由债券持有人以背书方式或者法律、行政法规规定的其他方式转让。记名公司债券的转让还须由当事人到发行债券的公司进行公司债券存根簿的变更登记，由公司将受让人的姓名或者名称及住所记载于公司债券存根簿，否则其转让不产生对抗公司的效力。无记名公司债券的转让，由债券持有人将该债券交付给受让人后即发生转让的效力；任何持有无记名公司债券的人都被推定为是公司债券的所有权人。

（二）公司债券上市

1. 公司债券上市的条件。

公司申请公司债券上市交易，应当符合下列条件：（1）公司债券的期限为1年以上；（2）公司债券实际发行额不少于人民币5 000万元；（3）公司申请债券上市时仍符合法定的公司债券发行条件。

2. 公司债券上市的程序。

申请公司债券上市交易，申请人应当向证券交易所报送有关文件。根据《证券法》第58条的规定，申请人向证券交易所报送的文件主要有：（1）上市报告书；（2）申请公司债券上市的董事会决议；（3）公司章程；（4）公司营业执照；（5）公司债券募集办法；（6）公司债券的实际发行数额；（7）证券交易所上市规则规定的其他文件。申请可转换为股票的公司债券上市交易，还应当报送保荐人出具的上市保荐书。

公司债券上市交易申请经证券交易所审核同意后，双方应当签订上市协议。申请人应当在规定的期限内公告公司债券上市文件及有关文件，并将其申请文件置备于指定场所供公众查阅。

3. 上市公司债券的暂停上市。

公司债券上市交易后，公司有下列情形之一的，由证券交易所决定暂停其公司债券上市交易：(1) 公司有重大违法行为；(2) 公司情况发生重大变化不符合公司债券上市条件；(3) 公司债券所募集资金不按照核准的用途使用；(4) 未按照公司债券募集办法履行义务；(5) 公司最近 2 年连续亏损。

4. 上市公司债券的终止上市。

公司有暂停上市情形中的第 (1) 项、第 (4) 项所列情形之一经查实后果严重的，或者有第 (2) 项、第 (3) 项、第 (5) 项所列情形之一，在限期内未能消除的，由证券交易所决定终止其公司债券上市交易。

公司解散或者被宣告破产的，由证券交易所终止其公司债券上市交易。

公司对证券交易所作出的不予上市、暂停上市、终止上市决定不服的，可以向证券交易所设立的复核机构申请复核。

五、债券持有人权益的保障

债券持有人权益的保障措施主要有两个方面：一是债券受托管理人制度；二是债券持有人会议制度。

公司应当为债券持有人聘请债券受托管理人，并订立债券受托管理协议；在债券存续期限内，由债券受托管理人依照协议的约定维护债券持有人的利益。公司应当在债券募集说明书中约定，投资者认购本期债券视作同意债券受托管理协议。债券受托管理人由本次发行的保荐人或者其他经中国证监会认可的机构担任。为本次发行提供担保的机构不得担任本次债券发行的受托管理人。债券受托管理人应当为债券持有人的最大利益行事，不得与债券持有人存在利益冲突。

债券受托管理人应当履行下列职责：(1) 持续关注公司和保证人的资信状况，出现可能影响债券持有人重大权益的事项时，召集债券持有人会议；(2) 公司为债券设定担保的，债券受托管理协议应当约定担保财产为信托财产，债券受托管理人应在债券发行前取得担保的权利证明或其他有关文件，并在担保期间妥善保管；(3) 在债券持续期内勤勉处理债券持有人与公司之间的谈判或者诉讼事务；(4) 预计公司不能偿还债务时，要求公司追加担保，或者依法申请法定机关采取财产保全措施；(5) 公司不能偿还债务时，受托参与整顿、和解、重组或者破产的法律程序；(6) 债券受托管理协议约定的其他重要义务。

公司应当与债券受托管理人制定债券持有人会议规则，约定债券持有人通过债券持有人会议行使权利的范围、程序和其他重要事项。公司应当在债券募集说明书中约定，投资者认购本期债券视作同意债券持有人会议规则。

存在下列情况的，应当召开债券持有人会议：（1）拟变更债券募集说明书的约定；（2）拟变更债券受托管理人；（3）公司不能按期支付本息；（4）公司减资、合并、分立、解散或者申请破产；（5）保证人或者担保物发生重大变化；（6）发生对债券持有人权益有重大影响的事项。

第三节　可转换公司债券

一、可转换公司债券概述

（一）可转换公司债券的含义

可转换公司债券，简称可转债，是指发行人依照法定程序发行的，在一定的期限内依据约定的条件可以转换成股票的公司债券。

《公司法》第162条、第163条对可转换公司债券作出了原则性规定。此外，国务院1997年3月8日批准颁布的《可转换公司债券管理暂行办法》、中国证监会于2006年5月7日颁布的《上市公司证券发行管理办法》是调整可转换公司债券的主要行政法规和规章。

（二）可转换公司债券的特征

根据我国有关可转换债券的规定，可转换公司债券的特征可以概括如下：

1. 可转换公司债券是由上市公司发行的债券。

普通公司债券的发行主体既可以是上市公司，也可以是非上市的股份有限公司，还可以是有限责任公司，但可转换公司债券的发行主体只能是上市公司。

2. 可转换公司债券兼有债券和股票的双重属性。

在转换为股份前，可转换债券具有债券的属性，其持有人处于公司债权人的地位，不具有股东的权利和义务。但持有人享有在法律规定的期间内将其转为股份的权利，因此，它又是一种内含公司股票期权的债券形式。一旦转换，它就完全具备了股票的属性，持有人也成为公司的股东。可转换公司债券是否转换成股份，取决于持有人的意愿，持有人要求将其转换为股份的，公司不得拒绝；持有人不愿转换的，公司应于期满后偿还本息。

3. 可转换公司债券的发行必须符合严格的法定条件和程序。

发行可转换公司债券是一种企业募集资金的行为，而且与上市交易、转换股票相联系，因此，必须对其进行严格控制和管理。上市公司发行可转换为股票的公司债券，除应当符合发行公司债券的条件外，还应当符合公开发行股票的条件，并报国务院证券监督管理机构核准。发行人申请公开发行可转换为股票的公司债券，依法采取承销方式的，应当聘请具有保荐资格的机构担任保荐人。如果不符合法律规定的条件，未履行相应的申请、保荐和审核程序，不得发行可转换公司债券。

4. 可转换公司债券具有确定的转换期。

所谓转换期，是指可转换公司债券转换为股份的起始日至结束日的期间。转股期限由公司根据可转换公司债券的存续期限及公司财务状况确定。但是转股期限最长不得超过债券本身的期限，并不得超过 6 年的法定最长期限。

5. 可转换公司债券的利率一般比较低。

可转换公司债券约定的票面利率通常都低于普通公司债券的利率和银行贷款利率。由于可转换公司债券到期可以转换为股票，投资者购买的主要动因是着眼于今后的转股套利而不是着眼于债券的票面利率，因此，投资者对发行公司的发展前景预期越高，可转换债券的票面利率就可能越低。对那些具有发展潜力、高速成长的公司，发行可转换公司债券是一种低成本的融资方式。

6. 可转换公司债券可以依法转让。

作为有价证券，可转换公司债券可以依法转让、质押和继承。根据《公司法》及《证券法》的规定，由于上市公司方有资格发行可转换公司债券，所以，可转换公司债券一般是在证券交易所依法进行交易。

（三）可转换公司债券在我国的发展

从国际证券市场情况看，可转换公司债券作为公司的一种融资手段，自 20 世纪 80 年代在国际资本市场兴起以来备受瞩目，在欧洲、日本等地取得较大发展。我国证券市场的可转换公司债券经历了一个曲折的发展过程。1992 年发行的深宝安可转换公司债券是我国的最早尝试，由于规模小、条款设计不科学、对投资者利益保护不够以及证券市场本身尚处于初始发展阶段等因素，其上市交易和转股均未能取得成功。1993 年 11 月，先后有中纺机、深南玻、上海轮胎橡胶在欧洲市场发行了 B 股可转换公司债券。1996 年，镇海炼化发行 H 股可转换公司债券，首开境外上市公司发行可转换公司债券的先例。1997 年 3 月 8 日颁布《可转换公司债券管理暂行办法》后，可转换公司债券的发行取得进展，鞍钢转债、南化转债、丝绸转债、机场转债发行后均全部或者部分实现转股。中国证监会于2006年5月7日颁布《上市公司证券发行管理办法》后，可转换公司债券得到了更快发展。

二、可转换债券的发行

上市公司经股东大会决议可以发行可转换为股票的公司债券。上市公司发行可转换为股票的公司债券，除应当符合公司债券的发行条件外，还应当符合公开发行股票的条件，并报国务院证券监督管理机构核准。具体而言，发行可转换为股票的公司债券，应当符合《证券法》第16条规定的公开发行公司债券的条件、《证券法》第13条第1款规定的发行股票的条件。此外，《上市公司证券发行管理办法》进一步细化和深化了上述规定，并分别从积极条件和消极条件两个方面作出了规定。就积极条件而言，只有满足以下条件方能发行可转换债券：（1）上市公司的组织机构健全、运行良好；（2）上市公司的盈利能力具有可持续性；（3）上市公司的财务状况良好；（4）上市公司最近36个月内财务会计文件无虚假记载，且不存在重大违法行为；（5）上市公司募集资金的数额和使用符合规定；（6）最近3个会计年度加权平均净资产收益率平均不低于6%。扣除非经常性损益后的净利润与扣除前的净利润相比，以低者作为加权平均净资产收益率的计算依据。就消极条件而言，上市公司存在下列情形之一的，不得公开发行证券：（1）本次发行申请文件有虚假记载、误导性陈述或重大遗漏；（2）擅自改变前次公开发行证券募集资金的用途而未作纠正；（3）上市公司最近12个月内受到过证券交易所的公开谴责；（4）上市公司及其控股股东或实际控制人最近12个月内存在未履行向投资者作出的公开承诺的行为；（5）上市公司或其现任董事、高级管理人员因涉嫌犯罪被司法机关立案侦查或涉嫌违法、违规被中国证监会立案调查。

可转换公司债券的期限最短为1年，最长为6年。可转换公司债券每张面值100元。可转换公司债券的利率由发行公司与主承销商协商确定，但必须符合国家的有关规定。

三、可转换公司债券的转换与偿还

（一）可转换公司债券的转换

可转换公司债券自发行结束之日起6个月后方可转换为公司股票，转股期限由公司根据可转换公司债券的存续期限及公司财务状况确定。债券持有人对转换股票或者不转换股票有选择权，并于转股的次日成为发行公司的股东。

转股价格应不低于募集说明书公告日前 20 个交易日该公司股票交易均价和前一交易日的均价。所称转股价格，是指募集说明书事先约定的可转换公司债券转换为每股股份所支付的价格。

转股价格可以调整，但应当符合以下要求：

1. 募集说明书应当约定转股价格调整的原则及方式。发行可转换公司债券后，因配股、增发、送股、派息、分立及其他原因引起上市公司股份变动的，应当同时调整转股价格。

2. 募集说明书约定转股价格向下修正条款的，应当同时约定：(1) 转股价格修正方案须提交公司股东大会表决，且须经出席会议的股东所持表决权的 2/3 以上同意。股东大会进行表决时，持有公司可转换债券的股东应当回避。(2) 修正后的转股价格不低于上述股东大会召开日前 20 个交易日该公司股票交易均价和前一交易日的均价。

（二）可转换公司债券的偿还

上市公司应当在可转换公司债券期满后 5 个工作日内办理完毕偿还债券余额本息的事项。

四、可转换公司债的特殊类型

除了一般的可转换公司债券，《上市公司证券发行管理办法》还进一步规定了可赎回可转换公司债券、可回售可转换公司债券和附认股权证的可转换公司债券。

（一）可赎回可转换公司债券

如果募集说明书约定了赎回条款，则上市公司可以按事先约定的条件和价格赎回尚未转股的可转换公司债券，此债券即为可赎回可转换公司债券 (callable bond)。

（二）可回售可转换公司债券

如果募集说明书约定了回售条款，则债券持有人可以按事先约定的条件和价格将所持债券回售给上市公司，此债券即为可回售可转换公司债券 (puttable bond)。此外，上市公司改变公告的募集资金用途的，赋予债券持有人一次回售的选择权利。

（三）附认股权证的可转换公司债券

附认股权证的可转换公司债券，又称分离交易的可转换公司债券，是指发行债券时，债券认购人无偿获得一定数额的认股权证，认股权证和公司债券可以分开交易。分离交易的可转换公司债券虽然有可转债之名，却无可转债之实，仅仅是债券与权证的简单拼凑，定价机制极其单纯，一般没有赎回条款、回售条款、转股价特别向下修正条款。对发行人而言，与传统的可转换公司债券相比，分离交易的可转换公司债券最大的优点是"二次融资"。在分离交易的可转换公司债券发行时，投资者需要出资认购债券；如果投资者行权（权证到期时公司股价高于行权价时），会再次出资认购股票。而且由于有权证部分，分离交易的可转换公司债券的票面利率可以低于普通可转换公司债券，其整体的融资成本较低。

中国证监会于2006年5月7日颁布的《上市公司证券发行管理办法》除继续完善现有可转换公司债券发行制度外，准许上市公司发行附认股权证的可转换公司债券，为上市公司通过发行债股混合型证券进行融资开辟新的渠道。《上市公司证券发行管理办法》关于附认股权证的可转换公司债券的规定主要包括三个方面：（1）由于附认股权证的可转换公司债券属于债务性较强的产品，因此，对发行公司提出了较高的要求，除《证券法》规定的条件外，发行公司最近一期未经审计的净资产不低于人民币15亿元；（2）对所附认股权证的数量进行限制，预计权证全部行权后募集的资金总量不超过拟发行公司债券的金额；（3）引入境外市场上通常的做法，在运行制度上，公司债券与认股权证捆绑发行，但发行后分别交易。认股权证的上市交易按照证券交易所的《权证管理办法》进行。

1. 发行条件。

发行分离交易的可转换公司债券，除符合一般条件外，还应当符合下列规定：（1）公司最近一期未经审计的净资产不低于人民币15亿元；（2）最近3个会计年度实现的年均可分配利润不少于公司债券1年的利息；（3）最近3个会计年度经营活动产生的现金流量净额平均不少于公司债券1年的利息，但是最近3个会计年度加权平均净资产收益率平均不低于6%的公司除外；（4）本次发行后累计公司债券余额不超过最近一期末净资产额的40%，预计所附认股权全部行权后募集的资金总量不超过拟发行公司债券金额。

2. 分别上市交易。

分离交易的可转换公司债券应当申请在上市公司股票上市的证券交易所上市交易。分离交易的可转换公司债券中的公司债券和认股权分别符合证券交易所上市条件的，应当分别上市交易。认股权证上市交易的，认股权证约定的要素应当包括行权价格、存续期间、行权期间或行权日、行权比例。

3. 认股权证的行权。

认股权证的行权价格应不低于募集说明书公告日前20个交易日公司股票均价和前一个交易日的均价。

认股权证的存续期间不超过公司债券的期限，自发行结束之日起不少于6个月。募集说明书公告的权证存续期限不得调整。

认股权证自发行结束至少已满6个月起方可行权，行权期间为存续期限届满前的一段期间，或者是存续期限内的特定交易日。

五、对可转换公司债券持有人的保护

（一）可转换公司债券的担保

公开发行可转换公司债券，应当提供担保，但最近一期末经审计的净资产不低于人民币15亿元的公司除外。

提供担保的，应当为全额担保，担保范围包括债券的本金及利息、违约金、损害赔偿金和实现债权的费用。以保证方式提供担保的，应当为连带责任担保，且保证人最近一期经审计的净资产额应不低于其累计对外担保的金额。证券公司或上市公司不得作为发行可转债公司债券的担保人，但上市商业银行除外。设定抵押或质押的，抵押或质押财产的估值应不低于担保金额。估值应经有资格的资产评估机构评估。

（二）可转换公司债券持有人会议

保护可转换公司债券持有人的方法，除了强化担保制度之外，还应当强化公司债券持有人的团体性，明确其地位、决议程序及效力。我国现行立法并未对公司债券持有人团体地位进行明确规定，但在《上市公司证券发行管理办法》中对可转换公司债券持有人会议有一些粗略的规定。

可转换公司债券持有人是不特定之公众，多缺乏保护自身权利之法律知识，其各自孤立的一己力量难以与上市公司分庭抗礼；同时公司发行可转换公司债券的利率较低而期限又较长，在偿付期到来之前公司资产状况不免发生变化，可转换公司债券持有人的债权殊难保障。基于保护公司债券持有人的角度，应当承认或者赋予公司债券持有人一定的团体地位，方能有力地监督上市公司履行债务。可转换公司债券是定型化债券，其面值均为100元，因此，各债券持有人就其持有的债券具有份额明确的共同利害关系，有利于进行团体决议。

从世界大多数国家或地区的立法看，设立公司债券持有人团体也有可资借鉴的成熟模式。在国外，公司债券持有人团体不限于可转换公司债券持有人，也包括一般的公司债券持有人团体。其团体地位有两种表现形式：一是直接承认公司债券持有人的团体地位，例如，《法国公司法》第293条和《瑞士债务法》第34章第2节明确地把公司债券持有人会议作为公司债券持有人团体的意思决定机关；二是间接承认公司债券持有人的团体地位，例如日本，除了规定英美法系采取的公司债券受托人制度外，还透过债券持有人会议制度，以承认公司债券持有人的团体地位。

我国现有立法并未明确规定可转换公司债券持有人的团体地位，但是规定“公开发行可转换公司债券，应当约定债券持有人会议的权利、程序和决议生效条件”，这可以看做是透过公司债券持有人会议间接承认公司债券持有人团体地位的一种模式。

《上市公司证券发行管理办法》第19条规定，公开发行可转换公司债券，应当约定保护公司债券持有人权利的办法，以及公司债券持有人会议的权利、程序和决议生效条件。存在下列事项之一的，应当召开公司债券持有人会议：(1) 拟变更募集说明书的约定；(2) 发行人不能按期支付本息；(3) 发行人减资、合并、分立、解散或者申请破产；(4) 保证人或者担保物发生重大变化；(5) 其他影响公司债券持有人重大权益的事项。

第四节　可交换公司债券

为了满足上市公司股东债务融资的需求，并为投资人提供一种新的投资工具，中国证监会于2008年10月17日颁布了《上市公司股东发行可交换公司债券试行规定》，规定了可交换公司债券这一新的金融工具。

一、可交换公司债券的概念与特点

可交换公司债券，简称可交债，是指上市公司的股东依法发行、在一定的期限内依据约定的条件可以交换成该股东所持有的上市公司股份的公司债券。与可转换公司债券相比，可交换公司债券具有以下特点：

1. 发行人具有多样性。可交换公司债券的发行人是上市公司的股东，且应当是符合《公司法》、《证券法》和《公司债券发行试点办法》的有限责任公司或者股份有限公司，而可转换公司债券的发行人是上市公司本身。

2. 性质上更偏重债权融资。可交换公司债券转股时，无股权稀释效应，更侧重于债权融资。可转换公司债券转股时，会稀释股权，更接近于股权融资（增发）。

3. 发债目的多样。可交换公司债券不一定要用于投资项目，发债目的包括投资退出、市值管理、资产流动性管理等，而可转换公司债券和其他债券的发债目的一般用于投资项目，并受到严格限制。

4. 交割方式多样。可转换公司债券一般采用股票交割，而可交换公司债券在国外有股票、现金和混合三种交割方式，在我国则主要是预备用于交换的股票及其孳息进行交割。

由于可交换公司债券具有以上特点，所以，其适用的法律规范必然与可转换公司债券存在差异。在我国，可转换公司债券主要适用《上市公司证券发行管理办法》，而可交换公司债券主要适用《公司债券发行试点办法》，因此，有关可交换公司债券的发行程序、债券受托管理和债券持有人权益保护事项、可交换公司债券的信用评级事项、发行人为本次发行的公司债券另行提供担保的事项均适用《上市公司证券发行管理办法》的相应规定，在此不再赘述。

二、可交换公司债券的发行条件

（一）积极条件

根据《上市公司股东发行可交换公司债券试行规定》的规定，发行可交换公司债券必须符合以下条件：

1. 发债主体资质合法。可交换公司债券的发行主体限于上市公司股东，且应当是符合《公司法》、《证券法》规定的有限责任公司或者股份有限公司。

2. 发债主体的净资产规模、发债规模和盈利性符合要求。公司最近一期末的净资产额不少于人民币3亿元、本次发行后累计公司债券余额不超过最近一期末净资产额的40%、公司最近3个会计年度实现的年均可分配利润不少于公司债券1年的利息。对发债主体作出以上限定，目的在于把不适格主体排除在外，防范公司发债的风险。

3. 公司组织机构健全，运行良好，内部控制制度不存在重大缺陷。

4. 本次发行债券的金额不超过预备用于交换的股票按募集说明书公告日前20个交易日均价计算的市值的70%，且应当将预备用于交换的股票设定为本次发行的公司债券的担保物。需要注意，预备用于交换的上市公司股票应当符合下列规定：（1）该上市公司最近一期末的净资产额不低于人民币15亿元，或者最近3个会计年度加权平均净资产收益率平均不低于6%。扣除非经常性损益后的净利润与扣除前的净利润相比，以低者作为加权平均净资产收益率的计算依据。(2) 用于交换的股票在提出发行申请时应当为无限售条件股份，且股东在约定的换股期间转让该部分股票不违反其对上市公司或者其他股东的承诺。(3) 用于交换的股票在本次可交换公司债券发行前，不存在被查封、扣押、冻结等财产权利被限制的情形，也不存在权属争议或者依法不得转让或设定担保的其他情形。

5. 经资信评级机构评级，债券信用级别良好。

（二）消极条件

发债主体具有以下情形之一的，不得发行可交换公司债券：

1. 最近 36 个月内公司财务会计文件存在虚假记载，或公司存在其他重大违法行为。

2. 本次发行申请文件存在虚假记载、误导性陈述或者重大遗漏。

3. 对已发行的公司债券或者其他债务有违约或者延迟支付本息的事实，仍处于继续状态。

4. 严重损害投资者合法权益和社会公共利益的其他情形。

三、可交换公司债券的担保

除发行人为本次发行的公司债券另行提供担保之外，《上市公司股东发行可交换公司债券试行规定》明确规定预备用于交换的股票及其孳息（包括资本公积转增股本、送股、分红、派息等），是可交换公司债券的担保物，用于对公司债券持有人交换股份和本期债券本息偿付提供担保。当公司债券持有人按照约定条件交换股份时，从作为担保物的股票中提取相应数额用于支付；当公司债券持有人未选择换股且上市公司股东到期未能清偿债务时，作为担保物的股票及其孳息处分所得的价款优先用于清偿对公司债券持有人的负债。

在可交换公司债券发行前，公司债券受托管理人应当与上市公司股东就预备用于交换的股票签订担保合同，按照证券登记结算机构的业务规则设定担保，办理相关登记手续，将其专户存放，并取得担保权利证明文件。

四、可交换公司债券的发行与转换

可交换公司债券的期限最短为 1 年，最长为 6 年，面值每张人民币 100 元，发行价格由上市公司股东和保荐人通过市场询价确定。募集说明书可以约定赎回条款，规定上市公司股东可以按事先约定的条件和价格赎回尚未换股的可交换公司债券。募集说明书可以约定回售条款，规定公司债券持有人可以按事先约定的条件和价格将所持债券回售给上市公司股东。

可交换公司债券自发行结束之日起 12 个月后方可交换为预备交换的股票，公司债券持有人对交换股票或者不交换股票有选择权。公司债券交换为每股股份的价格应当不低于募集说明书公告日前 20 个交易日公司股票均价和前一个交易日的均价。募集说明书应当事先约定交换价格及其调整、修正原则。若调整或修正交换价格，将造成预备用于交换的股票数量少于未偿还可交换公司债券全部换股所需股票的，公司必须事先补充提供预备用于交换的股票，并就该股票设定担保，办理相关登记手续。

可交换公司债券持有人申请换股的，应当通过其托管证券公司向证券交易所发出换股指令，指令视同为债券受托管理人与发行人认可的解除担保指令。

复习思考题

1. 简述公司债券的概念与含义。
2. 简述公司债券的种类。
3. 简述公司债券与贷款的区别。
4. 简述公司债券与股票的区别。
5. 如何理解我国公司债券的发行条件？
6. 简述公司债券的发行程序。
7. 简述公司债券转让的基本规则。
8. 简述可转换公司债券的含义与特征。
9. 什么是可赎回的可转换公司债券？什么是可回售的可转换公司债券？什么是附认股权证的可转换公司债券？
10. 如何理解可转换公司债券的发行条件？
11. 如何理解债券持有人会议的团体性特征？
12. 如何保护可转换公司债券持有人的权益？
13. 什么是附认股权证的公司债券？
14. 简述可交换公司债券的概念与特点。
15. 简述可交换公司债券的发行条件。

第十章

公司财务、会计制度

第一节 公司财务、会计制度概述

一、公司财务、会计制度的意义及法源

公司作为一个营利性组织，其目的在于为社会创造价值，并同时为股东、债权人、公司管理层以及国家带来利益，因此，对于公司融资活动、投资活动以及营利状况，各方都颇为关心。财务、会计制度是记录公司真实财务状况和经营成果等信息的制度性载体，因此是公司法中的核心问题之一。

公司作为营利法人，依照正确的财务、会计制度进行损益计算，对于股东正当地分配盈余具有重要的意义。同时，由于股东在我国各种类型公司中均承担有限责任，公司财产是公司对其债权人的唯一担保，为保障债权人利益又要求公司的财务状况真实、可查，因此，财务、会计制度对于公司债权人具有重要的意义。此外，税收纳税额的确定也主要建立在公司的各种财务、会计表册之上，所以，公司财务、会计制度对于实现国家税收债权而言具有重要的意义。为了满足上述社会需求而制定的法，除了《公司法》、《中华人民共和国会计法》（以下简称《会计法》）这两部重要法律之外，还有《企业财务会计报告条例》（2001 年 1 月 1 日施行）这一行政法规。此外，财政部还发布了《企业财务通则》和《企业会计准则》等行政规章。

对于上市公司这种开放性企业而言，保证各方及时、全面了解公司真实的财务状况和损益情况非常重要，以方便投资人的选择决策和促进公司治理结构的完善。因此，上市公司的财务会计制度还受《证券法》以及财政、证券等主管部门针对股份有限公司制定的多个规章的调整。

二、公司财务、会计制度的含义

公司财务，是指公司营业中有关资金筹集、运用和收益分配的活动；公司会计，是指公司通过货币这一计量单位对公司的整个财务活动和营业状况以记账、算账、报账等方式进行核算和监督的活动。两者共同构成了公司的财务会计管理内容，成为公司规范运作过程中不可或缺的环节。正是基于此，《公司法》第 164 条规定：公司应当依照法律、行政法规和国务院财政部门的规定建立本公司的财务、会计制度。

就公司财务管理而言，涉及公司如何筹集资金、运用资金以及如何分配资金运用所得的收益。

公司在设立时必须拥有一定的注册资本，这是公司设立的必备条件。在公司运营中还有多种筹集资金的方式。公司筹集资金的方法，按照资金的来源是公司内部还是公司外部，分为内部融资和外部融资。内部融资主要包括公积金、折旧金、预提费用等，其来源是公司内部一定时期内积累的资金；外部融资主要包括通过担保或者信用从金融机构贷款、金融租赁、通过发行股票或债券从资本市场筹集股本或债务资金、股东及第三人提供的借款以及应付票据上的资金、应付款、预收款等，其来源是公司外部的金融机构、资本市场投资者以及供货商和客户。在何时、采取何种方式筹集资金取决于公司在现有法制框架下的各种可能以及自己的核算。

公司筹集到的资金必须得到及时、科学的运用，否则不仅不能带来利润，还可能使公司亏损甚至倒闭。一般而言，封闭性公司受股东意志直接支配，其资金运用能够避免出现偏私、不公；开放性公司，譬如上市公司，由于其所有权与经营权分离度较大，其管理层对资金运用应当有较大自由度以应对市场的复杂多变，但是对于公司的重大交易应当赋予股东大会一定的控制权。正是基于此，《公司法》明确地规定，上市公司在 1 年内购买、出售重大资产或者担保金额超过公司资产总额 30%的，应当由股东大会作出决议，并经出席会议的股东所持表决权的 2/3 以上通过。

公司资金运用所得到的收益分配涉及国家税收、债权人利益、公司未来发展和股东投资获利等多方面的需求，因此，法律、法规对此有明确的规定。在利润分配上不仅应当符合法律规定，而且还应当符合公司章程的规定。在现有制度的框架下寻找能够兼顾各方利益的股利分配政策及其具体方案。

就公司会计管理而言，公司通过制作、报送或者公告一定的财务会计报告及其相关表册，全面反映公司目前的资产、负债、所有者权益情况以及相对于以往会计期间所发生的变动情况，全面反映公司经营活动中收入的取得、费用的发生以及损益的形成和处置等情况。

在上述公司财务、会计管理活动中，最为重要的活动是财务会计报告的制作、报送或者公告，公积金如何提取、使用，公司利润如何分配，因此，公司财务、会计制度的主要内容包括三个部分：财务会计报告、公积金和利润分配。

必须注意的是，旧《公司法》规定了法定公益金制度，即在税后利润中强制提取5％～10％作为公益金。但是，法定公益金的设置在理论和实践上均有不妥。第一，在理论上这一规定与国际惯例相悖，难与国际资本市场接轨。在现代公司法律和会计制度中，劳动者的收益和福利应通过费用形式摊入公司成本在税前列支，职工福利体现为公司对雇员的负债；企业主体的所有者则享有公司的全部税后利润。现代公司无论从产权制度还是财务分配制度来看，都不能在税后利润中提取职工福利金。第二，在税后利润中提取公益金的做法对完善现代公司制度、保护投资人利益不利。第三，规范的公司法律和会计制度对职工福利的提取在税前列支，免缴所得税，而旧《公司法》却规定在税后利润中提取，增加了缴纳所得税的基数，损害了公司出资人的合法权益。第四，随着我国住房制度的改革，企业已经不得再为职工住房筹集资金，公益金失去了原有用途。在实践中出现了大笔公益金长期挂账闲置、无法使用的问题。因此，该制度在2005年修订《公司法》时被取消。

第二节　财务会计报告

一、公司财务会计报告的概念与构成

财务会计报告，是指企业对外提供的反映企业某一特定日期的财务状况和某一会计期间的经营成果、现金流量等会计信息的文件。财务会计报告分为年度、半年度、季度和月度财务会计报告。《公司法》第165条第2款规定：财务会计报告应当依照法律、行政法规和国务院财政部门的规定制作。根据《会计法》第20条第2款的规定，财务会计报告由会计报表、

会计报表附注和财务情况说明书组成。按照《企业财务会计报告条例》第7条规定，会计报表应当包括资产负债表、利润表、现金流量表及相关附表。

（一）会计报表

1. 资产负债表。

资产负债表表示企业在一定日期（通常为各会计期末）的财务状况（即资产、负债和业主权益的状况）的主要会计报表。资产负债表的基本结构是"资产＝负债＋所有者权益"，它利用会计平衡原则，将符合会计原则的交易科目分为"资产"和"负债及股东权益"左右两大区块，以特定日期的静态企业情况为基准，浓缩成一张报表。其左边反映的是公司所拥有的资源；其右边反映的是公司的不同权利人对这些资源的要求。债权人可以对公司的全部资源有债权请求权，公司以全部资产对不同债权人承担偿付责任，偿付全部负债之余额为所有者权益，即公司的资产净额。根据《企业财务会计报告条例》第9条的规定，资产负债表应当按照资产、负债和所有者权益（或者股东权益）分类分项列示。其中，资产、负债和所有者权益的定义及列示应当遵循下列规定：

第一，资产，是指过去的交易、事项形成并由企业拥有或者控制的资源，该资源预期会给企业带来经济利益。在资产负债表中，资产应当按照其流动性分类分项列示，包括流动资产、长期投资、固定资产、无形资产及其他资产。银行、保险公司和非银行金融机构的各项资产有特殊性的，按照其性质分类分项列示。

第二，负债，是指过去的交易、事项形成的现时义务，履行该义务预期会导致经济利益流出企业。在资产负债表中，负债应当按照其流动性分类分项列示，包括流动负债、长期负债等。银行、保险公司和非银行金融机构的各项负债有特殊性的，按照其性质分类分项列示。

第三，所有者权益，是指所有者在企业资产中享有的经济利益，其金额为资产减去负债后的余额。在资产负债表中，所有者权益应当按照实收资本（或者股本）、资本公积、盈余公积、未分配利润等项目分项列示。

2. 利润表。

利润表是反映企业在一定会计期间经营成果的报表。利润表应当按照各项收入、费用以及构成利润的各个项目分类分项列示。其中，收入、费用和利润的定义及列示应当遵循下列规定：

第一，收入，是指企业在销售商品、提供劳务及让渡资产使用权等日常活动中所形成的经济利益的总流入。收入不包括为第三方或者客户代收的款项。在利润表中，收入应当按照其重要性分项列示。

第二，费用，是指企业为销售商品、提供劳务等日常活动所发生的经济利益的流出。在利润表中，费用应当按照其性质分项列示。

第三，利润，是指企业在一定会计期间的经营成果。在利润表中，利润应当按照营业利润、利润总额和净利润等利润的构成分类分项列示。

3. 现金流量表。

现金流量表是反映企业一定会计期间现金和现金等价物（以下简称现金）流入和流出的报表。现金流量表应当按照经营活动、投资活动和筹资活动的现金流量分类分项列示。其中，经营活动、投资活动和筹资活动的定义及列示应当遵循下列规定：

第一，经营活动，是指企业投资活动和筹资活动以外的所有交易和事项。在现金流量表中，经营活动的现金流量应当按照其经营活动的现金流入和流出的性质分项列示；银行、保险公司和非银行金融机构的经营活动按照其经营活动特点分项列示。

第二，投资活动，是指企业长期资产的购建和不包括在现金等价物范围内的投资及其处置活动。在现金流量表中，投资活动的现金流量应当按照其投资活动的现金流入和流出的性质分项列示。

第三，筹资活动，是指导致企业资本及债务规模和构成发生变化的活动。在现金流量表中，筹资活动的现金流量应当按照其筹资活动的现金流入和流出的性质分项列示。

4. 相关附表。

相关附表是反映企业财务状况、经营成果和现金流量的补充报表，主要包括利润分配表。

利润分配表是反映企业一定会计期间对实现净利润以及以前年度未分配利润的分配或者亏损弥补的报表。利润分配表应当按照利润分配各个项目分类分项列示。

（二）会计报表附注

会计报表附注是为了便于会计报表使用者理解会计报表的内容而对会计报表的编制基础、编制依据、编制原则和方法及主要项目等所作的解释。会计报表附注至少应当包括下列内容：(1) 不符合基本会计假设的说明；(2) 重要会计政策和会计估计及其变更情况、变更原因及其对财务状况和经营成果的影响；(3) 或有事项和资产负债表日后事项的说明；(4) 关联方关系及其交易的说明；(5) 重要资产转让及其出售情况；(6) 企业合并、分立；(7) 重大投资、融资活动；(8) 会计报表中重要项目的明细资料；(9) 有助于理解和分析会计报表需要说明的其他事项。

(三) 财务情况说明书

财务情况说明书实际上就是用简明扼要的语言，把公司基本的财务情况作一个简单的说明。财务情况说明书至少应当对下列情况作出说明：(1) 企业生产经营的基本情况；(2) 利润实现和分配情况；(3) 资金增减和周转情况；(4) 对企业财务状况、经营成果和现金流量有重大影响的其他事项。

二、财务会计报告的制作与审计

(一) 依法制作财务会计报告

财务会计报告应当依照法律、行政法规和国务院财政部门的规定制作，符合以下基本要求：

1. 真实、公允、依法制作财务会计报告。公司应当根据真实的交易、事项以及完整、准确的账簿记录等资料，并按照国家统一的会计制度规定的编制基础、编制依据、编制原则和方法编制财务会计报告。

2. 按期制作财务会计报告。公司应当在每一会计年度终了时编制财务会计报告。依据《会计法》的规定，我国会计年度为公历 1 月 1 日至公历 12 月 31 日。国家统一的会计制度规定企业应当编报半年度、季度和月度财务会计报告的，遵从其规定。

3. 制作人应当符合法律要求。一些国家或地区的公司法明确地规定了会计报告表册的制作人。例如，我国台湾地区"公司法"规定，每一会计年度终了，由董事会编制营业报告书、财务报表和盈余分配或亏损拨补议案等会计表册。[①] 日本是由代表董事编制资产负债表、损益计算表、营业报告书、盈余处分议案或有关损失处理议案及附属明细表，并接受董事会批准。[②]《公司法》仅规定公司负责编制财务会计报告，未明确财务会计报告的具体编制机构，但因董事会的职权包括"制定公司的年度财务预算方案、决算方案"，所以，公司的财务会计报告应由公司的董事会或执行董事主持编制，具体工作由公司的财务人员完成。

---

① 参见王文宇：《公司法论》，326 页。

② 参见［日］末永敏和著：《现代日本公司法》，180 页。

（二）财务会计报告的审计

一些国家或地区的公司法规定了财务会计报告的审计制度，但一般是内部审计。例如，我国台湾地区，董事会编制会计表册之后应当提交作为公司内部机关的监察人（即监事会）查核，并报告意见于股东会。①《日本商法典》规定，股份有限公司的代表董事在计算文件得到董事会批准后，应当在股东年会召开7周前提交给监事会，由监事会在接受文件后4周内提出监察报告。② 英美法系国家不设监事会，公司年度账目必须经过内部审计员审计并提出审计员报告。③

《公司法》未明确规定财务会计报告必须提交监事会监察的程序，但规定监事会有“检查公司财务”的职权，因此，监事会认为有必要时，可以对公司财务会计报告进行核查。此外，《公司法》建立了强制外部审计制度。《公司法》第165条第1款规定，公司在每一会计年度终了时编制的财务会计报告，应当依法经会计师事务所审计。这里的依法审计，不是规定所有公司的财务会计报告都必须经会计师事务所审计，而是规定只有法律要求其财务会计报告必须经会计师事务所审计的公司，才负有依法提交会计师事务所审计的义务。《公司法》第63条还进一步强调一人有限责任公司的财务会计报告应当经会计师事务所审计。有学者认为，《公司法》第165条第1款的规定是指所有公司的财务会计报告都必须经会计师事务所审计，这种理解是不确切的，否则《公司法》第63条的规定就完全是多余的。从理论上看，对于规模较小的封闭型公司（一人有限责任公司除外）而言，监事会或者股东对财务会计报告的监督可能更为直接有力，同时也可以节省其运营成本；而对大型公司，尤其是开放型公司而言，来自于外部的强制审计能够较好地保护大量的投资性股东或者投机性股东的利益，并且有利于政府部门实施监管。从国际惯例看，日本、德国等只对规模较大的公司会计报告采取法定外部审计制度。根据《日本商法典特例法》规定，对资本额在5亿日元以上或者计入最后资产负债表负债部金额的合计额在200亿日元以上的股份有限公司的计算文件，除了接受监察人的监察外，还应接受外部会计监察人的监察。在德国，只有中型和大型资合公司④的年终决算报表必须通过独立审计师的审计，而

① 参见王文宇：《公司法论》，330页。

② 参见［日］末永敏和著：《现代日本公司法》，180页。

③ 参见周友苏：《公司法论》，449页。

④ 有关资合公司的大、中、小的划分，是从报表中的总资产数额、销售额和雇工人数三项标准中是否满足两项来衡量的，具体标准请参见《德国商法典》第267条。

且中型企业还享有某些特权。① 因此，对各种公司都采取强制外部审计不利于小规模公司的发展。

为了使公司财务会计报告外部审计制度得到正确实施，《公司法》对公司与会计师事务所之间关系以及公司相关义务作出了以下规定：（1）公司聘用、解聘承办公司审计业务的会计师事务所，依照公司章程的规定，由股东会、股东大会或者董事会决定。公司股东会、股东大会或者董事会就解聘会计师事务所进行表决时，应当允许会计师事务所陈述意见。（2）公司应当向聘用的会计师事务所提供真实、完整的会计凭证、会计账簿、财务会计报告及其他会计资料，不得拒绝、隐匿、谎报。（3）公司除法定的会计账簿外，不得另立会计账簿。对公司资产，不得以任何个人的名义开立账户存储。

《公司法》第 203 条规定：公司在依法向有关主管部门提供的财务会计报告等材料上作虚假记载或者隐瞒重要事实的，由有关主管部门对直接负责的主管人员和其他直接责任人员处以三万元以上三十万元以下的罚款。

三、财务会计报告的提交与确认

（一）财务会计报告的提交

财务会计报告应当送交股东或者置备于公司供股东查阅，以保证股东获得有关公司经营和财务的信息。《公司法》第 166 条、第 146 条、第 135 条规定，有限责任公司应当按照公司章程规定的期限将财务会计报告送交各股东，股份有限公司的财务会计报告应当在召开股东大会年会的 20 日前置备于本公司，供股东查阅，公开发行股票的股份有限公司必须公告其财务会计报告，而且上市公司在每一会计年度内半年公布一次财务会计报告，在发行新股时也必须公告公司的财务会计报告。

（二）财务会计报告的确认

《公司法》规定，股东会或者股东大会有权“审议批准公司的年度财务预算方案、决算方案”和“审议批准董事会的报告”，因此，确认年终财务会计报告是股东会或者股东大会的职权。《公司法》并未明确规定财务会计报告的批准程序，因此，股东会或者股东大会以简单多数作出决议即可。

---

① 参见［德］托马斯·莱塞尔、吕迪格·法伊尔著，高旭军等译，《德国资合公司法》，604 页。

四、股东对财务会计报告的查阅

《公司法》第 34 条和第 98 条规定了股东有查阅、复制公司财务会计报告的权利。需要注意的是，股东在行使此项权利时可以偕同其委托的律师或者会计师进行。有关这一权利参见前文阐述。

五、上市公司的内部审计制度

《公司法》并未规定上市公司的内部审计制度，但是《上市公司章程指引》对公司内部审计制度作出了专门规定。《上市公司章程指引》第 156 条规定，公司实行内部审计制度，配备专职审计人员，对公司财务收支和经济活动进行内部审计监督。

上市公司的内部审计制度目的在于强化董事会对公司财务会计报告的责任，是在董事会下进行的一种审计活动。因此，《上市公司章程指引》第 157 条规定，公司内部审计制度和审计人员的职责，应当经董事会批准后实施。审计负责人向董事会负责并报告工作。

第三节　公积金制度

一、公积金的含义与特征

（一）公积金的含义

公积金，是指公司为了扩大经营、弥补亏损或增加资本而根据法律或章程的规定从税后利润和公司其他收入中提取的储备资金，它是股东权益的组成部分。公司公积金最早源于 1807 年《法国商法》，目的在于巩固公司的资本基础和保障公司债权人利益，现在已经为大多数国家的公司法所采用。

（二）公积金的特征

公司公积金具有以下特征：

1. 公积金的来源是公司其他收入和公司税后利润。

公司公积金分为资本公积金和盈余公积金。资本公积金从股本溢价以及法定财产重估增值、接受捐赠等其他收入中而来；盈余公积金从公司税后利润中提取。两者均须根据法律或章程的规定，在满足具体条件时提取。

2. 公积金是公司的储备资金。

公司公积金是公司为了应对公司未来特定需要而提取的储备金，目的在于扩大经营、弥补亏损或增加资本。

3. 公司公积金属于股东权益的组成部分。

在公司的资产负债表中，股东权益包括实收资本、资本公积、盈余公积、未分配利润等项目，其中资本公积金和盈余公积金构成公司公积金，它是股东权益的组成部分。

二、公积金的种类

按照公积金提取的来源不同，公司公积金可以分为资本公积金和盈余公积金。资本公积金来源于公司资本增减变化中产生的公司非营业性收入，属于资本性剩余金，因而不具有盈余性质；盈余公积金来源于公司的盈余，是从公司税后利润中提取，其又可以进一步分为法定盈余公积金和任意盈余公积金。法定盈余公积金，又称法定公积金，是依据法律规定直接从税后利润中提取的公积金。任意盈余公积金，又称任意公积金，是根据章程或者股东（大）会决议从公司税后利润中提取的公积金。

（一）资本公积金

资本公积金来源于公司的资本。资本公积金，是指所有权归属于股东，但不构成实收资本的那部分资本金，从其形成来源看，是股东投入的资本金额中超过注册资本部分的资本和其他人投入的不形成实收资本的资本金，它不是由企业实现的净利润转化而来，本质上属于资本的范畴。

由于可以计入资本公积金的公司收入是法律明确规定的，因此，资本公积金具有法定性。《公司法》第 168 条规定，股份有限公司以超过股票票面金额的发行价格发行股份所得的溢价款以及国务院财政部门规定列入资本公积金的其他收入，应当列为公司资本公积金。所谓其他收入，根据《企业会计准则》和《股份有限公司会计制度》的规定，主要指公司资产重估增值的部分、接受捐赠实物资产、住房周转金收入、投资准备等。《日本商法典》规定股份有限公司有三种资本公积金：缴纳剩余金、减资差额和减资剩余金、合并交付金和合并差额以及合并剩余金[①]；我国台湾地区“商业会计处理规则”第 25 条第 1 项规定，资本公积金包括股本溢价、资产重估增值、处分资产溢价、自行合并而消灭之公司所承受之资产价额、减除自该公司所承担之债务

① 参见［日］末永敏和著：《现代日本公司法》，192 页。

及向该股东给付额之余额、受领赠与之所得等非由营业结果所产生之权益。①

（二）盈余公积金

1. 法定公积金。

法定公积金，是指从公司的税后利润中依照法律规定必须提取的公积金。其法定性体现在四个方面：（1）提取的条件法定，即必须在公司税后有盈余时方能提取，有盈余但如果不足以弥补往年亏损不存在提取问题；（2）提取环节法定，即必须在公司分配当年税后利润时提取；（3）提取比例法定，即应当把公司税后利润的10%列入公司法定公积金；（4）不再提取的限额法定，即公司法定公积金累计额为公司注册资本的50%以上的，可以不再提取。一些国家或者地区的公司法所规定的提取法定公积金的比例和不再提取的限额并不一致②，但是其具体比例和限额都是法定的，不能以公司章程或者股东会决议更改。

2. 任意公积金。

根据《公司法》第167条第3款的规定，公司从税后利润中提取法定公积金后，经股东会或者股东大会决议，还可以从税后利润中提取任意公积金。任意公积金和法定公积金一样，都属于盈余公积金，都是从公司的盈余中提取，但是其不同之处在于其“任意性”，或者叫做“非法定性”。任意公积金的提取顺序在法定公积金之后，除此强制性规定之外，任意公积金由股东会或者股东大会决议决定是否提取、提取多少，属于公司自治的范畴。在大陆法系的一些国家，提取任意公积金决定权还被授予董事会和监事会，譬如，《德国股份法》第58条第2款规定，董事会和监事会可以决定把公司年终利润的一半划入盈余公积金。③ 英美法系国家不存在法定公积金，因此，公司是否提取公积金取决于公司章程或者董事会的决定，其盈余公积金均为任意公积金。

三、公积金的使用规则

公积金设置的目的在于化解公司经营亏损风险和为公司发展准备财力，因此，公积金的用途有三项：弥补公司的亏损、扩大公司生产经营或者转为增加公司资本。

---

① 参见王文宇：《公司法论》，335页。

② 参见周友苏：《公司法论》，453页。

③ 参见［德］托马斯·莱塞尔、吕迪格·法伊尔著，高旭军等译：《德国资合公司法》，298页。

（一）弥补亏损

根据《公司法》第 169 条第 1 款的规定，公司公积金可以用于弥补公司的亏损，但是，资本公积金不得用于弥补公司的亏损，即盈余公积金包括法定公积金和任意公积金，都可以用来弥补公司亏损，但是资本公积金不可以用来弥补公司亏损。由此可见，盈余公积金具有直接抵御公司日常经营风险和维护公司信用的作用，其首要用途是弥补公司亏损，资本公积金不可以弥补公司亏损，而在最终意义上起着维护公司资本信用的作用。在日本，尽管资本公积金可以用来弥补公司亏损，但是必须先用盈余公积金弥补，不足时才能动用资本公积金。日本的做法与我国不同，但是也体现出公积金的首要用途是弥补亏损。

公司弥补当年亏损的先后顺序如下：首先用法定公积金弥补当年亏损；不足以弥补的，再以任意公积金弥补。

公司弥补以前年度亏损的顺序如下：首先用法定公积金弥补；不足以弥补的，在依法提取法定公积金之前用当年利润弥补亏损；还不足以弥补的，用任意公积金弥补。

（二）扩大生产经营

公司在运营过程中如果需要扩大生产经营，则必须增加资金投入。公司公积金是公司扩大生产经营的重要资金来源之一。公司公积金，无论是资本公积金还是盈余公积金，都可以用来扩大生产经营。

（三）转增资本

通过增资的法定程序，公司可以把部分公积金转增为注册资本。从理论上讲，公积金属于股东权益，通过法定程序将其转为股本，增强了公司对外的资本信用，也扩大了股东所持的股份数额，对股东、债权人和公司而言均有益处。公积金转化为注册资本，属于公司增加注册资本的范畴，应当遵守公司增资的法定程序：首先，由董事会制定公司增加注册资本的方案。其次，在股东会或者股东大会上经代表 2/3 以上表决权的股东通过。最后，在工商行政管理部门进行变更登记。对于封闭型公司而言，公积金转增资本的具体方案由股东会或者股东大会决议通过，属于公司自治的范畴，但是对于上市公司而言，则必须遵守《上市公司章程指引》第 149 条的规定，即股东大会决议将公积金转为股本时，按股东原有股份比例派送新股。此外，在法定公积金转为资本时，所留存的该项公积金不得少于转增前公司注册资本的 25%。

第四节　利润分配

一、利润分配的方式

我国在实践中利润分配的方式主要有两种，即现金股利和股票股利。现金股利，俗称派现，是指直接向股东支付货币作为股利，是公司分配利润的主要方式。股票股利，俗称送股，是指向股东派送新股，即按照原股东持有股份的一定比例派送股票，从而将公司年度利润转化为新的股本。在实践中还经常出现前所述及的公积金转增资本，俗称公积金转股，公积金转增资本可以看作利润分配的一种特殊形式。由于《公司法》把利润分配和公积金转股分别规制，因此，在本书中，股票股利特指公司以会计决算期内的可分配利润转增为资本，以派送股份的方式分配利润。以股票股利的方式分配利润涉及公司注册资本的增加，因此，应当遵守公司增加注册资本的法定程序。

此外，除了现金股利和股票股利之外，上市公司向原有股东同比例配股的做法，在一定程度上也具有利润分配的意义。

二、可分配利润的确定程序

公司利润可以分为税前利润和税后利润。税前利润，是指缴纳企业所得税之前的公司利润总额，即公司的应纳税所得额；税后利润，是指公司缴纳企业所得税之后的公司净利润额。公司税后利润，首先，可以弥补公司以前年度亏损（公司法定公积金不足以弥补的部分）。其次，如果不需弥补以前年度亏损或者弥补亏损之后还有剩余，则需要提取法定公积金，经过股东会或者股东大会决议还可以提取任意公积金。最后，提取公积金之后的剩余部分才是可分配利润。必须注意，根据《股份有限公司会计制度》的规定，如果股份有限公司发行优先股的，则应当在提取任意公积金之前向优先股股东分配股利。

三、利润分配程序

（一）利润分配方案的拟订与批准

根据《公司法》的规定，公司的利润分配方案和弥补亏损方案由董事会制定，经过股东会或者股东大会审议批准后执行。

制定和批准利润分配方案应当注意：(1) 根据《公司法》的规定，公司持有的本公司股份不得分配利润。(2) 公司弥补亏损和提取公积金后所余税后利润，有限责任公司股东按照实缴的出资比例分取红利，但是全体股东约定不按照出资比例分取红利的除外；股份有限公司按照股东持有的股份比例分配，但股份有限公司章程规定不按持股比例分配的除外。

由于利润分配方式不同，其审议批准程序也不同，而且有限责任公司和股份有限公司的审议批准程序也不尽相同。对于现金利润的分配方案，属于股东会或者股东大会的一般议决事项，有限责任公司根据章程规定进行表决通过，股份有限公司必须经出席会议的股东所持表决权过半数通过；对于股票股利的分配方案，由于涉及公司注册资本的增加，属于股东会或者股东大会的特殊议决事项，因此，有限责任公司必须经代表 2/3 以上表决权的股东通过，股份有限公司必须经出席会议的股东所持表决权的 2/3 以上通过。

（二）股东的具体利润分配请求权

股东会或者股东大会通过利润分配方案之后，股东应得的确定分配额是公司对股东的债务，从而产生股东的具体利润分配请求权。股东的具体利润分配请求权与分红请求权是具有联系的两个阶段。分红请求权是成员权的基本组成部分，是一种未来的、数额不确定的可能债权；股东的具体利润分配请求权则以分红请求权为基础，在股东会或者股东大会作出决议之后，分红请求权从成员权中独立出来，成为一个法律上独立的请求权，而且是数额确定的到期债权。由于股东的具体利润分配请求权可以独立成为转让、扣押、强制执行等的标的物，因此，在实践中确定该权利的形成时间及其权利主体非常重要。

股东的具体利润分配请求权产生于股东会或者股东大会通过利润分配决议之时。有学者认为，由于上市公司股东大会通过利润分配决议之后董事会应当通过报刊等媒体对外宣告，因此，宣告日才是股东的具体利润分配请求权的产生日期。① 此种说法不妥当。利润分配方案一旦经过股东大会通过，则公司负有按照利润分配方案向股东支付股利的债务，除非该股东大会的决议违反法律或者章程而被宣布无效或者被撤销。容易让人误解的是，因股东大会有关利润分配的决议通过后要发出公告，但此期间还可能因股份转让而发生股东变化，故需确定一个分配基准日，以便确定享有分配请求权的股东。

① 参见周友苏：《公司法论》，459 页。

但这属于确定权利主体的问题，而非该权利的产生时间问题。所以，宣告日或者基准日并非该权利产生的时间。

一般而言，有限责任公司有权得到分配利润的股东，是在股东会通过决议时于股东名册中登记的股东。股份有限公司决定分配股利的基准日前5日内，不得进行股东名册的变更登记，所以，在分配股利基准日持有记名或无记名股票的股东享有利润分配请求权。但因上市公司具有开放性，股份流动性强，《公司法》第140条第2款为上市公司记名股票转让所引发的股东名册变更登记留出余地，规定法律可以对上市公司记名股票转让所引发的股东名册变更登记另作规定。在实践中，上市公司分配利润（俗称分红派息）时，会规定某一交易日为股权登记日（R日），只有在该日收盘后持有该股票的投资者才有获得分红派息的权利。股权登记日的下一个交易日为除权或除息基准日（R+1日），该日交易的股票已被除权（无权获得送股或优先认股权）或除息（无权获得现金股利）处理，不再享有分红派息的权利。

（三）利润的派发

利润的派发，是指公司按照利润分配方案确定的时间、地点和方式派发利润。有限责任公司和非上市的股份有限公司按照利润分配方案确定的日期、地点和方式，完成现金或者股份的交付。上市公司则需要证券交易所、证券公司、证券登记结算等机构配合完成。按照《上市公司章程指引》第154条的规定，公司股东大会对利润分配方案作出决议后，公司董事会须在股东大会召开后2个月内完成股利（或股份）的派发事项。

四、违法分配利润的法律后果

（一）股东的退还责任

股东会、股东大会或者董事会违反法律规定，在公司弥补亏损和提取法定公积金之前向股东分配利润的，股东必须将违反规定分配的利润退还公司。这一规定除体现资本维持原则外[①]，还需要注意以下问题：

1. 公司债权人的代位权。

由于公司董事会是利润分配方案的制订者，股东是公司违法分配利润的受益者，因此，董事会和股东追回违法分配利润的动力可能不足。公司违法

---

① 参考本书第三章有关资本维持原则的内容。

分配利润，可能损害公司的资本信用及债权人的利益，为平衡公司、股东和债权人之利益，公司的到期债权人在其债权范围内享有代位权，可以根据《合同法》第73条的规定，向人民法院请求以自己的名义代位行使公司债权。我国台湾地区“公司法”第233条规定，股份有限公司违法分配股息及红利时，公司债权人得请求退还，并得请求赔偿因此而受到的损害。由于其规定公司债权人请求退还的利润只能归还给公司，其代位权的性质非常明显。《公司法》也应借鉴这一制度。

2. 公司董事的损害赔偿责任。

如果董事会制定违法分配利润的方案，根据《公司法》第150条的规定，支持该利润分配方案的董事应当对给公司造成的损失承担赔偿责任。但如果该分配方案得到股东会或者股东大会的批准，有关董事能否因此免责呢?《公司法》无明确规定。我国台湾地区“公司法”第231条规定，各项会计表册，包括盈余分配方案经过股东会承认后，视为已解除董事及监察人之责任，但董事或监察人有不法行为者不在此限。此规定亦可资借鉴。

3. 股东归还责任的主体范围。

有限责任公司股东人数较少，具有封闭性特征，股权流动性弱，追究股东对违法利润的归还责任容易操作。股份有限公司，尤其是上市公司，股份流动性强，追究所有股东对违法利润的归还责任则显不公平而且非常困难。笔者认为，立法应当规定，股东会或者股东大会违法分配利润，股东负有退还责任，但能够证明没有参与股东会、股东大会或者在会议上投反对票的除外。

（二）公司的行政责任

公司不依照法律规定提取法定公积金的，由县级以上人民政府财政部门责令如数补足应当提取的金额，可以对公司处以20万元以下的罚款。

复习思考题

1. 简述公司财务会计制度的含义。
2. 简述公司财务会计报告的概念与构成。
3. 简述财务会计报告的制作要求。
4. 如何理解《公司法》中财务会计报告的外部审计制度?
5. 简述公积金的含义与特征。

6. 简述资本公积金的概念与构成。
7. 什么是盈余公积金，其种类有哪些?
8. 简述公积金的使用规则。
9. 简述公司利润分配的方式与程序。
10. 如何理解公司违法分配利润的法律责任?

第十一章

公司的变更与终止

第一节　公司的合并、分立与资本变更

一、公司合并

（一）公司合并的概念

公司合并，是指两个或两个以上的公司订立合并协议，依照《公司法》的规定，不经过清算程序，直接合并为一个公司的法律行为。公司合并具有以下法律特征：

1. 公司合并是数个公司之间的共同法律行为，须以当事人之间订立合并协议为前提。

2. 公司合并是当事人之间的一种自由行为，其合并与否及合并的方式完全取决于当事人的意志。

3. 公司合并是一种无须通过清算程序即可消灭和变更公司的行为。公司合并可以在不进行清算的前提下改变公司的存在、财产结构和股权结构等。

我国在1993年《公司法》中首次规定公司合并。在该法中专设“公司合并、分立”一章，规定“公司合并可以采取吸收合并和新设合并两种形式”。“一个公司吸收其他公司为吸收合并，被吸收的公司解散，两个以上公司合并

设立一个新的公司为新设合并，合并各方解散。”据此，公司合并有两种基本形式，即吸收合并和新设合并。

公司合并可以强化原公司的竞争能力，扩大生产经营规模，促进社会化大生产的发展。公司有种类的差别，于是在公司法中就产生了对合并的公司在种类上是否加以限制的问题，对此，在立法和学说上有两种态度：第一，公司种类非限制主义。即不仅同种类公司，如有限责任公司与有限责任公司之间可以合并；不同种类公司，如有限责任公司与股份有限公司之间也可以合并。第二，公司种类限制主义。多数国家立法采取此态度，具体有两种不同的做法：一是限制合并前公司的种类，即有限责任公司或股份有限公司等同类之间相互合并；二是限制合并后公司的种类，即各种公司都可以相互合并，但合并的公司，如果一方或双方为股份有限公司时，那么合并后存续的公司或因合并而新设的公司，必须是股份有限公司。《公司法》对公司合并是否有种类限制没有作出明确的规定，在实践中采取公司种类非限制主义。

在英美法系国家，和公司合并相对应的词有两个，即“consolidation of corporations”和“merger of corporations”。前者按照《布莱克法律词典》（*Black's Law Dictionary*）的解释，是指“两个或两个以上的公司解散，同时成立一个新的公司，并接管解散公司的资产和承担的责任”①；后者是指“一个公司被另外一个公司吸收，后者保留自身的名称、实体资格，取得前者的资产、责任、特许权和权力，同时被吸收公司丧失独立的商业资格”②。不难看出，“consolidation of corporations”相当于《公司法》中的“新设合并”；“merger of corporations”相当于《公司法》中的“吸收合并”。

因此，《公司法》中的公司合并用英文确切地表示应当是“consolidation and merger of corporations”。“consolidation”用公式表示就是“A＋B＝C”，“merger”用公式表示就是“A＋B＝A”。在我国，前者常译为“并合”、“新设合并”③；后者常译为“兼并”，亦称“归并”④。单就“consolidation of corporations”和“merger of corporations”来说，分别译成“公司并合”或“公司联合”和“公司兼并”或“公司归并”较为妥当。

事实上，英美法系国家经常交替使用“consolidation”和“merger”，并没有像我国公司法那样给它们以确切定义。例如，《美国标准公司法》第1 101条

---

① *Black's Law Dictionary*，Fifth Edition，West Pub. Co.（1979），p. 280.

② *Black's Law Dictionary*，Fifth Edition，West Pub. Co.（1979），p. 891.

③ 参见郑立、王益英主编：《企业法通论》，257页、258页，北京，中国人民大学出版社，1993。

④ 参见史际春主编：《公司法教程》，248页，北京，中国政法大学出版社，1995。

直接规定了公司合并的条件、合并计划的内容。《德国股份公司法》第339条直接规定了合并的性质，不过在《德国关于有限责任公司从公司资金中增加资本和合并的法律》中补充规定了公司合并的两种方式，即吸收合并和新设合并。①

2005年新《日本公司法》出台前，原《日本有限公司法》第59条直接规定了“有限公司可与其他有限公司合并”；2005年修改前《日本商法》第二编“公司法”第二章“无限公司”第五节“解散”第98条至第111条规定了无限公司合并的决议、异议、登记、合并效力的发生、合并的效果、合并无效之诉等条件和程序问题；2005年修改前《日本商法》第四章“股份公司”第八节“解散”第408条至第416条规定了股份和程序。但都未对合并下一个明确的定义。1989年《英国公司法》第六编“合并及其有关事项”第146条至第153条也未对合并含义作出规定。《法国商事公司法》第371条第1款也只是描述了合并的一般情况，即“一个或若干个公司可以通过合并，将公司财产转移到现存的公司或他们组建的新的公司中”。

与外国公司法相比，我国对公司合并在《公司法》中直接按其形式明确规定含义是有独创性的，具有理论和实践意义。法律概念是法律体系的基石，概念的严谨有助于推动整个法律体系的建立和完善。1993年《公司法》对公司合并规定的直接条款有3条，分别规定了合并决议的形成、股份有限公司合并需省级人民政府或国务院授权的部门批准、合并的两种方式及合并程序等。2005年修订后的《公司法》，一方面总结过去的经验，注意调整原有规定失范、低效的情况，另一方面本着节约法律资源、表述规范、逻辑合理、语言精当的立法技术规则对立法进行完善，其涉及公司合并的规定有第38条、第44条、第100条、第104条、第180条等。

（二）公司合并与相关概念的比较

1. 合并与兼并。

在我国的经济生活中，兼并是一个非常流行的用语。它经常在经济学中出现，常常用来指一个企业或公司吞并或控制其他企业或公司的行为。在我国的规范性文件中，“兼并”第一次出现是在1989年2月19日国家体改委、国家计委、财政部、国家国有资产管理局联合发布的《关于企业兼并的暂行办法》中，其规定“本办法所称企业兼并，是指一个企业购买其他企业的产权，使其他企业失去法人资格或改变法人实体的一种行为。不通过购买方式实行的企业之间的合并，不属本办法规范”。该办法又规定了“企业兼并”的

① 参见《德国关于有限责任公司从公司资金中增加资本和合并的法律》第19条。

四种形式，即承债式、购买式、吸收股份式和控股式。

1991年国务院发布的《国有资产评估管理办法》第3条规定，国有资产占有单位进行资产评估的法定情形之一是“企业兼并、出售、联营、股份经营”。《国有资产评估管理办法实施细则》规定，“兼并”是指“一个企业以承担债务、购买、股份化和控股等形式有偿接受其他企业的产权，使被兼并方丧失法人资格或改变法人实体”。此概念与《关于企业兼并的暂行办法》之规定是一致的。

1996年8月20日财政部印发的《企业兼并有关财务问题的暂行规定》第2条规定：“本办法所称‘兼并’，是指一个企业通过购买等有偿方式取得其他企业的产权，使其失去法人资格或虽然保留法人资格但变更投资主体的一种行为。”“在被兼并企业资产与债务基本等价的情况下，兼并方企业承担被兼并企业债务的，经批准，兼并方企业可以采取划转方式取得被兼并企业的资产。”此处的“兼并”与《国有资产评估管理办法》和《关于企业兼并的暂行办法》规定的兼并含义略有不同的是，在被兼并企业资产与债务基本等价的情况下，兼并方企业承担被兼并企业债务的，可以直接采取划拨方式取得被兼并企业的资产，而不需要双方讨价还价购买。这实际上是为了便于实践中的操作，从实用主义立场出发所作的规定，本质上与《关于企业兼并的暂行办法》中的“承担债务式”没有什么区别，只不过具体方式略有不同。以上规范性文件中兼并的含义与《公司法》中吸收合并及兼并的含义不同。从法律后果上看，它包括两种：一种是被兼并企业丧失法律人格；另一种是被兼并企业并不丧失法律人格，只不过法人实体被改变。前一种实际上就是吸收合并。如果我们把前一种兼并即丧失法律人格的兼并称为狭义上的兼并的话，那么以上规范性文件中的“兼并”可以称为广义上的兼并。狭义的兼并也就是《公司法》中的吸收合并，狭义的兼并包含于广义的兼并之中。①

外国公司法中虽然没有直接规定“兼并”一词，但由于英美法系国家法官本身可以通过案例造法，判例中确立的概念的含义与大陆法系国家成文法中直接规定的概念含义的法律意义并无不同。因此，我们也可以从某判例中看出其概念的含义。②

① 参见王长河、孟祥魁：《公司合并及其相关概念的比较》，载《中国人民大学学报》，1998（6）。

② 在美国莫里斯诉人寿保险公司（Morris v. Investment Life Ins. Co.）一案中，地方法官在涉及被兼并公司投保人对存续公司主张保险利益时对“兼并”下了定义：“兼并是一个公司的人可为另一公司所吸收，存续公司（surving company）承受被兼并公司（absorbed company）的财产、责任、特权与权力，被兼并公司不再作为独立的法律实体而存在。”此处“兼并”也就是“吸收合并”。参见江平主编：《新编公司法教程》，84页，北京，法律出版社，1994。

《国有资产评估管理办法》和《关于企业兼并的暂行办法》是为了适应企业产权交易、体制转轨、产业结构调整的需要而从实用角度出台的，并无完整和严谨的立法含义。而《公司法》中关于公司合并的含义的规定更具有立法意义。为了追求法律概念和体系的严谨，在我国的立法中兼并应当采用狭义的兼并，即吸收合并的含义，而不应将其滥用。

2. 合并与收购。

在我国的资产重组、国有企业整体上市、外商投资中，经常出现“并购”这个时髦用语。“并购”是“合并”和“收购”这两个词的合称，源自英文“merger and acquisition”，即“M&A”。“merger”就是我国公司法中的“吸收合并”，即狭义的兼并。按照《布莱克法律词典》的解释，“acquisition”是指“成为某项财产所有人或者获取任何财产所有权的行为”，“尤指通过任何途径取得物质性财产所有权”。它又分为“original acquisition”和“derivative acquisition”①，也就是民法中的原始取得和继受取得。从该辞典的解释中可以看出，“acquisition”直译就是“获得、取得”②。在证券市场上，“acquisition”经常用来指某一公司通过购买目标公司的股票而获取目标公司的经营控制权。因此，它经常被译成“收购”、“买收”③。

我国立法中正式出现收购是在1993年4月22日国务院发布的《股票发行与交易管理条例》中，《股票发行与交易管理条例》第四章规定“上市公司的收购”。但条例并未直接规定“收购”的明确含义，只是在第46条至第52条规定“任何个人不得持有一个上市公司5%以上的发行在外的普通股；超过的部分，由公司在征得证监会同意后，按照原买入价格和市场价格中较低的一种价格收购”。在地方立法中，《深圳市上市公司监管暂行办法》第47条对收购和合并联合下了定义：“收购与合并是指法人或自然人及其代理人通过收购，拥有一家上市公司（或公众公司）的股份，而获得对该公司控制权的行为。”“控制权是指拥有一家上市公司25%以上的股份或投票权。”《深圳市上市公司监管暂行办法》第49条规定，“凡购入一家上市公司的股份或投票权累计达到25%以上的行为属于收购与合并”。《深圳市上市公司监管暂行办法》第50条又规定，“收购包括部分收购和全面收购两种”。《深圳市上市公司监管暂行办法》把“收购与合并”合在一起使用，混淆了两者的概念。但从以上规定中，我们至少可以看出“收购”在证券市场上就是指在股票市场

---

① *Black's Law Dictionary*, Fifth Edition, West Pub. Co., 1979, p. 23.

② 参见《英汉法律词典》，14页，北京，法律出版社，1985。

③ 参见孙黎主编：《公司收购战略——产权交易最高形式的操作》，7页，北京，中国经济出版社，1994。

上通过一家上市公司的股票而获得对该公司的控制权，它并不一定导致目标公司的法律人格丧失。"在一个兼并中，数个公司合并共享他们的资源完成共同的目标。合并方的股东经常保留成为被合并实体的共同股东。""收购更像一个长臂方案，其中一个公司购买另一个公司的资产或股份，同时被收购公司的股东不再是其股东。在一个兼并中，纳入兼并公司的一个新的实体形成；而在一个收购中，被购买的公司变成收购方的附属。"① 因此，从取得控制权的角度看，兼并和收购是表示取得控制权的行为，兼并导致被控制方丧失法律人格，而收购一般不会导致被控制方丧失法律人格。尽管正如P. S. 桑德萨那姆（P. S. Sudarsanam）所说，"兼并和收购经常交替使用"②，但那只是在经济学上的概念。从追求法律概念严谨这一目标上讲，应该按照兼并和收购不同的内涵合理地使用。

从以上分析可以看出，合并的含义与收购完全不同，合并和收购共同组成并购的概念。英文中的"M&A"不包括合并中的新设合并。笔者认为，中文的并购概念比英文中的"M&A"概念大，应包括吸收合并、新设合并和收购。

从我国《关于企业兼并的暂行办法》中关于兼并的含义和分类可以知道，《关于企业兼并的暂行办法》中广义的兼并基本上包括了并购（新设合并除外）。这是因为，《关于企业兼并的暂行办法》出台之时，我国尚未建立股票市场，也就没有证券市场上的"收购"概念。1998年的《证券法》（2005年修订），专门设立规范上市公司收购活动的章节，2002年颁布实施了《上市公司收购管理办法》并于2006年进行了大规模修订。我国市场经济体制正逐步完善，证券市场也逐渐走向成熟发展阶段。因此，应当遵循国际惯例，用公司法中的合并、证券法中的收购等并购概念表示在证券市场上获取控制权的行为。广义的兼并概念作为一个历史阶段的产物，随着国有企业改革的完成将会逐步退出法律舞台。③

（三）公司合并的程序

依照《公司法》的规定，公司合并程序如下：

---

① P. S. Sudarsanam, *Mergers and Acquisitions*, Prince Hall, p. 1，北京，中国人民大学出版社，1997。

② P. S. Sudarsanam, *Mergers and Acquisitions*, Prince Hall, p. 2，北京，中国人民大学出版社，1997。

③ 参见王长河、孟祥魁：《公司合并及其相关概念的比较》，载《中国人民大学学报》，1998(6)。

1. 董事会制定合并方案，并以提案形式提交股东会或股东大会决议。

2. 股东会或股东大会作出合并决议。根据《公司法》第 44 条、第 67 条、第 104 条规定，有限责任公司股东会作出合并决议，必须经代表 2/3 以上表决权的股东通过；股份有限公司股东大会作出合并决议，必须经出席会议的股东所持表决权的 2/3 以上通过；国有独资公司的合并由国有资产监督管理机构决定。

3. 合并各方订立合并协议。《公司法》第 174 条规定，公司合并，应当由合并各方签订合并协议。合并协议是公司合并的基础，是参加合并的各方在平等协商的基础上，就合并的有关事宜，例如，合并的方式，存续或创立公司的组织，各方债权、债务的安排等达成的书面协议。合并协议缔结后，必须经过股东会议通过才发生效力。

4. 合并协议的通过、批准。公司合并事关股东权益，必须由股东大会通过。根据《公司法》的规定，公司合并属于公司重大事项，适用特殊表决程序，有限责任公司必须经代表 2/3 以上表决权的股东通过，股份有限公司必须经出席会议的股东所持表决权的 2/3 以上通过。

5. 资产负债表及财产清单的编制、通告债权人。资产负债表是反映公司资产及负债状况、股东权益的主要会计报表。资产负债表是公司合并中必须编制的报表。公司还要编制财产清单，以清晰地反映公司的财产状况。《公司法》第 174 条规定："公司合并，应当由合并各方签订合并协议，并编制资产负债表及财产清单。公司应当自作出合并决议之日起 10 日内通知债权人，并于 30 日内在报纸上公告。债权人自接到通知书之日起 30 日内，未接到通知书的自公告之日起 45 日内，可以要求公司清偿债务或者提供相应的担保。"

6. 办理合并登记。依照合并中不同公司的生灭变化，可以分为三种情况办理工商登记：(1) 设立登记。适用于公司新设合并的情况。(2) 变更登记。适用于公司吸收合并的情况。存续公司因合并行为的完成，使其股东、公司章程、资本结构均发生了重大变化，需办理变更登记。(3) 注销登记。无论新设合并、吸收合并都导致其中一方或多方当事公司主体资格消灭。这是《公司法》规定的解散情形之一，必须向工商行政管理机关办理注销登记。公司应当自合并决议或者决定作出之日起 90 日内申请登记，向登记机关报送的文件包括：合并协议、合并决议或者决定、公司在报纸上登载公司合并公告证明等。《公司法》第 175 条规定：公司合并时，合并各方的债权、债务，应当由合并后存续的公司或者新设的公司承继。

2005 年修订的《公司法》删去了 1993 年《公司法》第 183 条"股份有限公司合并或者分立，必须经国务院授权的部门或者省级人民政府批准"的规定。

针对1993年《公司法》存在的问题，2005年修订的《公司法》为了提高公司合并中的效率和降低合并在公示阶段的成本，对公司合并的程序作出以下完善：第一，将作出决议后30日内在报纸上公告3次，改为公告1次即满足法定要求（第174条），当然公司也可以公告多次。第二，未接到通知书的债权人对公司提出“清偿债务或者提供相应的担保”的要求，1993年《公司法》规定“自第一次公告之日起90日内”，过于拖沓，也无实际必要，2005年修订的《公司法》改为“自公告之日起45日内”（第174条）。第三，2005年修订的《公司法》删去了1993年《公司法》第184条第3款中的最后一句话：在法定期限内债权人向合并的公司提出清偿债务或者提供相应的担保的要求后，“不清偿债务或者不提供相应的担保的，公司不得合并”。该规定在公司合并与债权人利益安全方面，优先考虑债权人的利益。2005年修订的《公司法》删去了原来的强制性规定，体现了立法机关对合并行为的支持倾向。但即使删去了该规定，也不能理解为特定的债权人在合并公司不清偿债务或者不提供相应的担保的情况下，提出禁止合并的诉讼请求就失去了法律根据。如果债权人的请求合理，法院就应当发出禁令。

（四）公司合并后债权、债务的承受

公司合并后，合并的各方公司的股东，取得经合并而存续或另立的公司的股东资格。原公司对外的债权、债务，则要由合并后存续的公司或者新设的公司承受。

《公司法》第173条、第174条、第175条的规定为公司合并时对债权人保护确定了基本原则，但是仍有许多问题需要进一步加以明确。

1. 公司合并时有权提出异议的债权人范围。

《公司法》对此未作明文规定。在实践中有两种理解：一种观点认为，有权提出清偿债务或提供担保要求（以下称异议）的，仅限于被合并公司的债权人。另一种观点认为，合并各方的债权人均有权提出异议。第二种观点符合法律规定本意。公司合并对合并各方的债权人均会产生影响，而且对合并方债权人的不利影响可能更大（如被合并的是亏损企业），所以，应对合并各方的债权人给予同等的保护，法国、意大利等国家也采用此种做法。此外，企业合并时可能只有一方是公司，另一方是非公司型企业，但只要有一方当事人是公司，就应当适用公司法关于公司合并的规定，合并各方的债权人均有权提出异议。

2. 哪些性质的债权不宜享有异议权。

首先，合并公告登出后产生的债权，不享有提出异议的权利。因合并公

司已履行其告知义务，债权人已知或应知债务人的合并，仍与其发生债务，视为自愿承担相应的风险。其次，公司内部职工对公司享有的劳动债权不宜享有对合并的异议权。因对此种债权的清偿及对职工的安置，一般均属于合并合同的重要条款，通常已在合并中予以解决，加之其在清偿顺序中处于优先地位，故不宜再给其提出异议的权利。再次，税务债权以及其他相似的国家债权亦不宜享有异议权。这些基于行政关系产生的债权，通常也是需要在合并中加以解决的问题，且其清偿顺序优先，已有较充分的保护。对其原则是，凡其权利在公司合并中未受实际影响的债权人类别，不宜享有异议权，反之，就应享有异议权。

3. 对债权人的保护程序模式。

在公司合并中，各国立法对债权人的保护，分为在合并之前进行与合并之后进行两种模式，即有事前防范与事后救济之别。

事后救济模式可以简化合并程序，公司的合并自变更登记之日起生效，有利于提高效率，但可能存在对债权人的保护不够及时、充分的问题。事前防范模式可以为债权人提供及时、充分的保护，但可能影响合并的效率。1993 年《公司法》采取事前保护的立法模式，2005 年修订的《公司法》实际上接近事后保护的立法模式。

4. 债权人的权利内容。

债权人在公司合并中享有的权利包括知悉权、异议权即清偿或担保的请求权、权利损害的救济请求权等。

在公司合并即债务人变更的过程中，债权人享有知悉权。合并各方公司有义务向债权人告知合并的事实及其享有的异议权，公司应当自作出合并决议之日起 10 日内通知债权人，并在 30 日内在报纸上予以公告。

根据我国公司法的规定，对债权人的个别通知是合并公司作为债务人的法定义务，并未依合并公司类型而作出区分规定。所以，上市公司对证券法中的信息披露义务的履行，例如，发布公告，不能免除其在公司合并中对债权人的个别通知义务，公司章程的自我规定，也不能作为免除其法定义务的依据。

合并公司通知和公告的内容应当包括公司合并的基本情况，债权人的异议权即可以要求公司清偿债务或提供相应的担保，异议提出的期间、方法等，以及了解公司合并详细情况的渠道。如果告知的内容不详，则债权人无法确认其利益未受到损害而行使异议权，反而对合并公司不利。保护债权人程序的核心是确认债权人对公司合并的异议权。如果合并公司未履行通知和公告义务，损害债权人利益，债权人还可以就其权利损害提出救济请求权。

5. 异议权的法律效力。

有的国家法律规定，异议的成立应以公司合并对债权人形成实质危害为条件，法国、意大利等国家采用此种做法。如前所述，1993 年《公司法》规定了只要债权人对公司合并提出异议时，公司就应对其进行清偿或提供相应的担保，否则公司不得合并。2005 年修订的《公司法》删除了“公司不得合并”的规定。

债权人的异议应在法定期间内提出，否则视为同意合并。《公司法》规定，债权人的异议应在接到通知之日起 30 日内或公告之日起 45 日内（未接到通知者）提出。

6. 公司不履行告知义务或不履行清偿、担保义务而合并时的责任承担。

《公司法》第 205 条规定，公司在合并、分立、减少注册资本或进行清算时，不按照本法规定通知或者公告债权人的，责令改正，对公司处以 1 万元以上 10 万元以下的罚款。但对债权人来说，责令改正或罚款的行政处罚已无法改变公司已经合并的现实。即使公司合并真的损害了债权人的利益，债权人主张公司合并无效，也不一定能使其受到损害的权利得到救济。因为在公司合并后，尤其是在进行了一段时间的经营活动后，是很难因合并无效而恢复原状的。无论是对原合并各方资产的分离，对新产生的利润、亏损、债权债务等的划分，都是非常困难的，而且最终的结果并不一定更有利于债权人，当然，更不利于其他善意第三人。

（五）上市公司的合并

2005 年修订的《公司法》、《证券法》实施以来，上市公司并购重组的数量迅速增多，方式不断创新。仅 2007 年 1 月至 10 月，中国证监会就收到 234 项上市公司并购重组行政许可申请。并购重组的支付手段也发生了重大变化，除了传统的现金方式外，向特定对象发行新股购买资产、吸收合并等创新方式也大量出现。① 上市公司合并的动因很多是源于低成本扩张的需要，同行业的横向合并、上下游企业的纵向合并，多数是寻求整合后的协同效应而降低企业整体成本水平。上市公司多元化式的合并则是希望拥有多个不同行业的业务，通过这些行业不同景气周期调整，分散经营风险，使上市公司层面拥有稳定的收益。上市公司通过合并，有利于减少同行业的竞争对手，有利于扩大经营规模和调整经营范围，形成规模经济，降低成本，增强盈利能力和市场竞争力，从而促进公司的迅速发展及公司的优化组合。

---

① 参见欧阳波：《上市公司吸收合并管理办法正研究草拟》，载《中国证券报》，2008－03－21。

在市场经济发达国家的证券市场上，通过吸收合并的方式进行公司并购的运作很多，相关立法也较为完善。而在我国，由于过去长期以来存在的股权分置问题，使得在上市公司之间的吸收合并缺少必要的体制环境和内在动力。股权分置改革的基本完成使长期制约我国证券市场发展的股权分置问题得到了解决，为进行吸收合并创造了条件。国有股权流通后的流动性大大增强，国有股及其他法人股的股东与流通股股东的利益不再是相互对立的，更容易建立互信机制，有利于并购及并购后的整合。通过吸收合并、换股等方式，对并购目标企业进行资产重组和结构调整，不仅能够盘活大量的存量及闲置资产，而且能够形成相当数量的优质资产，使资源向高效产业、优势企业集中，从而提高存量资源和增量资源的配置效率。

我国证券市场中操作的案例主要为上市公司对非上市公司的收购，例如，新潮实业通过对山东新牟股份有限公司股东定向增发新股的吸收合并、青岛双星吸收合并青岛华星、亚盛集团吸收合并龙喜股份。TCL 通信通过与母公司 TCL 集团换股，以被母公司吸收合并的方式退市，而 TCL 集团将吸收合并 TCL 通信并通过 IPO 实现整体上市。其中，第一百货吸收合并华联商厦的案例最为典型，针对该案例本章后文另行分析。

二、公司分立

（一）公司分立的含义

1. 公司分立的概念。

公司分立，俗称“公司拆分”或者“公司分家”，是指公司因生产经营或管理上的需要，依据法律或合同的规定，将公司依法变更为两个或两个以上公司的法律行为。

1966 年，法国第一次在其《商事公司法》中确立了这一制度，欧盟于 1982 年实施了第 6 号公司法指令后，在该指令确立的公司分立制度的基础上，大多数欧盟国家在本国的立法中确立了公司分立制度。

1993 年《公司法》将公司合并、分立列为一章专门规定，但没有对公司分立作出定义。我国的部门规章对公司分立的概念作出了明确的定义。原对外贸易经济合作部和原国家工商行政管理局联合颁发的《关于外商投资企业合并与分立的规定》，第一次对公司分立作出了定义，第 4 条规定：分立，是指一个公司依照公司法有关规定，通过公司最高权力机构决议分成两个以上的公司。公司分立是现代公司开展资产重组、调整公司组织结构、降低投资风险、提高公司盈利能力的重要经营战略之一。

2. 公司分立的法律特征。

公司分立具有以下法律特征：（1）公司分立是在原有公司基础上的“一分为二”或“一分为多”，它与公司合并恰好是反向操作。原公司与分立后的公司之间、分立后公司相互之间，既无公司内部的总公司与分公司的管理关系，也不是企业集团中成员相互间控股或参股的关系，而是彼此完全独立的法人关系。（2）公司分立是公司组织法定变更的一种形式。公司的分立无须经过清算程序。在这种意义上，公司分立是法律设计的一种简化程序，使公司在无须消灭的情况下实现“一分为二”或“一分为多”。（3）公司分立是依照法定条件和程序进行的行为。由于公司分立将会引起分立前公司主体和权利、义务的变更，为保护相关各方主体的利益，分立行为必须严格依照公司法规定的条件和程序进行。（4）公司分立的目的：第一，出于企业经营的需要；第二，为了扩大股东资本控制范围；第三，为规避法律限制。

3. 公司分立的形式。

关于公司分立的形式，《欧盟第6号公司法指令》将公司分立区分为新设分立与取得分立。新设分立（divisions by the formation of new companies），是指一家公司不必经过清算程序而解散，然后将其全部资产和负债转移给一家以上的新设公司；作为对价，被分立公司的股东获得新设公司的股份；还有可能获得不超过分配股份的票面价值（在无面值股份的情形下，为记账价值）10%的现金。取得分立（divisions by acquisition），是指一家公司不必经过清算程序而解散，然后将其全部资产和负债转移给一家以上的公司；作为对价，分立公司的股东获得继受公司的股份；还有可能获得不超过分配股份的票面价值（在无面值股份的情形下，为记账价值）10%的现金。①

日本是直到2001年才在商法修订时导入公司分割制度。② 2006年《日本公司法》基本维持了原来的制度。《日本公司法》规定公司分立包括吸收分割和新设分割两种形式。《日本公司法》第2条第1款第29项规定，吸收分割，指股份公司或合同公司③将有关其事业的全部或部分权利、义务由分割后的其他公司继承的分割。《日本公司法》第2条第1款第30项规定，新设分割，

① 参见刘俊海：《上市公司分立与小股东权益保护》，载中国民商法律网。

② 在日文中，与公司分立对应的概念是“公司分割”。“公司分割”比我国的公司分立形式和概念大。

③ 2006年《日本公司法》在废除了有限公司制度的同时，创设了合同公司制度。合同公司是应风险企业蓬勃发展的需求，学习美国法中的“LLC”而新设的公司类型，其在拥有较大章程自治权方面，与无限公司和两合公司有着共同点，经营形式较为灵活，合同公司不依据出资的比例决定股份比例，允许拥有高技术而缺乏资金的股东持有较高股份。但其最大的特点是与股份公司一样，股东承担有限责任，风险较低。

指一个或两个以上的股份公司或者合同公司通过分立将有关其事业的全部或部分权利、义务由设立的公司继承的分立。① 1998年韩国在修订商法时，将公司分立分为以下三大类：（1）单纯分立。《韩国商法》第530条之二第1款规定："公司，可以因分立设立一个或者数个公司。"（2）分立合并。《韩国商法》第530条之二第2款规定："公司，可以因分立而与一个或者数个正在存立的公司进行合并。"（3）新设及分立合并。《韩国商法》第530条之二第3款规定："公司，可以因分立而设立一个或者数个公司，与此同时，也可以进行分立合并。"②

有的国家立法没有明确规定公司的分立方式。我国公司法并没有对公司分立的形式作出规定。③ 关于公司分立形式的立法规定，《关于外商投资企业合并与分立的规定》第4条规定："公司分立可以采取存续分立和解散分立两种形式。存续分立，是指一个公司分离成两个以上公司，本公司继续存在并设立一个以上新的公司。解散分立，是指一个公司分解为两个以上公司，本公司解散并设立两个以上新的公司。"④

借鉴国外的立法经验，笔者认为，我国今后在公司法修订中，应该明确规定以下两种公司分立的形式：

第一，新设分立。新设分立，又称消灭分立或解散分立，是指将一个公司的资产营业分离组建为两个以上公司，原公司解散。这种分立使公司的解散和公司的设立同时发生。新设分立表现为两种形式：一是单纯新设分立，即分立公司将其营业分立出来，以该营业为基础组建两个以上公司，分立后分立公司解散。二是新设分立合并，是指将分立公司的一部分营业和其他已有公司的营业相结合设立新的公司。

第二，吸收分立。吸收分立，又称存续分立或派生分立，是指将公司的部分资产营业分离，新设一个以上的公司或投于其他已有公司，而分立公司

---

① 具体条文参见：王保树主编，于敏、杨东译：《最新日本公司法》，北京，法律出版社，2006。

② ［韩］李哲松著、吴日焕译：《韩国公司法》，706页，北京，中国政法大学出版社，2000。

③ 立法对公司分立形式予以明确规定对于保护债权人的利益至关重要，正是由于我国公司法没有对公司分立的形式作出规定，导致实践中对公司分立行为的认定存在分歧，使公司债权人的利益无法纳入公司分立制度的保护范畴。参见潘晓璇：《公司分立中债权人保护研究》，载最高人民法院民事审判二庭编《民商审判指导与参考》（第3卷），171页。

④ 《关于外商投资企业合并与分立的规定》规定，分立后公司的注册资本，由分立前公司的最高权力机构依照有关外商投资企业法律、法规和登记机关的有关规定确定，但分立后公司的注册资本之和应等于分立前公司的注册资本。各方投资者在分立后的公司中的股权比例，由投资者在分立后的公司合同章程中确定，但外国投资者的股权比例不得低于分立后公司注册资本的25%。分立后的公司按照分立协议继承原公司的债权和债务。此规章比《公司法》的规定更具有透明度和可操作性。遗憾的是，该规定仅针对外商投资企业，对广大内资企业没有约束力。但是这些条文为将来规范公司分立的具体法规的出台奠定了良好的基础。

继续存在。这种分立不发生公司的消灭。吸收分立通常表现为两种形式：一是单纯吸收分立，即分立公司将其部分资产营业分离以组建新公司，而分立公司继续存在。二是吸收分立合并，是指将分立公司的部分资产营业分离并出资至已存在的其他公司，使其成为该其他公司的一部分，而分立公司继续存在。无论是吸收分立合并还是新设分立合并，其与公司合并不同，作为公司分立的一种形态，其分立与合并是同时进行的，分立后组建的新公司既是分立的结果，也是合并的结果。反之，如果分立在先，合并在后，则此种分立合并不属于公司分立的范畴，而应按照先分立后合并的程序看待，先适用分立规则，后适用合并规则。①

4. 与相关制度的区别。

第一，公司分立与公司设立子公司的区别。我国立法没有对公司分立作出明确的规定，学理上对于两者之间的关系存在不同的看法。有学者认为，设立全资子公司与公司分立是两个不同的概念，设立全资子公司是由母公司取得子公司发行的股份，而公司分立则是由原公司的股东取得新设公司的股份。② 也有学者认为，是由公司还是由公司股东取得新设公司的股份并不能作为区分设立子公司与公司分立的标准，在国有独资公司中，区分是由公司还是由公司股东取得新设公司的股份并没有实质意义。设立子公司应当认定为公司分立的一种情形，因为设立子公司既是一种分离公司的营利机能并使其运行的手段，也是将原来存在的一个公司划分为两个或两个以上的独立公司，子公司具有独立的法人人格，而且，和其他形式的公司分立一样，设立子公司也导致母公司内部发生变更——包括设立全资子公司的情形。③ 还有学者认为，公司分立虽然是公司营业组织的分割，也是母公司的一种营业出资行为，但公司设立子公司不应被看做公司分立的一种形态，这是因为，如果将其认定为公司分立就要适用公司分立的规则，就要适用法律为公司规定的分立程序，即在分立场合要征得债权人的同意，分立后的公司按协议承担债务。从保护债权人的角度看，设立子公司，母公司享有对子公司的股权，母公司的债权人可以通过执行该股权维护自己的权益，此时就不必要在设立子公司程序上予以限制，否则对母公司而言太过苛刻，另外也造成法律对公司决策自由进行过多的干预和限制，进而影响到公司设立子公司的效率。④ 笔者赞同

① 参见解志国：《公司分立与公司债权人保护》，载 http：//www. /unwentianxia. com/Product. free. 9499633. 1，2008－07－18。

② 参见王瑞：《公司分立制度研究》，载《江西社会科学》，2002（9）。

③ 参见潘晓璇：《公司分立中债权人保护研究》，174 页。

④ 参见解志国：《公司分立与公司债权人保护》。

此观点，设立子公司与公司分立虽然有些类似，但是其属于不同的范畴。

第二，公司分立与公司解散后设立的区别。从各国立法的规定看，公司分立属于公司组织形态的变更，因公司分立而导致的公司解散无须通过清算程序。对经过清算程序后又投资设立新公司的，不属于公司分立，而是公司解散后设立新公司的行为。

第三，公司分立与公司投资的区别。学理上对该问题有不同的认识。有学者认为，公司分立与公司投资从严格意义上讲有本质区别，公司分立是公司组织的变更，具有整体性营业转移的特征，是分离公司营利机能并使其运行的手段，而公司投资主要是一种财产所有权转移及投资人股东权取得的行为过程等。① 也有学者认为，公司分立作为一种公司组织形式变更的法定形式，其存在的目的就是为了满足公司灵活经营的需求，公司完全可以通过采取分立的方式，实现其转投资的目的。因此，从公司分立出来的部分营业也可以视为一种宽泛意义上的投资。笔者认为，公司分立与公司投资存在着一定的不同，公司投资是一种财产所有权转移的行为，而公司分立则是一种营业移转行为，这种营业转移不仅包括财产所有权的转移，通常还包括人力、技术等资源的转移，是集财产、人力、技术等资源于一体进行的系统性转移。特别是因公司分立而解散时，公司分立与公司投资行为是截然不同的。从另一角度讲，如果将公司投资归入公司分立的范畴，适用公司分立规则，则必然对公司投资行为产生束缚，阻碍公司依据市场信息对投资作出迅速、准确的行动。因为，公司分立要履行严格的内部程序，要对债权债务作出处理安排，而公司投资行为的决策程序简化，至少不需要对债务问题作出处理。多数国家的立法是将公司分立严格限定在营业转移范围内的。例如，日本公司法将公司分立界定在营业的转移范围内。② 韩国公司法也将公司分立定义为是一种营业分立。③ 当然也有的国家立法对公司分立与公司投资不作严格限制，甚至将公司投资纳入公司分立的一种形态。例如，《法国商事公司法》第371条规定："一个公司也可以通过分立的形式，将公司财产转移到几个现存的公司或几个新的公司。"《法国商事公司法》第387条规定："将其一部分资产投资于另一个公司的共识和享有这部分投资的共识，可以通过共同协议作

① 参见王瑞：《公司分立制度研究》，载《江西社会科学》，2002（9）。

② 原《日本商法典》第373条、第374条之十六；原《日本有限公司法》第63条之二、第63条之七等。新《日本公司法》第757条、第758条、第759条。

③ 韩国公司法学者李哲松依据公司法的规定将公司分立定义为："公司分立，是指将一个公司的营业分成两个以上，并以被分离的营业财产为资本新设公司或者与其他公司合并的组织性法行为。"参见［韩］李哲松著、吴日焕译：《韩国公司法》，704页。

出决定，此种分立由第382条至第386条规定调整。”

（二）公司分立的程序

公司分立不仅是公司的事情，而且关系股东及债权人的权益，因此，法律必须明确规定分立的相关程序。只有按法定程序进行的分立才产生法律效力。

我国公司法规定了公司分立的程序。公司作为以营利为目的的社团法人，它的存在与发展无不以财产为基础。所以，当一公司分立为两个或两个以上的公司时，其财产自应按协议的约定作相应的分割。此处所谓财产的分割，既包括公司固定资产的分割、流动资金的分配，同时也应包括公司对外债权、债务的分割。

1. 董事会拟订分立方案。

此与公司合并类似。但在公司分立方案中，除应当对分立原因、目的、分立后各公司的地位、分立后公司章程及其他相关问题作出安排外，特别应妥善处理财产及债务分割问题。

2. 签订公司分立协议。

协议的内容应当载明法律、法规规定的事项和当事人约定的事项，一般应包括以下内容：(1) 公司的名称与住所。包括分立前公司的名称与住所和分立后新设公司的名称与住所。公司名称应当与公司登记时的名称相一致。(2) 存续或者新设公司因分立而发行的股份总数、种类和数量，或者投资总额，每个出资人所占投资总额的比例等。(3) 分立时的资本及对现有资本的处理方法。(4) 存续公司章程变更的内容，新设公司的章程订立及主要内容。(5) 当事人认为应当载明的其他事项。

3. 公司股东会关于分立方案的决议。

公司分立属于公司法中的重大事项，影响股东利益，如股权结构的变化，应当由股东会或者股东大会以特别决议方式作出决议。《公司法》第44条、第60条和第103条规定，有限责任公司的分立应当由股东会作出特别决议，即经代表2/3以上表决权的股东通过；股份有限公司的分立应当由股东大会作出特别决议，即经出席会议的股东所持表决权2/3以上通过；国有独资公司的合并必须由国有资产监督管理机构决定，其中，重要的国有独资公司分立应当由国有资产监督管理机构审核后，报本级人民政府批准。为了保证分立方案的顺利执行，应当同时授权董事会具体实施分立方案。该授权包括向国家主管机关提出分立申请、编制其他相关文件等事项。

4. 董事会编制资产负债表和财产清单。

《公司法》第176条第1款规定，公司分立时应当进行财产分割。为妥善分割财产，董事会应当依法编制资产负债表及财产清单，以便公司分立各方对原公司的债权、债务及现存财产情况有充分的了解，使财产分割公正而顺利地进行。

5. 达成债务承担的协议。

公司分立时通知债权人的程序与合并的程序相同。因分立后的公司其债务清偿能力与分立前可能有较大差异，影响债权人的利益，所以，《公司法》规定，公司分立前的债务由分立后的公司承担连带责任。但是，公司在分立前与债权人就债务清偿达成的书面协议另有约定的除外。与旧法相比，新法之规定有利于保护债权人的利益，也有利于操作程序的简化和债务处理的便利。同时，关于“公司在分立前与债权人就债务清偿达成的书面协议另有约定的除外”的规定也明确了各方自主决定的权利。

6. 向债权人发出通知和公告。

《公司法》规定，公司自作出分立决议之日起10日内通知债权人，并于30日内在报纸上公告，以便公司所有的债权人有较为充足的时间和有效的途径获得公司分立的信息。

7. 办理相关登记手续。

公司分立，会发生公司消灭、变更、设立，因此，必须到公司登记机关办理登记。分立登记分为解散登记、变更登记和新设登记。公司分立只有在登记后，才能得到法律上的承认。

（三）公司分立的法律效果

公司分立产生以下法律效果：

1. 债权、债务的承继。公司分立前的债务由分立后的公司承担连带责任。但是，公司在分立前与债权人就债务清偿达成的书面协议另有约定的除外。

2. 被分立公司的股东按照公司分立决议确定的内容变成一家或者多家存续公司或者新设公司的股东。

3. 视公司分立的具体形式，原公司终止其存在或者存续。原公司解散的，应当办理注销登记手续，原公司因派生出一个或者几个公司而规模变小或者公司的注册资本、经营范围、经营方式、股权结构等发生一系列变化，公司应当办理变更登记。分立后的新设公司之间、新设公司与存续公司之间互相独立，均为独立法人。新设公司必须办理设立登记。

（四）公司分立的目的与规制

目前，我国一些公司分立的目的是为了筹集资金，例如，一家效益达不到上市要求的国有企业，先将部分优质资产从原国有企业中分立出来，成立一家受原国有企业控制的效益好的新公司，再以新公司的名义发行股票，使其成为一家上市公司。此外，还存在以逃避债务和回避税负为目的的分立。因此，必须遏制滥用公司分立的行为，制定相关法规规范公司分立行为，对因发展需要上市筹资的企业，应尽可能采用整体上市的方法，以回避控股公司操纵上市公司而引起的公司治理不规范方面的问题。

三、公司的资本变更

公司的资本变更，即公司资本的增减变动，是公司资本运营过程中的常态。减资与增资，对应公司的紧缩①与扩张。与公司增资相比，减资事宜引发的控股股东、小股东、外部债权人之间的利益冲突更为剧烈。依循英美法系国家的公司法与公司财务原理，减资被视为“公司重组或公司根本性结构变化”项目下的子问题，减资规则归结为公司资本维持原则下的子规则。公司进行减资，是一项商业需求；债权人面对减资，引发安全关注；股东试图减资，旨在达致资本退出或变现；立法者设计减资规则，面临如何进行公司参与人之间的利益衡量。②

（一）公司减资

1. 减资的含义。

不同公司资本制度模式下，“减资”的内涵是不同的。法定资本制度模式下的“减资”，无论公司法是否设定分期缴纳制度，减少的均为注册资本。授权资本制度模式下的“减资”，其指向是多重的：第一，“减资”减少的是授权资本。“授权资本”严格而言并非“资本”，不过是一个“授权”下的额度。第二，“减资”减少的是发行股本。③ 这种形式的减资，为法定资本制度所不具备，而系授权资本制或折中授权资本制的特色。第三，“减资”减少待缴股本。减少待缴股本，对股东而言，无异于豁免股东尚未履行的缴纳出资义务，

---

① 公司紧缩，是指对公司的股本或资产进行重组，从而缩减主营业务范围或缩小公司规模的各种资本运作的技巧和方法。一般包括：资产剥离、公司分立、分拆上市、股份回购、定向股和自愿清算。参见俞铁成：《公司紧缩——资本运作新境界》，1页，上海，上海远东出版社，2001。

② 参见傅穹：《公司减资规则论》，载《法律评论》，2004（3）。

③ 发行股本，与公司法采纳票面价值的有无相关。在存在票面价值的公司资本制度模式下，公司发行在外的股票数量与股票面值之和，构成了公司的设定资本或声明资本（stated capital）。若法律允许设定无面值股份，则发行股本的计算尚须将公司董事要求设定的股本额度合计，两者之和形成公司章程中的发行股本。

对公司债权人而言，则相应地减少了公司的偿债能力，其结果必然启动债权人保障程序，债权人会要求公司提前清偿债务或提供相应的担保。①

在我国，公司减资是指公司减少注册资本，一般需要减资的情形有：（1）缩小经营规模或停止经营项目；（2）提高财产效用；（3）实现股利分配，保证股东权益；（4）缩小资本与净资产差距；（5）公司分立。除依照法定程序办理外，减资受不得低于资本最低限额的限制。

减资对股东而言，无异于一种投资的变现方式，减资是公司将其盈余返还给股东的方式之一。例如，资本市场上，常见的公司回购、公司回赎，与公司分红发生同一效果，均为盈余的返还。为什么以减资途径返还盈余呢？第一，公司资本返还后，未来公司可减少分配股利。第二，减资亦可以优化公司资本结构从而提升公司财务形象。

基于此，减资被视为公司根本性结构变化。② 第一，减资涉及公司本身运营资本或信用资本的减少。第二，影响到公司外部债权人和作为公司最终受益人的股东利益。在大陆法系国家或地区，减资须经股东大会特别决议。在英美法系国家或地区，减资则取决于董事会的商业判断。

2. 减资程序。

公司需要减少注册资本时，必须编制资产负债表及财产清单。公司应当自作出减少注册资本决议之日起 10 日内通知债权人，并于 30 日内在报纸上公告。债权人自接到通知书之日起 30 日内，未接到通知书的，自公告之日起 45 日内，有权要求公司清偿债务或者提供相应的担保。公司减资后的注册资本不得低于法定的最低限额。

3. 减资的形式。

公司减资根据其目的可以分为实质减资（或称普通减资）、形式减资（或称简易减资）、股份回赎减资三种方式。后两种减资方式，在符合条件的前提下，无须践行普通减资复杂的决议程序与债权人保障程序，以减少不必要的减资成本。

实质减资，是指法律上有减资，同时实质上有引起公司财产减少的后果。形式减资，是指法律上虽然有减资的形式，然而实质上未引起公司财产的减少。③ 这两种减资方式发生在不同的情形下。实质减资发生在下列情况：由于公司经营规模、经营范围发生变化，使公司资本过剩，这时再维持过量的

① 参见傅穹：《公司减资规则论》，载《法律评论》，2004（3）。

② See Paul L. Davis, *Gower's Principles of Modern Company La*, 5th ed., Sweet&Maxwell, 2000, pp. 757－761；参见何美欢：《公众公司与股权证券》，649～658 页，北京，北京大学出版社，1999。

③ 参见张龙文：《股份有限公司法实务研究》，224 页，台北，台湾汉林出版社，1976。

资本，势必造成公司资本的凝滞，不利于公司资本的使用效益，适当减少公司资本会使各方受益。韩国李哲松教授认为，“实质减资等于股东优先于债权人回收所投入的资本”[①]。形式减资发生的情形是：公司经营不善造成严重亏损，致使公司资本与实有资产严重不符时，如果再维持实际虚无的资本，不仅于公司债权人利益无益，反而有害，股东也因公司亏损，得不到应有的回报，因此，为了使公司资本与资产基本相当，需要减资。[②]

4. 债权人的保护问题。

公司减少注册资本涉及两个方面的法律问题：一是对债权人的保护问题；二是对公司股东权利的保护问题。公司资产是公司对外承担责任的基础[③]，公司减资，一般会导致公司资产减少，削弱公司承担责任的基础，因此，应首先考虑债权人的利益保护问题。另外，由于公司减资涉及对股东权利的处分，必然引申出股东权利的保护问题。

5. 我国公司法对减资的规定及立法缺陷。

我国的公司减资制度见于《公司法》、《公司登记管理条例》、《企业法人登记管理条例》，另外，国家工商行政管理局颁布的《企业法人登记管理条例施行细则》（以下简称《施行细则》）、《公司注册资本登记管理暂行规定》也有相关的规定。其中，《公司登记管理条例》适用于内资企业，外商投资企业如果采用公司制，则其减资应适用《企业法人登记管理条例》及《施行细则》的规定。这些法律、法规和规章对减资的程序作出了原则规定，侧重点在于保护债权人利益，对股东权益特别是小股东的权益保护问题没有涉及，即使对债权人的保护问题，也有待于进一步完善。

我国公司法规定，减资必须经股东会或股东大会以特别决议通过。国有独资公司增减资本必须由国家授权投资的机构或者国家授权的部门决定，同时立法对减资程序作出比较严格的规定。公司减资必须要编制资产负债表及财产清单，依法通知、公告债权人，并依法向公司登记机关办理变更登记。但立法仍存在缺陷：第一，对公司减少注册资本的实体条件只规定减资后不得低于法定最低限额，缺乏更为具体、明确的规定，不利于规范公司减资行为和保护债权人利益。第二，资本负债表由公司编制，缺乏必要的约束机制，可能出现虚假报表。第三，公司法未明确规定通知债权人的具体形式及公告

① ［韩］李哲松著、吴日焕译：《韩国公司法》，585～594页。

② 参见徐燕：《公司法原理》，341页，北京，法律出版社，1997。

③ 传统公司法理论认为，公司资本是公司承担债务的基础，这是不正确的，公司资产来源于股东和债权人，公司是以其全部资产包括负债资产承担责任的。参见赵旭东：《从资本信用到资产信用》，载《法学研究》，2003（5）。

的载体，使得减资通知可能无法及时送达债权人，例如，公告发布在影响力较低的媒体上，会使通知、公告流于形式，导致债权人无法及时主张权利。第四，未对公司怠于行使通知、公告义务时，减资的效力如何、债权人如何救济等作出规定。第五，由于法律对验资机构的地位、权利、义务及责任规定不够细致，且公司登记机关对提交的验资报告不进行实质性审查，导致验资机构提供虚假证明文件的情况时有发生。

6. 我国公司减资制度的完善。

第一，应明确减资的类型和适用的情形。对在亏损情况下减资的，应明确减少的资本必须首先用于弥补亏损和补足公积金，剩余的部分方可向股东返还。同时禁止在偿还债务之前向股东支付资本。

第二，对公告的方式适当限制，以使债权人得到适当的通知。

第三，设立减资争议的处理程序。如果债权人与公司之间就减资问题发生争议，公司应中止减资程序，待争议处理完毕后继续进行。减资争议的处理机关应当是法院。

第四，应明确有限责任公司的股东不等比例减资应由股东全体同意。

（二）公司增资

增资，是指公司增加注册资本。公司增加注册资本，依照《公司法》设立公司时缴纳出资的有关规定执行。

四、程序比较（见表11—1）

表11—1　　程序比较示意表

<table>
<tr><th>公司变更程序</th><th>决议</th><th>编制报表</th><th>通知公告</th><th>债务清偿或担保</th><th>原债权债务处理</th></tr>
<tr><td>公司合并</td><td rowspan="4">①股东会决议，2/3有表决权的股东通过
②股东大会决议，出席会议的股东所持表决权2/3以上通过</td><td rowspan="3">编制资产负债表及财产清单</td><td rowspan="3">作出决议之日起10日内通知债权人，并于30日内公告</td><td>有权</td><td>存续的或者新设的公司全部承继</td></tr>
<tr><td>公司分立</td><td>无权</td><td>分立后的公司承担连带责任，另有约定的除外</td></tr>
<tr><td>公司减资</td><td>有权</td><td>不涉及</td></tr>
<tr><td>公司增资</td><td>按设立时的缴纳资本的程序</td><td>按设立时的缴纳资本的程序</td><td>按设立时的缴纳资本的程序</td><td>不涉及</td></tr>
</table>

通过比较可以看出，公司资本变更和主体变更程序中，除增资外，其他程序相似，不同的是，在公司分立程序中债权人无权要求公司提供担保或债务清偿。

第二节　公司的解散、清算与终止

一、公司的终止和解散

公司终止，是指公司终止其法律上与事实上的存在，法人资格消灭，营业停止，财产清算。公司的终止事由可以分为任意终止事由与强制终止事由。任意终止事由，是指公司基于自身意愿而终止，包括公司章程规定的营业期限届满，股东会决议解散等。至于章程及股东会据以解散公司的具体事由，各国立法一般不作限定，以体现私法自治的原则。强制终止事由，是指公司非依其自身意愿而被政府或法院强制终止，例如，被依法宣告破产，被依法责令关闭解散等。

（一）公司的任意终止

公司解散是公司法人人格消灭的原因。“解散”一词的字面意思是分散集合的人群、取消团体或集会。公司解散，亦含有分散因组建公司而聚集到一起的股东、并取消公司法人团体的意思。但法律意义上的公司解散与一般人理解的解散并不完全相同，其是指公司因法律或章程规定的事由出现而停止其积极主动的营业活动并行将进行清算的一种状态。这种状态通常只维持（也只能维持）较短时间，当依法组建的清算机构成立后，已解散的公司即进入清算阶段。完成清算并注销登记后，公司法人人格丧失。

“公司解散”的含义是：(1) 解散是针对已经成立的公司而言，从未合法成立的公司不存在解散问题；(2) 公司解散发生在法律或章程规定的事由出现时；(3) 公司解散之后仍会存续一段时间，其法人资格并不立即消灭。只有当解散后的公司完成清算并注销登记后，其法人资格才最终丧失。正如我国台湾学者郑玉波先生所言：“公司一经解散，则公司所取得之法人人格即趋向消灭之途。唯不立即消灭，必须清算完了后，始全归消灭。”

《公司法》第 181 条规定，公司任意终止的事由如下：第一，因公司章程规定的营业期限届满而解散，或因公司章程规定的其他解散事由的出现（如公司设立宗旨已经达到，业务已经完成，或所营业的事项显然不能成功）而解散。第二，股东会或者股东大会决议解散，在公司章程载明的经营期限未止，法定解散事由没有出现时，公司股东会或者股东大会可以作出公司解散决议。第三，因公司合并或分立需要解散的。

（二）公司的强制终止

公司行为违反了国家法律、行政法规的规定，被有关行政管理部门或司法部门依法责令关闭的，应当解散。此种解散属于强制解散。

强制解散是公司非因自身意愿而因外界力量干预被迫解散的。它又可以分为破产强制解散和非破产强制解散。因破产而被强制解散的情况，由破产法调整。非因破产而强制解散可以包括司法判决强制解散和行政处罚强制解散两种情况。

我国公司法及相关配套法规基本确立了公司的解散与清算制度，并按照“先散后算、算完终止”的规则构筑具体制度，但不足之处仍明显存在。主要问题是强制解散制度的不完整。1993 年《公司法》仅在第 192 条、第 206 条、第 225 条涉及强制解散问题，且其主要内容都是围绕因行政处罚而强制解散规定的，遗漏了各国立法中的司法判决解散制度。

2005 年修订的《公司法》第 183 条新增规定，公司经营管理发生严重困难，继续存续会使股东利益受到重大损失，通过其他途径不能解决的，持有公司全部股东表决权 10%以上的股东，可以请求人民法院解散公司。人民法院依该规定解散公司也是公司强制终止的事由之一。此外，《公司法》第 181 条第 4 款规定，“依法被吊销营业执照、责令关闭或者被撤销”为公司解散的事由之一。

（三）公司解散的程序

从欧美各国的有关立法规定看，无论公司是自愿解散还是强制解散，都有明确的解散程序。这类程序包括确定解散的起始日，解散的登记、公告等。在通常情况下，公司的自愿解散始于股东会通过解散决议之日；而公司的强制解散，则以法院下达的强制解散令或解散判决书所确定的日期为准。无论何种原因导致的解散，一般都应进行公告，并进行解散登记。《美国特拉华州公司法》第 275 条、《德国股份法》第 263 条等，都有关于解散登记的规定，以便有关当局对已解散公司的监管。公司一旦解散，即产生相应的法律后果。例如，1948 年《英国公司法》规定解散的后果是：（1）除非是为了清算的目的，公司必须停止一切营业活动；（2）随着清算人的产生，所有董事的原有权力即告终止，由清算人接管公司；（3）任何未经清算人准许的出售公司财产及转让公司股份的行为均属无效。明确规定公司解散的程序及效力，可以保证清算机构的及时成立和清算事务的顺利进行，并防止股东、债权人及第三人利益受损。但我国公司法对解散的程序缺少具体规定，易造成久散不算或散而不算的不负责任现象，难以对解散公司的清算活动实施有效监控。

（四）《关于适用〈中华人民共和国公司法〉若干问题的规定（二）》的规定

为使公司解散清算制度得以顺利实施，2008 年 5 月 19 日，最高人民法院发布《关于适用〈中华人民共和国公司法〉若干问题的规定（二）》（以下简称《司法解释二》）。司法解释共有 24 条，针对公司解散与清算问题进行了详细规定。公司的司法解散程序重在保护股东利益，而清算程序重在保护债权人及股东利益。《司法解释二》的主要内容如下：

1. 规定股东可以提起公司解散之诉的具体条件。《公司法》对股东提起解散之诉设定了限制性条件，即必须是“公司经营管理发生严重困难，继续存续会使股东利益受到重大损失，通过其他途径不能解决的”。但如何认定“公司经营管理发生严重困难”、“通过其他途径不能解决”，《公司法》未作具体规定，这导致实践中股东的解散之诉很难获得法院支持。针对此种情况，《司法解释二》第 1 条规定了股东可以提起解散公司诉讼的四种情况：“公司持续两年以上无法召开股东会或者股东大会，公司经营管理发生严重困难的；股东表决时无法达到法定或者公司章程规定的比例，持续两年以上不能作出有效的股东会或者股东大会决议，公司经营管理发生严重困难的；公司董事长期冲突，且无法通过股东会或者股东大会解决，公司经营管理发生严重困难的；经营管理发生其他严重困难，公司继续存续会使股东利益受到重大损失的情形。”

另外，《司法解释二》第 1 条还从反面列举了几种不符合上述条件法院不应当受理的情况，例如，股东以知情权、利润分配请求权等权益受到损害，或者公司亏损、财产不足以偿还全部债务，以及公司被吊销企业法人营业执照未进行清算等，提起解散公司诉讼的情况。因为这几种纠纷，股东可以有其他解决途径，不需要解散公司就能获得救济，如提起知情权诉讼、盈余分配诉讼等。

2. 明确了各诉讼当事人的主体资格。《公司法》第 183 条规定，持有公司全部表决权 10%以上的股东有权作为原告提起解散公司的诉讼。《司法解释二》规定，股东提起解散公司诉讼应当以公司为被告，其他股东可以作为第三人。

3. 理清了解散程序与清算程序的关系。《公司法》第 184 规定：公司因本法第一百八十一条第（一）项、第（二）项、第（四）项、第（五）项规定而解散的，应当在解散事由出现之日起十五日内成立清算组，开始清算。有限责任公司的清算组由股东组成，股份有限公司的清算组由董事或者股东大会确定的人员组成。逾期不成立清算组进行清算的，债权人可以申请人民法院指定有关人员组成清算组进行清算。人民法院应当受理该申请，并及时组织清算组进行清算。据此，当公司解散判决作出时，并不同时对公司清算问题作出判定，而是给公司15天时间，由其自行组织清算组进行清算。逾期未自行组织清算的，则由债权人申请人民法院组织清算组进行清算。《司法解释二》的规定体现了这一立法原则。《公司法》第184条规定，公司逾期不自行组织清算的，债权人可以申请法院进行清算程序。《公司法》没有规定股东是否可以申请人民法院组织清算。《司法解释二》考虑到公司解散不仅涉及公司的债务清偿问题，而且影响到股东对公司剩余财产的分配权利能否实现，因此规定，债权人如果未提起清算申请，公司股东申请人民法院指定清算组对公司进行清算的，人民法院应予受理。

第四，确定了审理解散公司案件的调解原则。通过司法判决强制解散公司可以使受害股东摆脱出资长期被锁定的困境，但公司一旦被解散就要面临清算和注销的结局，公司多年积累的商业价值将毁于一旦，同时也会影响到其他股东和众多员工的切身利益。为了避免出现让各方利益受损的“多输”局面，法院在判决公司解散案件时，应穷尽一切其他救济措施，例如，要求公司或其他股东以公平、合理的价格购买原告的股权，或者要求其他股东向原告出售股权，这样既能让无法和睦相处的股东获得公平、合理的价值退出公司，也不影响公司的存续和发展。发达国家一般都通过成文法或判例规定了强制收买股份这一救济措施。《司法解释二》借鉴了发达国家的立法经验，把强制购买股份改造成中国式的调解程序。《司法解释二》第5条规定：“人民法院审理解散公司诉讼案件，应当注重调解。当事人协商同意由公司或者股东收购股份，或者以减资等方式使公司存续，且不违反法律、行政法规强制性规定的，人民法院应予支持。当事人不能协商一致使公司存续的，人民法院应当及时判决。经人民法院调解公司收购原告股份的，公司应当自调解书生效之日起六个月内将股份转让或者注销。股份转让或者注销之前，原告不得以公司收购其股份为由对抗公司债权人。”

第五，规定了不履行法定清算义务者的法律责任。《司法解释二》规定，有限责任公司的股东、股份有限公司的董事和控股股东未在法定期限内成立清算组开始清算，导致公司财产贬值、流失、毁损或者灭失，债权人主张其在造成损失范围内对公司债务承担赔偿责任的，人民法院应依法予以支持。

有限责任公司的股东、股份有限公司的董事和控股股东因怠于履行义务，导致公司主要财产、账册、重要文件等灭失，无法进行清算，债权人主张其对公司债务承担连带清偿责任的，人民法院应依法予以支持。上述情形系实际控制人原因造成，债权人主张实际控制人对公司债务承担相应民事责任的，人民法院应依法予以支持。有限责任公司的股东、股份有限公司的董事和控股股东，以及公司的实际控制人在公司解散后，恶意处置公司财产给债权人造成损失，或者未经依法清算，以虚假的清算报告骗取公司登记机关办理法人注销登记，债权人主张其对公司债务承担相应赔偿责任的，人民法院应依法予以支持。

二、公司的清算

（一）清算的含义

"清算"的本意是"彻底地计算"。"公司清算"，不仅有把公司的账目作完全、彻底的清算之意，还含有终结"现存法律关系，处理其剩余资产，使之归于消灭"的意思。公司清算是公司解散后，处分其财产，终结其法律关系，从而消灭公司法人资格的法律程序。公司解散是公司清算的原因，公司清算是公司解散的结果。《法国公司法》第391条规定，除法定情形外，公司一旦解散就进入清算阶段。公司解散和公司清算共同构成完整的公司终止制度。《公司法》第十章对"公司解散和清算"作出规定。①

解散之日并不是公司法人终止之时，解散后的公司在一定的期间内仍然拥有法人资格，并享有清算的权利能力。只有当公司完成清算并注销登记后，才最终丧失其独立人格。《公司法》第184条规定：公司依法定原因解散后，应当在解散事由出现之日起15日内成立清算组，开始清算。《公司法》第189条规定：公司清算结束后，清算组应当制作清算报告，报股东会、股东大会或者人民法院确认，并报送公司登记机关，申请注销公司登记，公告公司终止。在公司解散与公司清算的关系上，奉行的是"先散后算"的原则，而在公司清算与公司终止的关系上，则强调"算完终止"的原则。

公司的清算，是指在公司面临终止的情况下，负有清算义务的主体按照

① 1993年《公司法》中本章名为"公司破产、解散和清算"，2005年《公司法》经过修订后删除"破产"，并将1993年《公司法》第189条关于破产的规定删去，另增加一条与破产法律衔接。这是因为破产是公司解散后的一种结果，故不必单独表述，而是在具备2005年修订的《公司法》第188条规定的条件时才宣告破产，这样表述更加科学，这一事项本不属于公司法的调整范围，因此，在《企业破产法》中对其进行规定应当更符合逻辑。

法律规定的方式、程序对公司的资产、负债、股东权益等公司的状况作全面的清理和处置，使得公司与其他社会主体之间产生的权利和义务归于消灭，从而为公司的终止提供合理依据的行为。由此可知公司的清算包括以下两层含义：

首先，公司的清算是基于公司面临终止的情况发生的。如前所述，公司终止的原因有两种：一种是公司的解散，公司的解散有强制解散和自愿解散两种情形；另一种是公司的破产。两者都会引起公司的清算，只是清算组织和清算程序不同。

其次，公司的清算为负有公司清算义务的主体按照法律规定的方式、程序而为的行为。在公司的清算中，明确清算义务主体即清算义务人尤为重要。但我国公司法只有关于清算组的概念，没有清算义务人的概念。公司的清算主体应为基于自己对公司的资产享有权益，或者基于对公司的重大管理权限而被法律确定为公司在清算时组织公司清算的义务人。它不同于清算组，清算组是清算主体任命或者选定具体操作公司清算事宜的清算人。两者的具体区别如下：清算主体一般与公司存在资产投资或者对公司拥有重大管理权权限，而清算人则不限于此，可以是清算主体选定或者任命的任何人士，如由会计师、律师等与公司没有实质性权益的人员担任。公司的清算主体对相关债权人负责，其不仅承担清算责任，而且还有可能承担清算不利产生的赔偿责任。公司的清算组则对清算主体负责，并在一定程度上代表清算中的公司，不直接对债权人负责（破产清算除外）。此外，清算主体不因公司清算完毕而当然消灭，但清算组一般会随公司清算完毕、法人人格的终止而消灭。

（二）公司清算的分类

公司清算的最基本分类是破产清算与非破产清算。破产清算，是指在公司丧失清偿能力的情况下，依照破产法所进行的清算。《公司法》第191条规定：公司被依法宣告破产的，依照有关企业破产的法律实施破产清算。非破产清算，是指在公司解散的情况下，依照《公司法》所进行的清算。

公司解散时，如果财产足以偿还债务，所进行的清算为非破产清算，债权人的全部债权均能实现，往往还存在剩余财产可供股东分配。如果公司解散时其财产已不足以偿还全部债务，则必须进行破产清算程序，公平清偿全体债权人。在实践中，有时在公司解散时，因为对其资产负债情况并不十分清楚，首先启动的是非破产清算，但在清算过程中发现公司财产不足以偿还全部债务，这时，就需要清算组或债权人按照破产法的有关规定向人民法院提出破产申请，由非破产清算转入破产清算程序。《公司法》第188条规定：

清算组在清理公司财产、编制资产负债表和财产清单后，发现公司财产不足清偿债务的，应当依法向人民法院申请宣告破产。公司经人民法院裁定宣告破产后，清算组应当将清算事务移交给人民法院。

为了更迅速、有效地解决清算问题，《司法解释二》第 17 条规定：人民法院指定的清算组在清理公司财产、编制资产负债表和财产清单时，发现公司财产不足清偿债务的，可以与债权人协商制作有关债务清偿方案。债务清偿方案经全体债权人确认且不损害其他利害关系人利益的，人民法院可依清算组的申请裁定予以认可。清算组依据该清偿方案清偿债务后，应当向人民法院申请裁定终结清算程序。债权人对债务清偿方案不予确认或者人民法院不予认可的，清算组应当依法向人民法院申请宣告破产。

（三）清算人

清算人，也称清算组，是清算事务的执行人。公司解散，除因合并或者分立者外，必须进行清算，其法人人格在解散后至清算完结前仍然存在。但公司的权利能力仅限于清算范围以内。以公司营业为前提适用的法律、法规，对其皆不能沿用。如果公司逾越其清算事务的范围，继续经营商务，则依法不发生效力。同时公司的代表机关和执行业务机关均失去其权力，而由清算组代为行使。通常认为，清算组相当于公司解散前的董事会。

1. 清算组的成立和组成。

《公司法》第 184 条规定，公司依照第 181 条规定第 1 项、第 2 项、第 4 项、第 5 项规定解散的，即公司章程规定的营业期限届满或者公司章程规定的其他解散事由出现，或股东会或者股东大会决议解散，或依法被吊销营业执照、责令关闭或者被撤销，或人民法院依照《公司法》第 183 条规定予以解散的，应当在解散事由出现之日起 15 日内成立清算组。有限责任公司的清算组由公司股东组成。股份有限公司的清算组由董事或者股东大会确定的人员组成，从实践情况看，可以由公司董事、监事，以及会计师、律师等专业人员组成。

为了保护公司债权人的权益，公司逾期不成立清算组进行清算的，《公司法》规定公司债权人可以申请人民法院指定有关人员组成清算组进行清算。有下列情形之一，债权人申请人民法院指定清算组进行清算的，人民法院应予受理：（1）公司解散逾期不成立清算组进行清算的；（2）虽然成立清算组但故意拖延清算的；（3）违法清算可能严重损害债权人或者股东利益的。具有上述所列情形，而债权人未提起清算申请，公司股东申请人民法院指定清算组对公司进行清算的，人民法院应予受理。2005 年修订的《公司法》取消了关于行政强制解散情况下由有关主管机关组织进行清算的规定，以适应市场经济的要求，淡化行政干预色彩，并使之具有可操作性。

2. 清算组的职权和职责。

《公司法》第185条规定，清算组在清算期间可以行使下列职权：(1) 清理公司财产，分别编制资产负债表和财产清单。(2) 通知、公告债权人。(3) 处理与清算有关的公司未了业务。公司在清算期间一般不允许进行营业活动，但原来公司未了结的一切业务活动，则应当由清算组予以处理。(4) 清缴所欠税款以及清算过程中产生的税款。(5) 清理债权、债务。指清算组代表公司行使债权或清偿债务。(6) 处理公司清偿债务后的剩余财产。公司的各项资产在缴纳欠税和清偿公司债务后的剩余部分，要由清算组在公司股东之间进行分配。分配依公司股东所持股份在公司股份总额中所占比例进行。分配的形式可以多样，包括对实物的分割、现金的分配、无形资产的作价处理等。(7) 代表公司参与民事诉讼活动。

由于清算组在清算期间代表公司从事一切活动，其行为对公司本身和公司股东、债权人的利益影响甚大，所以，各国公司法均对清算组成员设定了忠实义务，并在其履行义务不当时予以适当的制裁。我国公司法规定的清算组成员应履行的义务主要有两个方面：(1) 忠于职守，依法清算的义务；(2) 清算组成员有不得利用职权收受贿赂或者其他非法收入，不得侵占公司财产的义务。否则，要没收非法所得，依法追究刑事责任。清算组成员因故意或重大过失给公司或者债权人造成损失时，应当承担赔偿责任。

（四）清算程序

《司法解释二》在《公司法》规定的基础上对清算程序作出了详细规定，具体包括：

1. 清算公告和债权登记。

清算组应当自成立之日起10日内将公司解散清算事宜书面通知全体已知债权人，并于60日内根据公司规模和营业地域范围在全国或者公司注册登记地省级有影响的报纸上进行公告。清算组未按照法律规定履行通知和公告义务，导致债权人未及时申报债权而未获清偿，债权人主张清算组成员对因此造成的损失承担赔偿责任的，人民法院应依法予以支持。

债权人应当自接到通知书之日起30日内，未接到通知书的，自公告之日起45日内，向清算组申报其债权。债权人在规定的期限内未申报债权，在公司清算程序终结前补充申报的，清算组应予登记。公司清算程序终结，是指清算报告经股东会、股东大会或者人民法院确认完毕。

债权人申报其债权，应当说明债权的有关事项，并提供证明材料。清算组应当对债权进行登记。清算组核定债权后，应当将核定结果书面通知债权人。债权人对清算组核定的债权有异议的，可以要求清算组重新核定。清算组不予重新核定，或者债权人对重新核定的债权仍有异议，债权人以公司为被告向人民法院提起诉讼请求确认的，人民法院应予受理。在申报债权期间，清算组不得对债权人进行清偿。

2. 清算财产。

清算组要全面清理公司财产，分别编制资产负债表和财产清单。公司内属于他人的财产，由该财产的权利人通过清算组取回。

3. 制订清算方案。

清算组在清理公司财产、编制资产负债表和财产清单后，应当制订清算方案。清算财产在拨付清算费用后按下列顺序清偿：(1) 职工工资。(2) 社会保险费用。(3) 法定补偿金。(4) 税款。(5) 企业债务。因债权争议或诉讼原因致使债权人、股东暂时不能参加分配的，清算组应当从清算财产中提存相应的金额。(6) 清算财产清偿后的剩余财产，按投资比例分配给股东。

公司自行清算的，清算方案应当报股东会或者股东大会决议确认；人民法院组织清算的，清算方案应当报人民法院确认。未经确认的清算方案，清算组不得执行。执行未经确认的清算方案给公司或者债权人造成损失，公司、股东或者债权人主张清算组成员承担赔偿责任的，人民法院应依法予以支持。

4. 清算报告。

由清算组制作清算报告、清算期内收支报表和各种财务账册，报股东会或人民法院确认。清算报告经确认后，视为已解除清算组的责任。但清算组有违法行为的，不在此限。

5. 注销登记。

清算组在清算报告取得确认后还要报送公司登记机关（即工商行政管理局），申请注销公司登记，终结公司的存在。注销登记办理完毕后，应公告公司终止，使社会公众周知，免受不测之损害，维护交易的安全。公司清算完结不申请注销公司登记的，则由公司登记机关依职权吊销其营业执照，并予以公告，以维护社会公众的权益和正常的经济秩序。

依法清算是股东承担有限责任的前提。《公司法》对公司的清算及其责任承担作了相关规定，但仍存在不完善之处，有待进一步解决。

复习思考题

1. 公司合并分为哪几种类型？《公司法》对公司合并作出哪些具体规定？
2. 在公司合并过程中，如何保障中小股东以及公司债权人的合法权益？
3. 《公司法》对公司分立作出哪些具体规定？
4. 公司注册资本的变更必须遵循哪些法律规定？
5. 公司解散的原因有哪些？
6. 我国立法对清算义务人的法律责任作出哪些规定？
7. 我国立法对清算组作出哪些规定？

第三编

其他企业立法

第十二章

合伙企业法

第一节　合伙企业法概述

一、合伙企业法的渊源

在我国，调整合伙关系的法律、法规主要有三项：《民法通则》、《合伙企业法》和《私营企业暂行条例》。其中，《民法通则》主要规范个人民事合伙和法人之间的合伙型联营，比较粗略。1988 年 7 月 1 日施行的《私营企业暂行条例》规定私营企业可以采取独资企业、合伙企业和有限责任公司的组织形式。随着市场经济的发展，我国着重从组织形式出发分别对个人独资企业、合伙企业和公司进行立法调整，《私营企业暂行条例》实际上基本不再适用。目前，规范合伙企业的法律主要是 1997 年 8 月 1 日施行的《合伙企业法》，该法由第十届全国人民代表大会常务委员会第二十三次会议于 2006 年 8 月 27 日修订通过，并自 2007 年 6 月 1 日起施行。

此外，《合伙企业登记管理办法》是规定合伙企业登记管理的专门行政法规，是《合伙企业法》的附属行政法规。该行政法规由 1997 年 11 月 19 日中华人民共和国国务院令第 236 号发布，并根据 2007 年 5 月 9 日《国务院关于修改〈中华人民共和国合伙企业登记管理办法〉的决定》进行了修订。

二、合伙企业的概念、法律特征与法律性质

（一）合伙企业的概念

合伙企业是古老而传统的企业形式。由于设立简便、出资自由、便于管理，因此，它是非常适合中小企业的组织形式之一，经久不衰，在现代市场经济中仍然具有旺盛的生命力。

与个人独资企业相对，合伙企业是由两个或两个以上的自然人、法人和其他组织共同出资、共同经营、共负盈亏、共担风险的企业形式。合伙企业一般无法人资格，不缴纳企业所得税。但是在一些国家或地区，如苏格兰，合伙企业被赋予法人资格，尽管其合伙人仍承担无限责任。在大多数国家和地区，成立合伙企业无须履行登记注册、签订合伙协议等手续，例如，英国成立合伙可以订立正式的合伙协议或者书面条款，也可以以口头或默示的方式成立。在我国则必须履行签订合伙协议和登记注册的手续方能成立合伙企业，否则属于非法经营，应当承担行政责任。在实践中，存在一些当事人之间为营利目的而进行共同经营同时又未办理登记手续的情况，对未经注册经营的合伙的法律调整问题仍需要加以解决。根据最高人民法院《关于贯彻执行〈中华人民共和国民法通则〉若干问题的意见（试行）》第50条的规定，当事人之间没有书面合伙协议，又未经工商行政管理部门核准登记，但具备合伙的其他条件，又有两个以上无利害关系人证明有口头合伙协议的，人民法院可以认定为合伙关系。但这一规定属于司法解释，法律效力有限，在未来的立法中应当明确界定未办理合伙企业登记手续而共同经营的共同体构成合伙企业的具体标准，例如：(1) 营业的存在；(2) 以营利为目的；(3) 共同经营。只要符合法定标准，应当认定合伙企业的存在，其责任承担适用合伙企业法的规定。

传统的合伙企业，全体合伙人均承担无限连带责任。近代一些国家和地区出现了有限合伙形式。有限合伙起源于中世纪地中海地区的“康枚达”，它是航海者和货币持有者之间建立的一种以资本为纽带的商业合伙形式。“康枚达”契约一般约定，资本家出资本，航海者销售货物于海外，盈利时按照出资额分享利润（一般而言，航海者取得利润的1/4，出资者取得利润的3/4），亏损时，出资者以出资额为限承担责任，航海者承担无限责任。[①] 有限合伙制度在18世纪由法国探险者带到了美国并得到迅速发展，1822年，纽约州

① 参见沈四宝、张丹编著：《美国统一合伙法及典型案例分析》，2页，北京，对外经济贸易大学出版社，2007。

制定了美国第一部有限合伙法，1916年，美国统一州法委员会通过了《统一有限合伙法》，进一步促进了有限合伙在美国的发展。英国自1907年以来，也允许建立有限合伙，而且规定这种合伙必须在登记机关登记注册。[①] 在一些大陆法系国家和地区的商法典中规定的两合公司则具有有限合伙的类似性质与地位。我国公司法中未规定两合公司，而且在1997年的《合伙企业法》中也未规定有限合伙。后出于经济发展需要，一些地方以地方法规的形式引入有限合伙制度，例如，北京市人民代表大会常务委员会于2000年12月8日通过、自2001年1月1日起施行的《中关村科技园区条例》第25条规定："风险投资机构可以采取有限合伙形式。"2006年修订的《合伙企业法》中规定了有限合伙，正式在法律层面引入了有限合伙制度。《合伙企业法》第2条第1款规定："本法所称合伙企业，是指自然人、法人和其他组织依照本法在中国境内设立的普通合伙企业和有限合伙企业。"根据《合伙企业法》第108条的规定，外国企业或者个人在中国境内设立合伙企业的管理办法由国务院规定。

（二）合伙企业的法律特征

合伙企业具有以下法律特征：

1. 合伙人在2人（含2人）以上。

合伙人至少在2人以上，方可称之为合伙企业。合伙企业是典型的人合企业，基于合伙人之间的信任关系设立并维系，其对外信用依赖于合伙人的信用。因此，虽然法律对合伙人数目的上限没有强制性规定，但因合伙企业建立在合伙人之间相互熟悉、相互信任的基础上，所以，合伙人的数目也不可能太多。

合伙人既可以是自然人，也可以是法人，还可以是其他组织。

2. 合伙企业以合伙协议为成立的法律基础。

合伙协议应当由全体合伙人协商一致，以书面形式订立。订立合伙协议，应当遵循自愿、平等、公平、诚实信用原则。合伙协议是合伙人之间不对外公开的文件，对合伙企业和各个合伙人具有约束力。合伙协议的修改，除非合伙协议另有约定，需要全体合伙人一致同意。

3. 合伙人在合伙企业的投资上具有共同性。

合伙人对合伙企业共同出资。合伙企业作为一种经济组织形式，要有独立或者相对独立的财产，因此，合伙人需对合伙企业分别投资。合伙人的出

---

① 参见［英］戴维·M·沃克：《牛津法律大辞典》，676页，北京，光明日报出版社，1989。

资方式、数额和缴付期限由合伙协议约定，合伙人根据约定履行出资义务。各个合伙人的认缴或者实际缴付的出资形成合伙企业的财产基础，这就是合伙人投资上的共同性。

4. 合伙人在合伙企业的经营上具有共同性。

合伙人共同经营，是合伙企业事务的执行方式。它表现为两个方面：第一，合伙人对执行合伙事务享有同等的权利。第二，除非合伙协议另有约定，合伙企业的重大事项需要全体合伙人一致决定。合伙企业的共同经营并非要求每个合伙人必须直接参与经营、执行合伙企业事务，合伙事务的执行可以采取灵活的方式，既可以由全体合伙人分别执行，也可以委托一名或者数名合伙人执行，只要全体合伙人一致同意即可。无论采取何种事务执行方式，合伙事务的执行后果由合伙企业及其各个合伙人承担。这就是合伙企业经营的共同性。

5. 合伙人在合伙企业的损益分担上具有共同性。

各个合伙人对合伙企业的经营共享收益、共担风险。合伙企业的损益由合伙人依照合伙协议约定的比例分配和负担；合伙协议未约定利润分配和亏损负担比例的，由各合伙人平均分配和负担。合伙协议不得约定将全部利润分配给部分合伙人或者由部分合伙人承担全部亏损。由此体现出合伙企业损益分担上的共同性。

6. 合伙企业不具有完全独立的法律地位。

合伙企业的财产和合伙人的财产相互独立或者相对独立。有限合伙人的财产与合伙企业财产相互独立。普通合伙人的财产与合伙企业的财产具有一定程度的独立性，但这种分离是不彻底的，具有相对性。因此，合伙企业虽然可以有自己的名称、住所，并可以以自己的名义享受权利和承担义务，包括以自己的名义起诉、应诉，但没有完全独立的财产和事务执行机关，合伙企业不能完全独立地承担民事责任，不具有完全独立的法律地位。普通合伙人一般须对合伙企业的债务承担无限连带的个人责任。

（三）合伙企业的法律性质

在传统的学说中，一般认为，合伙企业是合伙人之间的集合，并不产生新的法律实体，这就是合伙企业的“集合说”。基于“集合说”，合伙企业具有以下特征：（1）合伙企业不设立类似公司董事会的机关，而直接由合伙人经营合伙企业。（2）合伙人对合伙企业经营中产生的债务必须承担无限连带责任。（3）任何一个合伙人退伙将会导致合伙企业的解散。虽然其他合伙人可以一致同意继续经营合伙的业务，但它已经被看做是一个新的合伙企业。

(4) 合伙人与合伙企业之间不能互相诉讼，第三人起诉合伙企业时必须把全体合伙人列为被告并向其送达法律文书。(5) 合伙企业不缴纳企业所得税，合伙人从合伙企业分得的利润分别申报缴纳个人所得税。①

集合说存在着诸多弊端，它导致合伙企业缺乏稳定性，不方便合伙企业的运作，因此出现了合伙企业的"实体说"，即合伙企业是区别于合伙人的实体。此种学说体现在以下四个方面：(1) 合伙企业以自己的名义拥有合伙企业财产；(2) 合伙人退伙并不必然导致合伙企业解散；(3) 合伙企业有自己的名称与住所，可以以自己的名义起诉、应诉；(4) 合伙企业可以转换形式。②

在我国合伙企业法中体现着"集合说"与"实体说"双重特征。虽然合伙企业不缴纳企业所得税，但是在其他方面都体现出"实体说"的一些特征：(1) 合伙企业并不要求全体合伙人直接经营，可以委托部分合伙人经营并可以聘任专门的经营管理人员；(2) 有限合伙企业和特殊的普通合伙企业的引入，使得合伙人对合伙企业债务的无限连带责任发生变化，有限合伙人以及特定情形下的普通合伙人只承担有限责任；(3) 建立了退伙制度，因此，合伙人的退伙并不必然导致合伙企业的解散；(4) 合伙企业具有自己的名称和住所，可以以自己的名义起诉、应诉。

三、合伙企业的种类

根据不同的标准，可以将合伙企业分为不同的类型。

(一) 自然人合伙、法人合伙与其他组织合伙

依据合伙的主体不同，可以分为自然人合伙、法人合伙与其他组织合伙。

1. 自然人合伙。

自然人合伙，是指合伙人全部是自然人的合伙企业。

2. 法人合伙。

法人合伙，是指合伙人是法人或有法人参加的合伙企业。法人是可以参加合伙并对合伙的债务承担无限责任的，2006 年修订的《合伙企业法》明确地规定了法人可以成为合伙企业的合伙人。《民法通则》规定的法人联营中也有法人合伙的形式。此外，《中外合作经营企业法》规定，中外合作经营企业可以是合伙型企业，法人可以成为合伙型中外合作经营企业的合伙人。

---

① 参见宋永新：《美国非公司型企业法》，44 页，北京，社会科学文献出版社，2000。

② 同上书，47 页。

3. 其他组织合伙。

其他组织合伙，是指合伙人全部是其他组织或者其他组织与自然人组成的合伙企业。

（二）普通合伙企业和有限合伙企业

依据合伙人的责任形式不同，可以分为普通合伙企业和有限合伙企业。

1. 普通合伙企业。

1997 年的《合伙企业法》中仅规定了普通合伙企业，即由 2 个以上（含 2 人）普通合伙人组成，合伙人对合伙企业债务承担无限连带责任的合伙。针对一些如律师事务所、会计师事务所等专业服务机构，美国大多数州还建立了有限责任合伙（LLP）。有限责任合伙，是指合伙人对其本人的执业行为和负责的业务事项引起的合伙债务，在合伙财产不足清偿时，承担无限连带责任。合伙人对其他合伙人的行为和负责的事项引起的合伙债务，仅以其在合伙中的财产份额为限承担责任。我国在 2006 年修订的《合伙企业法》中引入了有限责任合伙制度，但是并没有将其称为有限责任合伙，而是称为特殊的普通合伙。特殊的普通合伙企业，是指由 2 个以上（含 2 人）普通合伙人依法设立的以专业知识和专门技能为客户提供有偿服务的专业服务组织，其合伙人承担责任的方式因其个人有无过错及过错程度而不同：一个合伙人或者数个合伙人在执业活动中因故意或者重大过失造成合伙企业债务的，应当承担无限责任或者无限连带责任，其他合伙人以其在合伙企业中的财产份额为限承担责任；合伙人在执业活动中非因故意或者重大过失造成的合伙企业债务以及合伙企业的其他债务，由全体合伙人承担无限连带责任。

2. 有限合伙企业。

有限合伙企业，是指由普通合伙人和有限合伙人组成，普通合伙人对合伙企业债务承担无限连带责任，有限合伙人以其认缴的出资额为限对合伙企业债务承担责任的组织。在 2006 年修订的《合伙企业法》中规定了有限合伙。

有限合伙形式主要是在英美法系国家采用，实际上相当于大陆法系国家的两合公司。在英美法系国家中，所谓有限合伙（LP），是指由一个以上的普通合伙人和一个以上的有限合伙人共同组成的合伙。负无限责任的合伙人负责企业的经营管理。有限合伙人以其出资为限对合伙企业的债务承担有限责任。在有限合伙中，有限合伙人可以用货币或财产出资，但不得以劳务出资，其名字不得在合伙的字号中出现，否则要对不知情的第三人承担普通合伙人的责任。在合伙企业的营业执照中，应当写明包括有限合伙人在内的全体合伙人的姓名、住所，并标明各合伙人的性质，记明有限合伙人的出资额。有限合伙人参加合伙企业的利润分配，但不得参加合伙企业的经营管理，否则应负普通合伙人的责任。有限合伙人对合伙企业的经营管理具有监督权。在美国的风险投资机构中一些采取有限合伙的形式，其主要特点有：第一，普通合伙人通常由创业投资机构的专业管理人员担任，有限合伙人为各种投资人，主要有养老基金、人寿基金等机构投资者。第二，通常有限合伙的绝大部分出资由有限合伙人投资，普通合伙人投资甚少，一般不超过1%，不过可以依据合伙协议持有一定比例的干股，通常为10%～30%，但往往约定在有限合伙人收回投资之前，普通合伙人不得参与利润分配。第三，有限合伙的期限通常为7年～10年，也可以约定延长1年～2年，但延长时间最多不超过4年。第四，合伙协议通常约定有奖罚机制，达到企业经营目标的，普通合伙人可以增持一定比例的干股，并约定在一定情况下予以处罚，可以撤换管理人员，购回其持有的股份。

四、合伙企业和民事合伙的区别

合伙企业和民法中的合伙关系密切，但两者也存在一定的区别：

1. 合伙企业是一种组织关系，民事合伙是一种契约关系。

民事上的合伙是一种契约关系，大家合伙共事，共同劳动或享有财产，不一定有经营场所；合伙企业既是一种契约关系，也是一种组织关系，它必须有经营场所。

2. 合伙企业以营利为目的，民事合伙既可以以营利为目的，也可以不以营利为目的。

民事合伙是民事团体，既可以以营利为目的，也可以不以营利为目的；合伙企业是商事组织，以营利为目的。

3. 合伙企业要登记，民事合伙不需要登记。

民事合伙不需要登记，不起字号；合伙企业则是一定要有自己的名称，一定要登记。

五、合伙企业与公司的区别

合伙企业与公司的区别主要体现在出资人、出资、协议或章程、税收、对企业债务的承担等方面。

（一）出资人

在合伙企业中，出资人就是合伙人，它只能是2个以上自然人、法人或者其他组织，如果合伙企业的合伙人只剩 1 人，经过法定期间不能恢复成 2 人以上，则该合伙企业必须解散或者变更为一人独资企业；公司的出资人是公司的股东，股东既可以是 1 个法人、自然人，也可以是 2 个以上自然人、法人或者其他组织。

（二）出资

在合伙企业法中，只要求合伙企业有认缴或者实际缴付的出资，至于多少没有规定，也就是说，没有法定的最低注册资本限额，这和公司就大不相同，体现其人合性特点。在公司法中，对公司的注册资本有法定最低限额的规定。

在出资形式上，合伙企业法规定，合伙人可以以劳务出资，这在公司法中是不允许的，因为劳务不可以用货币衡量其价值，也无法进行转让。

（三）协议或章程

公司的章程与合伙企业的合伙协议都是其组织设立的法定必备要素。但是，通过对公司法和合伙企业法中对公司章程的记载事项和合伙协议的记载事项相比较就可以发现，公司章程法定内容没有利润分配办法和亏损分担办法。这是因为公司是一个法人，有财产独立支配权，分配利润和亏损弥补都是公司自己决定的事情；而合伙企业的财产没有完全的独立性，因此，就只能靠合伙人自己商定利润分配和承担风险的办法，并记载于合伙协议。如果合伙协议中没有记载该问题，则依照《合伙企业法》规定的规则分配利润和分担亏损。

（四）税收

合伙企业不缴纳企业所得税，合伙人从合伙企业分取的利润则由合伙人分别依据个人所得税法缴纳个人所得税；公司如果当年有盈利，则公司需要依据企业所得税法缴纳企业所得税。完税后，如果公司向股东发放股息的话，公司股东就其分取的股息还需要缴纳个人所得税或企业所得税。这就是所谓的公司“双重征税”（double taxation）问题。

（五）对企业债务的承担

如果合伙企业资不抵债，则所有普通合伙人都必须对合伙企业的债务承担无限制的连带个人责任；如果公司资不抵债，则股东一般不对公司债务承担个人责任，股东对企业债务承担的是有限责任，即以其出资额为限。

六、合伙企业的登记

（一）设立登记

合伙企业的设立登记较为简单，主要程序有：

1. 申请登记。

普通合伙企业由全体合伙人指定的代表或者共同委托的代理人向企业所在地的工商行政管理部门申请登记。申请设立合伙企业，应当向企业登记机关提交登记申请书、合伙协议书、合伙人身份证明等文件。合伙企业的经营范围中有属于法律、行政法规规定在登记前须经批准的项目的，该项经营业务应当依法经过批准，并在登记时提交批准文件。申请设立合伙企业应当遵守诚实信用原则，如果提交虚假文件或者采取其他欺骗手段，取得合伙企业登记，由企业登记机关责令改正，处以5 000元以上5万元以下的罚款；情节严重的，撤销企业登记，并处以5万元以上20万元以下的罚款。

《合伙企业登记管理办法》第6条规定，合伙企业的登记事项应当包括：(1) 名称；(2) 主要经营场所；(3) 执行事务合伙人；(4) 经营范围；(5) 合伙企业类型；(6) 合伙人姓名或者名称及住所、承担责任方式、认缴或者实际缴付的出资数额、缴付期限、出资方式和评估方式。合伙协议约定合伙期限的，登记事项还应当包括合伙期限。执行事务合伙人是法人或者其他组织的，登记事项还应当包括法人或者其他组织委派的代表（以下简称委派代表）。

2. 登记发照。

申请人提交的登记申请材料齐全、符合法定形式，企业登记机关能够当场登记的，应予当场登记，发给营业执照；不能够当场登记的，企业登记机关应当自受理申请之日起20日内，作出是否登记的决定。予以登记的，发给营业执照；不予登记的，应当给予书面答复，并说明理由。

合伙企业的营业执照签发日期，为合伙企业成立日期。合伙企业领取营业执照前，合伙人不得以合伙企业的名义从事合伙业务。合伙企业设立分支机构，应当向分支机构所在地的企业登记机关申请登记，领取营业执照。未领取营业执照，以合伙企业或者合伙企业分支机构的名义从事合伙业务的，由企业登记机关责令停止，并处以5 000元以上5万元以下的罚款。

（二）变更登记

合伙企业登记事项发生变更的，执行合伙事务的合伙人应当自作出变更决定或者发生变更事由之日起15日内，向企业登记机关申请办理变更登记。

合伙企业申请变更登记，应当向原企业登记机关提交下列文件：(1) 变更登记申请书；(2) 全体合伙人签署的变更决定书或者变更事由发生的证明文件；(3) 工商行政管理部门规定提交的其他文件。法律、行政法规规定变更事项须报经审批的，还应当提交有关批准文件。

企业登记机关应当自收到上述全部文件之日起20日内，作出核准变更登记或者不予变更登记的决定。合伙企业变更登记事项涉及营业执照变更的，企业登记机关应当换发营业执照。合伙企业登记事项发生变更时，未依法办理变更登记的，由企业登记机关责令限期登记；逾期不登记的，处以2 000元以上2万元以下的罚款。合伙企业登记事项发生变更，执行合伙事务的合伙人未按期申请办理变更登记的，应当赔偿由此给合伙企业、其他合伙人或者善意第三人造成的损失。

第二节　普通合伙企业

一、普通合伙企业的设立条件

根据《合伙企业法》第14条的规定，设立普通合伙企业应当具备以下条件：

（一）有符合要求的合伙人

有2个以上（含2人）合伙人。合伙人可以是自然人、法人和其他组织。对自然人出资时是否应具有民事行为能力，各国立法规定不同。多数国家和地区对此不加限制，只要具有权利能力即可作为合伙人，其民事行为可以由法定代理人或委托代理人进行，但少数国家如我国立法规定，合伙人为自然人的，应当具有完全民事行为能力。法律、行政法规禁止从事营利性活动的人，不得成为合伙企业的合伙人。例如，《中华人民共和国法官法》、《中华人民共和国检察官法》、《中华人民共和国人民警察法》、《中华人民共和国国家公务员法》[①] 规定，法官、检察官、人民警察以及国家公务员不得从事和参与营利性活动，因此不能作为合伙人。

《合伙企业法》第3条规定，国有独资公司、国有企业、上市公司以及公益性的事业单位、社会团体不得成为普通合伙人。第108条规定，外国企业或者个人在中国境内设立合伙企业的管理办法由国务院规定。

---

① 譬如，《中华人民共和国国家公务员法》第53条第14项规定，公务员不得从事或者参与营利性活动，不得在企业或者其他营利性组织中兼任职务。

（二）有书面合伙协议

合伙协议依法由全体合伙人协商一致、以书面形式订立。订立合伙协议，应当遵循自愿、平等、公平、诚实信用原则。合伙协议应当载明下列事项：（1）合伙企业的名称和主要经营场所的地点；（2）合伙目的和合伙经营范围；（3）合伙人的姓名或者名称、住所；（4）合伙人的出资方式、数额和缴付期限；（5）利润分配、亏损分担方式；（6）合伙事务的执行；（7）入伙与退伙；（8）争议解决办法；（9）合伙企业的解散与清算；（10）违约责任。合伙协议经全体合伙人签名盖章后生效。合伙人按照合伙协议享有权利，履行义务。

（三）有合伙人认缴或者实际缴付的出资

合伙人的出资应当是合伙人的合法财产或财产权利。合伙人可以用货币、实物、知识产权、土地使用权或者其他财产权利出资，也可以用劳务出资。合伙人以实物、知识产权、土地使用权或者其他财产权利出资，需要评估作价的，可以由全体合伙人协商确定，也可以由全体合伙人委托法定评估机构评估。合伙人以劳务出资的，其评估办法由全体合伙人协商确定，并在合伙协议中载明。法律对普通合伙企业没有注册资本及最低限额的要求。合伙人认缴或实际缴付出资是取得合伙人资格的必备条件，也是合伙企业设立的必要条件。合伙人应当按照合伙协议约定的出资方式、数额和缴付期限，履行出资义务。以非货币财产出资的，依照法律、行政法规的规定，需要办理财产权转移手续的，应当依法办理。

（四）有合伙企业的名称和生产经营场所

普通合伙企业的名称中应当标明“普通合伙”字样，并符合《企业名称登记管理规定》的要求，其名称中不能有“有限”、“有限责任”字样。

二、普通合伙企业的财产

（一）合伙企业财产的范围及法律性质

合伙人的出资、以合伙企业的名义取得的收益和依法取得的其他财产，均为合伙企业的财产。合伙人按照合伙协议的约定或者经全体合伙人决定，可以增加或者减少对合伙企业的出资。

合伙人对合伙企业的财产是共有关系。在合伙企业制度的发展史上，合伙企业财产的法律性质存在按份共有和共同共有两种发展趋势。但是，由于按份共有人可以任意将自己的份额分出或者转让，不利于合伙企业的稳定经营，因此，在现代合伙企业制度中，各国更青睐于把合伙财产规定为共同共有。[①] 我国合伙企业法的规定也是如此，并进一步规定合伙企业可以直接以自己的名义拥有财产，体现出合伙企业“实体说”的特征。

基于其共同共有性质或“实体说”，除法律另有规定者外（如退伙、法院强制执行合伙份额），合伙人不得在合伙企业进行清算前请求分割企业财产。

基于其共同共有性质或“实体说”，合伙人在合伙企业进行清算前不得私自转移或者处分合伙企业财产。同时，《合伙企业法》第21条第2款规定，合伙人在合伙企业清算前私自转移或者处分合伙企业财产的，合伙企业不得以此对抗善意第三人。法律之所以保护善意第三人的利益，主要是因为在合伙企业存续期间，每个合伙人都可以执行合伙企业事务，合伙人转移或者处分合伙企业财产的行为是否超过了其执行合伙企业事务的权限，善意第三人并不知晓，合伙企业不得以合伙人内部的越权行为对抗外部的善意第三人，而只能要求超越权限的合伙人对合伙企业造成的损失承担民事赔偿责任。

（二）合伙人在合伙企业中的财产份额的法律性质

各个合伙人对其在合伙企业中的财产份额拥有权利。合伙人对于其财产份额享有利润分配、剩余财产分配等权益，这些权益独立于合伙企业和合伙财产，合伙人可以按照法定程序处置其财产份额。

合伙人在合伙企业中的财产份额可以转让，但必须依法进行：合伙人之间转让在合伙企业中的全部或部分财产份额时，应通知其他合伙人；合伙人向合伙人以外的人转让其在合伙企业中的全部或部分财产份额时，除合伙协议另有约定外，须经其他合伙人一致同意。合伙人向合伙人以外的人转让其在合伙企业中的财产份额的，除合伙协议另有约定的外，在同等条件下，其他合伙人有优先购买权。合伙人以外的人依法受让合伙人在合伙企业中的财产份额的，经修改合伙协议即成为合伙企业的合伙人，依照法律和修改后的合伙协议享有权利，履行义务。

合伙人以其在合伙企业中的财产份额出质的，须经其他合伙人一致同意；未经其他合伙人一致同意，其行为无效，由此给善意第三人造成损失的，由行为人依法承担赔偿责任。

---

① 参见沈四宝、张丹编著：《美国统一合伙法及典型案例分析》，111页，北京，对外经济贸易大学出版社，2007。

三、普通合伙企业的事务执行

（一）合伙企业事务的执行方式

合伙企业是典型的人合企业，合伙企业和合伙人在人格方面没有完全分离，因此，与公司不同，合伙企业没有规定专门的组织机构作为其表意机关。合伙事务执行采取灵活的方式，全体合伙人均享有执行合伙事务的权利；按照合伙协议的约定或者经全体合伙人决定，也可以委托一个或者数个合伙人对外代表合伙企业，执行合伙事务。作为合伙人的法人、其他组织执行合伙事务的，由其委派的代表执行。《合伙企业登记管理办法》第9条规定，合伙协议未约定或者全体合伙人未决定委托执行事务合伙人的，全体合伙人均为执行事务合伙人。

执行合伙人对外代表合伙企业，其执行合伙事务所产生的收益归合伙企业，所产生的费用和亏损由合伙企业承担。

合伙人执行合伙事务，或者合伙企业从业人员利用职务上的便利，将应当归合伙企业的利益据为己有的，或者采取其他手段侵占合伙企业财产的，应当将该利益和财产退还合伙企业；给合伙企业或者其他合伙人造成损失的，依法承担赔偿责任。不具有事务执行权的合伙人擅自执行合伙事务，给合伙企业或者其他合伙人造成损失的，依法承担赔偿责任。

（二）合伙人对合伙事务执行的监督权

1. 非执行合伙人的监督权。

合伙企业采取委托一个或者数个合伙人执行合伙事务时，其他合伙人不再执行合伙事务。不执行合伙事务的合伙人有权监督执行合伙人执行合伙事务的情况：(1) 要求执行合伙人向其报告事务执行情况。执行合伙人应当定期向其他合伙人报告事务执行情况以及合伙企业的经营和财务状况。(2) 委托撤销权。受委托执行合伙事务的合伙人不按照合伙协议或者全体合伙人的决定执行事务的，其他合伙人可以决定撤销该委托。

2. 执行合伙人的异议权。

合伙人分别执行合伙事务的，执行合伙人可以对其他合伙人执行的事务提出异议。提出异议时，应当暂停该项事务的执行。

3. 合伙人的查阅权。

合伙人为了解合伙企业的经营状况和财务状况，有权查阅合伙企业会计账簿等财务资料。

（三）合伙事务的决定

合伙事务的执行仅限于日常经营事务，对于合伙企业的重大事项需要全体合伙人决定。合伙事务的决定事项分为两种：特殊议决事项和一般议决事项。

1. 特殊议决事项。

特殊议决事项，是指需要全体合伙人一致同意的事项。根据《合伙企业法》的规定，除合伙协议另有约定外，需经全体合伙人同意才能决定的合伙事务包括：(1) 改变合伙企业的名称；(2) 改变合伙企业的经营范围、主要经营场所的地点；(3) 处分合伙企业的不动产；(4) 转让或者处分合伙企业的知识产权和其他财产权利；(5) 以合伙企业的名义为他人提供担保；(6) 聘任合伙人以外的人担任合伙企业的经营管理人员。此外，除合伙协议另有约定外，接受合伙人以外的人入伙、合伙人以其在合伙企业中的财产份额出质、修改或补充合伙协议等非经营事项，也需经全体合伙人同意。

另外，合伙协议可以约定一些事项必须经过全体合伙人一致同意方能决定，此谓约定的特殊议决事项。

2. 一般议决事项。

合伙人对合伙企业特殊议决事项之外的事项作出决议，按照合伙协议约定的表决办法办理。合伙协议未约定或者约定不明确的，实行合伙人一人一票并经全体合伙人过半数通过的表决办法。

（四）合伙人的忠实义务

1. 竞业禁止。

合伙人不得自营或者同他人合作经营与本合伙企业相竞争的业务。这一点不同于公司，公司的竞业限制对象是董事、高级管理人员，其竞业是相对禁止，即经过股东会或者股东大会同意，董事、高级管理人员可以自营或者为他人经营与所任职公司同类的业务。

合伙人从事与本合伙企业相竞争的业务，该收益归合伙企业所有；给合伙企业或者其他合伙人造成损失的，依法承担赔偿责任。

2. 自我交易的限制。

除合伙协议另有约定或者经全体合伙人一致同意外，合伙人不得同本合伙企业进行交易。此点与公司相似，即董事、高级管理人员不得违反公司章程的规定或者未经股东会、股东大会同意与本公司订立合同或者进行交易。

合伙人违反法律规定或者合伙协议的约定，与本合伙企业进行交易的，该收益归合伙企业所有；给合伙企业或者其他合伙人造成损失的，依法承担赔偿责任。

（五）合伙企业聘任的经营管理人员的义务

合伙企业可以聘任经营管理人员。被聘任的合伙企业的经营管理人员应当在合伙企业授权范围内履行职务。被聘任的合伙企业的经营管理人员，超越合伙企业授权范围履行职务，或者在履行职务过程中因故意或者重大过失给合伙企业造成损失的，依法承担赔偿责任。

（六）合伙企业的利润分配和亏损分担

合伙企业的利润分配、亏损分担，按照合伙协议的约定办理；合伙协议未约定或者约定不明确的，由合伙人协商决定；协商不成的，由合伙人按照实缴出资比例分配、分担；无法确定出资比例的，由合伙人平均分配、分担。合伙协议不得约定将全部利润分配给部分合伙人或者由部分合伙人承担全部亏损。

四、普通合伙企业与第三人的关系

合伙企业与善意第三人的关系包括三个方面：一是与善意第三人的关系；二是与合伙企业债权人的关系；三是与合伙人的债权人的关系。

（一）合伙企业与善意第三人的关系

《合伙企业法》第37条规定，合伙企业对合伙人执行合伙事务以及对外代表合伙企业权利的限制，不得对抗善意第三人。这是因为法律规定，每个合伙人都有权执行合伙企业事务，合伙企业对其执行合伙事务以及对外代表合伙企业权利的限制属于合伙企业的内部事务，合伙企业没有公开的义务，第三人也没有主动调查了解的义务。所以，根据外观信赖的原则，在第三人有理由认为该合伙人具有相应的权限时，合伙企业不得以执行合伙人的越权行为而主张相应的行为无效，即其内部的权限限制不得对抗外部的善意第三人，而只能要求超越权限的合伙人对其给合伙企业造成的损失承担民事赔偿责任。

这里有争议的是，需要合伙人一致同意决定的事项也对合伙人的权限进行了限制。这种限制能否对抗善意第三人呢？笔者认为，不可以对抗善意第三人。因为这些需要一致同意的特殊事项，法律允许合伙协议以特别约定加以排除，即合伙协议可以另外约定合伙人多数决或者授权执行合伙人自由决定。第三人无从知晓合伙协议的内容，也没有主动调查了解的义务，故也应当适用不得对抗善意第三人的规则。

《合伙企业法》第 97 条规定，合伙人对法律规定或者合伙协议约定必须经全体合伙人一致同意始得执行的事务擅自处理，给合伙企业或者其他合伙人造成损失的，依法承担赔偿责任。

（二）合伙企业与合伙企业债权人的关系

1. 合伙企业对其债务，应先以全部企业财产进行清偿。

《合伙企业法》第 38 条规定：合伙企业对其债务，应先以其全部财产进行清偿。合伙人对合伙企业的债务承担的是补充连带责任，只有在合伙企业财产不足以清偿合伙企业债务时，才能追及到合伙人的个人财产。合伙人就合伙企业的债务享有先诉抗辩权。这一点不同于无相对独立财产的民事合伙，民事合伙人承担的是无限制的连带责任，债权人可以直接追诉各合伙人。

2. 合伙企业不能清偿到期债务的，合伙人承担无限连带责任。

《合伙企业法》第 39 条规定：合伙企业不能清偿到期债务的，合伙人承担无限连带责任。所谓“无限责任”，是指合伙人对合伙企业的债务所承担的清偿责任不以其出资额或者其在合伙企业中的财产份额为限，其在合伙企业之外的全部个人财产均要对合伙企业的债务承担清偿责任。“无限责任”解决的是合伙人应当以其个人财产为合伙企业不能清偿的债务承担清偿责任的问题。所谓“连带责任”，是指每个合伙人须独立对合伙企业债务负责，解决的是一个合伙人在外部关系上是否有义务替其他合伙人还债的问题。各国立法对此规定不同。有的国家采取分别负担的规则，如法国、日本等，每个合伙人以自己约定承担的亏损分担比例对合伙企业债务承担清偿责任，超过部分可以拒绝清偿。有的国家采取的是连带规则，如美国、德国等。我国采取的也是连带规则，即合伙人不得以其内部约定的亏损分担比例对抗债权人。

合伙企业注销后，原普通合伙人对合伙企业存续期间的债务仍应承担无限连带责任。

3. 合伙人之间的内部责任分担。

合伙人由于承担无限连带责任，清偿数额超过其分担比例的，有权向其他合伙人追偿。在合伙人之间，就合伙企业不足清偿的债务还是一种按份之债。

（三）合伙企业与合伙人的债权人的关系

1. 合伙人的债权人实现其债权的方式。

合伙人发生与合伙企业无关的债务，合伙人应当以其财产清偿债务。但合伙人的债权人不得采取以下方式实现其债权：第一，以其债权抵消其对合伙企业的债务。合伙人与其债权人之间的债务关系的主体同合伙人的债权人与合伙企业的债务关系的主体不同，所以不能抵消。第二，不得代位行使合伙人在合伙企业中的权利。这是因为合伙人在合伙企业中的权利除财产权利，还有控制权利，这种权利专属于合伙人自身，不能由他人代位行使。另一方面，合伙企业是人合企业，合伙人之间具有人身信赖关系，合伙人的债权人代位行使合伙人在合伙企业中的权利，实际上是合伙份额的对外转让，因此，应当取得其他合伙人的一致同意并保障其他合伙人的优先购买权。所以，债权人不得代位行使合伙人在合伙企业中的权利。

合伙人的自有财产不足清偿其与合伙企业无关的债务的，合伙人的相关债权人实现其债权有两种方式：第一，该合伙人可以以其从合伙企业中分取的收益用于清偿。如果该合伙人怠于行使其对合伙企业分取收益的债权，该合伙人的债权人可以代位行使其对合伙企业分取收益的债权。第二，可以依法请求人民法院强制执行该合伙人在合伙企业中的财产份额用于清偿。人民法院强制执行合伙人的财产份额时，应当通知全体合伙人，其他合伙人有优先购买权；其他合伙人未购买，又不同意将该财产份额转让给他人的，依法为该合伙人办理退伙结算，或者办理削减该合伙人相应财产份额的结算。

2. 合伙企业债权优先原则与双重优先原则。

在合伙企业的债务与合伙人的个人债务同时并存的情况下，如果合伙企业的财产与合伙人在合伙企业外的其他个人财产不足以清偿各自的债务时，合伙企业的债权人有权要求合伙人以合伙企业外的其他个人财产对合伙企业的债务承担无限责任，而合伙人个人的债权人也有权要求合伙人以其在合伙企业中的财产份额用于清偿个人债务，两种债权人在清偿财产上发生冲突。为保障清偿公平，必须明确不同债务的责任财产范围，明确不同的债权人对不同的财产是否享有相应的优先受偿权。

各国立法对此问题规定不同，主要有合伙企业债权优先原则与双重优先原则。

所谓合伙企业债权优先原则，又称并存债权原则，是指合伙企业的债权人就合伙企业财产优先于合伙人的债权人受偿，不足部分，与合伙人的债权人就合伙人的财产共同受偿，彼此不分先后顺序，不足以清偿全部债权的，按照比例清偿。合伙企业债权优先原则主要在德国等大陆法系国家和地区采用。我国台湾地区在判例中也采取这一原则：“某甲个人所开商号，与乙、丙、丁、戊合伙所开贸易商号，因负债相继倒闭，关于合伙债务与其他合伙人均无力偿还时，所有债权人亦得对于有资力之某甲求偿全部，即与多人经营商号之债权人无异，若其债务发生在民法债编施行后，债权人得依合伙成员连带负责之规定者，更不待论，故商号财产不足以清偿其债务，商号债权人除有优先受偿权外，均得就某甲其他财产同等受偿。”① 企业债权优先原则着眼于充分、全面地保护合伙企业债权人的债权，对于提升和维护合伙企业的信用具有重要的作用，但是也有学者认为，“并存债权原则漠视合伙人个人债权人的债权利益，对于合伙人个人债权人是不公平的”②。

所谓双重优先原则，又称共同优先原则，是指合伙人个人的债权人优先于合伙企业的债权人从合伙人的个人财产中得到满足，合伙企业债权人优先于合伙人个人的债权人从合伙企业财产中得到满足。易言之，先各还各的债，有剩余的再偿还其他债。双重优先原则主要在英美法系国家采用，它强调不同的债权人应就不同的责任财产分别享有优先权。但双重优先原则着重于对合伙人个人债权人的保护，使得合伙企业的债权人所预期的合伙企业及其合伙人的信用大打折扣，削弱了合伙企业的生命力。

我国立法对此无明文规定，在《合伙企业法》修订的过程中也存在较大争议，最终也没有作出规定。但我国在司法实践中通常采取双重优先原则。

五、入伙与退伙

（一）入伙

1. 入伙的条件。

新合伙人入伙，除合伙协议另有约定外，应当经全体合伙人一致同意，并依法订立书面入伙协议。订立入伙协议时，原合伙人应当向新合伙人如实告知原合伙企业的经营状况和财务状况。

2. 入伙的法律后果。

入伙的法律后果有两个：（1）新合伙人取得合伙人的资格。除新合伙协议另有约定外，新合伙人与合伙人享有同等权利，承担同等责任。（2）新合伙人对入伙前合伙企业的债务承担无限连带责任。如果新合伙人在入伙协议中约定其对入伙前的合伙债务不承担责任，这种约定不可以对抗第三人（债权人），但对内的效力应予承认。

---

① 刘友鋆：《民法债编通分则实用》，684 页，台北，台湾正中书局，1975。

② 马强：《合伙理论与实践若干问题研究》，载 http：//www.civillaw.com.cn/Article/default.asp? id=8723＃m5。

（二）退伙

在合伙企业制度的发展史上，曾经存在基于“集合说”的规定，即任何一人退伙将导致合伙企业的解散。但这将导致合伙企业的组织形式不稳定，所以，作为对“集合说”修正的“实体说”逐渐在合伙企业法律制度中有所体现。例如，1994年修正的《美国统一合伙企业法》不再强制规定合伙人的退伙必然导致合伙企业的结算。① 我国合伙企业法规定了退伙制度，体现了合伙企业“实体说”的特征。

1. 退伙的情形。

合伙企业中合伙人的退伙分为四种情形：协议退伙、通知退伙、当然退伙和除名退伙。

第一，协议退伙与通知退伙。

合伙协议约定合伙期限的，在合伙企业存续期间，有下列情形之一的，合伙人可以退伙：（1）合伙协议约定的退伙事由出现；（2）经全体合伙人一致同意；（3）发生合伙人难以继续参加合伙的事由；（4）其他合伙人严重违反合伙协议约定的义务。

合伙协议未约定合伙期限的，合伙人在不给合伙企业事务执行造成不利影响的情况下，可以退伙，但应当提前30日通知其他合伙人。

合伙人违反协议退伙和通知退伙的规定退伙的，应当赔偿由此给合伙企业造成的损失。

第二，当然退伙。

合伙人有下列情形之一的，当然退伙：（1）作为合伙人的自然人死亡或者被依法宣告死亡；（2）个人丧失偿债能力；（3）作为合伙人的法人或者其他组织依法被吊销营业执照、责令关闭撤销，或者被宣告破产；（4）法律规定或者合伙协议约定合伙人必须具有相关资格而丧失该资格；（5）合伙人在合伙企业中的全部财产份额被人民法院强制执行。退伙事由实际发生之日为退伙生效日。

合伙人被依法认定为无民事行为能力人或者限制民事行为能力人的，经其他合伙人一致同意，可以依法转为有限合伙人，普通合伙企业依法转为有限合伙企业。其他合伙人未能一致同意的，该无民事行为能力或者限制民事行为能力的合伙人退伙。

合伙人死亡或者被依法宣告死亡的，对该合伙人在合伙企业中的财产份额享有合法继承权的继承人，按照合伙协议的约定或者经全体合伙人一致同意，

① 参见沈四宝、张丹编著：《美国统一合伙法及典型案例分析》，138页。

从继承开始之日起，取得该合伙企业的合伙人资格。有下列情形之一的，合伙企业应当向合伙人的继承人退还被继承合伙人的财产份额：(1) 继承人不愿意成为合伙人；(2) 法律规定或者合伙协议约定合伙人必须具有相关资格，而该继承人未取得该资格；(3) 合伙协议约定不能成为合伙人的其他情形。合伙人的继承人为无民事行为能力人或者限制民事行为能力人的，经全体合伙人一致同意，可以依法成为有限合伙人，普通合伙企业依法转为有限合伙企业。全体合伙人未能一致同意的，合伙企业应当将被继承合伙人的财产份额退还该继承人。

第三，除名退伙。

合伙人有下列情形之一的，经其他合伙人一致同意，可以决议将其除名：(1) 未履行出资义务；(2) 因故意或者重大过失给合伙企业造成损失；(3) 执行合伙事务时有不正当行为；(4) 发生合伙协议约定的事由。对合伙人的除名决议应当书面通知被除名人。被除名人接到除名通知之日，除名生效，被除名人退伙。被除名人对除名决议有异议的，可以自接到除名通知之日起 30 日内，向人民法院起诉。

2. 退伙的效力。

退伙的效力有三项：(1) 退伙人丧失合伙人身份，脱离原合伙协议约定的权利与义务关系。(2) 导致合伙财产的清理和结算。合伙人退伙，其他合伙人应当与该退伙人按照退伙时的合伙企业财产状况进行结算，退还退伙人的财产份额。退伙人以使用权出资的财产需返还给退伙人。退伙人对给合伙企业造成的损失负有赔偿责任的，相应扣减其应当赔偿的数额。退伙时有未了结的合伙企业事务的，待该事务了结后进行结算。退伙人在合伙企业中财产份额的退还办法，由合伙协议约定或者由全体合伙人决定，既可以退还货币，也可以退还实物。合伙人退伙时，合伙企业财产少于合伙企业债务的，退伙人应当依照《合伙企业法》第 33 条第 1 款的规定分担亏损（合伙企业的利润分配、亏损分担，按照合伙协议的约定办理；合伙协议未约定或者约定不明确的，由合伙人协商决定；协商不成的，由合伙人按照实缴出资比例分配、分担；无法确定出资比例的，由合伙人平均分配、分担）。(3) 退伙人对基于其退伙前的原因发生的合伙企业债务，承担无限连带责任。

第三节　特殊的普通合伙企业

一、概念

特殊的普通合伙企业，是指由 2 人以上（含 2 人）普通合伙人依法设立的以专业知识和专门技能为客户提供有偿服务的专业服务组织。特殊的普通合伙企业其合伙人承担责任的方式因其个人有无过错及过错程度而不同：一个或者数个合伙人在执业活动中因故意或者重大过失造成合伙企业债务的，应当承担无限责任或者无限连带责任，其他合伙人以其在合伙企业中的财产份额为限承担责任；合伙人在执业活动中非因故意或者重大过失造成的合伙企业债务以及合伙企业的其他债务，由全体合伙人承担无限连带责任。

二、适用对象

特殊的普通合伙企业的适用对象包括两种情况：(1)《合伙企业法》第55条规定，以专业知识和专门技能为客户提供有偿服务的专业服务机构，可以设立为特殊的普通合伙企业；(2)《合伙企业法》第107条规定，非企业专业服务机构依据有关法律采取合伙制的，虽然不属于合伙企业，但其合伙人承担责任的形式可以适用法律关于特殊的普通合伙企业合伙人承担责任的规定。

三、法律性质

特殊的普通合伙企业是普通合伙企业的一种，因此，除了优先适用关于特殊普通合伙企业的规定之外，应当适用关于普通合伙企业的一般规定。由于特殊的普通合伙企业在责任承担方面具有特别之处，因此，特殊的普通合伙企业名称中应当标明“特殊普通合伙”字样。

四、责任承担

（一）对外责任承担

一个或者数个合伙人在执业活动中因故意或者重大过失造成合伙企业债务的，应当承担无限责任或者无限连带责任，其他合伙人以其在合伙企业中的财产份额为限承担责任。

合伙人在执业活动中非因故意或者重大过失造成的合伙企业债务以及合伙企业的其他债务，由全体合伙人承担无限连带责任。

（二）对内责任分担

合伙人在执业活动中因故意或者重大过失造成的合伙企业债务，以合伙企业财产对外承担责任后，该合伙人应当按照合伙协议的约定对给合伙企业造成的损失承担赔偿责任。

（三）责任财产的保障措施

特殊的普通合伙企业应当建立执业风险基金、办理职业保险。执业风险基金用于偿付合伙人因为执业活动造成的债务。执业风险基金应当单独立户管理。具体管理办法由国务院规定。

第四节　有限合伙企业

一、有限合伙企业的概念与设立条件

（一）概念

有限合伙企业，是指由普通合伙人和有限合伙人组成，普通合伙人对合伙企业债务承担无限连带责任，有限合伙人以其认缴的出资额为限对合伙企业债务承担责任的组织。

由于有限合伙人受有限责任的保护，在普通合伙人不能清偿所有企业债务时风险会转移给企业的债权人，所以，法律对有限合伙企业规定了不同于普通合伙企业的设立条件。

（二）设立条件

有限合伙企业的设立应当符合普通合伙企业的设立条件，并符合有限合伙企业的特殊条件。其特殊的设立条件有：

1. 合伙人的特殊要求。

合伙人的特殊要求有两项：（1）人数要求。有限合伙企业由2个以上50个以下合伙人设立，但是，法律另有规定的除外。（2）种类要求。有限合伙企业至少应当有1个普通合伙人、1个有限合伙人。

《合伙企业法》第3条规定，国有独资公司、国有企业、上市公司以及公益性的事业单位、社会团体不得成为普通合伙人，但可以成为有限合伙人。

2. 书面合伙协议的特殊要求。

有限合伙企业的合伙协议除符合普通合伙企业关于合伙协议的必要记载事项外，还应当载明下列事项：（1）普通合伙人和有限合伙人的姓名或者名

称、住所；(2) 执行事务合伙人应具备的条件和选择程序；(3) 执行事务合伙人权限与违约处理办法；(4) 执行事务合伙人的除名条件和更换程序；(5) 有限合伙人入伙、退伙的条件、程序以及相关责任；(6) 有限合伙人和普通合伙人的相互转变程序。

3. 出资的特殊要求。

有限合伙人可以用货币、实物、知识产权、土地使用权或者其他财产权利作价出资，但不得以劳务出资。

有限合伙人应当按照合伙协议的约定按期足额缴纳出资；未按期足额缴纳的，应当承担补缴义务，并对其他合伙人承担违约责任。

有限合伙企业登记事项中应当载明有限合伙人的姓名或者名称及认缴的出资数额。

4. 企业名称的特殊要求。

有限合伙企业名称中应当标明“有限合伙”字样。

二、有限合伙企业的事务执行与有限合伙人的权利

(一) 有限合伙企业的事务执行

1. 事务执行人及其报酬。

有限合伙企业由普通合伙人执行合伙事务。执行事务合伙人可以要求在合伙协议中确定执行事务的报酬及报酬提取方式。

2. 有限合伙人对合伙事务执行的监督和决定权。

有限合伙人不执行合伙事务，不得对外代表有限合伙企业，但对合伙事务的执行享有一定的监督和决定权。其下列行为，不视为执行合伙事务：(1) 参与决定普通合伙人入伙、退伙；(2) 对企业的经营管理提出建议；(3) 参与选择承办有限合伙企业审计业务的会计师事务所；(4) 获取经审计的有限合伙企业财务会计报告；(5) 对涉及自身利益的情况，查阅有限合伙企业财务会计账簿等财务资料；(6) 在有限合伙企业中的利益受到侵害时，向有责任的合伙人主张权利或者提起诉讼；(7) 执行事务合伙人怠于行使权利时，督促其行使权利或者为了本企业的利益以自己的名义提起诉讼；(8) 依法为本企业提供担保。

(二) 有限合伙人的财产性权利

有限合伙人拥有以下财产性权利：(1) 与有限合伙企业交易的权利及其限制。有限合伙人可以同本有限合伙企业进行交易，但是，合伙协议另有约

定的除外。(2) 与有限合伙企业竞业的权利及其限制。有限合伙人可以自营或者同他人合作经营与本有限合伙企业相竞争的业务，但是，合伙协议另有约定的除外。(3) 财产份额出资权。有限合伙人可以将其在有限合伙企业中的财产份额出质，但是，合伙协议另有约定的除外。(4) 有限合伙人可以按照合伙协议的约定向合伙人以外的人转让其在有限合伙企业中的财产份额，但应当提前30日通知其他合伙人。(5) 有限合伙人可以在合伙企业解散清算时分取剩余财产。

三、有限合伙人的责任承担与利润分配

（一）有限合伙人对合伙企业债务的责任

有限合伙人以其认缴的出资额为限对合伙企业债务承担责任。新入伙的有限合伙人对入伙前有限合伙企业的债务，以其认缴的出资额为限承担责任。但第三人有理由相信有限合伙人为普通合伙人并与其交易的，该有限合伙人对该笔交易承担与普通合伙人同样的责任。有限合伙人未经授权以有限合伙企业的名义与他人进行交易，给有限合伙企业或者其他合伙人造成损失的，该有限合伙人应当承担赔偿责任。

（二）有限合伙人对自己债务的承担

有限合伙人的自有财产不足清偿其与合伙企业无关的债务的，该合伙人可以以其从有限合伙企业中分取的收益用于清偿；债权人也可以依法请求人民法院强制执行该合伙人在有限合伙企业中的财产份额用于清偿。人民法院强制执行有限合伙人的财产份额时，应当通知全体合伙人。在同等条件下，其他合伙人有优先购买权。

（三）有限合伙的利润分配

有限合伙企业不得将全部利润分配给部分合伙人，但是合伙协议另有约定的除外，即合伙协议可以作出将全部利润分配给部分合伙人的约定。

四、有限合伙企业的变更与解散

（一）合伙人身份的转变

除合伙协议另有约定外，普通合伙人转变为有限合伙人，或者有限合伙人转变为普通合伙人，应当经全体合伙人一致同意。有限合伙人转变为普通

合伙人的，对其作为有限合伙人期间合伙企业发生的债务承担无限连带责任。普通合伙人转变为有限合伙人的，对其作为普通合伙人期间合伙企业发生的债务承担无限连带责任。

（二）有限合伙人身份的继承与继受

作为有限合伙人的自然人死亡、被依法宣告死亡，或者作为有限合伙人的法人及其他组织终止时，其继承人或者权利承受人可以依法取得该有限合伙人在有限合伙企业中的资格。

（三）有限合伙企业的解散与转变

有限合伙企业仅剩有限合伙人的，应当解散；有限合伙企业仅剩普通合伙人的，转为普通合伙企业。

五、有限合伙人的退伙

（一）当然退伙

有限合伙人有以下所列情形之一的，当然退伙：(1) 作为合伙人的自然人死亡或者被依法宣告死亡；(2) 作为合伙人的法人或者其他组织依法被吊销营业执照、责令关闭撤销，或者被宣告破产；(3) 法律规定或者合伙协议约定合伙人必须具有相关资格而丧失该资格；(4) 合伙人在合伙企业中的全部财产份额被人民法院强制执行。

（二）有限合伙人不因丧失民事行为能力而退伙

作为有限合伙人的自然人在有限合伙企业存续期间丧失民事行为能力的，其他合伙人不得因此要求其退伙。

在普通合伙中，合伙人被依法认定为无民事行为能力人或者限制民事行为能力人的，经其他合伙人一致同意，可以依法转为有限合伙人，普通合伙企业依法转为有限合伙企业。其他合伙人未能一致同意的，该无民事行为能力或者限制民事行为能力的合伙人退伙。

（三）有限合伙人退伙后的责任承担

有限合伙人退伙后，对基于其退伙前的原因发生的有限合伙企业债务，以其退伙时从有限合伙企业中取回的财产承担责任。

第五节　合伙企业的解散、清算与破产

一、合伙企业解散的事由

《合伙企业法》第95条规定，合伙企业有下列情形之一的，应当解散：(1) 合伙期限届满，合伙人决定不再经营；(2) 合伙协议约定的解散事由出现；(3) 全体合伙人决定解散；(4) 合伙人已不具备法定人数满30日；(5) 合伙协议约定的合伙目的已经实现或者无法实现；(6) 依法被吊销营业执照、责令关闭或者被撤销；(7) 法律、行政法规规定的其他原因。

二、合伙企业的清算程序

合伙企业解散，应当由清算人进行清算。在清算期间，合伙企业存续，但不得开展与清算无关的经营活动。合伙企业的清算程序如下：

（一）确定清算人

《合伙企业法》第86条规定，清算人由全体合伙人担任；经全体合伙人过半数同意，可以自合伙企业解散事由出现后15日内指定一个或者数个合伙人，或者委托第三人，担任清算人。自合伙企业解散事由出现之日起15日内未确定清算人的，合伙人或者其他利害关系人可以申请人民法院指定清算人。

清算人在清算期间执行下列事务：(1) 清理合伙企业财产，分别编制资产负债表和财产清单；(2) 处理与清算有关的合伙企业未了结事务；(3) 清缴所欠税款；(4) 清理债权、债务；(5) 处理合伙企业清偿债务后的剩余财产；(6) 代表合伙企业参加诉讼或者仲裁活动。

清算人违法执行职务给合伙企业或者合伙人或者债权人造成损失的，应当承担赔偿责任。《合伙企业法》第101条规定，清算人执行清算事务，牟取非法收入或者侵占合伙企业财产的，应当将该收入和侵占的财产退还合伙企业；给合伙企业或者其他合伙人造成损失的，依法承担赔偿责任。《合伙企业法》第102条规定，清算人违反规定，隐匿、转移合伙企业财产，对资产负债表或者财产清单作虚假记载，或者在未清偿债务前分配财产，损害债权人利益的，依法承担赔偿责任。

（二）通知债权人与债权申报

《合伙企业法》第88条规定，清算人应自被确定之日起10日内将合伙企

业解散事项通知债权人，并于60日内在报纸上公告。债权人应当自接到通知书之日起30日内，未接到通知书的，自公告之日起45日内，向清算人申报债权。债权人申报债权，应当说明债权的有关事项，并提供证明材料。清算人应当对债权进行登记。

（三）清算分配顺序和分配剩余财产

在债权申报的基础上制定清算分配方案。清算分配的顺序如下：清算费用；职工工资、劳动保险费用和法定补偿金；缴纳所欠税款；合伙企业的债务；分配剩余财产。剩余财产分配按照合伙协议的约定办理；合伙协议未约定或者约定不明确的，由合伙人协商决定；协商不成的，由合伙人按照实缴出资比例分配；无法确定出资比例的，由合伙人平均分配。

（四）清算报告和注销登记

清算结束，清算人应当编制清算报告，经全体合伙人签名盖章后，在15日内向企业登记机关报送清算报告，申请办理合伙企业注销登记。

清算人未依法向企业登记机关报送清算报告，或者报送清算报告隐瞒重要事实，或者有重大遗漏的，由企业登记机关责令改正。由此产生的费用和损失，由清算人承担和赔偿。

合伙企业注销后，原普通合伙人对合伙企业存续期间的债务仍应承担无限连带责任。

二、合伙企业的破产

《合伙企业法》第92条规定，合伙企业不能清偿到期债务的，债权人可以依法向人民法院提出破产清算申请，也可以要求普通合伙人清偿。合伙企业依法被宣告破产的，普通合伙人对合伙企业债务仍应承担无限连带责任。

复习思考题

1. 简述合伙企业的法律特征。

2. 什么是普通合伙企业？什么是特殊的普通合伙企业？什么是有限合伙企业？

3. 简述合伙企业和公司的区别。

4. 简述普通合伙企业的设立条件。

5. 简述合伙企业财产的范围。
6. 如何理解合伙企业财产的法律性质?
7. 合伙事务的执行与合伙事务的决定有何不同?
8. 如何理解合伙人的忠实义务?
9. 如何理解合伙企业与善意第三人的关系?
10. 如何理解合伙企业与合伙企业债权人的关系?
11. 如何理解合伙企业与合伙人的债权人的关系?
12. 什么是双重优先原则? 什么是企业债权优先原则?
13. 简述入伙的法律后果。
14.《合伙企业法》规定的退伙情形有哪些?
15. 如何理解退伙的效力?
16. 如何理解特殊的普通合伙的法律性质?
17. 法律对有限合伙企业的设立条件有何特殊规定?
18. 合伙企业解散的事由有哪些?
19. 如何确定合伙企业清算人? 清算人的职责有哪些?

第十三章

个人独资企业法

第一节　个人独资企业及其立法概述

一、个人独资企业的概念与种类

（一）个人独资企业的概念与特征

1. 个人独资企业的概念。

个人独资企业是最古老的一种企业组织形式，它产生于商品经济出现的初期，并发展延续至今。它虽然形式古老，但即使在现代市场经济中，也仍以其设立简便、出资灵活、经营便利等特点而富有生命力，受到投资者的欢迎。制定专门企业立法对个人独资企业进行调整具有一定的中国特色。在许多国家，个人从事商事经营活动，是由民法或者商法（商事登记法等）调整，虽然实际上有个人独资之企业，但往往并无对其调整的专门立法。

独资企业的概念，有广义与狭义之分。广义上的独资企业，是指一人投资设立的企业，设立人可以是一个法人或一个自然人，投资者的责任形式，既可以是有限责任，也可以是无限责任。总之，只要是一个人投资设立的企业即为独资企业。狭义上的独资企业，仅指由一个自然人投资设立的、投资人对企业债务承担无限责任的企业。《布莱克法律辞典》认为，独资企业“是一种由一人单独拥有和控制、一般不采取法人形式的企业”。1999 年 8 月 30 日第九届全国人民代表大会常务委员会第十一次会议通过，2000 年 1 月 1 日起施行的《个人独资企业法》第 2 条规定：本法所称个人独资企业，是指依照本法在中国境内设立，由一个自然人投资，财产为投资人个人所有，投资人以其个人财产对企业债务承担无限责任的经营实体。

2. 个人独资企业的特征。

根据上述法律规定，个人独资企业具有以下特征：

第一，出资人为一个自然人。对自然人出资时是否应具有民事行为能力，各国立法规定不同。绝大多数国家对此不加限制，只要具有权利能力即可作为投资人，其民事行为可以由法定代理人或委托代理人进行，如日本。少数国家规定，出资人的自然人必须同时具备民事权利能力和民事行为能力，如我国。此外，我国一些法律、法规还对设立独资企业的自然人规定了其他一些身份上的限制（如对公务员的营利活动限制等）。

第二，个人独资企业是出资人对其财产的直接支配方式。个人独资企业没有完全独立的责任财产，出资人个人的其他财产与其投入独资企业的财产无严格区分，出资人也可以是企业的经营人，直接支配个人财产。在《私营企业暂行条例》中曾经规定，私营企业的税后利润中留作生产发展基金的部分不得少于 50%，由于特殊原因少于 50%的，须经税务机关批准。这种要求对股东负有限责任的公司来说或许是正确的，但对出资人个人的其他财产与企业财产无严格区分、出资人对企业债务承担无限责任的个人独资企业、合伙企业来说，就是不必要的，也不符合国际惯例，所以，在《个人独资企业法》中没有规定这种限制。

第三，个人独资企业无法人资格，但具有民事主体资格。出资人与个人独资企业的人格具有一定的区分。个人独资企业可以有自己的企业名称、字号；可以成为民事权利和义务的主体；可以与外商合资经营，共同设立外商投资企业；可以成为民事诉讼的当事人。① 出资人以个人财产对独资企业债务承担无限责任。个人独资企业虽然无完全独立承担民事责任的能力，但可以在企业财产的范围内相对独立地承担民事责任（如先以企业财产还债，不足时才涉及出资人的责任）。个人独资企业设立时，立法对其无注册资本的要求，企业不一定具备像公司一样健全的组织机构，法律通常不要求其公开财务账目。

① 《中华人民共和国民事诉讼法》第 49 条规定：公民、法人和其他组织可以作为民事诉讼的当事人。最高人民法院《关于适用〈中华人民共和国民事诉讼法〉若干问题的意见》第 40 条规定：民事诉讼法第四十九条规定的其他组织是指合法成立、有一定的组织机构和财产，但又不具备法人资格的组织，包括：（1）依法登记领取营业执照的私营独资企业、合伙组织……

3. 个人独资企业的法律人格。

我国民法理论界认为，个人独资企业作为“非法人组织”的一类，属于民事主体的范畴。[①] 在民事法律关系中，法律关系的主体享有一定的法律人格。对比法人而言，个人独资企业作为“非法人组织”，具有“不完全独立的法律人格”。所谓具有不完全独立的法律人格，是指个人独资企业虽然具有一定的民事权利能力和民事行为能力，甚至具有诉讼当事人能力，但没有完全独立的财产，也没有完全独立的民事责任能力，所以，个人独资企业的投资人对企业的债务要承担无限责任。

我国法律之所以规定，自然人投资的个人独资企业是一种独立的民事主体，其理由是：(1) 个人独资企业作为企业参与经营活动，能够而且必须相对独立地享受权利和承担义务；(2) 尽管个人独资企业的投资人直接执行企业事务，对外签订合同，但他对外从事的所有活动是以个人独资企业的名义进行的，由此产生的后果也应先由企业承担，然后才涉及出资人的责任；(3) 投资人投入企业的财产以及所有以个人独资企业的名义取得的财产均为个人独资企业的财产，这为个人独资企业相对独立地承担民事义务提供了一定的保障；(4) 个人独资企业的法律地位应与合伙企业一样，是介于自然人与法人之间的企业经营组织。

个人独资企业依法设立，领取营业执照后，便获得这种不完全独立的法律人格，取得从事生产经营活动的资格。个人独资企业的财产与其投资人的个人财产并无明显的界限，国家也无法对个人独资企业财产和独资企业投资人的个人财产实现完全的监控和界定，对企业获得的利润，国家没有像对待公司制企业那样要求其提取公积金，实质上形成了个人独资企业的财产与投资人财产的一体性。所以，个人独资企业的投资人就应当以其所有的财产对企业债务承担无限责任。但这并不影响独资企业取得相对独立的民事主体地位。

(二) 独资企业的种类

从广义的独资企业概念看，目前，我国的独资企业主要有以下五种类型：

1. 国有独资企业，即完全由国家单一投资主体设立的独资企业，由多个国有资产投资机构或国有企业共同投资的国有企业不属于国有独资企业。依据《全民所有制工业企业法》设立的国有企业以及依据《公司法》设立的国有独资公司便都属于国有独资企业。所谓国有独资企业，是指国家单独出资、

① 参见魏振瀛主编：《民法》(第3版)，99页、100页、118页、119页，北京，北京大学出版社、高等教育出版社，2007。

由国务院或者地方人民政府委托本级人民政府国有资产监督管理机构履行出资人职责的有限责任公司。

2. 集体所有制的独资企业，是指由一个集体所有制组织单独投资设立的企业。

3. 一个自然人投资设立的个人独资企业。从我国的司法实践看，个人独资企业既包括由一个自然人以个人财产投资设立的独资企业，也包括以一个自然人的名义设立的而以几个自然人的共有财产，如夫妻、家庭共有财产投资的独资企业。

4. 外商独资企业，即由一个外商，包括自然人或法人单独投资在我国境内设立的独资企业。

5. 一人有限责任公司，是指只有一个自然人股东或者一个法人股东的有限责任公司。《公司法》在2005年修订后，允许设立一人有限责任公司。

此外，有学者认为，个体工商户即雇工8人以下的个体经营者中，由一个人投资经营的，也应属于实质上的独资企业。

如何规定独资企业法的调整范围，是《个人独资企业法》起草时的争议问题之一。有的学者认为，应将所有的独资企业均纳入法律的调整范围。有的学者认为，国有独资企业、集体独资企业等都具有法人资格，投资者对企业债务承担的是有限责任，而个人独资企业无法人资格，个人投资者对企业债务承担无限责任，两类独资企业的经营规模、管理体制等方面也都存在较大的区别，用一部法律调整几类不同性质的独资企业不利于对企业形态的科学分类，易造成混乱，也不便于操作，而且与现行企业立法体系存在冲突，增加了立法与执法的难度。鉴于以上理由，并考虑到立法时亟待规范与保护的是自然人投资的个人独资企业，所以，现行立法采取了后一种观点。《个人独资企业法》的调整范围仅限于个人独资所设立的企业，不包括国有独资企业、集体独资企业、外商独资企业和一人有限责任公司。

（三）个人独资企业与个体工商户的区别

在我国，要正确地理解个人独资企业概念，就需要理解个体工商户与个人独资企业的关系。个体工商户专指农村或城镇个体劳动者自己或家庭开展生产经营活动所采用的组织形式。1987年国务院发布的《城乡个体工商户管理暂行条例》规定：个体工商户，可以个人经营，也可以家庭经营。个人经营的，以个人全部财产承担民事责任；家庭经营的，以家庭全部财产承担民事责任。个体工商户申请注册登记时，应该登记字号名称、经营者姓名和住所、从业人数、资金数额、组织形式、经营范围、经营方式、经营场所。

如果仅从组织形式和责任承担形式的角度讲，《个人独资企业法》出台前的绝大多数个体工商户实质上就是个人独资企业或家庭合伙企业。个体工商户是我国独有的经营组织名称，当初个体工商户为何不称为企业呢？这主要是由于我国经济体制改革的社会历史背景所造成的。

改革开放的初期，我国刚刚从计划经济的束缚下挣脱出来，经济高速增长，私营经济的发展存在巨大的机遇，人们投资经营的积极性很高。另一方面，所谓"是姓社还是姓资"的问题还没有完全解决，不少人担心政策会变，从政府的角度讲，也还不敢放手发展私营经济。而个体劳动者被看做是劳动群众的一部分，即使有雇工，也被称作是帮手或学徒，自认为不存在资本主义剥削的成分，于是便产生了个体工商户的名称作为权宜之计。这种做法暂时避开了"是姓社还是姓资"的争论，对私营经济的发展起到了很大促进作用，但也产生了各种不规范的问题。一是企业登记上的混乱，同样的经营组织，有的登记为企业，有的登记为个体工商户。二是有些具有相当规模的私营企业主为了避税，注册为个体工商户，造成国家税收的流失。三是我国的个体工商户在国外就是个人独资企业或合伙企业，称谓与法律形式的混乱也造成国际交流的困难。另外，我国不允许自然人与外商合资设立企业，也限制了私营企业的发展.《个人独资企业法》的出台，为解决个人独资企业和个体工商户的关系问题提供了平台。

个人独资企业与个体工商户的区别，主要表现在以下方面：

第一，根据《个人独资企业法》第 8 条对设立个人独资企业条件的规定，个人独资企业应具有合法的企业名称、投资人申报的出资、固定的生产经营场所和必要的生产经营条件以及必要的从业人员。而个体工商户是否为自己的经营活动起字号，完全由经营者自行决定，同时法规也没有对个体工商户的经营规定出资、生产经营场所以及从业人员等条件。

第二，个人独资企业的企业名称可以依法转让。而个体工商户的字号名称一般不能转让。

第三，根据《个人独资企业法》第 14 条的规定，个人独资企业可以设立分支机构，由投资人或者其委托的代理人向分支机构所在地的工商行政管理机关申请登记，领取营业执照，分支机构的民事责任由设立该分支机构的个人独资企业承担。而个体工商户不能设立分支机构。

第四，个人独资企业的投资人可以自行管理企业事务，也可以委托或者聘用其他具有民事行为能力的人负责企业事务的管理。而个体工商户必须直接从事生产经营活动。

第五，两者的清算程序不同。个人独资企业清算，由投资人自行清算或者由债权人申请人民法院指定清算人进行清算。而个体工商户歇业时无清算程序，只需向原登记机关办理歇业手续，缴销营业执照。

第六，根据《个人独资企业法》第28条的规定，个人独资企业解散后，原投资人对企业存续期间的债务仍应承担偿还责任，但债权人在5年内未向债务人提出偿债请求的，该责任消灭。个人独资企业应当承担民事赔偿责任和缴纳罚款、罚金，其财产不足以支付的，应当先承担民事赔偿责任。而立法对个体工商户偿还债务的时效期间及承担不同财产责任的先后顺序无特别规定，适用《民法通则》中有关2年的诉讼时效。

（四）个人独资企业与一人有限责任公司的区别

我国在2005年修订《公司法》时，设置了一种新的公司形式——一人有限责任公司。一人有限责任公司在形式上与个人独资企业有类似之处，例如，都只有一名投资人，但两者之间也存在一些重要的区别：

首先，个人独资企业只具有不完全独立的法律人格，属于民事主体范畴下自然人与法人之外的“其他组织”。而一人有限责任公司具有完全独立的法律人格，属于法人组织。这种完全独立的法律人格表现在，一人有限责任公司不但可以像个人独资企业一样具有民事权利能力和民事行为能力、民事诉讼当事人资格，还因为其拥有独立的法人财产而享有独立的民事责任能力。这种独立的民事责任能力体现在，一人有限责任公司以其全部法人财产对其债务承担责任，而一人有限责任公司的股东仅对公司的债务在认缴的出资范围内承担有限责任。个人独资企业则与之相反，由于企业不具有独立的民事责任能力，因此，投资人对企业债务须承担无限责任。

其次，企业所得税的承担不同。根据《企业所得税法》第1条第2款规定：个人独资企业、合伙企业不适用本法。但一人有限责任公司则需缴纳企业所得税。

最后，投资人或股东的身份限制不同。一人有限责任公司的股东是一个自然人或者一个法人，国有独资公司的股东为国有资产监督管理机构，而根据《个人独资企业法》第8条第1款的规定，个人独资企业的投资人仅限于“一个自然人”。

二、个人独资企业法概述

（一）个人独资企业的立法情况简介

在市场经济国家中，如果从企业的资产规模和收益额看，公司无疑占有最重要的地位，但若从数量看，则独资企业为数最多。独资企业往往被看做是产生企业家的土壤和经济增长的发动机，在市场经济的环境中具有强大的生命力。

我国早在1950年就颁布过一部《私营企业暂行条例》。该条例规定，私营企业有独资、合伙和公司三种组织形式。据统计，新中国成立前夕，全国约有130万家工商业组织，其中除万余家公司外，其余均为独资企业和合伙企业。根据国家统计局1956年的调查材料，当时的私人企业，采取独资、合伙和公司形式的分别占38%、53.8%和8.2%。

在《个人独资企业法》出台以前，我国对个人独资企业主要由1988年国务院颁布的《私营企业暂行条例》规范。该条例从企业组织形式上将私营企业划分为有限责任公司、独资企业和合伙企业三类；规定独资企业是指一人投资经营的企业，独资企业投资者对企业债务负无限责任；同时，对私营企业的开办和关闭，权利和义务，劳动管理，财务和税收以及监督和处罚等作了规定。但是，该条例只是行政法规，法律效力有一定的局限性，尤其是该条例规范内容粗略，留有许多法律调整的空白之处，且有些规定已经不适应独资企业发展的要求；在对独资企业的管理上，包括登记注册、事务管理、解散清算等方面还存在一些不大规范的做法。例如，按企业雇用职工人数确定企业与个体工商户的界限，对独资企业规定了最低注册资本额且要求较高，对独资企业的经营所得存在双重征税等，这些规定不符合市场经济的内在要求。

《个人独资企业法》于1999年8月30日经第九届全国人民代表大会常务委员会第十一次会议通过并颁布，于2000年1月1日实施，这是继《公司法》、《合伙企业法》之后我国企业立法的又一重大举措。《个人独资企业法》的颁布对于确立个人独资企业地位，保护个人独资企业及其投资人和债权人的合法权益，促进个人独资企业的健康发展，具有十分重要的意义。

《个人独资企业法》是市场经济法律体系中的一部重要法律，它与《公司法》、《合伙企业法》等法律共同构成我国的市场主体立法。在一些市场经济国家，没有专门法律规范独资企业的设立和经营，一人投资设立企业的有关法律问题通常由民法和商法调整。例如，德国没有独资企业的概念，德国的商法典是以商人的概念为基础的。如果一个人独立地持续进行以盈利为目的的活动，即被认定为商人，适用于一系列有关商事的法律规定。《民法通则》的有关规定较为原则和简略，而且由于其制定时还不存在个人独资企业的企业类型，所以，其规范的相应对象是个体工商户。例如，《民法通则》规定，公民在法律允许的范围内，依法核准登记，从事工商业经营的，为个体工商户；个体工商户可以起字号；个体工商户、农村承包经营户的合法权益受法律保护；个体工商户、农村承包经营户的债务，个人经营的，以个人财产承担，家庭经营的，以家庭财产承担。所以，仅靠《民法通则》难以起到规范个人独资企业的作用。为规范个人独资企业的组织和经营，保护个人独资企业及其投资人和债权人的合法权益，我国制定了《个人独资企业法》，健全了市场主体立法，完善了我国社会主义市场经济法律体系。

（二）个人独资企业法的概念与特征

个人独资企业法是调整个人独资企业的设立、组织、活动与终止的法律规范的总称。

个人独资企业法有狭义与广义之分。狭义的个人独资企业法，是指于1999年8月30日经第九届全国人民代表大会常务委员会第十一次会议通过并颁布，2000年1月1日实施的《个人独资企业法》。广义的个人独资企业法，还包括其他所有调整个人独资企业组织与行为的法律规范。例如，《民法通则》等法律、法规中涉及个人独资企业相关问题的法律规定。

我国的个人独资企业法具有以下特征：

1.《个人独资企业法》既具有组织法的性质，又具有行为法的性质。它是全面调整个人独资企业的立法。

2.《个人独资企业法》作为对个人独资企业的专门立法，与调整个体工商户的法规同时并存，而两者调整的对象具有潜在的重合性。其适用对象对适用的法律具有一定的选择权。

第二节　个人独资企业的设立

一、个人独资企业的设立条件

根据《个人独资企业法》第8条的规定，设立个人独资企业应当具备下列条件：

（一）投资人为一个自然人

个人独资企业的投资人为一个自然人。个人独资企业的投资人应当具有民事权利能力。《个人独资企业法》对个人独资企业的投资人是否应具有民事行为能力未作直接规定，但根据实践惯例，个人独资企业设立时的投资人应具有民事行为能力。

需要注意的是，根据《个人独资企业法》第 17 条的规定，个人独资企业投资人对本企业的财产所有权可以依法继承。所以，当继承人是无民事行为能力人或无完全民事行为能力人时，就可能在个人独资企业设立后，出现投资人不具有民事行为能力或不具有完全民事行为能力的情况。

《个人独资企业法》第 16 条规定：法律、行政法规禁止从事营利性活动的人，不得作为投资人申请设立个人独资企业。根据有关法律规定，下列人员不得作为投资人申请设立个人独资企业。

1. 国家公务员。

根据《公务员法》第 2 条的定义，公务员是指依法履行公职、纳入国家行政编制、由国家财政负担工资福利的工作人员。这一规定将公务员的范畴从国家行政机关工作人员扩大为“公务人员”，包括国家行政机关的工作人员、中国共产党机关的工作人员、各级人民代表大会机关的工作人员、各级政协机关的工作人员、民主党派机关的工作人员、法院和检察院的工作人员。

国家公务员在公务活动中掌握一定的资源，包括管理权或其他职权、信息等。如果公务员可以作为个人独资企业的投资人，就可能利用公务资源为自己从事的经营活动牟取利益，这不仅可能产生腐败现象，而且对其他企业来讲也是不公平的。为此，《公务员法》第 53 条明确地规定，公务员不得“从事或者参与营利性活动，在企业或者其他营利性组织中兼任职务”。

2. 其他限制作为独资企业的投资人的情况。

我国《公司法》对公司的董事和经理不得从事的营利活动作出了两个方面的限制。公司董事和经理投资设立个人独资企业，成为投资人，法律并不禁止，但要受到以下限制：一是第 149 条规定，董事、高级管理人员未经股东会或股东大会同意，不得自营或者为他人经营与其所任职公司同类的业务。违法从事上述业务的，所得的收入应当归公司所有。二是第 70 条规定，国有独资公司的董事长、副董事长、董事、高级管理人员，未经国有资产监督管理机构同意，不得在其他有限责任公司、股份有限公司或者其他经济组织兼职。

（二）有合法的企业名称

根据法律、法规规定，个人独资企业的名称应当符合企业名称登记管理有关规定，并与其责任形式及从事的营业相符合。个人独资企业的名称中不得使用“有限”、“有限责任”或者“公司”字样。

《个人独资企业法》第 11 条“个人独资企业的名称应当与其责任形式及从事的营业相符合”的规定，在表述上不够准确。因为企业的责任形式都是应以企业的全部财产承担无限清偿责任的。所谓不同的责任形式，是指企业的投资人对企业债务的责任形式，而不是企业的责任形式。因此，该条规定应修改为“与其投资人的责任形式相符合”。

个人独资企业的投资人对企业债务承担无限责任。所以，个人独资企业的名称中不允许使用“有限”或者“有限责任”字样。否则，他人就可能将其误认为是一家投资人负有限责任的企业。

（三）有投资人申报的出资

设立个人独资企业必须有投资人申报的出资。鉴于个人独资企业只有一个投资人，投资人要以个人的全部财产对企业债务承担无限责任，立法时大多数人不主张对个人独资企业规定设立时的最低注册资本金额。但也有人认为，从加强独资企业登记管理和保护交易相对人利益的角度考虑，应当规定最低注册资本金额。立法最终未规定个人独资企业的最低注册资本金额，仅要求投资人在申请设立企业时要有自己申报的出资。

《个人独资企业法》中没有规定注册资本及最低出资额制度，其理由如下：

1. 个人独资企业是非法人型企业，没有必要规定注册资本与出资最低限额。

注册资本制度设置的必要性，源于法人所有权和出资人有限责任制度。要落实法人所有权制度和出资人有限责任制度，一个重要的前提是确立公司的独立财产，将公司与股东分别承担各自法律责任的财产范围分清，这正是公司注册资本的由来。而个人独资企业的财产与投资人个人的其他财产是不严格分开的，投资人对企业债务承担无限责任。所以，对个人独资企业来说，规定注册资本制度与出资最低限额便没有意义，因为承担责任的财产主体是投资人的全部个人财产而非仅仅是投资人出资于企业的注册资本。

2. 不规定注册资本及出资最低限额有利于增加民间投资，增加就业机会。

对个人独资企业不规定注册资本与最低限额，与国际通行做法是一致的。在德国，如果法律规定了最低注册资本数额是违宪的，因为那样做是剥夺了穷人投资的权利。在美国，设立企业只需要缴纳 60 美元～800 美元的登记费就可以注册，有些州还可以采取邮寄的方式注册，加拿大也有相同的规定。

3. 对个人独资企业设置最低注册资本限额与知识经济的发展不相适应。

在一些高科技投资领域，如软件行业，许多投资人的最大财富就是知识和技术，而不是资金，在这种情况下规定注册资本最低限额会抑制投资和科技的发展。例如，美国微软公司最初只有几个年轻人，几百美元的资金，也没有专门的经营场所，而目前已发展成为拥有巨额资产的公司。所以，我国也应当从法律上取消对设置个人独资企业一切不必要的投资障碍。

（四）有固定的生产经营场所和必要的生产经营条件

个人独资企业以其主要办事机构所在地为住所。其他设立条件的具体内容可以参见有关其他类型企业设立条件的阐述。

（五）有必要的从业人员

根据有关规定，从事临时经营、季节性经营、流动经营和没有固定门面的摆摊经营者，不得登记为个人独资企业。

二、个人独资企业的设立程序

《个人独资企业法》中对个人独资企业的设立程序作出规定。为便于执行，国家工商行政管理局于 2000 年 1 月 13 日通过了《个人独资企业登记管理办法》，对个人独资企业的登记问题作了更为详细的规定。

申请设立个人独资企业，应当由投资人或者其委托的代理人向个人独资企业所在地的登记机关提出申请，提交设立申请书、投资人身份证明、生产经营场所使用证明等文件。从事法律、行政法规规定须报经有关部门审批的业务，应当在申请设立登记时提交有关部门的批准文件。委托代理人申请设立登记的，应当提交投资人的委托书和代理人的身份证明等合法证明。

个人独资企业设立申请书应当载明下列事项：

1. 企业的名称和住所。
2. 投资人的姓名和居所。
3. 投资人的出资额和出资方式。
4. 经营范围及方式。

所谓投资人的出资额，是指投资人以货币出资的数额，以及采取实物、土地使用权、知识产权或者其他财产权利出资的作价数额。投资人申报的出资额应当与企业的生产经营规模相适应。出资方式，是指投资人以个人财产出资，或者以家庭共有财产作为个人出资。以家庭共有财产作为个人出资的，投资人应当在设立（变更）登记申请书上予以注明。

个人独资企业的登记事项应当包括：企业名称、营业住所、投资人姓名和居所、出资额和出资方式、经营范围及方式。

登记机关应当在收到全部设立申请文件之日起 15 日内，作出核准登记或者不予登记的决定，予以核准登记的，发给营业执照；不予核准登记的，发给企业登记驳回通知书，给予书面答复，说明理由。

个人独资企业的营业执照的签发日期，为个人独资企业成立日期。在领取个人独资企业营业执照前，投资人不得以个人独资企业的名义从事经营活动。个人独资企业应当在登记机关核准的登记范围内依法从事经营活动。个人独资企业成立后，无正当理由超过 6 个月未开业，或者开业后自行停业连续 6 个月的，由登记机关吊销其营业执照。

个人独资企业设立分支机构，应当由投资人或者其委托的代理人向分支机构所在地的登记机关申请登记，领取营业执照。分支机构的登记事项应当包括：分支机构的名称、经营场所、负责人姓名和居所、经营范围及方式。分支机构经核准登记后，应将登记情况报该分支机构隶属的个人独资企业的登记机关备案。分支机构的民事责任由设立该分支机构的个人独资企业承担。

第三节　个人独资企业的投资人及企业事务管理

一、个人独资企业的投资人

个人独资企业的投资人对本企业的财产依法享有所有权，其有关权利可以依法进行转让或者继承。个人独资企业的投资人对企业债务承担无限责任；在申请企业设立登记时明确以其家庭共有财产作为个人出资的，应当依法以家庭共有财产对企业债务承担无限责任。

二、个人独资企业的事务管理

个人独资企业的投资人可以自行管理企业事务，也可以委托或者聘用其他具有民事行为能力的人负责企业的事务管理。

投资人委托或者聘用他人管理个人独资企业事务，应当与受托人或者被聘用的人签订书面合同，明确委托的具体内容和授予的权利范围。受托人或者被聘用的人员应当履行诚信、勤勉义务，按照与投资人签订的合同负责个人独资企业的事务管理。投资人委托或者聘用的人员管理个人独资企业事务时，违反双方订立的合同，给投资人和企业造成损害的，应承担民事赔偿责任。

个人独资企业的投资人委托或者聘用他人执行企业事务，受托人或者被聘用的管理人员应当根据委托权限或者职权执行事务。但是，《个人独资企业法》规定，投资人对受托人或者被聘用的管理人员委托权限或者职权的限制，不得对抗善意第三人。所谓善意第三人，是指在与个人独资企业的交易中，没有与个人独资企业的受托人或者被聘用的管理人员串通，进行损害委托人利益的行为，或者不明知受托人或者被聘用的管理人员超越权限范围执行事务仍与之交易的人。如果受托人或者被聘用的管理人员违反委托权限或者职权与不知情的善意第三人发生交易关系，投资人及其企业不得以此为由拒绝承担由此产生的后果。投资人及其企业由此受到的损失，可以要求受托人或者被聘用的管理人员承担。

保护善意第三人利益是合同法中的一项重要原则，各国立法均是如此。《美国统一合伙法》规定，如果某一合伙人“明显地是以通常方式执行合伙业务”，则第三人没有调查交易人是否得到授权的义务；而合伙人若以非正常方式执行事务时，则第三人有义务调查该合伙人授权的合法性。其他国家和地区的相关立法也规定了委托他人执行事务不得对抗善意第三人的内容。

投资人委托或者聘用的管理个人独资企业事务的人员不得有下列行为：

1. 利用职务上的便利，索取或者收受贿赂。

2. 利用职务或者工作上的便利侵占企业财产。

3. 挪用企业的资金归个人使用或者借贷给他人。

4. 擅自将企业资金以个人的名义或者以他人名义开立账户储存。

5. 擅自以企业财产提供担保。

6. 未经投资人同意，从事与本企业相竞争的业务。

7. 未经投资人同意，同本企业订立合同或者进行交易。

8. 未经投资人同意，擅自将企业商标或者其他知识产权转让给他人使用。

9. 泄露本企业的商业秘密。

10. 法律、行政法规禁止的其他行为。

投资人委托或者聘用的企业管理人员违反法律规定，侵犯个人独资企业财产权益的，应责令其退还侵占的财产；给企业造成损失的，应依法承担赔偿责任；有违法所得的，没收违法所得；构成犯罪的，依法追究刑事责任。

三、个人独资企业与投资人的所得税问题

《个人独资企业法》出台之后，个人独资企业及其投资人的所得税征收问题为人们所关注。为合理解决这一问题，2000 年，国务院在《关于个人独资企业和合伙企业征收所得税问题的通知》［国发 2000（16）号］中规定，对个人独资企业和合伙企业停征企业所得税，只对其投资者的经营所得征收个人所得税。个人独资企业以投资者为纳税义务人。合伙企业以每一个合伙人为纳税义务人。2007 年通过的《企业所得税法》第 1 条第 2 款明确地规定：“个人独资企业、合伙企业不适用本法。”

个人独资企业投资人的个人所得税，以每一纳税年度的收入总额，减除成本、费用以及损失后的余额，为应纳税所得额，比照个人所得税法的“个体工商户的生产、经营所得”应税项目，适用5%～35%的超额累进税率，计算征收个人所得税。上述成本、费用，是指纳税人从事生产、经营所发生的各项直接支出和分配计入成本的间接费用以及销售费用、管理费用和财务费用；上述损失，是指纳税人在生产、经营过程中发生的各项营业外支出。根据有关规定，个人独资企业投资人个人所得税费用扣除标准目前为每月2 000元。纳税义务人未提供完整、准确的纳税资料，不能正确计算应纳税所得额的，由主管税务机关核定其应纳税所得额。

第四节　个人独资企业的解散与清算

一、个人独资企业的变更与解散

个人独资企业存续期间登记事项发生变更的，应当在作出变更决定之日或变更事由发生之日起的15日内依法向登记机关申请办理变更登记。

个人独资企业变更企业住所以及投资人姓名，应当向原登记机关申请变更登记。个人独资企业申请变更企业住所，应当提交新住所证明。个人独资企业分支机构申请变更经营场所，应当提交新经营场所证明。变更投资人姓名，是指投资人的姓名发生改变，或者因转让、继承致使投资人变化。个人独资企业申请变更投资人姓名，应当提交居民身份证或者户籍证明。个人独资企业因转让或者继承致使投资人变化的，个人独资企业应向原登记机关提交转让协议书或者法定继承文件，申请变更登记。变更负责人姓名，是指个人独资企业分支机构负责人姓名改变，或者更换负责人。个人独资企业分支机构申请变更负责人姓名，应当提交负责人的居民身份证或者户籍证明。

个人独资企业申请变更登记，应当向登记机关提交投资人签署的变更登记申请书和国家工商行政管理总局规定应提交的有关文件。变更涉及从事法律、行政法规规定须报经有关部门审批的业务的，应当提交有关部门的批准文件。委托代理人申请变更登记的，应当提交投资人的委托书和代理人的身份证明等合法证明。

个人独资企业和个人独资企业分支机构申请变更的登记事项涉及营业执照内容的，应当提交营业执照副本。登记机关核准变更登记，核发新营业执照时，应当收缴原营业执照正本及其他副本。

登记机关应当在收到申请变更的全部法定文件之日起15日内，作出核准登记或者不予登记的决定。予以核准的，换发营业执照或者发给变更登记通知书；不予核准的，发给企业登记驳回通知书。

个人独资企业变更住所跨登记机关辖区的，应当向迁入地登记机关申请变更登记。迁入地登记机关受理的，由原登记机关将企业档案移送迁入地登记机关。

个人独资企业改变出资方式致使个人财产与家庭共有财产变换的，个人独资企业可以向原登记机关提交改变出资方式文件，申请变更登记。

个人独资企业可以转变为其他企业组织形式，不过，应当采取企业整体转变的方式进行，而且应当先行清偿企业债务，然后再转变为其他企业组织形式。

《个人独资企业法》第 26 条规定，个人独资企业有下列情形之一时，应当解散：

1. 投资人决定解散。
2. 投资人死亡或者被宣告死亡，无继承人或者继承人决定放弃继承。
3. 被依法吊销营业执照。
4. 法律、行政法规规定的其他情形。

二、个人独资企业的清算

个人独资企业解散，由投资人自行清算或者由债权人申请人民法院指定清算人进行清算。

《个人独资企业法》第 27 条规定，投资人自行清算的，应当在清算前 15 日内书面通知债权人，无法通知的，应当予以公告。债权人应当在接到通知之日起 30 日内，未接到通知的，应当在公告之日起 60 日内，向投资人申报其债权。需要注意的是，法律并未规定，未按期申报债权的债权人便丧失受偿权利。所以，债权人在财产清偿分配之前可以补充申报债权，参加分配。但补充申报债权的债权人对此前已经进行的分配无权要求补充分配。

在清算期间，个人独资企业不得开展与清算目的无关的经营活动。可以进行的活动限于企业决定解散时已经从事、尚未完成的业务，以及企业清算所必须进行的民事活动。企业决定解散后不得从事新的业务和经营活动。

《个人独资企业法》第 29 条规定，个人独资企业解散的，财产应当按照下列顺序清偿：

1. 所欠职工工资和社会保险费用。
2. 所欠税款。
3. 其他债务。

个人独资企业财产不足以清偿债务的，投资人应当以其个人的其他财产予以清偿。

个人独资企业清算结束后，投资人或者人民法院指定的清算人应当编制清算报告，由投资人或者清算人于清算结束之日起15日内向原登记机关申请注销登记。

个人独资企业申请注销登记，应当向登记机关提交下列文件：

1. 投资人或者清算人签署的注销登记申请书。

2. 投资人或者清算人签署的清算报告。

3. 国家工商行政管理总局规定提交的其他文件。

个人独资企业办理注销登记时，应当缴回营业执照。经登记机关注销登记，个人独资企业终止。

个人独资企业及其投资人在清算前或清算期间隐匿或转移财产，逃避债务的，应依法追回其财产，并按照有关规定予以处罚；构成犯罪的，依法追究刑事责任。

三、投资人的持续债务偿还责任

《个人独资企业法》第28条规定，个人独资企业解散后，原投资人对个人独资企业存续期间的债务仍应承担偿还责任，但债权人在5年内未向债务人提出偿债请求的，该责任消灭。

个人独资企业的投资者在企业解散后仍应对企业存续期间的债务承担责任，因为个人独资企业的投资人对企业债务承担的是无限责任。此外，在个人独资企业清算期间，可能还有债权人不知情，或者由于不可抗力原因，未能在规定的期限内向投资人或者清算人申报债权，企业可能还有正处在诉讼中的债权、债务尚未完全了结。规定个人独资企业投资人的持续清偿责任，就可以保证这些债权人在清算结束后仍可以获得清偿。

个人独资企业投资人的无限责任如果是绝对的、无期限的，会使投资人长期处于不确定的、随时可能被追索的状态，对投资人的社会生活及新的经营活动可能造成不利的影响。因此，为了在个人独资企业解散并清算后，能够使投资人在一定的期限后对债务得以解脱，而不是长期处于债务偿还责任的不确定性之中，法律规定，在企业清算时未获得清偿或者未获得足额清偿的债权人，如果在5年内未向投资人提出偿债请求的，投资人的偿还责任即行消灭。这表明，个人独资企业投资人的无限责任，是满足债权人在企业解散后5年内提出的偿债请求。超过5年再提出请求的，依照法律规定，投资人不再承担偿还的责任。从这一规定看，个人独资企业的投资人承担的无限责任，也是一种相对的无限责任，是有特殊时效限制的责任，并不是要求其绝对地承担无限责任。

四、投资人清偿债务时的财产保留

在个人独资企业的财产不足以清偿企业债务的情况下，投资人应当以自己的其他财产清偿企业的债务。但如果投资人把自己或者家庭的全部财产都用于清偿债务，可能会使投资人及其家庭成员失去生活保障，会给社会增加救济等压力。因此，各国立法都对个人可用于清偿债务的财产作出一定的限制。原则上，为了保护债务人及其家庭成员，特别是受其赡养人维持必要的生活条件，各国立法都要求，在强制债务人以全部财产偿还债务的情况下，允许债务人保留必需的生活费用与用品。例如，《日本民事执行法》规定，债务人的下列动产一般不得扣押用于偿还债务：（1）债务人生活必需的衣服、卧具、床垫、家具及厨房用品等；（2）最少可供债务人 2 个月使用的食物和燃料；（3）相当于普通家庭 1 个月的生活费用；（4）债务人作为农业劳动者为维持农业生产活动所必需的工具、肥料、畜力和饲料，以及到下一个收获季节为止所必需的种子等；（5）债务人作为从事水产工作者为水产捕捞和养殖所必不可少的渔网、渔具及种苗；（6）技术工作者从事工作所必需的工具；（7）生活和工作必需的个人印章；（8）佛像、牌位等进行祭祀、礼拜等活动时必不可少的器物；（9）债务人必需的家谱、日记、商业账簿等文书；（10）债务人及家人获得的勋章等荣誉纪念品；债务人在教育机构工作所必需的书本文具；债务人未公布的发明、著作；债务人的假肢等特殊必需品。

与此相类似，德国法律也规定，无限责任公司的投资人只以可抵押的财产承担无限责任。投资人的基本工资收入、家庭生活和个人劳动的必需品（如家具、厨房用具、工具书、收音机、冰箱、吸尘器、电视机等），以及农业生产不可缺少的劳动工具，都属于不可抵押的财产，不能强制用来承担清偿责任。而且，个人领取的社会保险金、战争受害者抚恤金等，一般也不得抵押。如果无特别规定，不可转让的债权和权利，也不得予以抵押。

《民事诉讼法》第 219 条规定，被执行人未按执行通知履行法律文书确定的义务，人民法院有权扣留、提取被执行人应当履行义务部分的收入。但应当保留被执行人及其所扶养家属的生活必需费用。《民事诉讼法》第 220 条规定，人民法院有权查封、扣押、冻结、拍卖、变卖被执行人应当履行义务部分的财产。但应当保留被执行人及其所扶养家属的生活必需品。根据上述规定，个人独资企业的投资人以个人其他财产清偿企业的未能清偿的债务时，应当为其保留投资人及其所扶养家属的生活必需费用和生活必需品。

因此，法律规定应用于清偿债务的“个人的其他财产”的含义，并不是指投资人的其他一切财产，而是指除保留投资人及其所扶养家属的生活必需费用和必需用品之外的财产。从立法的社会价值取向看，如果一味强调投资人必须以全部财产足额偿还债务，造成投资人及其家庭的生活困难，不仅有违社会正义的要求，带来了不必要的社会问题，而且也会损害投资人及其家属的基本人权即生存权利，显然是不足取的。不过，我国现行法律没有具体规定应当保留的费用数额和财产的范围。在实践中，可以由投资人与企业的债权人协商确定，或者由人民法院根据具体情况作出裁判。笔者认为，其他国家的有关立法规定，可以为我国所借鉴。

五、法律责任清偿顺序

《个人独资企业法》第43条规定：投资人违反本法规定，应当承担民事赔偿责任和缴纳罚款、罚金，其财产不足以支付的，或者被判处没收财产的，应当先承担民事赔偿责任。

在我国改革开放初期的司法实践中，对财产责任承担的顺序通常是先刑后民，先国家后他人。根据当时的执行惯例，在责任人既要承担民事责任，又要承担刑事、行政责任中涉及的财产责任，而其经济能力不足以承担所有责任时，要先承担刑事、行政责任，后承担民事责任，先承担对国家的责任，后承担对他人的民事责任。考虑到对市场经济交易安全的保护，并化解由此产生的社会矛盾，我国在公司法中首先推翻了旧的责任承担顺序，《个人独资企业法》也随之确立了上述新的责任顺序原则。

复习思考题

1. 简述个人独资企业的概念与特征。
2. 简述个人独资企业的法律地位。
3. 简述个人独资企业与个体工商户的关系与区别。
4. 简述个人独资企业与一人有限责任公司的关系与区别。
5. 简述个人独资企业的设立条件。
6. 简述个人独资企业的设立程序。
7. 我国立法对个人独资企业及其投资人的所得税是如何规定的？
8. 简述个人独资企业的解散与清算程序。
9. 简述个人独资企业投资人对企业债务承担无限责任时的财产保留问题。

第十四章

特殊企业法

在经济体制改革中，我国出台了针对不同所有制调整的特殊企业立法，这些法律、法规、规章可以分为四个方面：一是国有企业法，其内容目前更多地体现为企业国有资产管理制度，而不是企业制度规范，例如，《企业国有资产法》；二是集体所有制企业法，主要表现为《城镇集体所有制企业条例》、《乡村集体所有制企业条例》和合作社法；三是私营企业法，现在基本上不再适用；四是外商投资企业法，现在仍然适用，但是其重要性已经降低。这些立法制定的时间大多较早，受当时经济体制改革进展程度的限制，有些制度、规定已经过时，在一些方面已经不能适应目前市场经济发展的需要。所以，在本章中，对变革中的特别企业法律制度，只根据现行立法简单地介绍其中的基本法律问题，尤其是一些目前仍有实际意义的法律规定。

第一节　国有企业法

一、国有企业的概念、特征与分类

（一）国有企业的概念

国有企业，即全民所有制企业，是指一个国有财政主体或者国有企业、事业单位设立，由国家作为权利主体代表全体公民行使企业投资人权利的企业。这是狭义的国有企业的概念。狭义的国有企业在不同阶段有不同的称谓。最初称国营企业，此后1986年制定的《民法通则》和《企业破产法（试行）》将国营企业称为全民所有制企业。1988年制定了《全民所有制工业企业法》，国营企业的概念为全民所有制企业代替，以适应企业所有权和经营权分离的改革实践。1993年，第八届全国人民代表大会第一次会议通过的宪法修正案将《中华人民共和国宪法》第7条中的国营经济改称为国有经济，相应地，将第16条中的国营企业改称为国有企业。从此，国有企业的名称在宪法上确定下来。

广义的国有企业，是指由中央或者地方政府投资并通过全部或者部分的股权对其拥有控制权的企业。包括：（1）国家全额投资的企业，即依据《全民所有制工业企业法》设立的全民所有制企业和依据《公司法》设立的国有独资公司；（2）国有控股企业，即国家资本占注册资本总额51%以上的企业或公司，以及国家资本在注册资本总额51%以下但是国家实际上拥有其控制权的企业或者公司。此外还有国有参股企业，即由国家投资但国家投资不占主导地位的企业或者公司，准确地讲，此类企业是由国家投资的企业，而不是国有企业。

广义的国有企业不是一种独立的企业组织形式，而是指企业的一种所有制形式。目前，在我国的实践中，国有企业的概念在不同的领域有不同的含义。例如，在国民经济统计和国有资产管理上往往使用广义的国有企业概念，而在企业组织形式上，则使用狭义的国有企业概念，即根据《全民所有制工业企业法》登记设立而且尚未根据《公司法》改制为公司的全民所有制企业。

本书采取广义的国有企业概念，即指由国家出资的国有独资企业、国有独资公司，以及国有资本控股公司、国有资本参股公司。

（二）国有企业的特征

1. 资本全部或部分来源于国家的直接或间接投资。

目前，我国把一个由国有财政主体或国有企、事业单位所设立的全民所有制企业（国有独资企业）或者国有独资公司叫做国有企业，同时在国有资产管理上，把国家因控股、参股等方式能够对之加以控制的企业或者公司也叫做国有企业。

2. 在不同程度上受中央或地方政府的控制。

国有企业的设立、管理和经营必须符合政府的意志和利益。国有企业的组织制度设置及运行与国家对国有资产的管理制度密切相连，其经营不可能完全摆脱国家一定程度的行政干预，这在欧美发达国家也不例外。

3. 企业国有产权和企业法人财产权分离。

国有企业的国有产权属于全民所有，国家依照所有权和经营权分离的原则授予企业经营管理，企业则享有相应的企业法人财产权。

4. 国有企业的立法调整非常复杂。

目前，我国国有企业立法具有改革时代转型期的特点，在国有企业建立现代企业制度的改革过程中，对国有企业的法律调整往往具有政策性和政府主导的特征。《全民所有制工业企业法》的许多制度与规定都已经过时，虽然在实践中的适用范围在不断地缩小，但是法律没有进行修改，也没有宣告废除，而是更多地依靠政府的行政法规、规章、国家相关政策加以补充调整。同时，《公司法》、《企业国有资产法》及其附属法规也对国有企业改制和建立现代企业制度发挥着作用。

（三）国有企业的分类

西方学者一般把国有企业分为三种：第一种是政府及其部门控制的没有独立人格的企业，其财务在一定程度上与政府预算有直接联系；第二种是公法人企业，系指依照专门的法律设立和经营的国有企业；第三种是政府控制的商事公司，即依照私法设立和经营，政府作为股东，依商法和公司法参与其决策和经营的企业。

我国国有企业的分类标准很多，按照调整企业立法的性质，可以分为普通国有企业和特殊国有企业；按照其是否具有营利性，可以分为营利性国有企业和政策性国有企业，亦称竞争性国有企业和非竞争性国有企业；按照投资主体的数量，可以分为单一主体投资的国有企业和多元主体投资的国有企业；按照其提供的服务是否具有公用性，可以分为国有的公用企业和非公用企业等。在实践中，具有企业法意义的分类主要有：

1. 普通国有企业和特殊国有企业。

这是依据调整企业立法的性质所作的分类。我国调整普通国有企业的立法主要是《全民所有制工业企业法》、《公司法》，以及与之相关的法律、法规。普通国有企业的特征是具有营利性，它们直接从事生产经营活动，在改革开放中已经在相当程度上摆脱了行政控制，仅在法律的范围内对其保持必要的监督。

由特别立法或行政命令调整的国有企业主要是军工、航天等承担特殊任务的企业，以及不适用或不完全适用《公司法》并承担政策性或者管理职能的公司。在我国企业制度改革中建立的部门和地方的国有投资公司、开发性公司或项目法人（如长江三峡工程开发总公司）、政策性银行、承担管理职能的企业集团公司等，虽然原则上也适用《公司法》，但其设立和运行所适用的实体规范，主要是有关行政法规、行政命令和政策，因此，在性质上有别于普通国有企业。国有的铁路企业、邮政企业、电信企业、农垦企业等，在适用法律上也有其特殊性，主要适用专门的法律、法规。这些企业都属于特殊企业的范畴。

这种分类的意义在于，普通国有企业以营利和资本的增值为目的，依法参与市场竞争，国家不对其直接施加行政干预和约束，不要求其承担政策性义务，一般也不给予特别的扶持、资助或优惠。特殊国有企业则在较大程度上受到政策、公众利益及国家为其规定的特殊任务的约束，不能单纯地以营利为目的从事活动，政府在不同程度上以行政命令和政策对其施加直接影响，在企业发生政策性亏损或执行政策对企业利益有减损时，则采取由国家财政给予弥补或以其他方式予以调整。

2. 营利性国有企业和政策性国有企业。

按照企业是否完全以营利为目的活动，是否充分参与市场竞争，可以把国有企业分为营利性国有企业和政策性国有企业。政策性国有企业往往存在于非竞争性行业或不完全竞争性行业，所以，其经营目的即营利目的要受到国家一定的程度的干预。这一分类与上一分类有一定的关联，即营利性国有企业一般由普通企业法调整，政策性国有企业一般由特别法或行政命令调整。

3. 单一主体投资的国有企业和多元主体投资的国有企业。

单一主体投资的国有企业主要是指依据《全民所有制工业企业法》设立的全民所有制企业（国有独资企业）和依据《公司法》及相关法律设立的国有独资公司。多元主体投资的国有企业，则主要是指依据《公司法》设立的有限责任公司和股份有限公司，主要包括国有资本控股公司、国有资本参股公司。

二、国有企业法的概念及法律渊源

（一）国有企业法的概念

国有企业法是调整国有企业的组织关系与相关行为的法律规范的总称。国有企业法有形式与实质之分。形式的国有企业法，是指法律中冠有国有企业之名、以调整国有企业关系为目的的专门法律，在我国就是《全民所有制工业企业法》。实质的国有企业法，则泛指各种调整国有企业组织关系与相关行为的法律规范，包括法律、行政法规以及行政规章。本书采纳实质的国有企业法的概念。

（二）国有企业法的渊源

过去在计划经济为主的体制下，我国以所有制作为企业立法的标准，即按照所有制进行区分，并据此制定法律，建立相应的企业法体系，例如，《全民所有制工业企业法》、《城镇集体所有制企业条例》、《乡村集体所有制企业条例》、《私营企业暂行条例》以及《中外合资经营企业法》、《中外合作经营企业法》、《外商独资企业法》等。随着市场经济体制的逐步建立，以《公司法》、《合伙企业法》和《个人独资企业法》为代表的新的企业法立法体系已经建立起来。现在普通国有企业法在企业的组织形式等方面已经不再具有实质调整意义，对国有企业的法律调整已经转以企业国有资产管理方面为主，并以《企业国有资产法》为代表。

1.《全民所有制工业企业法》及其配套法规。

现行的国有企业法主要是1988年制定的《全民所有制工业企业法》和《企业法人登记管理条例》以及1992年制定的《全民所有制工业企业转换经营机制条例》。

2.《公司法》、《保险法》和《商业银行法》。

在《公司法》、《保险法》、《商业银行法》等法律中存在一些调整国有独资公司的法律规范。

3. 特殊的国有企业立法。

我国的特殊企业立法尚不发达，主要表现为国务院有关设立和管理诸如政策性银行、中国长江三峡工程开发总公司、有关军工和航天等特殊企业的决定和规章等；此外《邮政法》、《铁路法》等在一定程度上也具有特殊企业法的性质。

4. 有关企业国有资产管理的法律、行政法规和规章。

在涉及国有企业的法律中还包括诸多有关国有资产管理的法律、行政法规和规章，主要有第十一届全国人民代表大会常务委员会第五次会议于2008年10月28日通过的《企业国有资产法》、国务院于2000年3月15日颁布施行的《国有企业监事会暂行条例》、于2003年5月27日颁布施行的《企业国有资产监督管理暂行条例》、国务院国有资产监督管理委员会于2004年2月1日施行的《企业国有产权转让管理暂行办法》以及其他调整企业国有资产管理的立法。随着《企业国有资产法》的颁布与实施，《企业国有资产监督管理暂行条例》、《国有企业监事会暂行条例》、《企业国有产权转让管理暂行办法》等行政法规、规章将失效或者进行修改。

由于《全民所有制工业企业法》的适用范围越来越小，而且我国特殊国有企业法不发达，对《公司法》在前文已经有了详尽的介绍，因此以下主要介绍企业国有资产经营和监督管理方面的法律制度。

三、国有企业法人财产权与企业国有产权

党的十四届三中全会于1993年11月14日通过的《中共中央关于建立社会主义市场经济体制若干问题的决定》，针对国有企业建立现代企业制度的问题指出："企业中的国有资产所有权属于国家，企业拥有包括国家在内的出资者投资形成的全部法人财产权，成为享有民事权利、承担民事责任的法人实体。"该文件提出的企业法人财产权和企业国有产权的定义反映了现代企业制度产权明晰的要求，为在企业改革中正确处理国家与企业之间的国有产权关系提出了理论和政策依据。此后在立法中开始使用企业国有产权和企业法人财产权的定义。这一定义是对全民所有制财产权和国有企业经营权的改进与提高。企业国有产权的性质就是全民所有制财产权，国有企业的法人财产权的性质是依照两权分离原则而形成的国有企业依照国家授权取得的财产经营权，但是改进后更能体现市场经济的要求和现代企业制度的要求，对处理国家与企业的财产关系具有更为具体和更有操作性的指导意义。

1999年9月22日，十五届四中全会通过的《中共中央关于国有企业改革和发展若干重大问题的决定》对国家与国有企业之间的权利关系作了深刻的论述：政府对国家出资兴办和拥有股份的企业，通过出资人代表行使所有者职能，按出资额享有资产权益、重大决策权和选择经营管理者等权利，对企业的债务承担有限责任，不干预企业日常经营活动。该文件体现了中央关于国有企业改革政策的新发展，表明我国在探讨如何在国有企业建立现代企业制度，实现政企分开以及管理国有资产方面有了新的突破，确定国家与国有企业的关系是投资者与企业的关系。

（一）企业国有产权的界定

根据《企业国有资产法》第2条的规定，企业国有资产，简称国有资产，是指国家对企业各种形式的出资所形成的权益。

国有资产属于国家所有即全民所有，国务院代表国家行使国有资产所有权。国务院和地方人民政府依照法律、行政法规的规定，分别代表国家对国家出资企业履行出资人职责，享有出资人权益。具体而言，国务院确定的关系国民经济命脉和国家安全的大型国家出资企业，重要基础设施和重要自然资源等领域的国家出资企业，由国务院代表国家履行出资人职责。其他国家出资企业，由地方人民政府代表国家履行出资人职责。

（二）企业法人财产权的界定

1993 年，《公司法》首次从法律上对公司法人财产权作出规定，即公司享有由股东投资形成的全部法人财产权，依法享有民事权利，承担民事责任。1994 年，国务院发布的《国有企业财产监督管理条例》（现已废止）对国有企业的法人财产权作了进一步规定，即国有企业享有法人财产权，依法独立支配国家授予其经营管理的财产；政府和监督机构不得直接支配企业法人财产，不得以任何形式抽取注入企业的资本金，不得调取企业财产，不得以任何名义向企业收取任何费用；国家对企业承担的财产责任以投入企业的资本额为限，企业以其全部法人财产独立承担民事责任。

根据《企业国有资产法》第 16 条的规定，首先，法人财产权是一种物权，即国家出资企业对其动产、不动产和其他财产依照法律、行政法规以及企业章程享有占有、使用、收益和处分的权利。其次，法人财产权是一种体现为经营权的他物权，即国家出资企业依法享有的经营自主权和其他合法权益。这种“投资人权利—公司法人财产权”的财产权模式反映了现代公司“所有与经营分离”的现实需要。在这一模式之下，投资人可以通过行使股东权间接地对公司进行支配与控制，公司则可以摆脱投资人对公司生产经营活动的直接干预。

在西方发达国家的公司法中并没有法人财产权的规定，有关股东义务的规定和公司治理的规定已经妥善地解决了股东与公司以及股东与股东之间的权益冲突关系。法人财产权是中国国有企业股份制改革中为了解决政府过度干预企业经营而建立的一种法律制度，其对于国有企业改革具有重要的意义，同时对于完善“所有与经营分离”的现代公司的治理结构也具有启发意义。

四、企业国有资产的管理与监督

我国国有资产包括三类：经营性国有资产、非经营性国有资产、资源性国有资产。企业国有资产属于经营性国有资产。企业国有资产，是指国家对企业各种形式的出资所形成的权益。《企业国有资产法》规定了企业国有资产管理体制、国家出资企业负责人的选任与考核制度、国有出资企业重大事项管理制度、国有资本经营预算制度、国有资产监督制度和相应的法律责任。

（一）企业国有资产管理体制

国有资产管理体制是规定履行企业国有资产出资人职责的机构及其职权和责任的制度。我国实行由国务院和地方人民政府分别代表国家履行出资人职责，享有所有权者权益，权利、义务和责任相统一，管人、管事和管资产相结合的国有资产管理体制。这一管理体制的特点是：

1. 一级所有，分级管理。

一级所有，是指企业国有资产属于国家所有即全民所有，并由国务院代表国家行使国有资产所有权；分级管理，是指国务院和地方人民政府依照法律、行政法规的规定，分别代表国家对国家出资企业履行出资人职责，享有出资人权益。

2. 政府社会公共职能与国有资产出资人职能分开。

企业国有资产管理事务统一由各级履行出资人职责的机构进行管理。其与政府的关系主要体现为以下四个方面：第一，履行出资人职责的机构对法律、行政法规和本级人民政府规定须经本级人民政府批准的履行出资人职责的重大事项，应当报请本级人民政府批准。第二，履行出资人职责的机构委派的股东代表参加国有资本控股公司、国有资本参股公司召开的股东会会议、股东大会会议，应当按照委派机构的指示提出提案、发表意见、行使表决权，并将其履行职责的情况和结果及时报告委派机构。第三，履行出资人职责的机构对本级人民政府负责，向本级人民政府报告履行出资人职责的情况，接受本级人民政府的监督和考核，对国有资产的保值增值负责。第四，履行出资人职责的机构应当按照国家有关规定，定期向本级人民政府报告有关国有资产总量、结构、变动、收益等汇总分析的情况。

政府其他部门履行社会公共管理职能，在各级政府的领导下，对包括国有企业在内的各类企业平等地进行管理和提供服务。

3. 履行出资人职责的机构与国家出资企业之间形成投资人与企业的法律关系。

履行出资人职责的机构分为中央和地方两个层级。就中央层级而言，根据国务院的授权，国务院国有资产监督管理机构和国务院授权的其他部门、机构代表国务院对国务院确定的关系国民经济命脉和国家安全的大型国家出资企业、重要基础设施和重要自然资源等领域的国家出资企业履行出资人职责。就地方层级而言，根据本级人民政府的授权，由地方人民政府设立的国有资产监督管理机构和地方人民政府授权的其他部门、机构，代表本级人民政府对国家出资企业履行出资人职责。代表国务院履行出资人职责的机构简称为中央履行出资人职责的机构，代表地方人民政府履行出资人职责的机构简称为地方履行出资人职责的机构，两者统称为履行出资人职责的机构。

国家出资企业，是指国家出资的国有独资企业、国有独资公司，以及国有资本控股公司、国有资本参股公司。

履行出资人职责的机构与国家出资企业之间分别享有企业国有产权和企业法人财产权，形成投资人与其所投资企业的法律关系，履行出资人职责的机构代表本级人民政府对国家出资企业依法享有资产收益、参与重大决策和选择管理者等出资人权利，履行出资人职责的机构依照法律、行政法规的规定，制定或者参与制定国家出资企业的章程；国家出资企业对其动产、不动产和其他财产依照法律、行政法规以及企业章程享有占有、使用、收益和处分的权利，国家出资企业依法享有的经营自主权和其他合法权益受法律保护。

履行出资人职责的机构应当维护企业作为市场主体依法享有的权利，除依法履行出资人职责外，不得干预企业经营活动。履行出资人职责的机构应当依照法律、行政法规以及企业章程履行出资人职责，保障出资人权益，防止国有资产损失。

国家出资企业应当依法建立和完善法人治理结构，建立、健全内部监督管理和风险控制制度。国家出资企业应当依照法律、行政法规和国务院财政部门的规定，建立健全财务、会计制度，设置会计账簿，进行会计核算，依照法律、行政法规以及企业章程的规定向出资人提供真实、完整的财务、会计信息。国家出资企业应当依照法律、行政法规以及企业章程的规定，向出资人分配利润。国家出资企业对其所出资企业，应当依照法律、行政法规的规定，通过制定或者参与制定所出资企业的章程，建立权责明确、有效制衡的企业内部监督管理和风险控制制度，维护其出资人权益。

（二）对企业负责人的选任与考核

1. 国家出资企业负责人的选任。

履行出资人职责的机构对所出资企业负责人的选任，根据企业性质不同而有所区别。主要分为两种情况：一是依照国务院和地方人民政府规定由本级人民政府任免；二是履行出资人职责的机构对拟任命或者建议任命的董事、监事、高级管理人员的人选按照规定的条件和程序进行考察，考察合格的，按照规定的权限和程序任命或者建议任命。

具体而言，国有独资企业的经理、副经理、财务负责人和其他高级管理人员按照《全民所有制工业企业法》、《企业转换经营机制条例》和企业章程的规定任免。国有独资企业的监事会由履行出资人职责的机构按照国务院的规定委派的监事组成。国有独资公司的董事长、副董事长、董事、监事会主席和监事依照《公司法》和公司章程的规定任免；对国有资本控股公司、国有资本参股公司则应依照《公司法》和公司章程的规定，向股东会、股东大会提出董事、监事人选。国家出资企业中应当由职工代表出任的董事、监事，依照有关法律、行政法规的规定由职工民主选举产生。

履行出资人职责的机构任命或者建议任命的董事、监事、高级管理人员，应当具备下列条件：（1）有良好的品行；（2）有符合职位要求的专业知识和工作能力；（3）有能够正常履行职责的身体条件；（4）法律、行政法规规定的其他条件。所谓法律、行政法规规定的其他条件，主要是指《公司法》、《国有企业监事会暂行条例》对董事、监事和高级管理人员所规定的任职条件。

董事、监事、高级管理人员在任职期间出现不符合法律、行政法规规定的任职条件的，履行出资人职责的机构应当依法予以免职或者提出免职建议。

2. 国家出资企业负责人的义务。

未经履行出资人职责的机构同意，国有独资企业、国有独资公司的董事、高级管理人员不得在其他企业兼职。未经股东会、股东大会同意，国有资本控股公司、国有资本参股公司的董事、高级管理人员不得在经营同类业务的其他企业兼职。未经履行出资人职责的机构同意，国有独资公司的董事长不得兼任经理。未经股东会、股东大会同意，国有资本控股公司的董事长不得兼任经理。董事、高级管理人员不得兼任监事。

国家出资企业的董事、监事、高级管理人员，应当遵守法律、行政法规以及企业章程，对企业负有忠实义务和勤勉义务，不得利用职权收受贿赂或者取得其他非法收入和不当利益，不得侵占、挪用企业资产，不得超越职权或者违反程序决定企业重大事项，不得有其他侵害国有资产出资人权益的行为。

3. 对国家出资企业负责人的考核和任期审计。

履行出资人职责的机构，应当根据国家有关经营业绩考核制度的规定，对其任命的企业负责人和本级政府任命的企业负责人进行年度和任期考核，并依据考核结果决定对企业负责人的奖惩。履行出资人职责的机构应当按照国家有关规定，确定其任命的国家出资企业负责人和本级政府任命的企业负责人的薪酬标准。

国有独资企业、国有独资公司和国有资本控股公司的主要负责人，应当接受依法进行的任期经济责任审计。

（三）国有出资企业重大事项管理制度

国有出资企业重大事项管理制度，是指履行出资人职责的机构对国有出资企业中关系国有资产出资人权益的重大事项进行管理的制度。

1. 重大事项的决定。

国家出资企业合并、分立、改制、上市，增加或者减少注册资本，发行债券，进行重大投资，为他人提供大额担保，转让重大财产，进行大额捐赠，分配利润，以及解散、申请破产等重大事项除依照有关法律、行政法规以及企业章程的规定，由履行出资人职责的机构决定的以外，国有独资企业由企业负责人集体讨论决定，国有独资公司由董事会决定。

国有独资企业、国有独资公司合并、分立，增加或者减少注册资本，发行债券，分配利润，以及解散、申请破产，由履行出资人职责的机构决定。

国有资本控股公司、国有资本参股公司的合并、分立、改制、上市，增加或者减少注册资本，发行债券，进行重大投资，为他人提供大额担保，转让重大财产，进行大额捐赠，分配利润，以及解散、申请破产等重大事项，依照法律、行政法规以及公司章程的规定，由公司股东会、股东大会或者董事会决定。由股东会、股东大会决定的，履行出资人职责的机构委派的股东代表应当按照委派机构的指示提出提案、发表意见、行使表决权，并将其履行职责的情况和结果及时报告委派机构。

重要的国有独资企业、国有独资公司、国有资本控股公司的合并、分立、解散、申请破产以及法律、行政法规和本级人民政府规定应当由履行出资人职责的机构报经本级人民政府批准的重大事项，履行出资人职责的机构在作出决定或者向其委派参加国有资本控股公司股东会会议、股东大会会议的股东代表作出指示前，应当报请本级人民政府批准。

国家出资企业的合并、分立、改制、解散、申请破产等重大事项，应当听取企业工会的意见，并通过职工代表大会或者其他形式听取职工的意见和建议。

2. 企业改制。

企业改制包括三种情形：一是国有独资企业改为国有独资公司；二是国有独资企业、国有独资公司改为国有资本控股公司或者非国有资本控股公司；三是国有资本控股公司改为非国有资本控股公司。

企业改制应当制定改制方案，载明改制后的企业组织形式、企业资产和债权债务处理方案、股权变动方案、改制的操作程序、资产评估和财务审计等中介机构的选聘等事项。企业改制涉及重新安置企业职工的，还应当制定职工安置方案，并经职工代表大会或者职工大会审议通过。

企业改制应当按照规定进行清产核资、财务审计、资产评估，准确界定和核实资产，客观、公正地确定资产的价值。企业改制涉及以企业的实物、知识产权、土地使用权等非货币财产折算为国有资本出资或者股份的，应当按照规定对折价财产进行评估，以评估确认价格作为确定国有资本出资额或者股份数额的依据。不得将财产低价折股或者有其他损害出资人权益的行为。

企业改制应当依照法定程序，由履行出资人职责的机构决定或者由公司股东会、股东大会决定。重要的国有独资企业、国有独资公司、国有资本控股公司的改制，履行出资人职责的机构在作出决定或者向其委派参加国有资本控股公司股东会会议、股东大会会议的股东代表作出指示前，应当将改制方案报请本级人民政府批准。

3. 与关联方的交易。

所谓关联方，是指本企业的董事、监事、高级管理人员及其近亲属，以及这些人员所有或者实际控制的企业。由于与关联方进行交易可能发生角色利益冲突，所以，《企业国有资产法》明确地规定国家出资企业的关联方不得利用与国家出资企业之间的交易，谋取不当利益，损害国家出资企业利益，并作出禁止性和限制性规定。就禁止性规定而言，国有独资企业、国有独资公司、国有资本控股公司不得无偿向关联方提供资金、商品、服务或者其他资产，不得以不公平的价格与关联方进行交易。就限制性规定而言，未经履行出资人职责的机构同意，国有独资企业、国有独资公司不得有下列行为：（1）与关联方订立财产转让、借款的协议；（2）为关联方提供担保；（3）与关联方共同出资设立企业，或者向董事、监事、高级管理人员或者其近亲属所有或者实际控制的企业投资。

国有资本控股公司、国有资本参股公司与关联方的交易，依照《公司法》和有关行政法规以及公司章程的规定，由公司股东会、股东大会或者董事会决定。由公司股东会、股东大会决定的，履行出资人职责的机构委派的股东代表，应当按照委派机构的指示提出提案、发表意见、行使表决权，并将其履行职责的情况和结果及时报告委派机构。公司董事会对公司与关联方的交易作出决议时，该交易涉及的董事不得行使表决权，也不得代理其他董事行使表决权。

4. 资产评估。

国有独资企业、国有独资公司和国有资本控股公司合并、分立、改制，转让重大财产，以非货币财产对外投资，清算或者有法律、行政法规以及企业章程规定应当进行资产评估的其他情形的，应当按照规定对有关资产进行评估。

国有独资企业、国有独资公司和国有资本控股公司应当委托依法设立的符合条件的资产评估机构进行资产评估；涉及应当报经履行出资人职责的机构决定的事项的，应当将委托资产评估机构的情况向履行出资人职责的机构报告。

国有独资企业、国有独资公司、国有资本控股公司及其董事、监事、高级管理人员应当向资产评估机构如实提供有关情况和资料，不得与资产评估机构串通评估作价。资产评估机构及其工作人员受托评估有关资产，应当遵守法律、行政法规以及评估执业准则，独立、客观、公正地对受托评估的资产进行评估。资产评估机构应当对其出具的评估报告负责。

5. 国有资产转让。

所谓国有资产转让，是指依法将国家对企业的出资所形成的权益转移给其他单位或者个人的行为，不包括按照国家规定无偿划转国有资产的行为。国有资产转让应当有利于国有经济布局和结构的战略性调整，防止国有资产损失，不得损害交易各方的合法权益。

国有资产转让由履行出资人职责的机构决定。履行出资人职责的机构决定转让全部国有资产的，或者转让部分国有资产致使国家对该企业不再具有控股地位的，应当报请本级人民政府批准。

国有资产转让应当遵循等价有偿和公开、公平、公正的原则。除按照国家规定可以直接协议转让的以外，国有资产转让应当在依法设立的产权交易场所公开进行。转让方应当如实披露有关信息，征集受让方；征集产生的受让方为两个以上的，转让应当采用公开竞价的交易方式。国有资产转让应当以依法评估的、经履行出资人职责的机构认可或者由履行出资人职责的机构报经本级人民政府核准的价格为依据，合理确定最低转让价格。转让上市交易的股份依照《证券法》的规定进行。

法律、行政法规或者国务院国有资产监督管理机构规定可以向本企业的董事、监事、高级管理人员或者其近亲属，或者这些人员所有或者实际控制的企业转让的国有资产，在转让时，上述人员或者企业参与受让的，应当与其他受让参与者平等竞买；转让方应当按照国家有关规定，如实披露有关信息；相关的董事、监事和高级管理人员不得参与转让方案的制订和组织实施的各项工作。

国有资产向境外投资者转让的，应当遵守国家有关规定，不得危害国家安全和社会公共利益。

（四）国有资本经营预算

我国采取复式预算制度，具体而言，我国的复式预算包括公共预算、国有资本经营预算和特别预算等。其中的国有资本经营预算，是指国家对取得的国有资本收入及其支出实行预算管理。根据《企业国有资产法》的规定，国家取得的下列国有资本收入，以及下列收入的支出，应当编制国有资本经营预算：（1）从国家出资企业分得的利润；（2）国有资产转让收入；（3）从国家出资企业取得的清算收入；（4）其他国有资本收入，例如，资产评估增值而取得的收入或者接受捐赠取得的收入等。

国有资本经营预算支出按照当年预算收入规模安排，量入为出、不列赤字。国有资本经营预算按年度单独编制，其编制程序如下：首先，履行出资人职责的机构向财政部门提出由其履行出资人职责的国有资本经营预算建议草案。其次，国务院和有关地方人民政府财政部门负责国有资本经营预算草案的编制工作。最后，国务院和有关地方人民政府把预算草案纳入本级人民政府预算，报本级人民代表大会批准。

（五）国有资产监督制度

国有资产的监督包括五个方面的监督：一是人民代表大会常务委员会的监督。各级人民代表大会常务委员会通过听取和审议本级人民政府履行出资人职责的情况和国有资产监督管理情况的专项工作报告，依法行使监督职权。二是政府的监督。国务院和地方人民政府应当对其授权履行出资人职责的机构履行职责的情况进行监督。三是审计监督。国务院和地方人民政府审计机关依照《审计法》的规定，对国有资本经营预算的执行情况和属于审计监督对象的国家出资企业进行审计监督。四是社会监督。国务院和地方人民政府应当依法向社会公布国有资产状况和国有资产监督管理工作情况，接受社会公众的监督。任何单位和个人有权对造成国有资产损失的行为进行检举和控告。五是履行出资人职责的机构的监督。履行出资人职责的机构根据需要，可以委托会计师事务所对国有独资企业、国有独资公司的年度财务会计报告进行审计，或者通过国有资本控股公司的股东会、股东大会决议，由国有资本控股公司聘请会计师事务所对公司的年度财务会计报告进行审计，维护出资人权益。

第二节　集体所有制企业法与合作社法

一、集体所有制企业法与合作社法概述

（一）集体所有制企业法概述

集体所有制企业，是指生产资料属于一定范围内的劳动群众集体所有，实行共同劳动、自主经营、自负盈亏、独立核算，以按劳分配为主要分配方式的经济组织。我国在1990年制定了《乡村集体所有制企业条例》，为乡村集体所有制企业提供了基本法律文件。1991年制定了《城镇集体所有制企业

条例》，成为确立城镇集体所有制企业法律地位、规范其行为的基本法律文件。《城镇集体所有制企业条例》、《乡村集体所有制企业条例》就集体企业的设立、变更、终止、产权关系、权利与义务等问题作了规定。1996 年颁布的《乡镇企业法》在作为产业促进法规定了鼓励乡镇企业发展的内容之外，也在一定程度上规定了乡村集体企业的法律地位及行为准则。上述法律、法规在很大程度上为集体所有制企业的改革和发展提供了法律保障。

（二）合作社法概述

一般认为，合作制度始于 1844 年的罗须代尔公平先锋社，中国合作制度始于合作消费和乡村建设运动。合作经济与集体经济是一对难以区分的概念，但从我国目前的立法和政策规定看，合作经济是被作为集体经济的一种形式来对待的。合作社法，是指规定各种合作社的设立、组织、活动和解散以及社员权利与义务等法律规范的总称。1983 年国务院《关于城镇劳动者合作经营的若干规定》，是调整目前中国城镇合作关系的一项重要的法律规范。2006 年 10 月 31 日，第十届全国人民代表大会常务委员会第二十四次会议上通过的《农民专业合作社法》是我国一项重要的合作社立法。

随着我国市场经济体制的确立和相应立法体系的变化，集体所有制企业的相关法律、法规的重要性在降低，其适用范围也在不断缩小，因此不再详述。以下主要就合作社法作简单介绍。

二、合作社法

合作社企业的相关法律制度包括合作社企业财产制度、合作社企业组织制度和合作社企业责任制度等。

（一）合作社企业财产制度

合作社企业的财产范畴包括合作社企业为经营共同事业所构成的一切财产、权利和利益。

构成合作社企业财产基础的是社员出资。所谓社员出资，是指入社社员以其财产向合作社企业所认购的一定数额的股金，它是合作社企业财产的基础。合作社企业由入社的劳动者集资入股，这是合作社企业应遵循的原则，也是合作社企业的基本特征之一。此外，合作社企业的财产在构成上还包括积累资金和国家支援资金。

（二）合作社企业组织制度

规范的合作社企业必须遵循合作社的组织原则，制定自己的章程，其组织机构通常包括社员大会、董事会、监事会。

1. 社员大会。社员大会是合作社企业的最高决策机构，由全体社员组成。社员大会依法律和章程行使职权。

2. 董事会。董事会是合作社企业的执行机构，在社员大会闭会期间，负责执行社员大会的决议，并处理合作社企业的日常事务。董事由社员大会按照企业章程所规定的程序民主选举产生，董事会由董事组成，其人数视企业规模的大小而定。

3. 监事会。监事会是合作社企业的监督机构，它代表社员对董事会及其所属的各单位的工作进行经常性的监督和检查，以保证合作社企业的良性运行。监事会由社员大会选举监事若干人组成。董事会成员不得兼任监事职务。

（三）合作社企业责任制度

合作社企业的责任制度，是指社员与合作社企业之间对合作社企业债务的分担方式或分担制度。在通常情况下，合作社企业实行有限责任，即合作社企业以其独立财产对外承担责任，社员对合作社企业的债务不承担清偿责任。然而，综观世界各国的立法，除有限责任外，还有其他责任形式，例如，印度的合作社法规定，合作社的责任，分为有限责任与无限责任；日本战前公布的产业组织法，则采取无限责任、有限责任与保证责任①三种形式；意大利的合作社法则规定，合作社的责任采取有限责任、无限责任和两合责任制度。随着合作社经济的发展，有限责任和保证责任将成为合作社企业责任的发展趋势，譬如，我国的《农民专业合作社法》规定的责任形式是“以其账户内记载的出资额和公积金份额为限对农业专业合作社承担责任”。

第三节　外商投资企业法

一、外商投资企业法概述

（一）外商投资企业的概念、种类和特征

1. 外商投资企业的概念。

外商投资企业，是指外商（即境外投资者，包含香港、澳门、台湾地区

① 所谓保证责任，是指合作社企业除了以其清偿债务当时的全部财产对其债务承担清偿责任外，社员还须在一个事先确定的保证金额范围内对合作社企业的债权人负责。

的投资者）经中国政府批准，依照外商投资企业法在中国境内投资举办的企业。

2. 外商投资企业的种类。

我国目前的外商投资企业主要有三种类型，即中外合资经营企业（以下简称合资企业）、中外合作经营企业（以下简称合作企业）、外商独资企业。它们通常被合称为“三资企业”。

3. 外商投资企业的特征。

第一，外商投资企业是外商直接投资举办的企业。直接投资，是指投资者将资金投入企业，并不同程度地参与企业的经营决策，通过企业盈利分配获取投资收益的投资方法。外商采取直接投资的方式在中国境内设立企业是外商投资企业的首要特征。

第二，外商投资企业是中国企业。外商投资企业是依照中国的法律和行政法规，经中国政府批准，在中国境内设立的企业。外商投资企业设立后，必须遵守中国的法律，同时，也受到中国法律的保护。

外商投资企业是中国法人或者中国的非法人组织，因此，它们之间以及它们与中国内资企业的法律纠纷适用中国的程序法和实体法。需要注意的是，合资企业和合作企业的中外投资人双方及其外资企业的不同外方投资人之间的法律纠纷可以适用它们选择的实体法律。

（二）我国外商投资企业立法的基本情况

我国外商投资企业的主要法律渊源是随着改革开放而先后颁布的《中外合资经营企业法》及其实施条例、《中外合作经营企业法》及其实施细则和《外资企业法》及其实施细则。此外，国务院对外经济贸易部于 1995 年 1 月 10 日发布的《关于设立外商投资股份有限公司若干问题的暂行规定》也是外商投资企业法的重要法律渊源。为了适应我国加入 WTO 的新形势，2000 年 10 月对《中外合作经营企业法》和《外资企业法》进行了修改，又于 2001 年 3 月对《中外合资经营企业法》进行了修改。随后，国务院也对上述法律的实施细则作出了相应的修正。修改主要表现在以下方面：取消了外商投资企业在购买原材料、燃料或其他半成品等物资时优先在中国购买的规定；取消了《中外合作经营企业法》、《外资企业法》中关于“自行解决外汇收支平衡”的规定；修改了《外资企业法》中规定对外资企业应当将年出口产品的产值达到其全部产品产值的 50%以上，实现外汇收支平衡或者有余的规定；取消了现行法律中涉及合资企业和外资企业生产经营计划报主管部门备案的规定。

二、外商投资企业的基本制度

（一）投资者

在外商投资企业法中，中国投资者与外方投资者的主体资格范围是不一样的，其中，中方投资者包括企业或者其他经济组织，不包括个人，外方投资者包括企业、其他经济组织或者个人。

（二）外商投资企业的出资

1. 外商投资企业的出资比例。

我国外商投资企业法对外国投资者的出资比例作出了明确的规定：在合资企业中，外国投资者的投资比例一般不得低于合资企业注册资本的25%。在合作企业中，对取得法人资格的合作企业，外国合作者的投资比例一般不得低于注册资本的25%，对不具备法人资格的合作企业，合作各方的投资比例或合作条件，由国务院对外经济贸易主管部门规定。外国投资者的投资比例如果低于25%，而且没有经过特殊的批准，则是内资企业。在外资企业中，外资企业的注册资本全部由外国投资者投入。

2. 注册资本与投资总额。

三种外商投资企业实行折中的法定资本制，因此，其注册资本是投资各方认缴的资本总和，而不是实缴资本的总和。在登记管理机关登记的注册资本尚未实际全部缴付到位，外商投资企业即可成立。未缴付的资本可以在企业成立后一定期限内一次或分期缴付。

3. 外商投资企业的出资期限。

根据我国法律和行政法规的规定，外商投资企业的投资应按照项目进度，在合同、章程中明确规定出资期限。未作规定的，审批机关不予批准，登记机关不予登记注册。

此外，法律对出资期限还有一些强制性规定：（1）《中外合资经营企业法》规定，合营合同规定一次缴清出资的，合营各方应在营业执照签发之日起6个月内缴清。规定分期缴付的，合营各方第一期出资不得低于各自认缴出资额的15%，并且应当在营业执照签发之日起3个月内缴清。合营各方应当按照合同规定的期限缴清各自的出资额。逾期未缴或者未缴清的，应当按合同规定支付延迟利息或者赔偿损失。（2）《中外合作经营企业法》规定，合作各方向合作企业投资或提供合作条件的期限由合作合同约定。合作各方没有按照合作企业合同约定缴纳出资或者提供合作条件的，工商行政管理机关应当限期履行；限期届满仍未履行的，审查批准机关应当撤销合作企业的批准证书，工商行政管理机关应当吊销合作企业的营业执照，并予以公告。未按照合作企业合同约定缴纳出资或者提供合作条件的一方，应当向已按照合作企业合同约定缴纳出资或者提供合作条件的他方承担违约责任。(3)《外资企业法》规定，外国投资者缴纳出资的期限应当在设立外资企业的申请书和外资企业的章程中载明。外国投资者可以分期缴付出资，但最后一期出资应当在营业执照签发之日起 3 年内缴清。其中第一期出资不得少于外国投资者认缴的出资额的 15%，并应当在营业执照签发之日起 90 日内缴清。逾期出资将会导致外资企业批准证书的失效和企业营业执照的注销或者吊销。

（三）外商投资企业的组织形式

合资企业是股权式合营，法定形式一般是有限责任公司。此外，根据《关于设立外商投资股份有限公司若干问题的暂行规定》，合资企业的组织形式也可以是股份有限公司。所谓外商投资股份有限公司，是指外国的公司、企业和其他经济组织或者个人同中国的公司、企业或者其他经济组织，依照中国的法律和行政法规，在中国境内设立的，全部资本由等额股份构成，股东以其所认购的股份对公司承担责任，公司以其全部财产对公司债务承担责任，中外股东共同持有公司股份的企业法人。

中外合作企业是契约式合营，既可以设立为法人企业，也可以不设立为法人企业，依双方协议而定。设立为法人型企业时一般采取有限责任公司的组织形式。

外商独资企业则主要采取有限责任公司的组织形式。

（四）注册资本的增加、减少和转让

三种外资企业的注册资本都可以增加，但须经原审批机关批准，并向原登记管理机构办理变更登记。

三种外资企业的注册资本在存续期间原则上不得减少，但是因投资总额和生产规模等变化，确需减少的，须经审查批准机关批准。

合资企业和合作企业中一方资本的转让须经审批机关批准，并向工商行政管理机关备案，同时还需他方同意，并保证其优先购买权。外商独资企业将其财产或者权益对外抵押、转让，须经审批机关批准并向工商行政管理机关备案。

（五）经营期限

合资企业的合营期限，按不同行业、不同情况，作不同的约定。有的行

业，应当约定合营期限；有的行业，可以约定合营期限，也可以不约定合营期限。约定合营期限的合资企业、合营各方同意延长合营期限的，应当在距合营期满 6 个月前向审批机关提出申请。审批机关应自接到申请之日起 1 个月内决定批准或不批准。

合作企业的期限由中外合作者协商并在合作合同中约定，届满时的处理办法与合资企业相同。合作企业中外方先行收回投资，并且已收回完毕的，不再延长合作期限。但外国合作者增加投资，合作各方协商同意延长的，可向审批机关申请延长合作期限。

外资企业的经营期限由外国投资者申报，由审查批准机关批准。期满需要延长的，应当在期满 180 日以前向审查批准机关提出申请。审查批准机关应当在接到申请之日起 30 日内决定批准或者不批准。

三、中外合资经营企业法

（一）合资企业的设立条件

合资企业的组织形式一般为有限责任公司，具有中国法人资格。中外合资企业优先适用《中外合资经营企业法》，该法没有规定的，适用《公司法》。其设立条件不同于《公司法》规定的方面如下：

1. 投资人符合要求。投资人必须一方是中国合营者，另一方是外国合营者。中方是指一位以上的中国的公司、企业或者其他经济组织，外方是指一位以上的外国企业、公司、其他经济组织或个人。

2. 出资符合要求。外国合营者的出资比例一般不得低于 25%，特殊情况需要低于该比例的（如设立高新技术产业的合资企业），需报国务院批准。中外合资企业有限责任公司的注册资本是合营各方认缴的出资额之和，其实际缴付出资可以在公司成立之后一定的期限内一次缴清或分批缴付。

3. 共同制定合资企业合同、章程。中外合营者共同制定合资企业合同、章程，并报对外经济贸易主管部门批准。

4. 有公司名称，建立符合法律规定的组织机构。公司名称应遵守企业名称登记管理规定。中外合资企业不设股东会，设立董事会及经理。董事会是合资企业的最高权力机构。董事长和副董事长由中外双方分别担任。

（二）设立程序

设立程序如下：

1. 申请。合营各方应当向国家对外经济贸易主管部门提出设立申请。

2. 审批。合营各方签订的合营协议、合同、章程，应报对外经济贸易主管部门审查批准。审查批准机关应在3个月内决定批准或不批准。设立外商投资企业由对外经济贸易主管部门及其国务院授权的地方政府或国务院其他部门批准。

3. 登记。合资企业经批准后，向国家工商行政管理主管部门登记，领取营业执照，具备营业资格。

（三）出资方式

中外投资者的出资方式可以为：(1) 货币（含外币）；(2) 实物；(3) 工业产权、专有技术；(4) 场地使用权。

对于外国投资者的机器设备或其他物料出资应符合下列条件：(1) 为企业生产所必需的；(2) 同时其作价不得高于同类机器设备和其他物料当时的国际市场价格。

作为外国投资者出资的工业产权或者专有技术，必须符合下列条件之一：(1) 能显著改进现有产品的性能、质量、提高生产效率的；(2) 能显著节约原材料、燃料、动力的。同时，该工业产权或专有技术必须为外国投资者所有，其作价金额不得超过注册资本的20%。

场地使用费作为中国投资者投资的，在该合资期限内不得调整。中方没有以场地作为出资的，场地使用费在开始用地的5年内不调整。以后随着经济的发展、供需情况的变化和地理环境条件的变化需要调整时，调整的间隔期应当不少于3年。

非货币出资的作价应由投资各方协商确定，或者聘请各方同意的第三者评定。外国投资者的非货币出资还应报审批机关批准。

（四）组织机构

合资企业不设股东会，其权力机构是董事会。

1. 组成和职权。

董事会的人数，由合营各方协商，在合资企业合同、章程中确定，但不得少于3人。董事名额的分配由合资各方按照出资比例协商确定，由合资各方分别委派董事。董事任期为4年，经合资方重新委派可以连任。

董事长和副董事长由合营各方协商确定或由董事会选举产生。中外合资者的一方担任董事长的，由他方担任副董事长。董事长是合资企业的法人代表。董事长不能履行职责时，应授权副董事长或其他董事代表合资企业。

2. 董事会的召开。

董事会会议每年至少召开 1 次。经 1/3 以上的董事提议，可以召开董事会临时会议。董事会会议应有 2/3 以上董事出席方能举行。

3. 董事会的表决程序。

下列事项由出席董事会的董事一致通过方可作出决议：(1) 合资企业章程的修改；(2) 合资企业的中止、解散；(3) 合资企业注册资本的增加、转让；(4) 合资企业与其他经济组织的合并。

经营管理机构设总经理 1 人，副总经理若干人，其他高级管理人员若干人，负责企业的日常经营管理工作。以上人员均由董事会聘任。除总会计师通常由中国公民担任外，总经理、副总经理、总工程师、总审计师都可以由中国公民担任，也可以由外国公民担任。

（五）财务会计制度

合资企业的账目，除按记账本位币记录外，对于现金、银行存款、其他货币款项以及债权债务、收益和费用等，与记账本位币不一致时，还应当按实际收付的货币记账。

以外国货币作为记账本位币的合资企业，其编报的财务会计报告应当折算为人民币。

因汇率的差异而发生的折合记账本位币差额，作为汇兑损益列账。记账汇率变动，有关外币各账户的账面余额，于年终结账时，应当按照中国有关法律和财务会计制度的规定进行会计处理。

（六）解散与清算

合资企业在下列情形下解散：(1) 合营期限届满；(2) 企业发生严重亏损，无力继续经营；(3) 合营一方不履行合资企业协议、合同、章程规定的义务，致使企业无法继续经营；(4) 合资企业因自然灾害、战争等不可抗力遭受严重损失，无法继续经营；(5) 合资企业未达到其经营目的，同时又无发展前途；(6) 合资企业合同、章程规定的其他解散原因已经出现。在上述后五种情况下，应由董事会提出解散申请书，报审批机关批准。在上述第三种情况下，不履行合资企业协议、合同、章程规定的义务一方，应对由此给合资企业造成的损失负赔偿责任。

合资企业宣告解散时，应当进行清算。清算委员会的成员一般应当在合资企业的董事中选任。董事不能担任或者不适合担任清算委员会成员时，合资企业可以聘请中国的注册会计师、律师担任。审批机构认为必要时，可以派人进行监督。

合资企业以其全部资产对其债务承担责任。合资企业清偿债务后的剩余财产按照合营各方的出资比例进行分配，但合资企业协议、合同、章程另有规定的除外。

合资企业解散时，其净资产额或者剩余财产减除企业未分配利润、各项基金和清算费用后的余额，超过实缴资本的部分为清算所得，应当依法缴纳所得税。

合资企业的清算工作结束后，由清算委员会提出清算结束报告，提请董事会会议通过后，报告审批机构，并向登记管理机构办理注销登记手续，缴销营业执照。

合资企业解散后，各项账册及文件应当由原中国合营者保存。

四、中外合作经营企业法

（一）中外合作营企业的设立条件

合作企业是契约式合营企业，不同于股权式合营的合资企业。中外合作企业的中国合作方和外国合作方按照合作合同确定双方的权利、义务，而不是按照股权比例确定双方的权利、义务。其设立条件如下：

1. 投资人投资或提供合作条件。双方的投资或者合作条件由合同约定，双方的权利、义务由合作合同约定。

2. 共同制定合作合同和合作企业的章程。中外合作者共同制定合作合同和合作企业的章程，并报国务院对外经济贸易主管部门或国务院授权的部门和地方政府审查批准。

3. 有企业名称，并建立相应的组织机构。中外合作企业组织机构和管理方式具有灵活多样的特征，既可以是董事会制、联合管理制，也可以委托第三方管理。

（二）设立程序

设立程序如下：

1. 申请。申请设立合作企业，应当向国务院对外经济贸易主管部门或者国务院授权的部门和地方政府提出申请。

2. 审批。申请设立合作企业，应当将中外合作者签订的协议、合同、章程等文件报国务院对外经济贸易主管部门或者国务院授权的部门和地方政府审查批准。审查批准机关应当自接到申请之日起 45 日内决定批准或者不批准。

3. 登记。设立合作企业的申请经批准后，应当自接到批准证书之日起30日内向工商行政管理机关申请登记，领取营业执照。合作企业的营业执照签发日期，为该企业的成立日期。合作企业应当自成立之日起30日内向税务机关办理税务登记。

（三）出资方式

合作企业的中外合作者的出资方式可以为：(1) 货币（含外币）；(2) 实物；(3) 工业产权、专有技术；(4) 场地使用权。

中外合作者的投资或者提供的合作条件，由中国注册会计师或者有关机构验证并出具证明。

合作各方应当以其自有的财产或者财产权利作为投资或者合作条件，对该投资或者合作条件不得设置抵押权或者其他形式的担保。

（四）组织机构

合作企业的组织机构设置有较大的灵活性，可以采取董事会制、联合管理制和委托管理制三种形式。具备法人资格的合作企业一般采取董事会制，不具备法人资格的合作企业一般采取联合管理制。在特殊情况下，采取委托管理制。

合作企业应当将董事会或者联合管理委员会的决议、签订的委托经营管理合同，连同被委托人的资信证明等文件，一并报送审查批准机关批准。审查批准机关应当自收到有关文件之日起30日内决定批准或者不批准。

其管理机构与合资企业大多相同，其中需要注意的是：(1) 董事或委员可以书面委托他人代表其出席，若无正当理由不出席，又未委托他人代为出席，视为出席并在表决中弃权。弃权人算作出席人数。(2) 会议召开日10日前通知全体董事或委员。(3) 可用通讯方式作出决议。(4) 董事会决议或联合管理委员会作出决议一般由出席会议的董事或委员过半数通过。但合作企业章程的修改、注册资本的增加和减少、合作企业的解散、合作企业的资产抵押、合作企业的合并、分立和变更组织形式以及合作各方约定的其他一致同意方可通过的事项，应由出席会议的董事或者委员一致通过，方可作出决议。(5) 联合管理制可以不设经营管理机构，由联合管理机构直接管理企业。

（五）解散清算

解散原因与清算程序与合资企业基本相同。

五、外商独资企业法

（一）设立条件

1. 投资人是外国的公司、企业以及其他经济组织或者个人。与合资企业、合作企业明显不同的是，外商独资企业的投资人全部是外国的公司、企业以及其他经济组织或者个人。

2. 出资符合要求。外资企业的注册资本是指为设立外资企业在工商行政管理机关登记的资本总额，即外国投资者认缴的全部出资额。外资企业的注册资本要与其经营规模相适应。

3. 须取得对外经济贸易主管部门或者国务院授权的机关的审查批准。

（二）设立程序

设立程序大致如下：

1. 申请。由投资人或者其委托人向国务院对外经济贸易主管部门或者国务院授权的机关提出申请。

2. 审批。设立外资企业的申请，由国务院对外经济贸易主管部门或者国务院授权的机关审查批准。审查批准机关应当在接到申请之日起 90 日内决定批准或者不批准。

设立外资企业的申请，由中华人民共和国商务部（原为对外贸易经济合作部）审查批准后，发给批准证书。设立外资企业的申请属于下列情形的，国务院授权省、自治区、直辖市和计划单列市、经济特区人民政府审查批准后，发给批准证书：（1）投资总额在国务院规定的投资审批权限以内的；（2）不需要国家调拨原材料，不影响能源、交通运输、外贸出口配额等全国综合平衡的。省、自治区、直辖市和计划单列市、经济特区人民政府在国务院授权范围内批准设立外资企业，应当在批准后 15 日内报商务部备案（商务部和省、自治区、直辖市和计划单列市、经济特区人民政府，以下统称审批机关）。

3. 登记。设立外商投资企业要向国家工商行政管理总局及其授权的地方工商行政管理局申请注册登记。

设立外资企业的申请经批准后，外国投资者应当在接到批准证书之日起 30 日内向工商行政管理机关申请登记，领取营业执照。外资企业的营业执照签发日期，为该企业成立日期。

（三）出资方式

外国投资者的出资方式可以为：（1）货币（含人民币）；（2）实物；（3）工

业产权、专有技术。

外国投资者可以用可自由兑换的外币出资。经审批机关批准，外国投资者也可以用其从中国境内举办的其他外商投资企业获得的人民币利润出资。

对作价出资的机器设备，应当列出详细的作价出资清单，包括名称、种类、数量、作价等，作为设立外资企业申请书的附件一并报送审批机关。

对作价出资的工业产权、专有技术，应当备有详细资料，包括所有权证书的复制件，有效状况及其技术性能、实用价值，作价的计算根据和标准等，作为设立外资企业申请书的附件一并报送审批机关。

外国投资者的机器设备或其他物料出资应符合下列条件：(1) 为企业生产所必需的；(2) 同时其作价不得高于同类机器设备和其他物料当时的国际市场价格。作价出资的机器设备的品种、质量和数量与外国投资者报送审批机关的作价出资清单列出的机器设备的品种、质量和数量不符的，审批机关有权要求外国投资者限期改正。

外国投资者以工业产权、专有技术作价出资的，该工业产权、专有技术应当为外国投资者所有。该工业产权、专有技术的作价应当与国际上通常的作价原则相一致，其作价金额不得超过外资企业注册资本的 20%。作价出资的工业产权、专有技术实施后，审批机关有权进行检查。该工业产权、专有技术与外国投资者原提供的资料不符的，审批机关有权要求外国投资者限期改正。

（四）解散清算

有下列情形之一的，应予以终止：(1) 经营期限届满；(2) 经营不善，严重亏损，外国投资者决定解散；(3) 因自然灾害、战争等不可抗力而遭受严重损失，无法继续经营；(4) 破产；(5) 违反中国法律、法规，危害社会公共利益被依法撤销；(6) 外资企业章程规定的其他解散事由已经出现。

外资企业的破产清算和责令关闭的清算依照中国相关法律规定进行。外资企业的自愿清算按照以下规定进行：应当在终止之日起 15 日内对外公告并通知债权人，并在终止公告发出之日起 15 日内，提出清算程序、原则和清算委员会人选，报审批机关审核后进行清算。清算委员会应当由外资企业的法定代表人、债权人代表以及有关主管机关的代表组成，并聘请中国的注册会计师、律师等参加。外资企业在清算结束之前，外国投资者不得将该企业的资金汇出或者携出中国境外，不得自行处理企业的财产。外资企业清算结束，其资产净额和剩余财产超过注册资本的部分应当依照中国税法缴纳所得税。外资企业清算结束，应当向工商行政管理机关办理注销登记手续，缴销营业执照。外资企业清算处理财产时，在同等条件下，中国的企业或者其他经济组织有优先购买权。

复习思考题

1. 什么是狭义和广义的国有企业？
2. 简述国有企业的法律特征。
3. 简述我国企业国有资产管理体制的特点。
4. 什么是企业改制？如何防止国家出资企业改制中的国有资产流失？
5. 如何规范国家出资企业中的关联方交易？
6. 什么是国有资产转让？如何防止国有资产转让中可能产生的问题？
7. 如何理解我国国有资产的监督制度？
8. 如何理解合作社企业的财产制度？
9. 如何理解合作社企业的组织制度？
10. 如何理解合作社企业的民事责任制度？
11. 简述外商投资企业的概念、种类和特征。
12. 如何理解外商投资企业的资本制度？
13. 简述中外合资企业的设立条件。
14. 简述中外合作企业组织机构的特点。
15. 简述外商独资企业的解散清算制度的主要内容。

参考书目

1. 江平. 中国公司法原理与实务. 北京：科学普及出版社，1994

2. 史际春等. 企业和公司法. 北京：中国人民大学出版社，2001

3. 王欣新. 企业和公司法. 北京：中国人民大学出版社，2003

4. 王欣新. 公司法. 北京：中国人民大学出版社，2008

5. 周友苏. 新公司法论. 北京：法律出版社，2006

6. 沈四宝，张丹. 美国统一合伙法及典型案例分析. 北京：对外经济贸易大学出版社，2007

7. 宋永新. 美国非公司型企业法. 北京：社会科学文献出版社，2000

8. 王天鸿. 一人公司制度比较研究. 北京：法律出版社，2003

9. 朱慈蕴. 公司法人格否认法理研究. 北京：法律出版社，1998

10. 赵旭东. 新公司法条文释解. 北京：人民法院出版社，2005

11. 刘俊海. 股东诸权利如何行使与保护. 北京：人民法院出版社，1995

12. 刘俊海. 股份有限公司股东权的保护. 北京：法律出版社，1997

13. 殷召良. 公司控制权法律问题研究. 北京：法律出版社，2001

14. 张民安. 现代英美董事法律地位研究. 北京：法律出版社，2000

15. P. S. Sudarsanam. Mergers and Acquisitions. Prince Hall，北京：中国人民大学出版社，1997

16. 朱伟一. 美国公司法判例解析. 北京：中国法制出版社，2000

17. ［德］托马斯·莱塞尔，吕迪格·法伊尔. 德国资合公司法. 北京：法律出版社，2005

18. Robert W. Hamilton. The Law of Corporations（4th ed.）. 北京：法律出版社，1999

19. ［美］罗伯特·W·汉密尔顿. 公司法概要. 北京：中国社会科学文献出版社，1999

20. 胡果威. 美国公司法. 北京：法律出版社，1999

21. ［日］末永敏和. 现代日本公司法. 北京：人民法院出版社，2000

22. 吴建斌. 日本公司法规范. 北京：法律出版社，2003

23. 李哲松. 韩国公司法. 北京：中国政法大学出版社，2000

24. 王文宇. 公司法论. 北京：中国政法大学出版社，2004

25. 柯芳枝. 公司法论. 北京：中国政法大学出版社，2004

26. 刘连煜. 公司法理论与判决研究. 北京：法律出版社，2002

图书在版编目（CIP）数据

企业和公司法学（第二版）/王欣新主编
北京：中国人民大学出版社，2010
21 世纪远程教育精品教材·法学系列
ISBN 978-7-300-11817-8

Ⅰ.①企…
Ⅱ.①王…
Ⅲ.①企业法-法的理论-中国-远距离教育-教材
②公司法-法的理论-中国-远距离教育-教材
Ⅳ.①D922.291.911

中国版本图书馆 CIP 数据核字（2010）第 040975 号

21 世纪远程教育精品教材·法学系列
企业和公司法学（第二版）
主　编　王欣新
副主编　王斐民

出版发行	中国人民大学出版社			
社　址	北京中关村大街 31 号	邮政编码	100080	
电　话	010－62511242（总编室）	010－62511398（质管部）		
	010－82501766（邮购部）	010－62514148（门市部）		
	010－62515195（发行公司）	010－62515275（盗版举报）		
网　址	http://www.crup.com.cn			
	http://www.ttrnet.com(人大教研网)			
经　销	新华书店			
印　刷	北京东方圣雅印刷有限公司	版　次	2003 年 11 月第 1 版	
规　格	170 mm×228 mm　16 开本		2010 年 5 月第 2 版	
印　张	25.25	印　次	2014 年 6 月第 3 次印刷	
字　数	447 000	定　价	42.00 元	
